高职高专"十三五"规划教材 工商管理类

市场营销
——过程与实践
第2版

主 编 李坚强 蒋良骏 周 科

南京大学出版社

前　言

《市场营销—过程与实践》(第2版)教材以掌握市场营销基本原理和理论、培养学生营销工作技能及职业素养为核心设计项目任务。教材体现以下特点：一是以企业营销工作过程为主线设计学习项目任务。理清学生学习思路，即营销是什么，怎么进行营销活动，需要掌握哪些基本原理和理论，需要掌握哪些基本技能，帮助学生解决为什么要学习这些理论、原理的问题。二是重视学生营销技能培训。教材中每个学习项目除有明确的理论学习要求外，都设计了营销实践任务，体现原理和理论的如何应用及技能掌握的要求，教材最后还提供部分营销实践参考范例。三是每个学习项目设计导入案例和教学讲解所需情境案例，并配有单项选择题、多项选择题、复习思考题、案例分析题、营销技能实训题。

与教材第1版相比，第2版增加两个学习项目。一是"创建和管理忠诚的顾客关系"，增设这一项目使得教材内容更能体现企业的营销全过程；二是"网络时代下营销新方式"，该项目能让学生体验到营销理论与实践是如何与时俱进的。同时第2版增加、更新了部分近年来发生情境案例，更能让学生从实践角度理解市场营销的基本原理和理论。

本教材由扬州工业职业技术学院李坚强、蒋良骏、常州工程职业技术学院周科担任主编，李坚强负责具体策划和统稿工作，并编写项目一、项目二、项目三，蒋良骏负责全书及情境案例的核稿工作，并编写项目四、项目五、项目六，周科编写项目七，扬州工业职业技术学院袁亮编写项目八，焦世奇、朱霓雯编写项目九，江苏笛莎公主文化创意有限公司董事长李定参与教材内容策划并编写项目十。

本教材编写过程中参阅了大量的国内外相关教材和资料，在此谨向这些教材和资料的作者表示感谢。由于编者水平有限，书中难免有不足之处，敬请读者批评指正。

编　者

2018年9月

目 录

项目一　认识市场营销 ………………………………………………………… 1
　任务一　市场营销与市场营销过程 ……………………………………… 2
　任务二　理解市场营销过程模型 ………………………………………… 2
　任务三　认识市场营销的发展与变革 …………………………………… 11
　任务四　营销实践:撰写营销重要性认识报告 ………………………… 15

项目二　了解市场和顾客需求 ……………………………………………… 20
　任务一　认识营销环境 …………………………………………………… 21
　任务二　管理营销信息 …………………………………………………… 38
　任务三　消费者购买行为分析 …………………………………………… 47
　任务四　生产者购买行为分析 …………………………………………… 65
　任务五　营销实践:撰写营销环境分析报告 …………………………… 71

项目三　设计以顾客为导向的营销战略 …………………………………… 77
　任务一　市场细分 ………………………………………………………… 78
　任务二　确定目标市场 …………………………………………………… 88
　任务三　市场定位策略 …………………………………………………… 96
　任务四　市场竞争战略 …………………………………………………… 99
　任务五　营销实践:撰写STP策略报告 ………………………………… 114

项目四　提供满足消费者需求的产品 ……………………………………… 120
　任务一　产品组合策略 …………………………………………………… 121
　任务二　产品生命周期策略 ……………………………………………… 129

1

  任务三 制定品牌策略 ………………………………………… 138
  任务四 制定包装策略 ………………………………………… 144
  任务五 新产品开发 …………………………………………… 148
  任务六 营销实践:撰写产品策略分析报告 …………………… 153

项目五 制定和调整产品价格 ………………………………………… 159
  任务一 分析价格影响因素确定定价目标 …………………… 159
  任务二 选择定价方法 ………………………………………… 163
  任务三 制定定价策略 ………………………………………… 168
  任务四 价格调整策略 ………………………………………… 174
  任务五 营销实践:撰写价格策略分析报告 …………………… 178

项目六 建立和管理产品分销渠道 …………………………………… 181
  任务一 认识分销渠道 ………………………………………… 184
  任务二 设计分销渠道方案 …………………………………… 195
  任务三 分销渠道管理 ………………………………………… 206
  任务四 营销实践:设计渠道方案 …………………………… 215

项目七 制定促销组合方案 ……………………………………………… 218
  任务一 认识促销组合 ………………………………………… 221
  任务二 制定促销组合方案 …………………………………… 235
  任务三 营销实践:设计促销组合方案 ………………………… 241

项目八 创建和管理忠诚的顾客关系 …………………………………… 245
  任务一 创建顾客关系 ………………………………………… 247
  任务二 管理顾客关系 ………………………………………… 258
  任务三 营销实践:撰写顾客关系分析报告 ………………… 264

项目九 网络时代营销新方式 …………………………………………… 267
  任务一 自媒体营销 …………………………………………… 268
  任务二 移动营销 ……………………………………………… 277
  任务三 数据营销 ……………………………………………… 281
  任务四 营销实践:分析营销新方式的应用 ……………………… 283

项目十　营销过程管理：计划、组织与控制……287
　　任务一　市场营销计划的制订……288
　　任务二　市场营销组织的设计和管理……293
　　任务三　市场营销控制……300
　　任务四　营销实践：撰写营销计划书……307

营销实践参考阅读……311

参考文献……340

项目一　认识市场营销

知识目标：掌握市场营销的定义、市场营销过程模型；理解市场营销的核心概念；了解企业开展营销的重要性。

技能目标：能够结合市场营销过程模型解释和分析企业营销活动；能够结合企业和消费者行为解释营销核心概念；能结合案例撰写营销重要性认识报告。

基本素养目标：培养学生对企业营销活动的认识、分析、判断能力；培养学生养成主动观察、独立思考、解决问题的习惯。

导入案例

一个经典的案例——三个业务员寻找市场

美国一家制鞋公司要寻找国外市场。公司派了一个业务员去非洲的一个岛国,让他了解一下能否将公司的鞋子销售给他们。这个业务员到非洲后待了一天,发回一封电报:"这里的人从不穿鞋,没有市场。我即刻返回。"公司又派出了另一个业务员,第二个业务员在非洲待了一个星期,发回一封电报:"这里的人从不穿鞋,鞋的市场很大,我准备把本公司生产的鞋卖给他们。"公司总裁得到两种不同的结果后,为了了解更真实的情况,于是又派出了第三个业务员。该业务员到非洲后待了三个星期,发回一封电报:"这里的人从不穿鞋,原因是他们脚上长有脚疾,他们也想穿鞋,不过不需要我们公司生产的鞋,因为我们的鞋太窄。我们必须生产宽鞋,才能适合他们对鞋的需求。这里的部落首领不让我们做买卖,除非我们借助于政府的力量和公共活动搞大市场营销。我们打开这个市场需要投入大约1.5万美元。这样我们每年能卖大约2万双鞋,在这里卖鞋可以赚钱,投资收益率约为15%。"

营销启示:三个业务员的不同结论,其实反映了他们对市场、对营销不同的理解,体现出不同的营销观念。第三个业务员的工作基本反映了现代市场营销的过程,即了解市场和顾客需求、设计以顾客为导向的营销战略、制定营销组合方案、建立良好的顾客关系、满足顾客需求并获取利润。

到目前为止,没有一个企业不谈营销。不仅如此,几乎所有的组织都涉及营销问题,可见营销对组织生存和发展的重要性。本项目的学习内容是全书的基础,其任务是将营销的定义、营销的核心概念、营销的过程展现出来,并以此来认识营销的重要性。

任务一　市场营销与市场营销过程

一、市场营销的定义

美国著名营销学者菲利普·科特勒、加里·阿姆斯特朗在其教科书《市场营销原理》中对市场营销从宽泛角度和企业狭义角度下的定义。从宽泛度讲："营销是通过创造和交换产品及价值，从而使个人或群体满足欲望和需要的社会和管理过程。"这一定义说明了市场营销的实质是一种社会性的管理活动，其本质是交换产品或价值，其主体是个人或组织，客体是市场，目的是参与者满足各自的需要。从企业狭义角度讲："营销是企业为了从顾客获得利益回报，创造顾客价值和建立牢固关系的过程。"

二、市场营销过程模型

按照微观市场营销定义，它可以理解为下面几个方面：对市场和顾客需求的认识；设计符合市场和顾客需求的营销战略；制定具体可实施并具有价值的营销策略方案；建立长期、有利可图、让顾客满意的关系；从顾客身上获得价值回报，并创造顾客价值。企业营销过程模型如图1-1所示。

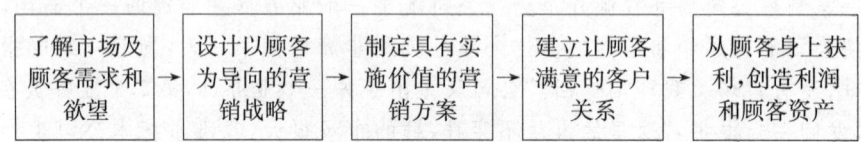

图1-1　企业营销过程模型

企业营销过程说明企业营销工作的起点是了解市场需求，终点是满足市场需求，从顾客身上获利，通过设计营销战略、制定具体实施方案、建立比较稳固的客户关系来实现此过程。

任务二　理解市场营销过程模型

在任务一里，我们知道了市场营销的过程模型。任务二中，我们将对市场营销过程进行进一步的理解。在今后的项目中，我们将深入讨论市场营销过程的每一个步骤。

一、了解市场和顾客需求

1. 需要、欲望和需求

需要是指人们感到没有满足的一种状态。比如，人饥饿时有充饥的需要，口渴时有解渴的需要，还有被他人关爱的需要，对社会安全的需要等。这些需要不是营销人员创造的，而是人类所固有的，是营销工作的基石。按照马斯洛需要层次理论，可以把人们的需要分为五个层次：生存需要、安全需要、社会需要、尊重需要、自我实现需要，马斯洛同时指出一个人总是首先满足最基本、最重要的需要，然后才能向更高级的需要形式发展。

所谓欲望，是指对具体满足物的愿望。它是需要派生出来的一种形式，它受到一定社会文化和个性的限制，因此是人类受文化和个性影响后表现出来的一种形式。如人在饥饿时想要得到食品,但是一个中国人和一个西方人在饥饿时所表现出来的欲望可能不同,中国人的欲望可能是米饭充饥,西方人的欲望可能是汉堡充饥。在需要基础上演变出来的欲望可能是无限多样的,随着社会的发展和进步,人们的欲望将日益多样化和复杂化,因此企业营销的任务就是要通过创造并开发出丰富多样的满足物来满足人们的欲望。人们的欲望是多样无限的,但人们的支付能力是有限的,因此人们会理性地根据各自的支付能力来选择其认为最有价值的满足物来满足其欲望,这样欲望就转变成需求。

所谓需求,是指对有能力购买并且愿意购买的某个具体满足物的欲望。需求意味着企业营销的机会,只有了解顾客需求并开发出相应满足物,才能最终实现营销目标。

情境案例

有一个餐厅生意好,门庭若市,老板年纪大了,想要退休,就找了三位经理过来。

老板问第一位经理:"先有鸡还是先有蛋?"第一位经理想了想,答道:"先有鸡。"

老板接着问第二位经理:"先有鸡还是先有蛋?"

第二位经理胸有成竹地答道:"先有蛋。"

老板又叫来第三位经理,问:"先有鸡还是先有蛋?"

第三位经理镇定地说:"客人先点鸡,就先有鸡;客人先点蛋,就先有蛋。"

老板笑了,于是擢升第三位经理为总经理。

点评:先有鸡还是先有蛋?如果你一味地想这个问题的答案,永远也不会有结果。以前在争论先有物质还是先有意识这一哲学的基本问题时,就有哲学家提出过"先有鸡还是先有蛋"的命题,如今,这第三位经理给出了这一命题的营销学答案,这就是——客人的需求永远是第一位的。

2. 营销供给物

人们的需要和欲望总是通过具体产品来满足的,市场营销学中称之为营销供给物。所谓营销供给物,是指提供给某个市场来满足某种需要或欲望的任何东西。菲利普·科特勒曾将产品定义为:产品是能够提供给市场以满足需要和欲望的任何东西。因此,我们可以将产品看成是营销供给物的总称。此产品的含义不仅包括传统观念上的实体或有形产品,而且包括诸如服务、信息、思想、体验等无形产品。对营销供给物我们主要介绍以下几个概念:

① 商品。这里指的是有形的实体商品,它在国民经济构成中占有主导地位,也是消费者、营销者最关注的营销供给物之一。

② 服务。服务是一方向另一方提供的基本上无形的任何活动或利益,并且不导致任何所有权的产生,它可能与某种有形产品紧密联系在一起,也可能毫不相关。随着社会经济的发展,服务在国民经济中所占的比重越来越大。在发达的美国,第三产业已大大超过第一、第二产业,20世纪末达到74%以上,在我国国民经济核算体系中,第三产业比重也在不断上升,2005年就达到了40.7%。服务业包含广泛,如金融、保险、教育、医疗、交通运输、商业、餐饮、旅游、影视、报刊、电信等。

③ 体验。体验可以理解为"对消费者来说,能诱惑其感观、触动其心灵、启迪其思维的营销供给物"。企业可以精心安排一些产品或服务,为消费者创造一种品牌体验。如汽车展中的汽车模特、试驾;近年来出现的高校游等。

④ 事件。一件事件也可以作为满足人们需要或欲望的供给物,营销者可以将其作为一个商业计划去运营。比如奥运会,申办奥运需要运营、举办奥运更需要运营,这不仅是体现国家经济实力,提高举办城市知名度的机会,也是获取盈利的机会,更是一国企业和产品品牌走向国际化的良机,甚至在一定时期内为一国经济发展提供机遇。如1984年洛杉矶奥运会:财政上盈利余2.5亿美元,开创了历史上的记录;1988年汉城奥运会:促使韩国经济第二次飞跃,增加了19 000亿韩元的收入;西班牙巴塞罗那:1992年第25届奥运会,旧城变新城;亚特兰大:1996年第26届奥运会全面带动了美国高科技、网络等多种行业的发展;悉尼:2000年举办的第27届奥运会对澳大利亚的经济带动是空前的。

⑤ 人员。人员诸如政治竞选者、宗教领袖、明星、英雄人物等,在市场营销活动中,利用和创造名人效应已经非常普遍,这方面事例不胜枚举。

⑥ 地点。地点主要包括地区或国家、城市、旅游景点、购物中心等。其营销者可以是政府、房地产商、广告或公共关系机构等。

⑦ 组织。组织包括营利性组织、非营利性组织、政府机构等。一个在人们心目中有良好形象的组织,人们会为使用其产品、接受其服务而愉悦,能为成为其中一员而自豪。

⑧ 信息。传统的、现代的媒体每天向人们传递着各种各样大量的信息。营销信息的目的是让人们享受信息带来的利益,这种利益可能是经济上的,也可能是精神上的,这是信息成为营销供给物的原因。信息的生产、包装、分销已经成为信息时代的重要产业。

⑨ 思想或观念。思想观念影响着人类社会及经济发展的节奏和方式。先进正确的思想观念是人们所追求的,但并非是人们能立即接受的或其影响是有限的,因此需要进行思想观念营销。大如如何处理经济发展与环境的关系,小如食品安全意识、吸烟有害健康等。

⑩ 财产权。财产权是指所拥有的财产的合法权利。如房地产权、金融资产所有权等。

3. 价值与满意

人们是否购买产品或接受服务,不仅取决于其效用,还取决于人们获得其效用的代价或者说是成本,这就是通常所说的价值。而效用的大小往往是由主观决定的,人们会根据自己对产品或服务的感知价值和满意形成期望,从而做出购买的选择。当人们感到以较小的代价获得较大的效用时,则会十分满意,满意的顾客会重复购买,而成为忠实顾客,同时还会把自己的满意体验传递给他人,不满意的顾客会转向竞争对手,并转达对此产品或服务的批评。所以企业不仅要为顾客提供产品或服务,还要使顾客感到在交换中实现较高的价值,这样才能促使市场交易的顺利实现,才能建立稳定的市场。由此可见,价值和满意是发展和管理顾客关系过程中的关键基石。

4. 交换和关系

人们获得满足其欲望或需求的方式通常包括:自行生产、强行获取、乞讨、交换。交换方式是现代经济生活中最重要的方式,也是市场营销基本精神的体现。当人们开始通过交换来满足欲望和需求时,就出现了营销。

所谓交换,是指通过提供某种东西作为回报,从他人那里取得所要的东西的行为。交换的发生有五个条件:第一,至少有两方;第二,每一方都有被对方认为有价值的东西;第三,每一方都能沟通信息和传送货物;第四,每一方都可以自由接受或拒绝对方的产品;第五,每一方都认为与另一方进行交易是适当的或称心如意的。

交换是一个过程,而不是一次性活动。参与交换的双方(多方)都会经历一个寻找适合的产品或服务、进行谈判、达成协议的过程。一旦达成协议，交易行为就发生了。交易是交换活动的基本单元，是由双方之间的价值交换所构成的行为。一次交易包括三个可以度量的实质内容：一是至少有两个有价值的事物；二是买卖双方所同意的条件；三是协议的时间和地点。例如，某人要购买一套房子，他的整个过程包括：收集并分析房产市场信息、实地察看、价格谈判、付款、办理手续等，这一过程在任何一个环节形成障碍，交易行为均不会发生。

营销工作者在交换和交易过程中的任务，包括对顾客需要的确认，寻找或开发产品或服务，提供相关信息，协调生产及运输，促使交易发生，售后服务等。在实际营销工作中，营销人员对交换过程应该有透彻的了解，并设计相应的营销策略。

企业在市场营销活动中，要使自己的经营业绩稳定增长或稳定自己的市场份额，就必须不断吸引新客户、创造新交易，同时还要保持老客户。也就是说，营销包括与想要营销供给物的目标人群建立和保持合理关系的所有活动。这里的目标人群不仅包括公司内部的人员（为顾客服务的团队），而且包括公司外部的合作伙伴，如供应商、分销商、零售商和其他中介机构。现在几乎所有的公司都加强了与供应链上所有伙伴的联系，其目的是建立自己的营销网。可以这样说，现代公司之间的竞争是建立在各自的营销关系网的平台之上，而不再是单个公司之间的竞争。

5. 市场

市场是由交换和关系导出的概念。市场是发展动态的概念，随着社会生产的发展，市场内涵也随之变化。对于市场的定义，存在以下几方面不同的理解：

（1）市场是商品交换的场所。这是一种狭义、古老的市场概念，强调市场空间的、地理的含义，指出市场是买者和卖者聚集在一起进行商品交换的地点和场所。如"菜市场"等。

（2）市场是商品所有者全部交换关系的总和。这是一种广义的、反映实质的市场概念，明确市场是商品交换和流通的领域。现代商品经济条件下，"场所"已无法覆盖市场内涵。如"粮食市场""石油市场"等。

（3）市场是指某种产品的实际购买者和潜在购买者的集合。这些购买者都具有某种需要或欲望，并且能通过交换得到满足。这一概念是从营销的角度给市场下的定义。这一概念指出市场是由具有特定欲望或需要，而且愿意并能够通过交换来满足这种欲望或需要的全部顾客。

从营销的角度看，市场可形象地用下面公式来表示：市场＝人口＋购买能力＋购买欲望。即人口、购买能力、购买欲望决定了市场规模和潜力的大小。要形成市场，这三个因素缺一不可，人口是基本前提，没有人（购买者）不能构成市场，有了人口基本条件，人们想购买但不具购买所必需的支付货币的能力，或者具有购买支付能力但不想购买，同样也不能构成市场。

对市场的分类，市场营销学一般依据两个标准。一是根据购买者身份，可划分为消费者市场、生产者市场、中间商市场、政府市场。购买者身份不同其需求和购买行为也就不同，这样的分类有助于营销者针对不同的顾客制定不同的营销策略。二是根据产品或服务的具体用途，可划分为生活资料市场、生产资料市场、技术市场、房地产市场、金融市场，等等。这样的分类有助于营销者从研究不同产品或服务的特点来制定相应的营销策略。

二、设计以顾客为导向的营销战略

营销管理能帮助企业设计以顾客为导向的营销战略。营销管理是选择目标市场并与之建立有利关系的艺术和科学。营销管理的目的是通过创造、传递和交流优质的顾客价值来发现、吸引、保持和发展目标顾客。要设计以顾客为导向的企业营销战略,首先要清楚的是企业将给什么样的购买者(顾客、目标市场)服务;其次要清楚的是怎样为这些顾客服务。因此,营销管理者必须决定目标顾客是谁,以及他们的需求水平、需求时间和性质,并解决如何满足。可以看出营销管理是一个过程,包括分析、计划、执行、和控制;营销管理就是顾客管理和需求管理。

设计以顾客为导向的营销战略的基本思路如图1-2所示。

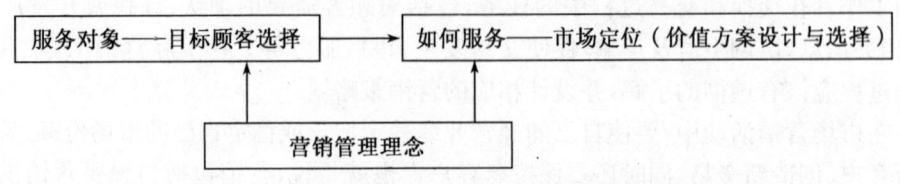

图1-2 设计以顾客为导向的营销战略的基本思路

1. 选择目标顾客

企业要清楚并决定服务什么样的顾客,就必须通过市场细分即把市场划分为不同顾客,并选择目标市场即企业要针对的那部分顾客来实施营销活动。企业不仅要决定自己的目标顾客是谁,而且要清楚目标顾客的需求水平、需求时间和性质。

2. 选择价值方案

企业决定为什么样的顾客服务后,还要决定怎样为目标顾客服务——企业如何在市场中定位,如何实现与其他企业的差异化。这就要求企业设计能满足顾客需求的有价值和利益的组合方案——价值方案。这些有价值和利益的方案要能回答顾客:"为什么我要买你的品牌而不是竞争对手的品牌?"

3. 树立正确的营销管理理念

营销管理理念又称市场营销管理哲学或市场营销观念,它是企业对其营销活动及管理的基本指导思想、观念、态度或思维方式,其核心是如何处理企业、顾客及社会之间的利益。企业在进行营销活动时可能采用以下观念:

(1) 生产观念

生产观念是最早的营销思想,其产生或适用的市场条件是,卖方市场;产品成本或价格太高,可通过提高效率降低成本,扩大销路。生产观念指导下企业营销活动的重心是提高生产效率和分销效率,扩大产量,降低成本,解决供不应求的问题。生产观念的基本观点可以概括为:企业能生产什么,就卖什么;以生产为中心,企业生产得越多,企业利润也就越多。可以看出,生产观念是一种重生产、轻营销的营销哲学。

情境案例

江西某麻纺厂在市场经济的大潮中,不能适应市场需求去调整产品结构,开发新产品,在麻袋产量大大超过市场需求的情况下,仍然是单打一地一条麻袋走到黑,造成产品大量积压,累计亏损6 013万元,走到了破产的边缘。营销观念滞后于市场经济的发展,是其亏损的重要原因。

(2) 产品观念

产品观念是类似于生产观念的营销理念。产品观念适用的市场条件是,卖方市场;市场竞争的基础是质量和价格。产品观念认为,消费者欢迎那些质量好、价格合理的产品,企业应致力于提高产品质量,只要价廉物美,顾客自然盈门,无须大力推销。可以看出,产品观念基本的观点是生产最好的产品。

以现代市场条件来分析,产品观念认识的误区就在于看不到市场的发展和变化,看不到营销环境的变化,从而容易导致"营销近视症",即在市场营销管理中缺乏远见,只看见自己的产品质量好,而看不见市场需求的变化,结果必然把自己引入困境。

情境案例

美国爱尔琴钟表公司自 1869 年创立到 20 世纪 50 年代,一直被公认为是美国最好的钟表制造商之一。该公司在市场营销管理中强调生产优质产品,并通过由著名珠宝商店、大百货公司等构成的市场营销网络分销产品。1958 年之前,公司销售额始终呈上升趋势。但此后其销售额和市场占有率开始下降。造成这种状况的主要原因是市场形势发生了变化:这一时期的许多消费者对名贵手表已经不感兴趣,而趋于购买那些经济、方便、新颖的手表;而且,许多制造商迎合消费者需要,已经开始生产低档产品,并通过廉价商店、超级市场等大众分销渠道积极推销,从而夺走了爱尔琴钟表公司的大部分市场份额。爱尔琴钟表公司竟没有注意到市场形势的变化,依然迷恋于生产精美的传统样式手表,仍旧借助传统渠道销售,认为自己的产品质量好,顾客必然会找上门。结果,致使企业经营遭受重大挫折。

(3) 推销观念

推销观念是生产观念的发展和延伸,是仍然以"企业为中心"的营销思想,其产生和适用的市场条件是,卖方市场向买方市场过渡期;市场竞争不仅包括质量和价格,还包括促销活动的竞争。

推销观念在企业营销活动中的基本观点是,我卖什么,顾客就得买什么;以销售为中心,只有卖得多,利润才会多。这种观念认为,顾客不会主动购买,更不会主动购买数量较多的产品,只有采取强有力的推销措施,顾客才会买更多的产品,产品销售能否成功,能否获得更多利润,关键取决于企业的推销能力。

推销观念导致管理者的工作重点是用尽一切手段刺激顾客购买企业的产品,使企业产品能尽快地推销给顾客。这种只重视企业的销售,而不顾产品是否真正符合消费者需要的理念,对企业持续发展的作用是可想而知的。

情境案例

三株口服液的销售额在 1994 年达 1.25 亿元,1995 年猛增到 23 亿元,1996 年则达到惊人的 80 亿元。支撑这个销售奇迹的是三株惊人的推销手段,它在全国所有大城市、省会城市等注册了 600 个子公司,吸纳了 15 万名推销人员,三株的传单、招贴、标语和横幅满天飞,成为家喻户晓的品牌。但是,一方面由于管理体制的原因,另一方面也与三株狭隘的推销观念有关。三株只注重花大量人力物力把生产出来的产品推销出去,而忽视了市场的调查研究工作,致使产品功能与消费者日益变化的需求脱节。这样一来,即使是最好的推销手段也难以吸引消费者。由此三株销售业绩开始逐年滑坡,还欠下大笔贷款。一个盛极一时的品牌就这样逐渐被人们所淡忘。

(4) 市场营销观念

市场营销观念认为,实现企业目标的关键在于正确确定目标市场的需求和欲望,并且比竞争者更有效地满足顾客的欲望和需要。

市场营销观念产生和适用的市场条件是,买方市场;市场竞争激烈,竞争是全方位的。市场营销的基本观点是,市场需要什么,就生产什么,就卖什么;以消费者需求为中心,了解消费者需求是营销活动的起点,满足消费者需求是营销活动的终点;正确处理满足顾客需求与企业自身长期利益的关系。

市场营销观念是企业营销管理思想史上一次巨大的突破,其与传统经营观念的比较见图1-3。

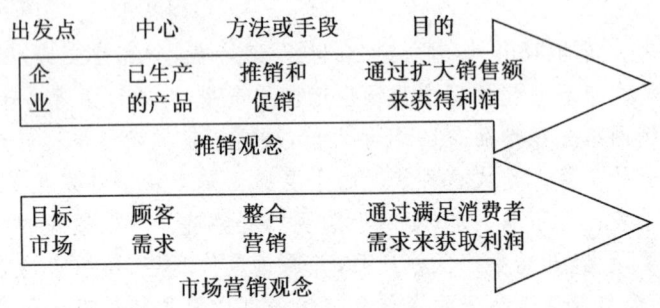

图1-3 推销观念与市场营销观念的比较

(5) 社会营销观念

社会营销观念是对市场营销观念的进一步完善发展。它产生于20世纪70年代西方资本主义国家出现能源短缺、通货膨胀、失业增加、环境污染严重、消费者保护运动盛行,以及可持续发展思潮大行其道等市场环境形势下。社会营销观念产生和适用的市场环境条件是,买方市场;社会长远利益;可持续发展。

市场营销观念的中心是满足消费者的需求和欲望,进而实现企业的利润目标。但往往会出现在满足个人需求时;与社会公众利益发生矛盾,企业的营销努力可能不自觉地造成了社会损失。与市场营销观念相比,社会营销观念有以下特点:在继续坚持通过满足消费者和用户需求及欲望而获取利润的同时,更加合理地兼顾消费者和用户的眼前利益与长远利益,更加周密地考虑如何解决满足消费者和用户需求与社会公众利益之间的矛盾。可以看出,社会营销观念的基本观点是,不满足有害的社会需要,以实现消费者满意以及消费者和社会公众利益的长远福利,作为企业的根本目的和责任。

情境案例

青岛澳柯玛集团是我国最早被认定为"中国驰名商标"的四家家用电器企业之一,且为中国独家"中国电冰柜大王"企业,目前综合实力列行业第七位,是国家大型一级企业,山东省重点工业企业集团。

可持续性发展是澳柯玛集团企业发展的根本方向,澳柯玛集团在同行业内率先开始致力于无CFC替代项目改造工作,并已成为全球最大的无CFC电冰柜生产基地,同时在电冰柜、洗碗机生产行业内最先通过了ISO14001环境管理体系认证。目前,澳柯玛正向节能、环保高科技家电产品领域开辟新的发展空间,进行充分的产品结构、组织结构调整工作,实施产品的"纵向拉长,横向拓宽",规划在未来3年及更长的时期内,在国内占领环保、节能家电行业的领头地位,带领中国家电行业向世界家电王国进军。

三、制定营销组合方案

企业营销战略所表述的是企业将要服务的对象以及如何为这些对象创造价值的方法。而制定营销组合方案则要求企业创建营销项目,以向顾客(服务对象)传递价值。这构成了企业的营销组合,它是营销战略的具体执行方案。

营销组合主要包括产品、价格、渠道、促销。企业要想向目标传递自身的价值观,必须创造出能够满足顾客需求的营销供给物(产品),必须给这个产品确定一个价格,必须使这个产品能方便地接近目标顾客,必须与顾客进行沟通说明、展示产品的优点并说服顾客购买。

营销组合我们将在项目四至项目七中加以详细说明。

四、建立有价值的顾客关系

了解市场、分析消费者需求、设计营销战略、制定营销组合方案,其目的是为了建立有价值的顾客关系。

1. 客户关系管理

客户关系管理(customer relationship management,CRM)是指通过传递优质的顾客利益和满意来建立和保持有价值的客户关系的整个过程。它包括获得、保持、增加顾客等所有方面问题的处理。

可以看出,建立客户关系的关键要素是顾客价值和满意。满意的顾客容易成为忠诚的顾客,从而可以带来更多的业务。企业要吸引、维持顾客,就必须提供给顾客最高感知价值的产品,因为展现在顾客面前的往往是一系列产品和服务。

随着营销理念和环境的变化,现在许多企业与客户的连接方式发生了变化:一是营销人员认识到他们并不是想和任何一位顾客进行连接,而是更专注于把目标对准那些人数更少,但获利更多的顾客。二是企业不再仅仅局限于寻找新顾客并与他们完成交易,而是维持现有顾客并且与他们建立有价值的持久关系。三是电子商务等技术环境的变化使得许多企业与顾客直接连接。

2. 合作伙伴关系管理

营销者在创造顾客价值、建立牢固的顾客关系时,必须和一系列的营销伙伴合作,主要包括公司内部合作伙伴和公司外部合作伙伴。

过去,企业的营销人员是顾客与企业各部门的中介,顾客的需求通过营销人员与企业各部门进行交涉,使各部门满足顾客要求。在现代的营销活动中,公司的营销人员不再享有与顾客接触的特权,公司的每个职能部门都可能会和顾客打交道。因此,现代企业不再让每个部门追求各自的目标,而是将所有部门连接起来,以便创造顾客价值;现代企业不再只是让销售或营销人员与顾客接触,而是组建跨部门的顾客开发团队。

现代企业营销活动与外部的营销合作方式也发生了巨大变化,许多企业都与其他企业结成网络,供应链管理是一种最好的表述。供应链是一条长于分销商、零售商、其他中介形成的营销渠道,它起于原材料,终于最终消费者购买的最终产品。供应链管理使得企业加强与链条上所有伙伴的合作。不同企业之间的竞争已不仅是其自身绩效的竞争,而且表现在其供应链与竞争者的供应链绩效之间的竞争。企业不再将供应商作为卖主、将分销商作为顾客,而是将他们看作顾客让渡价值的伙伴。

如何认识顾客关系以及怎样维系顾客关系,本教材将在项目八中进行详细说明。

五、从顾客身上获利

市场营销过程的前面四个步骤通过创造和传递优质的顾客价值建立了顾客关系,最后一步是要获取回报,回报形式包括现在或将来的销量、市场份额、利润等。企业培育一批高度满意的顾客对企业忠诚,会持续购买,这对企业来说意味着更长远的回报。那么企业如何实现呢?

1. 培养顾客忠诚度

顾客满意度是评量过去的交易中满足顾客原先期望的程度,而顾客忠诚度则是度量顾客再购及参与活动的意愿。顾客满意是顾客忠诚的保证,顾客满意程度不同,顾客的忠诚度就有很大区别。

顾客忠诚度是指客户因为接受了产品或服务,满足了自己的需求而对品牌或供应(服务)商产生的心理上的依赖及行为上的追捧。

顾客忠诚主要通过顾客的情感忠诚、行为忠诚和意识忠诚表现出来。其中情感忠诚表现为顾客对企业的理念、行为和视觉形象的高度认同和满意;行为忠诚表现为顾客再次消费时对企业的产品和服务的重复购买行为;意识忠诚则表现为顾客做出的对企业的产品和服务的未来消费意向。这样,由情感、行为和意识三个方面组成的顾客忠诚营销理论着重于对客户行为趋向的评价,通过这种评价活动的开展,反映企业在未来经营活动中的竞争优势。

现代企业已经意识到丢失一个顾客意味着流失的不止一份销量,实际上流失的是这个顾客一生将要购买的总量。这就是客户终身价值的含义。

2. 增加客户份额

好的客户关系管理不仅能创造顾客满意,从而增加顾客忠诚来获取顾客的终身价值,还能增加客户份额。

客户份额指顾客在同类产品中购买本公司产品的比例。许多企业现在不再花大量时间来寻找怎样增加市场份额的方法,而是花更多时间努力让客户份额有所增加。努力提高市场份额意味着将尽可能多的产品卖给尽可能多的客户,企业要努力不停地开拓新客户。与此相反,追求客户份额则是确保拥有更多忠诚客户,并确保客户购买更多的产品,企业努力的方向是提高客户满意度和忠诚度。一言以蔽之,市场份额可能意味着"广种薄收",而客户份额则是"精耕细作"。

3. 建立客户资产

由上面的阐述可以看出,客户关系管理不仅要培养有价值的客户,而且希望获取他们的终身价值。客户关系管理的最终目的是产出高额的客户资产。

客户资产(customer equity)是与客户终生价值(customer life time value, CLV)密切相关的概念。客户资产就是指企业所有现在和潜在顾客终身价值折现值的总和。换句话说,客户的价值不仅仅是客户当前的盈利能力,也包括企业将从客户一生之中获得的贡献的折现净值。把企业所有客户的这些价值加起来,就是企业的客户资产。

企业有价值的客户越忠诚,其客户资产就越高。销售量、市场份额反映的是过去企业经营的情况,而客户资产则预示着企业未来经营的情况。可以说,客户资产是一个能更好地衡量一个企业业绩的标尺。企业必须谨慎地管理客户资产,应将客户忠诚度与客户价值结合起来考虑来管理客户的投资价值。

营销过程第五步的内容应该体现在客户关系管理的理论体系中,本教材将在项目八中进行适当论述。

任务三 认识市场营销的发展与变革

市场营销的发展与变革,以时间序列进行分析通常认为,从20世纪初的初创时期开始,经历应用时期、变革时期,到20世纪70年代至今的发展时期,各阶段分析说明了不同时期经济发展的特征,及相对应的营销理念、策略等。市场营销之父菲利普·科特勒将其中标志性的思想贡献结合西方市场的演进分为以下七个阶段,即战后时期(1950—1960年),高速增长期(1960—1970年),市场动荡、混沌时期(1970—1980年),一对一时期(1990—2000年)以及价值观与大数据时期(2010年至今)。不同的阶段都提出了重要的营销理念,比如,我们熟知的市场细分、目标市场选择、市场定位、营销组合4P策略、服务营销、营销投资回报率(ROI)、客户关系管理以及社会化营销、大数据营销、营销3.0。营销的发展历程见图1-4。

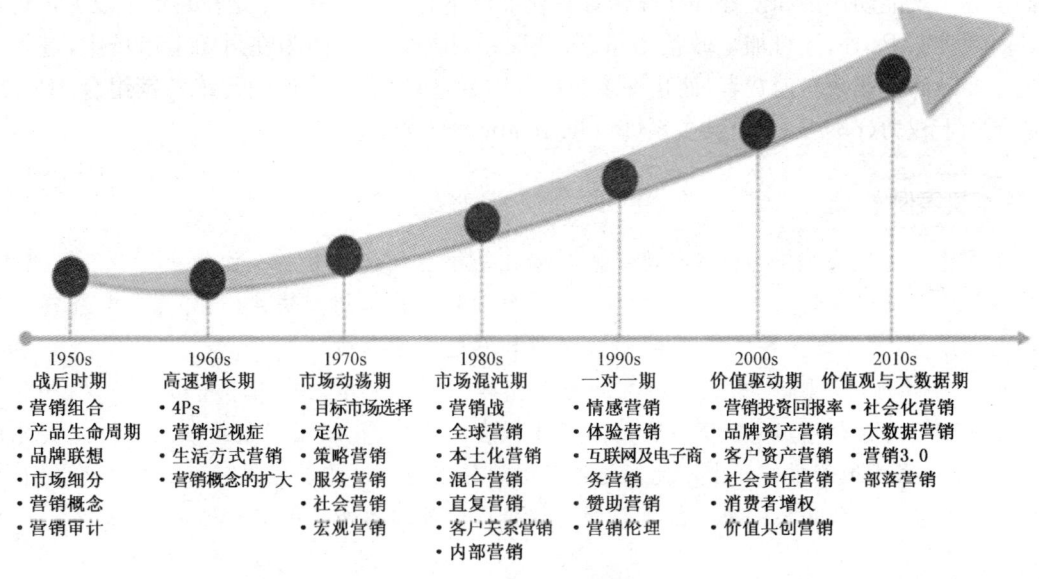

图1-4 营销的发展历程
来源:菲利普·科特勒2015年世界营销峰会演讲,东京

从营销思想进化的路径来看,我们可以发现,首先,营销所扮演的战略功能越来越明显,逐渐发展成为企业发展战略中最重要和核心的一环,即市场竞争战略,帮助建立持续的客户基础,建立差异化的竞争优势,并实现盈利;其次,50年来,营销发展的过程也是客户逐渐价值前移的过程,客户从以往被作为价值捕捉、实现销售收入与利润的对象,逐渐变成最重要的资产,和企业共创价值、形成交互型的品牌,并进一步将资产数据化,企业与消费者、客户之间变成一个共生的整体;然后,营销与科技、数据连接得越来越紧密,企业中营销技术、数字营销等岗位的设置,要求营销管理人员既要懂营销,还必须懂得如何处理数据、应用数据、洞察数据,并了解如何应用新兴科技将传统营销升级。

关于市场营销的发展与变革,还有从战略导向、营销中心的角度去进行分析说明的。如从战略性的营销导向来分,菲利普·科特勒将营销分为产品导向、客户导向、品牌导向、价值导向以及价值观与共创导向等阶段。菲利普·科特勒在《营销革命3.0》中系统分析了在新浪潮科技推动下的营销模式与营销的未来趋势,认为在近60年里营销革命经历了以产品为中心的1.0时代、以顾客为中心的2.0时代,现在正进入以人文精神为主导的3.0时代。

本教材以市场营销过程模型为基础,结合现代营销理念、方法、手段,围绕对什么是营销、营销什么、怎么营销、如何进行营销管理等进行阐述。除在书中的各个项目中介绍的内容之外,这里我们介绍一些较有影响的不同时期的营销新理念,这些理念在我们将要学习的内容中均有所体现。

一、大市场营销观念

1984年,市场营销大师菲利普·科特勒针对现代世界经济迈向区域化和全球化,企业之间的竞争范围早已超越本国本土,形成了无国界竞争的态势,提出了"大市场营销"观念。大市场营销观念的核心内容:一是强调企业的市场营销既要有效地适应外部环境,又要能够在某些方面发挥主观能动作用和使外部环境朝着有利于企业的方向发展。二是在营销手段上进行拓展,除传统的4Ps外,还可加上政治力量、公共关系,即"6Ps"。因为在封闭型市场中,进入市场的主要障碍并非来自消费者,而是许多非市场因素,所以营销除运用传统营销组合4Ps外,还必须加上权力(power)和公共关系(public relation)两个P。

情境案例

美国银行业巨头花旗银行多年来一直希望在马里兰州能够开展全面的银行业务。过去,花旗在该州只能经营信用卡和其他一些小的服务项目。根据该州法律,州外银行只能提供有限的几项服务,而不准开展广告宣传、设立分行和其他业务活动。

1985年3月,花旗银行提出了要在马里兰州建立一个大型的信用卡中心的建议,并且指出这个中心可为该州增加1 000个职员的就业机会。此外,花旗还奉献给该州100万美元的现金,作为占用土地的报偿。由于他们能够聪明地想出这个对马里兰州有利的方案,使得花旗银行能成为在马里兰州第一家被批准经营全部银行业务的州外银行。

二、绿色营销

20世纪70年代,英国威尔斯大学肯·毕提(Ken Peattie)教授在《绿色营销——化危机为商机的经营趋势》一书中第一次将绿色营销定义为"一种能辨别、预期及符合消费的社会需求,并且可以带来利润及永续经营的管理过程"。1993年,国际标准化组织(ISO)成立了环境管理标准技术委员会(SIO/TC207),将环境管理工作纳入国际标准化的轨道,颁布了ISO14000系列标准。此后,我国学者也开始重视绿色营销的研究。

绿色营销是指企业以环境保护为经营思想,以绿色文化为价值观念,以消费者绿色消费为中心和出发点的营销理念、营销方式和营销策略。

所谓绿色消费,是指消费者意识到环境恶化已经影响其生活环境、生活质量、生活方式,要求企业生产、销售对环境影响最小、对消费者身心健康有益和节能降耗的绿色产品。消费者趋于绿色消费的原因有二:一是社会经济发展在为消费者谋利益的同时造成的恶劣的自然、社会环境已直接危害了消费者自身健康,因此,人们迫切要求治理环境污染,要求企业停止损害环境及人们身体健康的产品生产。二是社会经济的发展使人们收入提高,人们迫切要求高质量的生活环境及高质量的消费。

绿色营销的研究焦点是,企业营销活动同自然环境的关系,即自然环境对营销活动的影响,以及企业营销活动对自然环境的冲击。其谋求的是消费者利益、企业利益、社会利益、生态环境平衡的统一。

三、网络营销

网络营销产生于20世纪90年代,借助于互联网媒体,以新的方式、方法和理念,通过一系列网络营销策划,制定和实施的营销活动,可以更有效地促成交易的新型营销模式。

现在一般认为,网络营销是基于互联网和社会关系网络连接企业、用户和公众,向用户与公众传递有价值的信息和服务,为实现顾客价值及企业营销目标所进行的规划,实施及运营管理活动。网络营销是企业整体营销战略的一个组成部分,其实质是利用网络(不仅仅是互联网)对产品的销售环节进行跟踪服务,它自始至终贯穿于企业经营全过程,包括网络调研、客户分析、产品开发、网络促销、网络服务等。网络营销并不完全独立于传统营销活动,它与传统营销一样都是以开发产品、生产产品、宣传、销售以及增加与消费者沟通为目的,其明显不同在于实施和操作过程。

营销的本质是企业与客户之间的信息传播及交换。网络使得这种信息传播与交换变得更快捷且成本低廉,这为网络营销活动创造了条件。网络营销具有以下特点:① 方便及时性;② 沟通的双向性;③ 经济性;④ 竞争公平性。

四、关系营销

美国得克萨斯州A&M大学的伦纳德·L.贝瑞(Leonard L. Berry)教授于1983年在美国市场营销学会的一份报告中最早对关系营销做出了如下的定义:"关系营销是吸引、维持和增强客户关系。"工业市场营销专家杰克逊(Jackson,1985)从工业营销的角度将关系营销描述为"关系营销关注于吸引、发展和保留客户关系"。关系营销理论一经提出,迅速风靡全球。

关系营销是企业将自己视作社会经济系统中的一个子系统,通过与消费者、竞争者、供应商、分销商、政府机构和社会组织等相关利益方发生互动作用,建立稳定信任、相互依存的关系,特别是与顾客建立合作双赢的产品和价值交换关系,从而促进产品持续销售,实现其营销目的的社会过程。

关系营销并不是排斥传统营销策略,关系营销与传统营销的本质区别就在于对顾客的理解。传统营销对关系的理解仅仅限于向顾客出售产品,完成交易,把顾客看作产品的最终使用者;而关系营销则把顾客看作有着多重利益关系、多重需求且存在潜在价值的人。关系的内涵发展到了不断发现和满足顾客的需求,帮助顾客实现和扩大其价值,并建成一种长期的良好的关系基础。关系营销与传统交易营销比较具有以下特点。

第一,关系营销将顾客关系扩展到多重利益关系、多重需求、存在潜在价值者的关系。

第二,关系营销将交易双方利益视为互利、互补的,是双赢的合作关系。企业在创造顾客价值最大化的同时提高自身利益。交易营销则将双方利益视为一方所得另一方必有失的关系。

第三,关系营销是创造价值的过程,因为保持顾客可节约成本,提高利润。交易营销则是分配或实现生产部门已创造的价值。

第四,关系营销以保持顾客,实现顾客价值最大化为特征。交易营销则以吸引新顾客,提高市场占有率及实现利润最大化为特征。

第五,关系营销是由各职能部门实施,并实行顾客、服务质量与市场营销的整合。交易营销主要由营销部门实施,并以营销组合为基础。

五、整合营销

"整合营销"概念最初是以整合营销传播(integrated marketing communication,IMC)形式出现的。1991年,美国市场营销学教授唐·舒尔茨(Don Schultz)提出了"整合营销"传播的新概念。随后,整合营销传播开始扩展为整合营销,1995年,Paustian Chude 首次提出了"整合营销"概念,他给整合营销下了一个简单的定义:整合营销就是"根据目标设计(企业的)战略,并支配(企业的各种)资源以达到企业目标"。

整合营销是一种通过对各种营销工具和手段的系统化结合,根据环境进行即时性动态修正,以使交换双方在交互中实现价值增值的营销理论与营销方法。整合营销以市场为调节方式,以价值为联系方式,以互动为行为方式,是现代企业面对动态复杂环境的有效选择。

现代整合营销传播的特征如下:

① 在整合营销传播中,消费者处于核心地位。

② 对消费者进行深刻、全面地了解是以建立资料库为基础的。

③ 整合营销传播的核心工作是培养真正的"消费者价值"观,与那些最有价值的消费者保持长期的紧密联系。

④ 以本质上一致的信息为支撑点进行传播。企业不管利用什么媒体,其产品或服务的信息一定得清楚一致。

⑤ 以各种传播媒介的整合运用作为手段进行传播。凡是能够将品牌、产品类别和任何与市场相关的信息传递给消费者或潜在消费者的过程与经验,均被视为可以利用的传播媒介。

六、4Cs 与 4Rs 营销理论

1990年,美国学者劳特朋(Lauteborn)教授提出了与4Ps相对应的4Cs理论。4Cs理论的核心是通过双向交流,了解消费者,满足消费者需求,使消费者满意。劳特朋提出的4Cs理论的主要内容是,忘掉产品,考虑消费者的需求和欲求;忘掉定价,考虑消费者为满足其需求愿意付出的成本;忘掉渠道,考虑如何让消费者方便;忘掉促销,考虑如何同消费者进行双向沟通,因而4Cs分别代表消费者的欲望和需求(customer)、消费者为满足其需求愿意付出的成本(cost)、消费者获得产品或服务的便利性(convenience)、与消费者进行双向沟通(communication)。

21世纪初,美国学者唐·舒尔茨在4Cs的基础上提出了4Rs营销组合范式。4R 即顾客关联(relativity)、关系营销(relationship)、市场反应(reaction)、利益回报(retribution)。顾客关联是指与顾客建立关联,提高其满意度和忠诚度,减少顾客流失;市场反应是指提高市场反应速度,倾听和满足顾客的需求;关系营销则是重视关系,建立长期和稳固的关系;利益回报重视营销回报,指任何交易行为的巩固与发展对于交易主体的双方来说都存在经济利益。4Rs以竞争为导向,在新的哲学层次上概括了营销的新框架,它将企业的营销活动提高到宏观和社会层面来考虑,提出企业与顾客及其他利益相关者应建立起事业和命运共同体,建立、巩固和发展长期的合作关系,强调关系管理而不是市场交易。

关于4Cs、4Rs与4Ps理论的关系,本教材认为,4Ps是不可替代的营销组合要素,4Cs和4Rs更多的是用来为营销商提供思考问题的方向和原则,4Cs和4Rs只能看作对4Ps在观念上的完善。

任务四　营销实践:撰写营销重要性认识报告

本项目的前面部分介绍了什么是市场营销、市场营销的过程、市场营销的发展与变革。通过学习可以看出,学习市场营销的重要性有以下几个方面:一是市场营销是指导企业市场营销活动的应用性科学;二是市场营销是学生掌握营销职业技能必须学习的课程;三是市场营销的学习有助于提高社会能力。

在全面正确理解营销概念、营销观念、营销过程基本内涵的基础上,本项目营销实践的任务就是写作企业营销重要性认识报告。通过写作能够对现代营销观念有较清楚的理解,能够更好地认识营销工作对企业发展的重要性,能够对企业营销策略有基本认识。具体地说:一是理解营销就是了解消费者需求,并设法满足消费者需求的过程,即创造顾客价值、建立顾客长期关系,并获取盈利的过程;二是理解营销这一过程必然要通过制定相应的营销策略才能达到目的。

营销重要性认识报告一般分为以下三个部分。

一是开头。报告的开头应提出问题,说明报告要解决什么问题,论述的观点是什么。比如,"企业营销活动起点应该是了解市场和顾客需求",这就是一个论点。论点提出的要求要概念准确;做出的判断要符合事物发展规律;应符合人们对事物的认识习惯。

二是正文。报告的正文是分析提出的问题,说明报告为什么确立开头提出的论点。如"企业营销活动起点应该是了解市场和顾客需求"的论点,写作时应以理论——营销过程模型及企业实际活动为论据来进行论证。正文论述应该以论点为中心,分析条理分明,言之有理——符合逻辑,言之有据——理论依据与实际资料。

三是结尾。报告的结尾是提出解决问题的结论。结论可从正文论述中归纳总结得出,也可从实际情况分析中提出自己的观点、建议。结论应该总结转变为自己的认识,提出观点应正确,提出建议应鲜明、具体,结论应是概括性的并要求简洁。

由于对企业营销过程的认识还未达到较高水平,所以营销重要性认识报告,可以是针对一个企业在一段时期经营活动中营销理念的认识分析或营销策略的应用分析,可结合到企业的一个(组)产品或一次(系列)活动中进行具体说明并提出认识观点。

课后练习

一、单项选择题

1. 市场是指对某项商品或劳务具有需求的所有(　　)。
   A. 个人消费者　　B. 生产者　　C. 社会集团　　D. 现实与潜在买者
2. 现代经济生活中人们获得满足其欲望或需求的重要方式是(　　)。
   A. 自行生产　　B. 强行获取　　C. 乞讨　　D. 交换

3. "有能力购买并且愿意购买某个具体满足物的欲望"是（　　）。
   A. 需求　　　B. 需要　　　C. 欲望　　　D. 动机
4. 被认为具有"营销近视症"的营销观念是（　　）。
   A. 生产观念　　B. 推销观念　　C. 市场营销观念　　D. 产品观念
5. 社会市场营销观念中，所强调的利益应是（　　）。
   A. 企业利益　　　　　　　　B. 消费者利益
   C. 社会利益　　　　　　　　D. 企业、消费者与社会的整体利益
6. 市场营销观念的突出特征是（　　）。
   A. 以产品质量为中心　　　　B. 以产品价格为中心
   C. 以产品产量为中心　　　　D. 以消费者需求为中心
7. 企业奉行"消费中心论"是贯彻（　　）。
   A. 推销观念　　B. 市场营销观念　　C. 产品观念　　D. 生产观念
8. "我卖什么，顾客就买什么"，属于（　　）。
   A. 生产观念　　B. 推销观念　　C. 市场营销观念　　D. 产品观念
9. 自古至今许多经营者奉行"酒香不怕巷子深"的经商之道，这种市场营销管理哲学属于（　　）。
   A. 推销观念　　B. 产品观念　　C. 生产观念　　D. 市场营销观念
10. "顾客对产品感知使用效果与顾客的期望的满足关系"是（　　）。
    A. 顾客价值　　B. 顾客满意　　C. 顾客忠诚　　D. 顾客资产

二、多项选择题

1. 市场可以表述为（　　）。
   A. 商品交换场所　　　　　　B. 商品交换关系总和
   C. 商品交易过程　　　　　　D. 商品流通过程
   E. 具有购买力的顾客群
2. 可以作为营销供给物的有（　　）。
   A. 商品　　　　　　　　　　B. 事件
   C. 人员　　　　　　　　　　D. 财产权
   E. 思想或观念
3. 营销观念是营销过程中如何处理（　　）利益关系。
   A. 企业　　　　　　　　　　B. 股东
   C. 员工　　　　　　　　　　D. 顾客
   E. 社会
4. 现代营销观念与传统商业观念的区别在于（　　）。
   A. 面对市场不同　　　　　　B. 营销出发点不同
   C. 营销产品不同　　　　　　D. 营销手段不同
   E. 营销目的不同
5. 营销管理者必须决定目标顾客是谁，以及他们的（　　），并解决如何满足。
   A. 需求水平　　　　　　　　B. 需求时机
   C. 需求空间　　　　　　　　D. 需求潜量

E. 需求性质
6. 传统营销观念包括的类型有（　　）。
   A. 生产观念
   B. 产品观念
   C. 推销观念
   D. 市场营销观念
   E. 社会营销观念
7. 现代营销观念包括的类型有（　　）。
   A. 生产观念
   B. 产品观念
   C. 推销观念
   D. 市场营销观念
   E. 社会营销观念
8. 生产观念产生和流行的客观经济条件是（　　）。
   A. 产品供不应求
   B. 产品供过于求
   C. 环境污染严重
   D. 产品质量高
   E. 产品成本高
9. 大市场营销观念增加的2PS是指（　　）。
   A. 产品
   B. 价格
   C. 政治权力
   D. 公共关系
   E. 分销渠道
10. 在现代市场营销学中，组成市场的最基本要素有（　　）。
    A. 供应者
    B. 购买者
    C. 商品
    D. 购买力
    E. 购买意愿
11. 属于按购买者身份划分的市场是（　　）。
    A. 消费者市场
    B. 生产者市场
    C. 政府市场
    D. 技术市场
    E. 金融市场

三、思考题

1. 什么是市场营销？简述营销过程模型。
2. 如何理解市场营销的核心概念？
3. 什么是营销观念？试比较说明不同营销观念的内涵。
4. 绿色营销研究的焦点是什么？
5. 什么是网络营销？它包括哪些内容？
6. 什么是整合营销？
7. 说明4Cs、4Rs营销理论的内涵。

四、案例分析题

案例一：丰田、福特汽车公司的营销观念

2008年发生在广东的油荒成了各界关注的话题。当时，由于严重缺油，一些加油站被关闭，而在仍在运营的加油站前等待定量加油的汽车排成长龙，甚至许多白天上班的人，半夜去排队加油。"油荒"导致私家车的销量受到严重影响，而省不省油也成为一个重要的汽车购买参考指标。

有意思的是,30多年前,正是一场全球性的"油荒"改变了世界汽车产业格局。1973年,石油输出国组织OPEC联合起来减少石油供应,造成供应短缺和油价上涨。当时,美国车与日本车相比又大又重,于是在这场"油荒"中,以丰田为代表的小型的、便宜的、省油的日本汽车在美国市场受到了欢迎。美国的汽车进口量在70年代几乎翻了一番。1970年,进口车占全美汽车总销售量只有15%,而到了1980年,进口车的市场份额上升到了27%,而且此后进口车在美国市场上的份额始终居高不下。

在这次汽车业的大变局中,美国著名的汽车公司克莱斯勒濒临破产,而老牌霸主福特也产生了严重的亏损,若不是美国政府出面保护,美国汽车工业将很难恢复元气。

事实上,更有价值的是福特和丰田这两家公司在变局中应对之策的比较。福特公司开创了汽车的同质化生产,完成了汽车的大规模普及,并因此垂范后世。但当时,福特公司也是一个文化僵硬、缺乏个性和创新的公司。在20世纪70年代的油荒期间,它并没有根据消费者需求的变化在汽车设计上做创新,相反却指望着美国人对费油的大车的偏好能持续下去。这样的失误,等于把很大一部分市场拱手让给了轻便、节油的日本车。

研究过丰田文化的人应该了解,丰田的精细管理、创新文化是它能够超越福特,后来居上的重要原因。丰田汽车的生产效率一直被视作行业标准,今天的美国汽车公司仍然在追赶当年丰田的生产效率。尽管是福特发明了生产流水线,但包括福特、通用在内的美国汽车巨头每辆车的装配时间依然比丰田汽车长几个小时;更重要的是丰田汽车提出了必须根据每一个"我",生产出几乎是独一无二的个性化汽车,就像各人的家居设计、服装加工那样,丰田的这一举措是汽车制造商设计和营销观念上的根本性革命。也正因为诸多的创新,使得丰田作为后起之秀,成为汽车企业的楷模,虽然其销售量和营业收入不及福特,但其市值和盈利都居汽车业之冠,市值超过美国三大汽车公司和德国大众汽车公司的总和。

问题:
1. 丰田汽车公司贯彻了哪种营销观念?从案例中引用信息支持你的答案。
2. 福特和丰田的营销观念有什么不同?这对目前我国汽车产业的发展有什么借鉴意义?

案例二:从面粉到面包

美国皮尔斯堡面粉公司成立于1869年,从成立到20世纪20年代以前,这家公司提出"本公司旨在制造面粉"的口号。因为在那个时代,人们的消费水平较低,面粉公司认为不需做大量宣传,只需保持面粉的质量,大批量生产,降低成本和售价,销量就自然大增,利润会继而增加,而不用考虑市场需求特点和推销方法。1930年左右,美国皮尔斯堡公司发现,在推销公司产品的中间商中,有的已开始从其他厂家进货。本公司的销量随之不断减少,公司为扭转这种局面,第一次在公司内部成立商情调研部门,并选派了大量的推销人员,力图扭转局面,扩大销售。同时它们更改了口号:"本公司旨在推销面粉。"更加重视推销技巧,不惜采用各种手段,进行大量的广告宣传,甚至使用硬性兜售的手法推销面粉。然而各种强有力的推销方式并未满足顾客经常变化的新需求,特别是随着人民生活水平的提高,这一问题也就日益明显,迫使面粉公司必须从满足消费者的心理及实际需要出发,对消费者进行分析研究。1950年前后,面粉公司经过市场调查了解到,战后美国人民的生活方式已发生了变化,家庭妇女采购食品时,日益要求多种多样的半成品或成品,如各式饼干、点心、面包,等等,来代替购买面粉回家做饭。针对市场需求的变化,这家公司开始生产和推销各种成品或半成品的食品,其销量迅速上升。

1958年,这家公司又进一步成立了皮尔斯堡销售公司,着眼于长期占领市场,着重研究今后3～10年消费者的消费趋势,不断设计和生产新产品,培训新的销售人员。

问题:

该案例说明营销观念发展的过程中经历了几个阶段?每个阶段有什么特点?为什么会有这样的变化和特点?

五、职业技能训练题

训练项目:市场营销的认识和体验

训练内容和要求:以小组为单位,调研一家企业,分析其营销理念,写一篇调研报告,要求阐述该企业经营理念的发展变化过程及其原因,从中体会营销观念的重要性。

训练步骤:

1. 分组:将班级按4～6人一组,分成不同的小组。
2. 调研并撰写报告。
3. 研讨。以小组为单位进行研讨,在充分讨论的基础上形成小组的调研报告并制作PPT进行汇报。
4. 点评。采用同学互评和教师点评相结合的方法,综合评定每小组的实训成绩。

项目二　了解市场和顾客需求

知识目标：掌握企业营销环境的基础理论知识；了解环境分析的方法；理解影响消费者购买决策的主要因素；了解消费者购买行为的过程；理解影响组织市场购买行为的主要因素；了解组织市场购买行为的基本类型与特点。

技能目标：能够辨别影响企业营销活动的影响因素及其作用；能够识别市场环境中蕴含的机会和威胁；能够分析影响消费者购买行为的因素；能够分析消费者购买行为的过程；能够分析影响组织市场购买行为的主要因素。

基本素养目标：鼓励学生积极参与对现实经济活动的分析和讨论，增强分析、判断能力；培养学生养成主动观察、积极思考、独立分析和解决问题的习惯；培养学生团队合作的职业精神和实事求是的工作态度。

导入案例

常见的空气污染被称为悬浮颗粒物或PM 2.5，其包括灰尘、污垢和烟雾。世界卫生组织（WHO）的数据显示，世界上80%的人口暴露在有害的雾霾污染物中。PM 2.5超标最集中的地区主要在发展中国家，如中东和亚洲的一些国家，这些国家的部分地区空气污染水平比世卫组织设定的25微克安全标准高出200%。雾霾是近年中国政府在治理环境空气污染中最主要的对手。在中国，雾霾的主要来源有汽车尾气、燃煤、露天采矿等。悬浮颗粒本身的宽度小于2.5微米，比人类毛孔直径小20倍，致使污染物较容易渗透并进入皮肤。皮肤保护层在无法承受外界给予的负荷时便会被破坏，导致红疹，皮肤过敏，皮肤老化加速，频繁长暗疮、粉刺等皮肤问题。有鉴于此，很多公司都推出了包括空气净化器、空气监测器、防雾霾口罩等大众类除霾消费品。而Aqua＋Skincare公司也推出了全球首款抗雾霾面霜——PM-zero Anti-Pollution Moisturizing Cream，受到了消费者的追捧。

营销启示：企业的发展离不开环境，优秀的企业要善于根据环境的变化来推测人们需求的变化，从而开发出满足消费者需要的产品或者服务。

项目一让我们理解了营销的过程，认识了营销的重要性。本项目中，我们将遵循营销过程模型，深入探讨营销过程的第一步——了解市场和顾客需求。首先，我们应当清楚无论是企业的生产活动还是顾客的消费活动都是在一定的环境中进行的，因此要了解市场和顾客需求必须先对营销环境有所认识并进行分析。其次，要对环境进行分析必须认识掌握环境信息内涵及管理的方法，即如何管理营销信息。再次，我们的目的是对市场和顾客需求有所了解，因此本项目我们将对顾客的消费行为进行分析，为设计以顾客为导向的营销战略打好基础。

任务一　认识营销环境

市场营销是在一个复杂多变的环境中进行的,这些环境因素可能对企业的经营有利形成市场机会,也可能不利造成经营威胁。营销环境影响着企业对顾客的服务和与顾客保持关系的能力。企业要做好营销工作,了解市场和顾客需求,制定有效的营销战略,就必须首先分析营销是在什么样的环境中进行的。

美国著名市场营销学家菲力普·科特勒、加里·阿姆斯特朗的解释是,企业的营销环境是指在营销活动之外,能够影响营销部门与目标顾客建立并保持良好关系的能力的各种因素和力量。也就是说,市场营销环境是指影响企业营销活动的所有外部力量的集合,是影响企业生存和发展的各种外部条件。

市场营销环境具有多样性和复杂性、动态性和多变性、不可控性和可影响性等特点。对市场营销环境进行分析不仅是营销活动的基础,而且有助于企业发现市场机会,规避环境威胁,做出正确的营销决策。市场营销环境主要分为宏观环境与微观环境两部分。其具体如图2-1所示。

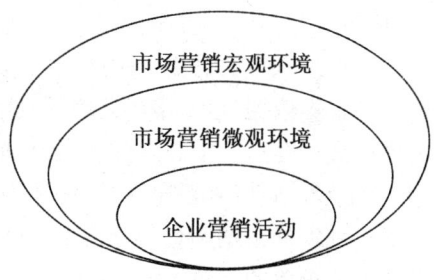

图2-1　企业营销环境的构成

一、微观环境

市场营销微观环境是指对企业服务其顾客的能力构成直接影响的各种力量,包括供应商、顾客、竞争对手、营销中介、公众和企业内部环境几个因素。微观环境因素尤其是供应商、顾客、竞争者对企业发展的影响巨大。为此,企业营销活动既要适应环境又要设法改变环境,才能在激烈的市场竞争中立于不败之地,持续、健康、稳步发展。

1. 供应商

供应商是指向企业及其竞争者提供生产产品或服务所需资源的企业或个人。供应商在整个企业顾客价值的传递系统中起着重要的纽带作用,它们所提供的资源主要包括原材料、设备、能源、劳务、资金,等等,是企业正常运转的保证,否则就没有提供给市场所需要的产品或服务。供应商对企业营销活动的影响主要表现在供应的能力——稳定性与及时性、供应的成本、供应的质量。

情境案例

iPhone X是2017年手机科技最高水准的体现,其中凝结着全球劳动者的智慧。

在苹果的供应商中,中国台湾厂商以52席占据了iPhone X元器件供应的绝对主力,包括A11芯片制造、大立光的镜片、电路板等。

接下来是美国厂商,总计44席,负责的都是最精密、高端的部件,包括A11芯片的设计、Face ID的原深投影矩阵、高通/Intel的基带、西数的闪存等。

排在第三的是日本厂商,供应包括高级材料、摄像头、CMOS等。

第四是中国大陆厂商,供应线缆、连接器、音频组建、电池等。

此外,欧洲国家、韩国(三星的屏幕、闪存等)等国家和地区也为iPhone X的生产添砖加瓦。

整体来看,亚洲地区为 iPhone X 供应了 70% 左右的零部件/原料等,做出了最主要的贡献。

iPhone X 2017 年 10 月 27 日开始接受预订,直到 11 月 3 日才正式开售。那为何 iPhone X 会推迟两个月上市呢?这与 iPhone X 的 PCB 主板导入了新的 SLP 技术有关。由于新的 SLP 装载板技术的导入,从设备到工艺再到材料全部都是新的,也使得 iPhone X 主板良品率偏低,产能受限。

2. 顾客

顾客通常就是用户或消费者,就是企业所说的目标市场。企业与顾客的关系实质上是一种生产与消费的关系。顾客的范围十分广泛,顾客市场可依据不同标准和特点划分成许多类别,一般可分为消费者市场、生产者市场、转卖者市场、政府市场和国际市场等。企业生产的目的是为了满足顾客的需要。因此,顾客及其需求是企业生产经营活动的出发点,是企业生产经营决策的根本依据,也是市场营销活动的基点。顾客是企业服务的对象,企业的一切活动都必须紧紧围绕顾客这一中心展开。只有如此,企业才能真正遵照"顾客至上""按需生产"的法则从事生产经营活动,真正树立"以顾客为中心"的经营思想,并在激烈的市场竞争中游刃有余。如何通过细致的市场调查与分析来正确选择符合企业实际情况的目标市场,这对企业的生产经营是至关重要的。对于顾客,企业营销者主要从顾客的数量、购买能力、购买需求、购买行为等几个方面来着手分析。

情境案例

据统计,大中华地区是苹果在全球的第三大市场,但苹果目前在中国智能手机市场的份额已跌至第五,与此同时,在中国市场的营收也继续"拖苹果后腿"。不管如何,苹果依然是一个让人尊敬的时代品牌。近日,手机零售平台京东发布了以"2009—2017 果然精彩"为主题的京东平台 iPhone 大数据报告,该报告涵盖了近 10 年来京东销售的 iPhone 的数据,从购买者的年龄、性别、学历以及对产品的喜好等角度进行分析,揭示了 iPhone 近 10 年来在京东平台消费趋势的变化。

据京东大数据统计,2010 年以前,iPhone 只是中国一二线城市消费者的"专享品",该区域的份额一度超过 90%,但之后因为受到用户消费能力提高以及渠道下沉的影响,三线及以下城市的消费比例上升明显。目前,一二线城市消费者份额维持在六成左右,三四线与五六线城市各占二成左右,近两年来,甚至出现了五六线城市的份额超过三四线城市的情况。

京东公布的 iPhone 数据显示,在京东上购买 iPhone 的用户中,有 51% 的人是 26~35 岁,并且 16~25 岁的年轻用户占比一路飙升,高中生的比例也在增加,iPhone 受到了越来越多年轻用户的追捧。所有在京东购买 iPhone 的用户中,有 90% 以上是大学及以上学历,高学历的人群手机消费的主要目标依旧为 iPhone。除此外,通过该数据还可以看出,iPhone 6 成为京东好评率最高的手机,达到 98.3%;而 iPhone 用户复购周期主要集中在 2~18 个月,超过一半用户重视新鲜感等。

iPhone 5s 金色版本的推出,极大地满足了中国消费用户对黄金消费的心理需求,并且迅速成为中国消费者的最爱。京东 iPhone 大数据显示,有 36% 的男性用户、34% 的女性用户选择金色版本的iPhone,金色版的iPhone成了相对较多人的选择。

而且随着智能手机屏幕的不断变大,苹果于2014年正式推出了4.7英寸的iPhone 6及5.5英寸的iPhone 6 Plus,此后的产品升级一致延续了该尺寸类型。通过京东iPhone大数据可以看出,女性手机用户更喜欢大屏,小屏相对比较受男性青睐,但是4.7英寸的屏幕,成了消费的主流,男女用户比例均在50%左右。

3. 竞争对手

竞争者是指服务于同一目标市场的其他企业(包括新进入者、替代者)和与企业争夺资源的企业。企业在目标市场进行营销活动的过程中,不可避免地会遇到竞争者或竞争对手的挑战。因为只有一个企业垄断整个目标市场的情况是很少出现的,即使一个企业已经垄断了整个目标市场,竞争对手仍然有可能想参与进来。因为只要存在着需求向替代品转移的可能性,潜在的竞争对手就会出现。企业的竞争可能来自几个方面,具体如图2-2所示。

企业要取得营销成功不仅仅是简单地满足目标顾客的需要,还必须对产品进行定位,使本企业的产品或服务区别于竞争对手。每一个企业都必须考虑竞争对手对本企业营销活动的影响。企业在制定营销策略前不仅要分析自己的规模、自己在同行业中的地位,还必须分析竞争对手,才能有效地开展营销活动。

一般来说,企业在营销活动中需要对竞争对手进行了解、分析的情况有:竞争企业的数量有多少;竞争企业规模的大小和能力的强弱;竞争企业对竞争产品的依赖程度;竞争企业所采取的营销策略及其对其他企业策略的反应程度;竞争企业能够获取优势的特殊材料来源及供应渠道。

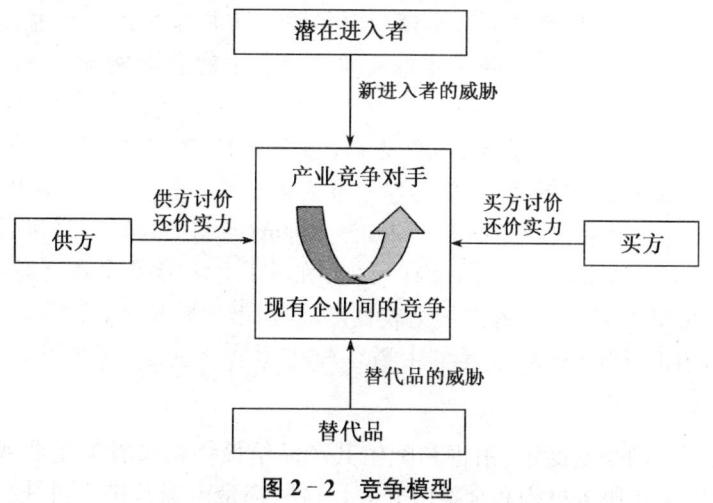

图2-2 竞争模型

情境案例

ODM(Original Design Manufacturer)直译就是"原始设计制造商"。与ODM相对的,还有一个名词叫OEM(Original Equipment Manufacture),即原始设备制造商。OEM与ODM的不同之处在于,OEM模式是本身设计、外包生产。最好的OEM例子是苹果将iPhone交给富士康代工。换句话说,ODM是"贴牌",而OEM则是"代工"。2016年,全球手机出货量达到14.7亿部,其中ODM厂商智能机出货5.2亿部,约占全球手机出货量的四成。赛诺的数据显示，2016年，国内前五大ODM厂商分别是闻泰(6 550万部)、华勤(5 790万部)、龙旗(3 200万部)、与德(2 500万部)和天珑(2 020万部)。

闻泰是目前最大的手机ODM公司，行业占有率达13%。赛诺预测2017年闻泰出货量将同比增长13%，达到7 400万部。闻泰88%的出货都是在国内，主要客户为小米(35%)、华为(20%)、魅族(17%)、中国移动(5%)、TCL(3%)。海外出货占比为12%，主要客户为阿尔卡特(5%)、华硕(2%)和Micromax(2%)。华为总体出货的9%、小米的32%、魅族的35%、联想的22%、TCL的5%的手机都是由闻泰设计的。

作为国内第二大ODM厂商，2016年，华勤智能手机出货量增长12%，行业占有率达11%，其中前三客户的订单占比高达76%。华勤86%的出货都是在国内，国外占比为14%。最大的客户是华为，占比高达41%，随后依次为联想(21%)、乐视(14%)、华硕(5%)、HTC(4%)、Micromax(3%)。华勤在平板ODM市场表现不错，去年出货达到了1 550万部，主要客户包括了华为、亚马逊、联想等全球平板出货排名靠前的几大厂商。

2016年，龙旗智能手机出货量达到了3 197万部，较2015年增长了16%，行业占有率为6%。龙旗89%的出货是在国内，国外占比为11%。最大的客户是小米，占比高达58%；第二大客户是联想，占比20%。此外，HTC(8%)、奇酷(3%)、BQ(2%)等客户的占比都很小。龙旗的出货主要是依靠小米和联想。除了手机ODM业务之外，龙旗在智能机器人领域也有布局，而在智能手环这块，龙旗拥有自有品牌"37度"，去年出货超过30万部，表现尚可。

2016年，与德拿下了多个新客户，同时与魅族、华硕的项目出货量也大幅增长，促使与德2016年总体出货增幅达到了39%，出货量达2500万部，行业占有率为5%。与德85%的出货都是在国内，国外出货占比15%。主要客户有魅族(33%)、中兴(27%)、TCL(8%)、奇酷(5%，现在品牌都是360)、联想(3%)、华硕(12%)等。从其客户结构和占比来看，相比其他ODM厂商来说要更加均衡一些。除了在魅族整体出货中的占比较高之外，与德在其他合作品牌客户出货当中的占比并不高。

2016年，天珑智能手机出货量为2 022万部，相比2015年来说，基本持平，行业占有率为3.9%。与前四大ODM厂商不同，天珑的客户群主要以海外客户为主，这也避免了国内市场激烈的价格战。而且天珑在欧洲还拥有Wiko和Sugar(目前Sugar已进军国内市场)两个自有品牌。其中自有品牌Wiko去年出货780万部，在其总体出货量中占比高达39%。总体来说，相对于其他ODM厂商，天珑的出货比较稳定，利润率相对较高。除了出货量最大的自有品牌Wiko之外，BLU、Micromax则是其主要客户，但是出货占比都比较小。

4. 营销中介

营销中介是指协助企业促销、销售和配销其产品给最终购买者的企业或个人，包括中间商、实体分配机构、营销服务机构和金融中介等。这些都是市场营销不可缺少的环节，大多数企业的营销活动都必须通过它们的协助才能顺利进行。正因为有了营销中介所提供的服务，才使得企业的产品能够顺利地到达目标顾客手中。随着市场经济的发展，社会分工愈来愈细，那么，这些中介机构的影响和作用也就会愈来愈大。因此，企业在市场营销过程中，必须重视中介组织对企业营销活动的影响，并要处理好同它们的合作关系。

(1) 中间商

中间商是指把产品从生产商流向消费者的中间环节或渠道，主要包括经销商和代理商两大类。中间商对企业营销具有极其重要的影响，它能帮助企业寻找目标顾客，为产品打开销路,为顾客创造地点效用、时间效用和持有效用。一般企业都需要与中间商合作,来完成企业营销目标。为此,企业需要选择适合自己营销的合格中间商,必须与中间商建立良好的合作关系,必须了解和分析其经营活动,并采取一些激励性措施来推动其业务活动的开展。

苹果手机中国市场渠道结构		
直营	直供	分销
Apple Store: 一二线城市 核心商圈 Apple 官网	Premium (Apple Premier Reseller): 英华龙辰、酷动、iSpace、 I-ZONE 鸿华世纪	传统分销商: 天音 爱施德 中邮普泰
	Shop: 国美、苏宁、 大国、宏图三胞	运营商: 移动终端 联通华盛 电信天翼

图 2-3 苹果手机中国市场渠道结构

情境案例

苹果以实体渠道为主,覆盖策略为分层覆盖,直营店覆盖重点一二线城市,直供店覆盖三线及以上主要城市,三线以下城市主要通过分销商进行覆盖。苹果对渠道商的管理细到店面层面,将店面分为四级,各个级别之间在店面管理规范、接受培训程度、产品供给、系统延伸等方面有所差异。

(2) 营销服务机构

营销服务机构包括营销调研机构、广告代理商、媒介经营公司、营销咨询公司,等等。这些机构提供的专业服务对企业的营销活动会产生直接的影响,它们的主要任务是协助企业确立市场定位,进行市场推广,提供活动方便。一些大企业或公司往往有自己的广告和市场调研部门,但大多数企业则以合同方式委托这些专业公司来办理有关事务。为此,企业需要关注、分析这些服务机构,选择最能为本企业提供有效服务的机构。

(3) 实体分配机构

实体分配机构主要是指货物储运公司。它是协助厂商储存货物并把货物从产地运送到目的地的专业企业。仓储公司提供的服务可以是针对生产出来的产品,也可以是针对原材料及零部件。一般情况下,企业只有在建立自己的销售渠道时才会主要依靠仓储公司。在委托中间商销售产品的场合,仓储服务往往由中间商去承担,仓储公司储存并保管要运送到下一站的货物。运输公司包括铁路、公路、航空、货轮等货运公司,生产企业主要通过权衡成本、速度和安全等因素来选择成本效益最佳的货运方式。因此,仓储公司的作用在于帮助企业创造时空效益。

(4) 金融中介

金融中介是企业营销活动中进行资金融通的机构,包括银行、信托公司、保险公司等。其主要功能是为企业营销活动提供融资及保险服务。在现代社会中,任何企业都要通过金融机构来开展业务。金融服务机构业务活动的变化还会影响企业的营销活动,比如,银行贷款利率上升,会使企业成本增加;信贷资金来源受到限制,会使企业经营陷入困境。为此,企业应与这些公司保持良好的关系,以保证融资及信贷业务的稳定和渠道的畅通。

5. 公众

公众是指对企业实现其目标的能力感兴趣或发生影响的任何团体或个人。公众对企业的态度,会对其营销活动产生巨大的影响,它既可以有助于企业树立良好的形象,也可能妨碍企业的形象。所以企业必须处理好与主要公众的关系,争取公众的支持和偏爱,为自己营造和谐、宽松的社会环境。

企业所面临的公众主要有以下几方面:

(1) 金融公众

金融公众主要包括银行、投资公司、证券公司、股东等,它们对企业的融资能力有重要的影响。

情境案例

B2C 酒水连锁零售网站酒仙网昨天对外公布,公司获得了 C 轮 2 亿元投资,这是继去年获得两轮融资后,酒仙网再一次获得资本市场的青睐。

酒仙网副总裁介绍,此次融资由北京沃衍资本管理中心等多家基金联合投资,华兴资本为独家财务顾问。他表示,目前 2 亿元资金已经到账。

"去年酒仙网销售近 5 亿元,酒仙网目前卖酒已经实现盈利,但是由于物流等投入巨大,去年公司整体亏损 8 000 万元左右",副总裁表示,公司今年上半年销售额比去年同期上涨超过 10 倍,今年全年将实现 20 亿元销售目标,而亏损额度也将大幅降低。对于一直既定的上市计划,他只是表示"希望越快越好"。

(2) 媒介公众

媒介公众是指那些联系企业和外界的大众媒介,包括报纸、杂志、电视台、电台等。

情境案例

2010 年 7 月 14 日,在洗发水市场占有大份额的霸王洗发水一夜下架。原因是香港杂志《壹周刊》爆出霸王洗发水含有致癌物质二恶烷,这一个消息严重打击了霸王的名誉。"霸王洗发水致癌"的消息将日化巨头霸王集团推上了风口浪尖。受此影响,霸王集团 H 股大跌 14.12%,市值蒸发 24.5 亿港元,霸王集团也紧急宣布临时停牌。2010 年 7 月 30 日下午,《每日经济新闻》报社遭到自称为"霸王"洗发水的 3 名工作人员的冲击,冲突疑与霸王洗发水报道有关。虽然霸王坚称没有问题,不下架,但是不少消费者依然持"观望"态度,一时间,霸王在广州各大超市之中的销量大幅下滑。广州市某大型超市负责人表示,二恶烷风波以来霸王产品销量大受影响,"无论是同比还是环比,销量跌幅都达到 60% 左右";不过也有同城另一家超市表示,"下降幅度只有 5%,且目前库存充足"。在某超市看到,产品依然在卖场摆得满货架,但是没有太多消费者前来问津。一位正在选购其他品牌洗发水的消费者坦言:"虽然国家质监局说了没问题,但是我们还是不太放心,暂时就先不考虑了,过段时间再说。"

(3) 政府公众

政府公众是指对企业的业务、经营活动有影响的政府机构和企业的主管部门,如主管有关经济立法及经济政策、产品设计、定价、广告及销售方法的机构;国家经委及各级经委、工商行政管理局、税务局、各级物价局等。

> **情境案例**
>
> 因为美国政府的压力,电信运营商Verizon(威瑞森)放弃了销售华为Mate 10 Pro的计划。Verizon是美国第一大移动运营商。本月早些时候,美国第二大移动运营商AT&T临时放弃销售华为Mate 10 Pro,理由也是政治压力。针对Verizon放弃销售华为Mate 10 Pro一事,华为官方尚未置评。但华为一位内部人士则表示,情况与AT&T类似。华为原本在美国消费电子展(CES)期间宣布与AT&T进行合作,华为还针对美国市场制订了大规模的广告宣传推广计划,但最终泡汤。AT&T的临阵变卦给华为造成了巨大损失。华为消费者业务负责人依然发布了Mate 10 Pro,但只能通过亚马逊、百思买等第三方渠道销售。公司负责人在发布会上针对AT&T取消合作表示:这既是华为的损失,也是运营商的损失,更是消费者的损失。

(4) 社团公众

社团公众主要指与企业营销活动有关的非政府机构,如消费者组织、环境保护组织,以及其他群众团体。企业营销活动涉及社会各方面的利益,来自这些社团公众的意见、建议,往往对企业营销决策有着十分重要的影响作用。

> **情境案例**
>
> 一到夏季,全国各地就会刮起一股观赏萤火虫热潮,特别是"放飞"制造浪漫的情况特别多。2016年7月,位于南京江宁区牛首山附近的某新开放公园,就以此为噱头招揽游客,并在朋友圈大量转发。昨天,南京各大环保社团看不下去了,发起了联合抵制呼吁。

(5) 地方公众

地方公众主要指企业周围居民和团体组织。社区是企业的邻里,企业保持与当地社区的良好关系,为社区的发展做一定的贡献,会受到社区居民的好评,他们的口碑能帮助企业在社会上树立形象。

> **情境案例**
>
> 为期一个月的"加多宝凉茶文化社区行"活动已于2014年6月28日落下帷幕。在广州不同社区举办的四期落地活动,主题从巴西世界杯到凉茶养生文化,从公益助学再到"中国好声音",加多宝以贴心、惠民、欢乐的活动形式,同广州市民零距离沟通,不仅传承了传统养生文化,号召公众奉献爱心,还借势"大平台、大事件"打造今夏正宗凉茶加多宝的专属"V时刻"潮流,进一步提高了品牌的美誉度与亲和度。

(6) 内部公众

内部公众是指企业内部全体员工,包括领导、经理、管理人员、职工。处理好内部公众关系是搞好外部公众关系的前提。

> **情境案例**
>
> 许多企业为了提高品牌知名度,每年都斥巨资投放广告、举办活动、联系公关,却忽略了从

内部打造品牌的重要性。企业内部营销是让员工深入理解并感受企业的品牌文化,在日常工作中自觉成为比明星更有效的"品牌大使",即先让员工成为你的粉丝,再去征服他人。全球企业在这方面做得最好的例子之一是一家奢侈品百货公司——哈罗德(Harrods)。

1. "内部营销"第一招:创新工作环境

哈罗德的人力资源主管在员工培训中强调:"不要把这里当作一个商店,它是一个舞台。"这话有点夸张,但也算合适。

哈罗德标榜出售"任何地点、任何人需要的任何商品"。它由英国人建立,几经发展,先后被埃及、卡塔尔王室收购。店内设计逐渐加入了非常强烈的中东和非洲元素。奢侈品品牌背后讲述的是文化和历史故事,因此,哈罗德努力在店铺中营造这种体验。整个中庭是和大英博物馆合作设计的,商场的主扶梯是埃及风格的,上升速度据称和尼罗河的流动速度一样。两边则可以看到复刻的狮身人面像和各种埃及风格装饰。整个商场外墙被星光闪烁的灯泡覆盖,每月都有新设计和主题。确保人们夜晚走在骑士街,第一眼就能看到这座宫殿。

商场硬件上的配备,竭力打造"去零售化"的购物体验,旨在营造一种在博物馆或者宫殿中游走的感觉。为了制造这种气氛,还经常有一些伦敦歌剧演员受邀在楼层中间演唱,客人逛街途中可能会突然听到"悲惨世界"。

2. "内部营销"第二招:浸入式培训

销售人员是零售业的"活招牌",是品牌形象的直接体现;相应地,糟糕的销售对品牌的破坏作用也是巨大的。哈罗德成功打造了一种首先让员工十分认同的企业文化。几乎所有在商场工作过的人,无论专柜员工还是其他员工都会以这段经历为荣。哈罗德为奢侈品领域输出的管理人才,在业内的好评不逊于GE向其他行业输出的高管人才。

由于企业对专柜有各种烦琐的规定,加上激烈的竞争,并非所有人都喜欢在这里工作。这家百货公司有来自全球50多个国家的店员。只要在这里服务过的销售人员,都必须经过最严苛的奢侈品服务培训。进店要求化全妆,美甲只能做法式,高跟鞋必须高于3厘米。在针对店面销售的3天培训中,仅"哈罗德精神"就需要培训一天。以下是它在做文化培训时用到的几个小故事。算是哈罗德精神的代表,从中可以窥见它在这方面的用心。

故事1 曾经有位美国客人在某个早上醒来忽然很想给自己的宠物狗买几个哈罗德出品的宠物烘焙糕点,打了电话,下午直升机就为它送到了。

故事2 Tom在10岁那年曾和父母来哈罗德购物,当时他正在收集某个玩具中的赠品玩偶,只差一个就凑成了全套。当时玩具部的经理是个很和蔼的大叔,他陪着Tom大汗淋漓地在玩具堆里待了一天,把那种玩偶的包装一一拆开,终于找到了他缺的那一个——20年后,长大的Tom站在员工面前对大家说,"在25岁时,我成为哈罗德玩具部的经理并非偶然"。

服务业的营销离不开细节。公司的信函用哪种纸都可以称得上是一次营销。哈罗德对员工在收银时的话术培训作了很详细的规定。不可乱说,也不能少说。比如,必须双手递东西,加上一句"Have a nice day"。如果无法让员工在日常工作中执行品牌秉承的理念,外部营销就成了一纸空谈。

为了确保执行力,哈罗德还会经常雇用或邀请一些"神秘顾客",到专柜购物以测试销售人员的专业表现。如果在过程中有不合规定的行为,就会对专柜扣分,累积到一定程度,甚至会遭到撤柜的严重惩罚。

每个哈罗德员工都会有一张和顾客一样的积分卡。员工有时会略带炫耀地将其放在钱包的显眼位置,这种荣誉感来自深刻的认同。反观国内的奢侈品商场,除了价格很"奢侈",并没有太多文化沉淀,服务也基本等同于大卖场。消费者不会想要保留品牌的购物袋,更不要说购买商场的自营纪念品。除了从商场买到"贵的东西",缺少附加价值,也没有好的品牌体验。长远来看,品牌不再奢侈是迟早的事。

电商当道的今天,体验和展示已经成为奢侈品实体店最大的功用之一。哈罗德一直都致力于提高店铺的购物体验。从橱窗布置、柜台设计、会员制度到员工服务无所不用其极。除了这些,它还"处心积虑"制造话题,大胆营销。

3. 内部营销第三招:制造话题

员工都希望在一家炫酷且福利好的公司工作。而哈罗德对外营销的宣传点也总离不开"标新立异"和"异想天开"这些词。

此前,哈罗德曾破天荒地为顾客的狗举行了一场婚礼,它也是第一家配有自己银行和直升机运输服务的商场;曾用一条南美眼镜蛇来守护店里名贵的限量鞋……除了这些大胆的宣传策略,它还将时尚和文化融合。有很多游客来这里只是为了来看一眼戴妃情人多迪法耶兹给她的那枚订婚戒指。橱窗设计也不拘泥于品牌展示,扩展到诸如纪念约翰·列侬、迈克尔·杰克逊等文化事件,英国王子大婚时,店里的家居展和婚纱展也吸引了不少眼球。

6. 企业内部环境

企业开展营销活动要充分考虑到企业内部的环境力量和因素。企业是组织生产和经营的经济单位,是一个系统组织。企业营销部门与企业计划、技术、采购、生产、质检、财务、后勤等部门组成的相互联系的整体称为企业内部环境。企业内部各职能部门的工作及其相互之间的协调关系,直接影响企业的整个营销活动。

> **情境案例**

某集团自陶瓷城、金属制品城、建筑机械城、木材城和石材城相继招商后,进一步加强了营销力量,抽调优秀员工加强营销队伍,营销工作逐渐火爆起来。财务工作事情多、杂、细,有时顾客一天要填写十几份按揭资料、签订十几份销售合同,财务部对每份按揭资料、每份合同都要过目,把关。一次,客户李某交诚意金的时间超过了公司优惠日期,按照规定不能给予优惠,营销人员没有注意到这一点,算房款时给予了4%的优惠,财务部周会计、黄会计在结账时及时发现,立即向客户说明原因。李某悄悄说按这个价算,到时给点好处,但两位会计坚决地拒绝了他,为公司减少了13 000多元的损失。

二、宏观环境

市场营销宏观环境是指企业不可控制的、给企业造成市场营销机会和形成环境威胁的外部力量。这些力量主要包括人口环境、经济环境、政治与法律环境、科学技术环境、自然环境以及社会和文化环境。分析宏观环境的目的在于更好地认识环境,并且能够通过企业营销活动努力适应环境及其变化,抓住机会、规避威胁,达到企业营销目标。

1. 人口环境

现代营销学认为,市场=人口+购买欲望+购买力。可见,人口是市场的第一要素。在企业营销活动中,要关注人口环境,因为人口数量直接决定市场规模和市场潜力,同时人口环境中的性别、年龄、种族、民族、婚姻等因素也对市场格局产生深刻的影响。因而人口状况自然成为企业从事营销活动应关注的宏观环境因素之一。

人口对企业营销活动的影响主要体现在以下几个方面：

(1) 人口数量

人口数量是决定市场规模和市场潜力的一个基本要素。如果收入水平不变，人口越多，对食物、衣着、日用品的需要量也越多，市场也就越大。企业营销首先要关注所在国家或地区的人口数量及其变化。人口越多，其市场潜力越大，但另一方面人口的增长也有可能导致人均收入下降，限制经济发展，从而使市场吸引力下降。

随着经济全球化的发展，不少跨国公司纷纷来中国投资，将中国市场作为未来发展的增长点，其原因就是看中了中国这个巨大的市场，因为就人口而言，它是美国的4倍、日本的6倍、法国的20倍。

> **情境案例**
>
> 随着日本社会少子化、老龄化问题的日益严重，化妆的人口逐渐减少。日本本国的化妆品市场不仅成长空间有限，未来还很有可能出现负增长。佳丽宝公司提出"加速国内事业结构改革、加速推进海外战略和进一步拓展新领域"的三大发展战略。目前，佳丽宝化妆品的海外销售额占全部销售额的10%以上，短期目标是尽快将海外市场销售比例从现在的10%提升到15%。为了成为真正意义上的国际化企业，公司今后将大力拓展海外市场，中国则是其中的重中之重。

(2) 人口结构

人口结构包括人口的自然结构和社会结构。

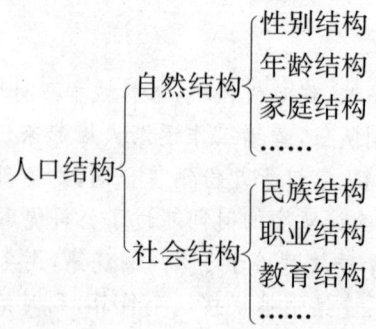

人口结构对于企业营销工作极其重要，因为人口结构状况不同，相应的收入水平、生理需要、生活方式、价值观念等都不同，需求也就不同。性别差异会给人们的消费需求带来显著的差别，反映到市场上就会出现男性用品市场和女性用品市场。特定年龄段的人口数量的变化会影响到某些行业的发展，如世界人口老龄化趋势必将影响到一些保健品市场需求将出现增长。家庭是社会的细胞，也是商品购买和消费的基本单位。一个国家或地区家庭结构的状况，直接影响着许多消费品的市场需求量。如随着我国社会经济的发展，几代同堂的大家庭越来越少，而"三口之家"越来越普遍，家庭数目增多，对住房、家电、家具等生活用品的需求就会增大；同时我国人口年龄老年化趋势，也给家庭消费、社会服务结构带来很大的变化；随着我国高等教育大众化，人们受教育的程度普遍提高，也给年轻一代的消费价值取向带来较大变化。

民族不同，其文化传统、生活习性也不相同。具体表现在饮食、居住、服饰、礼仪等方面的消费需求都有自己的风俗习惯。企业营销要重视民族市场的特点,开发适合民族特性、受其欢迎的商品。

(3) 人口分布

人口分布是指人口在不同地区的密集程度。由于受自然条件、经济发展等因素的影响,一个国家的人口分布不会是均匀的。各地人口的密度不同,则市场大小就不同,消费需求特性也就不同。改革开放后,我国农村人口向城市流动,内地人口向沿海经济开放地区流动。人口流入较多的地方由于劳动力增多,就业问题突出,行业竞争较激烈,但人口增多也使当地基本需求量增加,消费结构也就发生了一定的变化,从而带来较多的市场份额和营销机会。

> **情境案例**
>
> 一线城市人口增长目前已经进入稳定期,城市消费者群体规模逐渐趋于稳定。随着消费的转型升级,城市居民已由物质性消费、基础性消费向精神性、发展性消费转变。一线城市居民对教育文化娱乐消费的需求较强,反映出人们对教育的重视和文化性消费的侧重;全国轿车销售量、电信收入和旅游总收入同样增长明显,增速分别达到24.3%、11.7%和12.4%。2016年,除汽车、住房、通信产品等继续热销外,餐饮、旅游、健身、教育、文化、家庭服务、节假日传统特色商品和服务等将快速增长,居民消费向品牌化、环保化、个性化、时尚化方向发展。城镇化将成为三四线城市的未来发展趋势,城镇化进程带来的人口流动将成为住房、零售、教育文化、医疗服务的推动力。随着未来三四线城市的生活质量与教育水平的不断提高,当地居民消费将实现快速转型,带动三四线城市延续一二线城市的消费路径实现消费模式的趋同和升级。

2. 经济环境

经济环境包括收入因素、消费支出、产业结构、经济增长率、经济体制地区与行业发展状况、银行利率、政府支出等因素,其中收入因素、消费结构是企业营销活动的直接影响因素。经济增长率、经济体制等是企业营销活动的间接影响因素。这里我们主要分析直接影响企业营销活动的经济因素。

(1) 消费者收入

消费者收入是指消费者个人从各种经济来源所得到的全部货币收入,通常包括个人的工资、奖金、退休金、红利、租金等。它是决定消费者购买力的最直接的因素。但消费者可能并不是把全部收入都用来购买商品或服务,购买力只是收入的一部分。因此,在研究消费者收入时,应着重分析消费者的个人可支配收入及个人可任意支配收入的水平。

① 个人可支配收入。这是指个人收入减去直接负担的各项税款和非税性负担之后的余额,即个人能够用以作为个人消费支出或储蓄的数额。

② 个人可任意支配收入。它是指从个人可支配收入中再减去维持生活所必要的支出和其他固定支出后所剩下的那部分个人收入。这部分收入是企业开展营销活动时所要考虑的主要对象。因为这部分收入主要用于满足人们基本生活需要之外的开支,一般用于购买高档耐用消费品、旅游、储蓄等,它是影响非生活必需品和服务销售的主要因素。

> **情境案例**
>
> 北京城镇居民人均可支配收入2000年超过1万元人民币,此时城镇居民家庭几乎没有家

用汽车,直到 2002 年,平均每百户拥有的家用汽车达到 4.06 辆,此后随着消费升级,家用汽车保有量逐渐出现爆发式的增长,增速在 2004 年达到历史峰值,年均增长 86.18%。随后增速回落趋于平缓,2015 年平均百户拥有家用汽车 47 辆。

(2) 消费者支出

随着消费者收入的变化,消费者支出模式会发生相应变化,从而影响到消费结构。消费支出在各类商品上的比例分配称为消费结构。德国统计学家恩格尔根据长期观察和大量统计资料得出结论:一个家庭越穷,总支出中用于购买食品的部分所占的比例越多,其比重随富裕程度的降低而按几何级数增大。人们把食物支出占总支出的比例称为恩格尔系数(R1)。

$$恩格尔系数(R1) = \frac{食物支出变动百分比}{总支出变动百分比} \times 100\%$$

国际上常常用恩格尔系数来衡量一个国家和地区人民生活水平的状况,也可以推知今后消费变化的趋势及对企业营销活动的影响。食物开支占总消费量的比重越大,恩格尔系数越高,生活水平越低;反之,食物开支所占比重越小,恩格尔系数越小,生活水平越高。根据联合国粮农组织提出的标准,恩格尔系数在 59% 以上为贫困,50%~59% 为温饱,40%~50% 为小康,30%~40% 为富裕,低于 30% 为最富裕。

情境案例

我国居民家庭恩格尔系数正逐年降低,尤其自 2000 年以来减幅显著。2016 年,我国城镇、农村居民家庭恩格尔系数分别为 29.3 和 32.2,根据联合国的划分标准,我国目前正处于从相对富裕向富足过渡的阶段。恩格尔系数的降低带来了消费升级,以奢侈品行业为例,2015 年,中国消费者全球奢侈品消费达到 1 168 亿美元,占全球奢侈品消费的比例高达 46%,在过去 10 年间,全球奢侈品新增消费需求中超过 70% 来自中国消费者。

(3) 消费者储蓄和信贷

消费者的购买力还要受到储蓄和信贷的直接影响。当收入一定时,储蓄越多,现实消费量就越少,而潜在消费量也就越大;反之,储蓄越少,现实消费量就越大,而潜在消费量也就越小。此外,储蓄的目的不同,也往往会影响到潜在需求量、消费模式、消费内容、消费的发展方向。这就要求企业营销人员在调查、了解储蓄动机与目的的基础上,制定不同的营销策略,为消费者提供有效的产品和服务。

消费者信贷是指金融或商业机构向有一定支付能力的消费者融通资金的行为,消费者凭信用可以先取得商品使用权,然后按期归还货款,从而促成商品销售。其主要形式有短期赊销、分期付款、信用卡结算等。信贷消费允许人们购买超过自己现实购买力的商品,对于高档消费品,消费信贷可提前实现这些商品的销售,从而可以创造更多的需求。

情境案例

2016 年,国家稳增长任务能够完成,除了通过居民信贷狂拉地产之外,还有一个重要的原因是居民汽车消费的贡献,使得 2016 年乘用车销量增长高达 15.4%,汽车工业增加值增长高达 15.5%。除了普遍提及的 1.6 升排量以下车辆购置税减半的刺激政策的作用,还有一个被普遍忽视的关键因素是汽车消费信贷的扩张。具体情况如下。

① 汽车消费信贷的渗透率,从 2014 年的 20% 快速上升到 2016 年的 35%;

② 2016 年年末,汽车消费信贷余额接近 1 万亿元,比上年大增 30%,成为当年销售增长的重要购买力来源;

③ 年轻人更加青睐汽车消费信贷,是新增信贷的主要主体。随着这部分消费习惯人群的购买比重持续增加,汽车消费市场的整体首付比例相当于在逐步降低,信贷撬动购买力的贡献在增强。

3. 政治与法律环境

政治与法律环境是指企业外部政治形势和状况、法规条例给市场营销活动带来的或可能带来的影响。政治环境引导着企业营销活动的方向,法律环境则为企业规定经营活动的行为准则。政治与法律相互联系,共同对企业的市场营销活动产生影响和发挥作用。

(1) 政治环境

政治环境是指影响企业营销活动的外部政治形势,包括国家政局的状况以及政府所制定的方针政策。如果政局稳定,人们安居乐业,就会给企业创造出良好的营销环境;相反,政局不稳,社会矛盾尖锐,秩序混乱,必然影响企业的经营和经济发展。尤其当企业进行跨国营销活动时,一定要考虑东道国政局变动和社会稳定情况可能造成的影响。

此外国家的各项方针政策,如人口政策、能源政策、物价政策、财政政策、金融与货币政策等,都会对企业的营销活动带来影响。例如,国家降低利率,征收个人收入调节税等政策,都会对社会购买力产生一定的影响;而实行高的产品税(如对香烟、酒等)则可以抑制消费者的消费需求。

在国际贸易中,各个国家还会制定一定的政策来干预外国企业在本国的营销活动,主要措施有进口限制、税收政策、价格管理、外汇管制、国有化政策等。

情境案例

随着新的一年的临近,国家在 2018 年将会推出一系列汽车新政策,其中的三个都跟我们买车息息相关,这三个政策分别是,二手车贷款买车首付低至 30%、1.6 升及以下小排量汽车购置税优惠取消、电子车牌将逐渐推行。

根据调整后的汽车贷款政策,从 2018 年 1 月 1 日开始,二手车贷款最高发放比例为 70%。这是 2017 年 11 月 8 日公布的《中国人民银行 中国银行业监督管理委员会关于调整汽车贷款有关政策的通知》中明确规定的内容。与之前实施的贷款比例相比较,二手车贷款的最高发放比例由 50% 大幅提升到 70%,消费者仅需支付 30% 的首付,就可购买一辆二手车,对于消费者来说能更容易实现汽车梦。

为了促进小排量汽车销量,有关部委自 2015 年 10 月起,针对 1.6 升及以下排量车型实行购置税减半的政策,同时宣布优惠政策将会在 2016 年年底到期。这使得小排量汽车在 2016 年下半年的销量一度爆棚。之后购置税减征优惠政策延长至今年年底,从今年 1 月 1 日起到 12 月 31 日,购置 1.6 升及以下排量的乘用车减按 7.5% 的税率征收车辆购置税。财政部公布的《关于减征 1.6 升及以下排量乘用车车辆购置税的通知》里明确规定,2018 年 1 月 1 日起,恢复按 10% 的法定税率征收车辆购置税。也就是说,从明年开始,1.6 升及以下排量的乘用车的车辆购置税将由 7.5% 恢复至 10%。这样的话,买一台 10 万元的车,明年就会增加 2 500

元左右的购置税。不过新能源车型明年依旧免收购置税。

从2018年开始将会逐步开始使用电子车牌,先从北京、天津、重庆和河北等地试点运行。在这张电子车牌中包含了车辆的全部信息,购车情况、年检、保险、停车卡违章肇事记录等都将用这一张卡来代替,电子车牌将置于前挡风玻璃之上,具有可识别、可读写等功能。电子车牌具体的实施细节还要等2018年上半年才发布,不过电子车牌的推广可以说能够极大地方便车主,以后对于像套牌车这类违法案件可以尽量地避免。此外,以后年检、处理违章等都可以省事不少。

(2) 法律环境

法律环境是指国家或地方政府所颁布的各种法规、法令和条例等,是企业营销活动的准则。近年来,为适应经济体制改革和对外开放的需要,我国陆续制定和颁布了一系列法律法规,例如,《中华人民共和国产品质量法》《企业法》《合同法》《商标法》《专利法》《广告法》《食品卫生法》《环境保护法》《反不正当竞争法》《反垄断法》《消费者权益保护法》《进出口商品检验条例》,等等。企业只有依法进行各种营销活动,才能受到国家法律的有效保护。对于从事国际营销活动的企业来说,不仅要遵守本国的法律制度,还要了解和遵守国外的法律制度和有关的国际法规、惯例和准则。如许多国家不允许做烟草的电视广告,比利时不允许以儿童做广告,而一些信仰伊斯兰教的国家电视上不允许出现妇女做的广告等。这些特殊的法律法规是企业在进行国际营销时所必须了解和遵循的。

情境案例

"源自1155年,欧洲纯正华夫风味",丹夫集团生产的华夫饼外包装上,这句广告语令人印象深刻,不过它却不符合《广告法》的相关规定。2016年3月,龙海市市场监督管理局对丹夫集团做出责令停止使用表面存在违法广告的包装物、罚款20万元的处罚。福建龙海市市场监督管理局认为,丹夫集团在其生产的该产品外包装上,除了法律规定的必须标注的原材料、保质期等必要信息外,还有"源自1155年,欧洲纯正华夫风味"的文字描述。在产品外包装标注的这句广告语未经考证,属虚假或引人误解的内容,违反《广告法》第四条第一款"广告不得含有虚假或者引人误解的内容,不得欺骗、误导消费者"的规定。

4. 科学技术环境

科学技术是社会生产力中最活跃的因素,它影响着人类社会的历史进程和社会生活的方方面面,对企业营销活动的影响更是显而易见。现代科学技术突飞猛进,科技是第一生产力已为众多企业所认可。同时,科学技术环境不仅直接影响企业内部的生产和经营,同时还与其他环境因素相互依赖、相互作用。每一种新技术的应用,都会给企业带来新的市场机会,同时也会给另一些企业带来威胁。因此企业应密切关注科技环境的新变化,及时应用新技术,做好新产品研发工作,满足消费者不断变化的需求。

科学技术环境变化对企业营销的影响主要表现在:产品更新换代加快;企业研发费用增加;技术创新机会增多;技术贸易比重加大;电子商务与网络技术的发展对营销思想、方法、手段的改变,产生网络营销等新型营销、服务模式。对社会进步的影响主要表现在:产生新兴的工业部门;总体上降低能源消耗,节约社会成本。

情境案例

在2016年"双11"期间,店小蜜曾邀请Apple、小米、森马等9个品牌的天猫旗舰店参与内测,最终,店小蜜一天内接待消费者近百万,节省了近1半服务人力。目前,淘系有超过10亿量级的在线商品库,用户数同样在数亿级规模,每天,淘系平台会产生基于购物咨询的海量服务请求,简单但繁复的问题咨询给商家带去了庞大的人工成本。店小蜜提供商品咨询、基于用户参数进行个性化推荐、店铺活动咨询解答、修改订单、退换货咨询等服务,基本上涵盖售前售后全链路多个场景。参与内测之后,森马在2016年"双11"中把店小蜜由"夜间丫鬟"转正为"客服总管",正式在白天也开启了店小蜜功能,在机器人和人工的自由切换中,机器人和人工客服构成的合作小组自动生成。据悉,目前店小蜜对问题的解决率已经超过60%,相当于4个人解决了一半客服人员的工作量。在2017年3月8日"女王节",一个店小蜜顶了森马45个售前客服。森马电商客服经理表示:"店小蜜最大的价值不仅仅是帮助节省人工,还可以大大提升服务效果。"相比人工服务,店小蜜的接待速度比人工快10倍甚至更高,客户体验会好很多。在流量洪峰,机器人仍能快速处理客户请求,大大降低客户流失。遇到无法回答的问题,店小蜜也能一站式无缝转人工客服,保证用户体验。

5. 自然环境

自然环境是企业赖以生存的基本环境,自然环境的优劣不仅影响到企业的生产经营活动,而且会影响到一个国家或地区的经济结构、经济发展和人口环境等。以下几种自然因素值得企业关注:

(1) 自然条件的变化

如气候条件、自然灾害的变化和发生可能会直接影响到企业的经营,同时也可能给企业带来许多商机。本学习情境的导入案例就说明了这一点。

(2) 自然资源短缺

自然界的资源可分为无限资源与有限资源两大类。其中有限资源又可分为有限可再生资源和有限不可再生资源。随着人类文明和社会经济的不断发展,人们大量地开采各种矿产,有限不可再生资源日趋匮乏。比如石油这一重要的不可再生的能源资源,已成为未来经济发展的障碍。在石油价格不断上涨的情况下,不少企业正寻求新的其他形式的能源,如太阳能、风能、原子能等,这些都将会给企业的营销环境带来新的变化。

(3) 环境污染加剧

随着现代工业的进一步发展,环境污染问题日趋严重,已引起全世界人民的广泛重视,各国政府也加强了对环境保护的立法。这样一方面限制了那些污染性行业的发展;另一方面也带来了两种营销机会:一是为治理污染的技术和设备提供了营销的机会;二是为不破坏生态环境的新的生产技术、包装方法及环保型产品创造了营销机会。

情境案例

能源危机成为全球化问题,化石能源包括石油、煤炭和天然气,其最大的特点就是不可再生性。2016年年底,已探明石油储量为2 407亿吨,天然气储量为186.6万亿立方米,煤炭储量为11 393.31亿吨,储产比分别为50.6、52.5、153.0,这意味着在当前的产量下,已探明的石油、天然气、煤炭分别可以开采50.6年、52.5年和153.0年,能源危机迫在眉睫。从产量和消费量来看,三大化石能源一直处于供需偏紧的状态。2005年以来,石油产量和消费量都维持在40亿吨左右的水平,但是消费量一直略大于供给量,产出和消费缺口始终存在;2015年以来,煤炭产量和消费量的缺口由正转负,供需再次偏紧;只有天然气处于供需基本平衡的状态。总体来看,三大化石能源供不应求,其生产难以满足快速增长的消费需求。汽车作为能源消耗最大的产业之一,在能源短缺危机中首当其冲,发展节能汽车成为应对能源危机的必然要求。

近年来,世界各国面临着越来越严重的环境危机,环保问题成为全球关注的焦点,其中空气污染尤其引人注目。根据世界卫生组织的统计,全球空气污染死亡人数每10万人超过100人的国家多达29个;而汽车尾气排放占空气污染的20%以上,因此追求低排放甚至零排放的汽车就成了各国环保工作的重点。

正是在此背景下,特斯拉开始崛起。2003年,特斯拉在美国硅谷成立,仅仅经过10多年的时间,特斯拉已经成长为全球电动汽车龙头企业。2016年,在全球新能源车型销量排行榜中,特斯拉Model S和Model X分别以50 944辆和25 299辆的销量位列第二和第六,特别是在美国这一新能源汽车大国,特斯拉Model S以29 121辆的成绩夺冠,Model S和Model X的畅销程度可见一斑。以Model X和Model S为销售主力,2016年,特斯拉在全球新能源汽车市场的市占率达到10%,排名第二,仅低于比亚迪3个百分点。

6. 社会与文化环境

任何消费者都是生活在一定的社会与文化环境中的,一定的社会文化环境是人类社会实践活动的产物,而反过来,这种社会文化环境又会对人的思想、信仰、行为及人与人之间的关系产生影响。实际上,一个社会占主导地位的社会指导思想、信仰、世界观、人的行为模式、语言、风俗习惯等的总和就是社会文化环境。

社会与文化环境因为影响着消费者的行为及偏好,进而间接影响企业的营销活动。社会与文化环境因素主要包括如下几个方面。

(1) 价值观念

价值观念是指人们对社会生活中各种事物的态度和看法。在不同的国家或民族之间,甚至是同一国家或民族的不同群体之间,人们的价值观念可能有很大的差异,而不同的价值观念会影响人们的消费需求和消费行为。例如,东方人注重将群体利益摆在首位,强调团队精神,而西方人注重个人的创造,崇尚个人英雄主义。西方人崇尚个人享受,因而信贷消费流行,东方人则注重勤俭节约的美德,以储蓄为主。

情境案例

极光大数据显示,在95后价值观中,他们最看重的品德是诚信,爱国、尊老爱幼、孝顺、乐于助人等紧随其后。95后的消费观念更为积极,"量入为出,不用刻意存钱或者透支"这一消费观念在95后、85后和85前受访者中的认同度最高,他们中分别有42.2%、47.1%和40.9%的受访者表示了对这一消费观念的认可,同时也有约三成的受访者认为"节约是美德"。根据调研数据统计,26.8%的95后表示行乐须及时,必要的时候可以透支,占比超过85后及85前。同时,95后最容易被"商品的好评度"支配。95后消费者在网购时最看重的因素是商品的好评度,67.9%的95后表示商品的好评度会对自己的网络购物产生影响,其次是商品价格和商品品牌知名度。85后受访者对价格最有敏感度,50.3%的85后表示商品价格会对自己的网购产生影响,而在95后和85前中只有47.5%和41.4%的受访者会受价格影响。

(2) 风俗习惯

不同国家、不同民族,有着不同的风俗习惯。一般而言,风俗是指世代相袭固化而成的一种风尚;习惯则指由于重复或练习而巩固下来并变成需要的行动方式;两者合称习俗。我国地域辽阔,民族众多,长期以来形成形形色色的风俗习惯,企业的营销活动如果迎合了消费者的习俗,消费者自然愿意接受。因此营销时要注意"入乡随俗"。

情境案例

春节过年写"福"字、买年画是中国人的传统年俗,古往今来为了迎接这种年俗,不少年货店老板都会各出奇招吸引顾客。然而随着近年来年画市场的规整,不少年画摊位都被集中在超市、小商品市场等室内场所,"年画吆喝"这样传统的营销方式已经越来越少,创造全新的吸引顾客的方式成为许多年画店老板要考虑的问题。

2016年春节,地处马甸大集的琥珀阿姨就想出了一个营销妙招,吸引了不少消费者围观。原来,琥珀阿姨在报纸上看到百度钱包新年推出拍"福"就送福袋的活动,灵机一动,在店内打出"你拍福字,我送福袋"的招牌,并在招牌上清晰地写出拍"福"字送"福袋"的操作方法,不少经过的消费者都纷纷拿出手机拍照抢福袋,年画销售也就同时上去了。

琥珀阿姨说,自己来北京卖年画已经有3年的时间,每年的这个时候都很担心年画是否能够销售完,因为年画的时令性很强,一旦滞销就要等一年。然而自从打出"你拍福字我送福袋"的销售牌子后,店里销售异常火爆,不少年轻人都会拿着手机拍店里挂着的"福"字,根本忙不过来。

实际上,今年的春节热闹的可不止琥珀阿姨这样的年货铺,为了抓住中国人过年的喜庆心理,不少线上的互联网公司也相继开始给用户发红包。琥珀阿姨摆出的营销招牌,其实就是百度公司旗下百度钱包发送春节福袋活动的一部分。据了解,从2016年1月29日到2月22日元宵节,百度钱包将为用户提供60亿的春节好礼,用户只要通过手机百度App拍"福"字,或者对着手机百度喊出"过年好"等吉祥话并连接任意三个九宫格,就可以抢到百度钱包送出的60亿福袋,里边不仅有现金,还有包括百度糯米、百度外卖、天天网、本来生活等各大品牌的优惠券。

年画是中国社会的历史、生活、信仰和风俗的反映。按传统年俗,每逢过完腊月二十三"小年"之后,家家打扫房屋,把墙上的旧年画取下来,再买几张象征吉祥富贵的新年画换上,以表达对即将到来的新的一年的喜悦和企盼之情。随着科技的发展和越来越多的互联网公司参与,这一传统年俗也正变得越来越有科技范儿。

(3) 教育状况

不同的文化修养表现出不同的审美观点,购买商品的选择原则和方式也不同。通常文化素质高的国家或地区的消费者要求商品包装典雅华贵,对附加功能的要求较高。文化素质低的国家或地区则注重商品的实用性能。此外受教育程度的高低,还会影响到企业的调研、分销、促销等活动的开展。因此,在营销活动方案制定过程中,应考虑当地教育水平,使之与地区相适应。

> **情境案例**

20~30岁的年轻购房消费群体大多受过良好的教育,七成以上拥有专科及以上学历,学历和购买力之间存在着强相关关系。一般而言,对于在同一行业中具有类似工作经历和工作年限的不同群体,学历越高,其收入水平一般也就越高(职位通常也高),相应购买力也就越强。高学历群体在购买需求、购买决策过程等方面也会存在差异:相对于中低学历群体而言,高学历群体的购买决策相对比较理性;从购买需求来看,由于高学历群体在掌握和理解房地产相关信息和知识方面要优于中低学历群体,所以在和开发商进行购买谈判和签订合同时,相对而言拥有的主动权略高一些;另外中高学历群体在了解房地产信息渠道方面,相对于低学历群体而言,形式更加多样化,由于这个群体具有接触网络的机会比较多的特点,所以对于房地产商而言,网络推广的作用相较以往显得日益重要起来了。

资料来源:安徽房产消费者趋于年轻化,房产营销如何应对?——基于安徽房地产消费者调研的营销启示

(4) 语言文字

各个国家和民族都有自己特定的语言文字,不同的语言文字会限制双方的沟通。我国的"白象"牌电池出口到英国无人问津。因为"白象"一词在英国有"大而无用的东西"之意。美国汽车公司的"Matador"牌汽车,是刚强、有力的象征,但在波多黎各,这个词意为"杀手",其在波多黎各的销量可想而知。宝洁公司中国化的品牌命名,则可以迅速地拉近其产品与我国消费者的距离。家乐福、可口可乐等国际著名品牌在向中国推广时,也根据中国文字的含义给自己取了入乡随俗的中国名字。

> **情境案例**

20世纪70年代,通用公司曾因为车名惹上麻烦。当时,该公司出口到墨西哥和一些西班牙语国家的雪佛兰·诺瓦(Chevrolet Nova)销量一直不温不火。后来经过调查,通用发现,在口语中"Nova"就是"nova"。这个单词在西班牙语中意为"不动"。显然,这不可能引起当地消费者对该车型的兴趣。为了改变这种状况,通用把雪佛兰·诺瓦的名称改为"卡利比"(Caribe),结果销量果然大增。当福特公司把最畅销的"彗星"(Comet)汽车以"卡林特"(Caliente)之名销售到墨西哥时,却一直滞销。直到后来福特发现"Caliente"是当地俚语中一句骂人的话时,才恍然大悟。

(5) 宗教信仰

宗教信仰也是影响人们消费行为的重要因素,特别是在宗教信仰比较浓厚的国家和地区,宗教信仰对市场营销的影响力更大,一些国家的宗教组织在教徒的购买决策中有重大影响。企业在营销中,应尊重消费者的信仰,避免与当地的宗教信仰相冲突。

任务二 管理营销信息

通过学习任务一我们知道了企业的营销活动是在一定的环境中进行的,并认识了影响企业营销活动的环境内容。任务二中我们将在理解营销信息后,进一步讨论企业营销活动如何

开发、利用营销环境外在表现形式的营销信息,即营销信息系统。

一、营销信息

(一)营销信息的内涵及特征

营销信息即市场营销信息,是指一定时间和条件下,与企业的市场营销有关的各种事物的存在方式、运动状态及其对接收者效用的综合反映。它一般通过语言、文字、数据、符号、现象等形式表现出来。营销信息实际上是营销环境的客观现象和主观分析表述的综合反映。

营销信息具备以下特征:

① 不确定性:营销环境的不确定性决定了营销信息随时都会发生变化;
② 复杂性:由信息的收集和分析过程的复杂性所决定;
③ 多样性:由信息的来源种类多样所决定。

(二)营销信息的作用

企业所有的市场营销活动都以信息为基础而展开,企业根据顾客需要,从产品定价、促销、分销渠道等方面全方位开展营销活动必须以掌握市场信息为基础。观察市场、了解市场、确定目标市场、选择目标市场策略、掌握市场动态,是企业进行有效市场营销的必要活动,也是掌握信息的重要手段。企业进行的决策也是基于各种信息,而且决策水平的高低在一定程度上依赖对信息的掌握程度。营销信息的作用主要体现在以下几个方面:

1. 市场营销信息是营销决策的前提

企业营销过程中,无论是对企业的营销目标、发展方向等战略问题的决策,还是对企业的产品、定价、销售渠道、促销措施等战术问题的决策,都必须在准确地获得市场营销信息的基础上才可能得到正确的结果。为此,决策的科学化要求企业建立现代化的信息处理系统,并以此作为指导企业营销决策活动的前提。

2. 市场营销信息是营销管理的基础

企业在市场营销中,必须根据市场需求的变化,在营销决策的基础上,制订具体的营销计划,以确定实现营销目标的具体措施和途径。不了解市场信息,就无法制订出符合实际需要的计划。同样的,由于市场环境的不断变化,企业在营销活动中必须随时注意市场的变化,进行信息反馈,以此为依据来修订营销计划,对企业的营销活动进行有效控制,使企业的营销活动能按预期目标进行。

3. 市场营销信息是营销沟通的工具

企业必须使自身的营销活动与市场营销环境相协调,在协调中求生存、谋发展。为此,企业必须与外界环境进行营销沟通,市场信息是企业营销沟通的重要手段。只有通过大量的信息交流,才能有效地了解、掌握市场环境,改善企业与外界环境的各种关系,使之统筹兼顾,相互协调。

二、营销信息系统

营销信息系统是由人、设备与程序所构成的持续和相互作用的结构,用于收集、整理、分析、评估和分配那些恰当、及时、准确的信息,以使营销决策者能改善对其营销计划的设计与控制。

如图2-4所示的市场营销信息系统表明,首先,营销信息系统是为营销经理的决策服务的;其次,营销信息系统是一个营销信息评估、开发、传递与使用的系统;再次,营销信息的形成是基于对企业内部资料和营销环境的调研、分析。

可以概括地说,营销信息系统为企业创造良好的营销环境服务,它既可为企业确定战略目标的方法和政策提供服务,同时也为企业执行和控制具体营销计划创造条件。

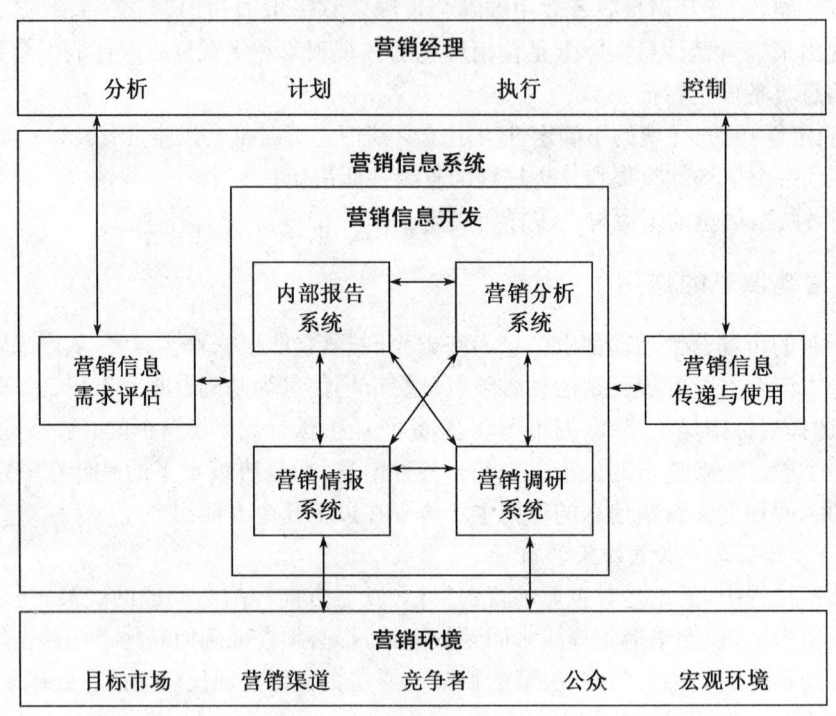

图2-4 市场营销信息系统

(一)营销信息需求评估

企业或营销者进行决策需要大量的信息支撑,但不是所有的信息都能顺利获得,也不是所有的信息为决策所用,同时营销信息获得是有成本的。因此,营销决策者应该清楚真正需要的是什么样的信息,而且是可以获得的。这就是说营销决策需要对营销信息进行需求评估,即对获取营销信息的成本和信息可能带来的收益进行评估。决策者应清楚的是信息的价值取决于信息的应用,所以不能总认为信息越多越好,而应该评估额外信息的成本和未来收益。

(二)营销信息开发

企业营销信息可从企业内部数据、营销情报和营销调研中获得,并经过分析后进行传递与使用。营销信息开发系统一般是由内部报告系统、市场营销情报系统、市场营销调研系统和市场营销分析系统构成。

1. 内部报告系统

内部报告系统是营销信息系统中最基本的子系统,有些企业把它称为内部会计系统或订货处理系统。它的主要作用是报告企业的订货、销售、库存、费用、现金流量以及应收账款等方面的数据资料。其主要工作内容是"订单—发货不断循环",随着现代化手段和技术的运用,这个循环的速度越来越快。如美国施凯利公司销售经理对经销商中任何一家的经销状况,可在几秒钟内测出完成的预期计划,并可随时了解其中每一个数据。营销人员经常需要和使用的企业内部信息如下:

① 与销售活动有关的信息,如产品系列、区域和顾客等方面的销售情况;② 当前的销售额和市场占有率与历史上最好年份的比较信息;③ 与产品存货量有关的信息,如生产的进度安排和销售中与购买行为的衔接;④ 与产品相关的信息,如各种产品、区域的销售利润表、销售费用统计表等。

2. 市场营销情报系统

市场营销情报系统的主要作用是向营销决策部门提供外部环境发展变化的情报信息。因此,市场营销情报系统可以概括为公司营销人员用以了解有关外部营销环境发展趋势信息的各种来源与程序。它与内部报告系统的区别在于,它主要提供外部营销环境变化的信息资料,而内部报告系统提供的是企业内部的销售、库存、财务等信息。

市场营销情报系统的信息来源于以下几个方面:

① 销售人员。公司的销售人员与其他任何人相比,他们在搜集营销信息上处于有利的地位。公司的营销经理必须对销售人员说明情报搜集的重要性,并要求定期填写情况汇报表,提供企业需要的信息或发现的新情况。

② 经销商、代理商、零售商和其他中间商。中间商处于供应商和消费者之间,对产销信息均有着充分的了解,企业通过建立与中间商的伙伴关系和信息通路,可得到有关产品、消费、竞争等方面的重要情报。

③ 派出营销人员直接调查。如派出企业营销人员假扮购买者监听零售业务员对顾客的产品介绍,考察中间商的合作状况;购买竞争者产品,搜集其有关信息等。

④ 市场购买信息。企业还可以从市场购买信息,如市场研究公司出售的关于品牌市场占有率、市场规模、价格和交易动向的报告等。

国外一些大公司的情报网几乎遍及全球,如日本丰田的情报系统渗透到美国的每个小城镇,丰田汽车无论在哪条公路上发生问题,公司总部当天就能得到情报并及时做出反应。

3. 市场营销调研系统

市场营销调研系统的主要任务是根据企业营销工作面临的主要问题,即对某项具体的营销决策有关的信息进行系统的搜集、整理、分析和研究,并做出专题报告。例如,市场调查报告、产品偏好报告、广告效果报告和销售预测报告等。与前两个信息管理系统不同,市场营销调研系统一般具有针对性,围绕特定课题展开。

一般情况下,小型公司可请企业外部的专门机构和人员来设计及执行调研项目;大型公司则需要设立自己的营销调研部门从事调研活动。市场营销调研系统设置的必要性在于内部报告系统和市场营销情报系统在其职能范围内都难以提供足够的信息,这就需要组织专门的力量或委托专门市场调研公司进行设计及执行调研项目;大型公司则需要设立自己的市场营销调研部门从事调研活动。

市场营销调研在西方国家是十分受重视的,据一项调查表明,美国的大型企业设置了正式的市场营销调研部门,其组成人员包括调查专家、统计专家、行为科学专家等专业人才,其规模大至几十个人,少至一两个人。在我国,市场营销调研也已引起越来越多的企业重视,当然相比发达国家还是有很大差距的。市场营销调研部门一般是在市场营销副总经理的领导下开展调研工作的。下面就市场营销调研作基本介绍。

市场营销调研是指企业运用科学的方法和手段,对企业的营销环境及其发展趋势进行有目的、有计划的调查研究,为市场预测和企业营销决策提供依据。市场营销调研实质上就是取得和分析整理市场营销信息的过程。市场营销调研一般要经过五个步骤:确立调研目标、制订调研计划、搜集信息、分析信息、提出调研结论,如图2-5所示。

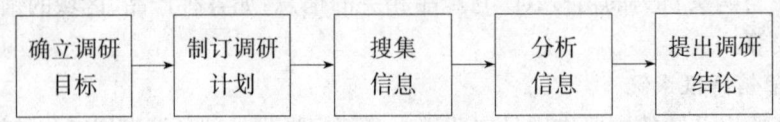

图2-5 市场营销调研的步骤

1)确定问题和研究目标

市场营销调研是一项有目的的活动。调研的第一步要求确定调研问题和调研目标。营销调研的问题很多,调研人员应从实际出发进行全面分析,根据问题的轻重缓急列出调研问题的层次,将企业经营中迫切需要解决的问题放在首位,作为调研要解决的问题。问题调研的侧重点可以多种多样,这就要求企业对问题规定要适合,既不要太宽,也不要太窄。

在调研问题明确后,应确定具体的调研目标。即在探索性调研、描述性调研和因果性调研三种目标之间做出选择。

探索性调研是指企业对需要调研的问题尚不清楚,无法确定应调查哪些内容,因此只能搜集一些有关资料分析其症结所在,再做进一步调研。其所要回答的问题主要是"是什么"。

描述性调研是指通过调研如实地记录并描述诸如某种产品的市场潜量、顾客态度和偏好等方面的数据资料。其所要回答的问题主要是"何时"或"如何"。

因果性调研是指为了弄清原因与结果之间的关系的调研,如研究降价10%能否使销售额上升。它所要回答的问题主要是"为什么"。

2)制订调研计划

目标确定后就要拟订调研计划,这是调研的第二步。调研计划是指导市场调研工作的总纲,一个有效的调研计划应包括以下几方面的内容:信息来源、调研方法、调研工具、调研方式、调研对象、费用预算、调研进度、培训安排等,见表2-1。

表2-1 调研计划的内容

信息来源	第二手资料、第一手资料
调研方法	询问法、观察法、实验法
调研手段	问卷、仪器设备
调研方式	重点调查、抽样调查
调研对象	(具体)
费用预算	劳务费、问卷费、差旅费、设备使用费
调研进度	(具体)
培训安排	(具体)

下面重点介绍信息来源、调研方法、调研手段、调研方式。

(1) 信息来源

① 原始资料是指当前为某种目的而搜集的资料,又称第一手资料。大部分市场营销调研方案需要搜集原始资料,搜集原始资料的费用虽大,但比较准确、实用。

② 二手资料是指现成的市场信息资料。企业通常都首先借助二手资料来开展调研,如果可以达到目标,就能省去搜集原始资料的费用,从而降低成本,提高效率。

(2) 调研方法

这里重点介绍原始资料调研方法,也称之为实地调研法,主要包括询问法、观察法、实验法。

① 询问法是以询问的方式搜集市场信息,即通过向被调查者提出问题,以获得所需信息的调查方法。按调查者与被调查者之间的接触方式的不同,询问法可分为走访调查、信函调查和电话调查三种形式。

一是走访调查。走访调查是调查者走访被调查者,当面向被调查者提出有关问题,以获得所需资料。走访调查根据调查者和被调查者人数的多少,可分为个别走访和小组座谈等形式。走访调查的优点,第一,真实性。走访获得的资料,其真实性较高,回答率也较高。第二,灵活性。走访调查时,可以按调查问卷发问,也可以自由交谈;可以当场记录,在取得被调查者同意后,也可录音;如发现被调查者不符合样本要求,可立即终止访问或在统计时予以删除。第三,直观性。走访调查可以直接观察被调查者所回答的问题是否客观、准确,而其他询问调查方法则无观察核对的机会。第四,激励性。有些被调查者对走访调查甚感兴趣,因为有向他人发表意见的机会,以达到个人情绪上的满足,或与他人讨论问题所获得知识上的满足,具有激励效果。走访调查也有缺点,如调查费用较高,被调查者有时受调查者态度、语气等影响而产生偏见等。

二是信函调查。信函调查是调查者将所拟订的调查表通过邮局寄给被调查者,要求被调查者填妥后寄回。此法的优点是:调查范围较广泛;被调查者可以不受调查者的影响,没有偏见;调查费用较低;被调查者可以有充分的时间考虑作答。信函调查的缺点是:回收率低;时间花费较长;填表者可能不是目标被调查者,致使真实性差;回答问题较肤浅。

三是电话调查。电话调查是调查者根据抽样要求,在样本范围内,用电话按调查问卷内容询问意见的一种方法。此法的优点是,迅速及时;资料统一程度高;对有些不便面谈的问题,在电话调查中可能得到回答。电话调查的缺点主要是对问题不能深入进行讨论分析,调查受到限制。

② 观察法是指调查者到现场凭自己的视觉、听觉或借助摄录像器材,直接或间接观察和记录正在发生的市场行为或状况,以获取有关信息的一种实地调查法。

观察法用于市场调查有以下几种形式:

一是顾客动作观察。如某电视机厂的调查人员,亲自观看用户选购电视机的情况,观察吸引用户注意的有哪些事项,以便改进质量,扩大销售。

二是店铺观察。通过站柜台或参加展销会、陈列馆、订货会,观察商品购销情况、同行业同类产品发展情况,以获取所需资料。

三是实际痕迹测量。即观察某事物留下的痕迹。如在几种报纸上做广告,广告下面有一张条子或表格,请读者阅后将条子或表格剪下寄回企业,企业从回条中可知,哪种报纸上刊登广告最为有效。

观察法的优点是被调查者的一切动作均极自然,所搜集的资料准确性较高。其缺点是不能了解被调查者的心理和内在感受,有时需要做较长时间的观察才能得到结果。

③ 实验法是从影响调查问题的若干因素中选择一两个因素,将它们置于一定的条件下进行小规模试验,然后对实验结果做出分析,研究是否值得大规模推广的一种调查方法。如在影响销售量的几个因素中,企业可根据需要选择包装和价格两个因素进行试验,也可以选择促销活动和广告宣传等。通过实验能直接体验营销策略的效果,这是其他方法所不能提供的。

实验法尤为适用于商品在改变品种、包装、价格、商标、广告策略时的效果测定。需要注意的是,企业采用实验法时,实验时间不宜过长,否则会影响正式推出时的效果,被竞争对手模仿,或采用抵制性的措施等。对于新产品应用实验法,目前已创造出不少方式,如试用,即将试制的新产品送给有关单位或人员试用,用户将使用情况反馈给企业,这有利于生产单位提高产品质量和进行销售预测。又如试销,企业先生产一小批产品,有计划地投放于预定市场,摸清销路,再决定生产方式、生产规模。试销可在企业的门市部进行,也可以在企业委托的商店进行。

(3) 调研手段

这里重点介绍调查问卷。

调查问卷是市场调查最基本、有效的调查工具,它可以作为调研人员与被调查者之间信息沟通的桥梁。调查问卷主要用于第一手资料的搜集。

调查问卷或称调查表,是由向被调查者提问并征求意见的一组问题所组成。调查问卷设计就是根据调研目的,将所需调研的问题具体化,使调查者能顺利地获取必要的信息资料,并便于统计分析。问卷设计质量的高低,将直接影响问卷的回收率,影响资料的真实性和实用性。为此,要求调研人员应仔细地研究问卷,掌握问卷设计的技能。

调查问卷通常由三个部分构成,即被调查者项目、调查项目和调查者项目。被调查者项目主要包括被调查人的姓名、性别、年龄、文化程度、职业、家庭住址、联系电话等。这些项目的设置目的主要是便于日后查询,有些项目对分析研究也很有用处。如不同的年龄、性别、职业等对不同的商品有不同的需求,对研究不同消费者构成有一定参考价值。应根据调查目的,有针对性地选择被调查者项目。调查项目是将所要调查了解的内容具体化为一些问题和备选答案,这些问题和备选答案就是调查项目。通常,在所列项目中,要给出若干个答案供被调查者选择填写。调查者项目主要包括调查人员的姓名、工作单位及调查日期等。这些项目主要为明确责任和方便查询而设。

调查问卷可以分为开放式问卷和封闭型问卷。开放式问卷是指问卷所提的问题没有事先确定答案,由被调查者自由回答。这类问卷可以真实地了解被调查者的态度与情况,但调查不易控制,五花八门的答案很难归纳统计。封闭型问卷是指问卷上的题目中调查者事先给定了可供选择的答案或范围。这些问卷虽然呆板,但便于归纳统计。在问卷调查中用得较多的是封闭型问卷,尤其在拦截式调查中只能运用这种类型的问卷。

调查问卷的设计一般遵循以下几个原则:

① 必要性原则。调查问卷的设计是为了取得满意的结果,因此,除属于引导启发答复的问题以外,所列项目都应是调查课题所必需的。

② 准确性原则。所提问题的界限要明确,提问用词要准确,要避免使用含糊不清、过于专业化的语句。同时,一个项目只能包含一个层次的内容,否则会影响被调查者对问题的正确理解以及答案选择的准确性。

③ 客观性原则。所提问题要客观，不要提出一些带有引导性和倾向性的问题。即不要提出带有向被调查者提示答案方向或暗示调查者观点的问题。

④ 可行性原则。对所提的问题，被调查者能够根据常识或经验选择答案，而不是依靠其记忆或计算作答。

提问的设计可适当安排少量趣味性问题，以融洽一下调查气氛。对令人困窘且又有必要调查的问题，应设计"间接引问句"。提问的设计应注意逻辑性与顺序性。所有项目应按其内容的逻辑联系排列；提问可按先易后难的顺序排列。

(4) 调研方式

这里重点介绍抽样调查。

由于市场范围大，调查对象复杂，使得采用全面调查这种方式难以实施，故在通常情况下采用非全面调查即抽样调查。抽样调查是指从局部的调查中得出有关整体的结论。局部调查的对象称为样本，从中抽取样本的那个整体称为总体。

抽样调查设计是采用抽样调查必须解决的一个重要技能。由于抽样调查是根据样本的特征推算总体的特征，因此抽样设计是否科学合理，直接关系调查结果的准确性。

抽样调查设计包括以下三项内容：

① 抽样对象设计。例如，要想了解家庭购买家具的决策过程，究竟调查丈夫、妻子，还是全体家庭人员？对此，调研人员要认真做出选择。

② 样本大小设计。大样本当然比小样本提供的结果更可靠，但大样本的调查成本高，而且往往没有必要。只要抽样方法正确，即使样本不足，也同样能提供可靠的调查结果。因此，确定样本大小时，既要考虑样本的足够代表性，又要考虑节约费用和时间。

③ 抽样方法设计。抽样方法设计可以对随机抽样和非随机抽样这两类方法进行考虑和运用。

一是随机抽样。随机抽样是指总体中每一个个体都有机会被选作样本。随机抽样完全排除人们的主观选择，因而代表性强。其优点是可以通过设计分析，估计出样本的代表性程度，从而可确定由样本调查结果推算总体特征时产生的误差大小。这种抽样误差在抽样调查中是难以避免的。随机抽样虽然可以判断抽样误差，但费时费钱，不太方便，因而仅在定期市场调查中使用。随机抽样的常用方法有以下两种：

第一种，简单随机抽样。即总体中每一个个体都有均等的机会被选作样本。简单抽样一般要先给总体中的每一个个体都分别编号，然后采用抽签(包括用机器摇出号码或掷骰子)或查乱数表的方法，随机抽取编号，编号所代表的个体即为样本，直到从总体中抽取的样本达到事先规定好的数量。

第二种，分层随机抽样。即对总体按一定特征分组，然后从各组中随机抽取一定数量的样本。分层随机抽样并无一定的标准，这要根据调查的目的和要求而定。如调查企业或商店时，可按销售额分层，也可按职工人数分层；调查消费者时，则可按收入、家庭人口数、年龄、教育程度等分层。

二是非随机抽样。非随机抽样是指在总体中不是每一个个体都有机会被选作样本。非随机抽样是根据一定的标准来选取样本的，总体中每一个个体抽取的机会是不相等的。其不足是无法估计抽样误差，所以应用范围是受限制的。一般在对调查总体没有足够了解的情况下，或当总体太大时，可采用非随机抽样。非随机抽样虽不能判断抽样误差，但它省钱省时，应用

方便,因而在市场调查中常被应用。非随机抽样的常用方法有以下三种:

第一种,任意抽样。调查人员根据方便,任意选择样本。例如,在街上任意找几个行人询问其对某产品的看法和印象。此方法调查结果的误差很大,但由于简便、省钱,因而在非正式调查中常被采用。

第二种,判断抽样。即调研人员根据自己或专家的经验来判断有哪些个体作为样本。运用此方法时要求判断者必须对总体的特征有充分的了解。选择样本如果发生判断偏差,则极易产生抽样误差。一般而言,判断抽样法通常适用于总体的构成单位极不相同而样本数很小的情况。

第三种,配额抽样。即先将总体分组,并规定各组的样本配额,然后由调查人员按照每一组的配额,用判断抽样的原则决定具体样本。配额抽样实质上就是分层判断抽样法。

3) 搜集信息

调研计划得到批准后,调研人员就可以执行调研计划。市场营销调研的重要任务是搜集信息,这是调研的第三步。其具体工作如下:

第一,确定资料的来源。搜集第一手资料时,应明确资料是来源于用户、中间商、企业推销员,还是企业协作单位、同行竞争对手或专家等。搜集第二手资料时,应明确资料是来源于企业内部的报表资料、销售数据、客户访问报告、销售发票、库存记录,还是来源于国家机关、金融机构、行业组织、市场调研或咨询机构发表的统计数字,或院校研究所的研究报告、图书馆藏书或报纸杂志等。

第二,确定搜集资料的方法。搜集第一手资料应明确是采用访问法、观察法或实验法,还是多种方法并举。搜集第二手资料时也应明确采用何种方法,如直接查阅、购买、交换、索取或通过情报网委托搜集等。

第三,设计调查表或问卷。搜集第一手资料时,一般需要被调查者填写各种表格或问卷。其设计合理与否直接关系到资料的准确性。因此,必须设计出合理、规范的调查表或问卷。

第四,抽样调查设计。企业在市场调研中普遍采用抽样调查,即从被调查的总体中选择部分作为样本进行调查,再用样本特性推断总体特性。为了科学地进行抽样调查,必须设计出合适的抽样方法和样本容量。

第五,现场实地调研。组织调研力量,采用各种方式到现场获取资料。现场调研工作的好坏直接影响到调研结果的正确性,必须由经过严格挑选并加以培训的调查人员按规定进度和方法搜集所需的资料。

4) 分析信息

分析信息是调研的第四步,其主要目的包括:分析得到信息的渠道是否可靠,分析信息内容的准确性,分析信息间的相互关系和变化规律。信息分析的一般过程包括整理审核、分类编码、统计制表。

① 整理审核。整理审核是为了发现资料的真假和误差,达到去伪存真的目的。对调查的资料要检查误差,审核情报资料是否可靠。

② 分类编码。分类编码是为了使资料便于查找和利用,将调查的资料按一定标准进行分类,再进行编号。

③ 统计制表。统计制表是通过表格形式表示各种调查数据,反映各种信息的相关经济关系或因果关系。经过制表的资料针对性强,便于研究和分析,提高了资料的适用性。

5) 提出调研结论

市场营销调研的最后步骤是对市场营销调研结果做出准确的解释和结论,编写成调研报告。调研报告是对问题的集中分析和总结,也是调研成果的反映。报告可以分专门报告和综合报告两类。

编写调研报告应掌握的原则是:① 内容真实客观;② 重点突出而简要;③ 文字简练;④ 应利用易于理解的图、表说明问题;⑤ 计算分析步骤清晰,结论明确。

市场营销调研报告的内容包括:① 调查过程概述,亦称摘要;② 调查目的,又称引言;③ 调查结果分析,它是调查报告的正文,包括调查方法、取样方法、关键图表和数据;④ 结论与对策;⑤ 附录,包括附属图表、公式、附属资料及鸣谢等。

4. 市场营销分析系统

市场营销分析系统是分析营销数据的统计模型和统计数据,即用一些先进的技术和方法来分析市场营销信息,以更好地进行营销决策。国外一些大公司普遍采用营销分析系统来分析和解决营销中存在的问题,当然对一些具有较高技术性的方法还未能全部采用。

市场营销分析系统中,拥有两组工具,即统计库和模型库。统计库中包括一系列统计过程,帮助分析者了解一组数据中彼此之间的相互关系及统计的可靠性。该数据库可以帮助管理者了解促销是影响企业产品销量的最重要的变数以及影响程度,如提高预算费用,可以使销售额增长多少等。模型库则是一系列的数学模型,利用这些数学模型,管理部门可以做出更加科学的决策。

经过市场营销分析系统科学处理的信息,有相当一部分具有重新使用的价值。因此,初次使用后的信息可以进入贮存状态。计算机进入营销系统后,可将信息编码放入计算机贮存系统中。为了使处于贮存状态的信息能够及时、方便地被提取使用,需要建立一套完整的查找方法和手段,即信息检索。目前有多种检索方式,尤其是计算机及其网络是一种高效率的信息检索方式,代表了营销信息检索的发展趋向。计算机对信息处理的显著特点是,它能够实现大量的综合性处理,从而提高信息的综合性和准确性。

(三)营销信息的传递与使用

正如前面所述,营销信息系统是由人员、设备和程序所组成的系统,是为营销决策及时、准确地收集、整理、分析和评估并传递所需的信息的系统。只有营销信息能够为营销决策所利用才是有价值的。因此,营销信息系统必须使信息可用,让营销经理们以此做出决策或为顾客提供日常服务。这就要求所有获得的信息必须输入数据库,并使其能方便、及时地被使用。

现代网络技术为这种信息系统中所有的信息被方便使用提供了可能,不仅是公司内部,即使是在外部也可以通过网络对信息进行运用。

任务三　消费者购买行为分析

前面我们学习了营销信息系统,即营销人员如何从营销环境中获取、分析、使用营销信息。本任务和任务四中,我们将进一步讨论分析营销环境中最重要的因素——顾客。我们从最终消费者和生产者两个方面入手来分析顾客的购买行为。

消费者是指为生活消费需要购买、使用商品或者接受服务的个人和单位。消费者市场又称消费品市场或终极市场,也就是指为满足生活消费需要而购买商品或服务的一切个人和家庭的集合,是通向最终消费的市场,是实现企业利润的最终环节,是一切社会生产的终极目标。因此,对消费者市场的研究,是对整个市场研究的基础与核心。

消费者的购买行为是消费者在一定购买条件和购买动机驱使下,为了满足某种需求而购买商品的活动过程。消费者购买的基本特征主要包括:

① 购买者多而分散。消费购买涉及每一个人、每个家庭,消费者市场是一个人数众多、幅员广阔的市场。由于消费者所处的地理位置各不相同,闲暇时间不一致,造成购买地点和购买时间的分散性。

② 购买量少,多次购买。消费者购买是以个人和家庭为购买和消费单位的,由于受到消费人数、需要量、购买力、储藏地点、商品保质期等诸多因素的影响,消费者为了保证自身的消费需要,往往购买批量小、批次多,购买频繁。

③ 购买需求的多样性和差异性。消费者的年龄、性别、职业、收入、文化程度、民族、宗教、消费习惯等导致其需求具有多样性和差异性,从而导致消费者购买多样性和差异性。

④ 大多属于非专家购买。需求的复杂性导致了产品的多样性,使得绝大多数消费者在购买商品时缺乏相应的专业知识、价格知识和市场知识,尤其是对某些技术性较强、操作比较复杂的商品,更显得知识缺乏。在多数情况下,消费者购买时往往受感情的影响。

⑤ 购买的流动性大。人口在地区间的流动性较大,因而导致消费购买的流动性很大,消费者的购买能力经常在不同产品、不同地区及不同企业之间流动。

⑥ 购买的周期性。从消费者对商品的需要来看,有些商品消费者需要常年购买、均衡消费;有些商品消费者需要季节购买或节日购买;有些商品消费者需要等商品的使用价值基本消费完毕才重新购买。由此可见,消费者购买有一定的周期性可循,从而使消费者市场时常呈现一定的周期性。

⑦ 购买的时代特征。消费者购买不仅受到消费者内在因素的影响和制约,还常常受到时代精神、社会风俗习惯的导向,从而使人们对消费购买产生一些新的需要。

⑧ 购买的发展性。消费者购买是不断变化的,随着社会的发展和人民消费水平、生活质量的提高,消费需求也在不断向前推进。

一、消费者行为模型

消费者每天都会做出购买决策,营销人员要了解的是,消费者购买什么?到哪儿购买?买多少?什么时候买?为什么买?但是要回答消费者上述问题并不容易,答案往往隐藏在消费者心中。营销人员要知道消费者对公司营销活动有什么样的反应,就要研究消费者购买行为模型:购买者行为的刺激—反应模型(见图2-6)。

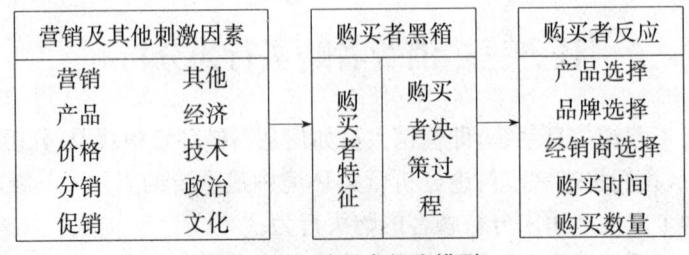

图2-6 购买者行为模型

上图表明,营销及其他刺激因素共同进入购买者黑箱并产生反应,这些反应是一组可以观测的信息:消费者对产品、对品牌、对经销商的选择,以及决定购买的时间和数量。营销人员需要了解刺激因素如何转化成为消费者反应,包括两个方面:一是购买者的特征将影响其如何接受外界环境的刺激并产生行为反应;二是购买者决策过程本身影响购买者的行为。

二、消费者购买行为的影响因素

消费者的购买行为受文化、社会、个人、心理等因素的强烈影响,具体内涵如图 2-7 所示。一般情况下,营销人员不能控制这些因素,但在营销活动中必须考虑这些因素。

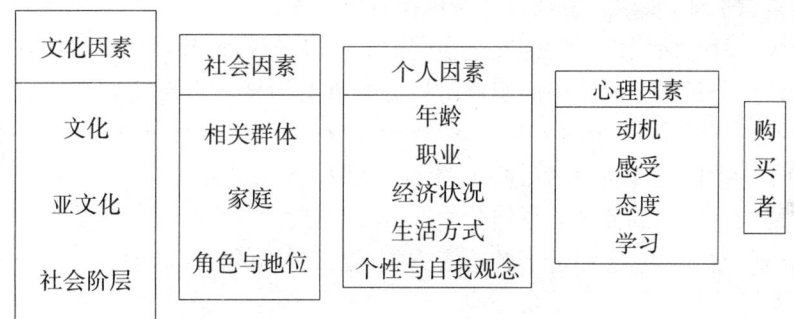

图 2-7 消费者行为影响因素

(一)文化因素

1. 文化

文化是人类群体创造并共同享有的物质实体、价值观念、意义体系和行为方式,是人类群体的整个生活状态。文化的内隐部分为价值观和意义系统,其外显形态为各种符号,这些符号主要体现为物质实体和行为方式。

文化是引发人类愿望和行为的最根本原因。人类的行为方式大多是通过学习形成的。一个人在社会里成长,通过家庭和其他社会机构获得基本的价值观、喜好和行为。

文化随着人类的群体的范围划分不同而体现出差异,即亚文化。每种文化都由更小的亚文化组成,亚文化为其成员带来更明确的认同感和集体感。

每个群体或社会都有其特有的文化,而文化对购买行为的影响在不同的国家有很大的差异,营销人员要不断地捕捉文化变迁,从而发现人们可能需要的新产品。许多亚文化构成了重要的细分市场,而营销人员可以根据他们的需要设计产品并制订营销计划。

情境案例

品牌亚文化营销就是品牌借助亚文化的势能来宣传自己,也是将亚文化进行商品化的过程。随着《中国有嘻哈》的热播,大把流量被引入嘻哈界,Adidas Originals 看准时机,与之前就因《Made in China》大火的海尔兄弟合作,不仅推出联名款 NMD,更是成为其新 MV《Nomadic》的强势赞助方。Adidas Originals 与嘻哈界的这次联姻,不仅体现了品牌对街头时尚的定义、对原创的推崇,也因借势营销为新款的推出赚足流量和关注眼球。

2. 社会阶层

社会阶层是指一个社会按照其社会准则将其成员划分为相对稳定的不同层次。这也是影响消费者购买行为的重要因素之一。

菲利普·科特勒将美国社会划分为七个阶层：① 上上层：继承大财产，具有著名家庭背景的社会名流；② 上下层：在职业或生意中具有超凡活力而获得较高收入或财富的人；③ 中上层：对其"事业前途"极为关注，且获得专门职业者，独立企业家和公司经理等职业的人；④ 中间层：中等收入的白领和蓝领工人；⑤ 劳动阶层：中等收入的蓝领工人和那些过着"劳动阶层生活"的人；⑥ 下上层：工资低，生活水平刚处于贫困线上，追求财富但无技能的人；⑦ 下下层：贫困潦倒，常常失业，长期靠公众或慈善机构救济的人。

不同社会关于社会阶层划分的标准是不同的。一般来说，划分阶层的标准有职业、经济收入、居住区域、住房条件等。而其中的职业是划分的重要因素。不同社会阶层的人，他们的经济状况、价值观念、兴趣爱好、生活方式、消费特点、闲暇活动、接受大众传播媒体等各不相同。这些都会直接影响他们对商品、品牌、商店、购买习惯和购买方式。

企业营销要关注本国的社会阶层划分情况，针对不同的社会阶层爱好要求，通过适当的信息传播方式，在适当的地点，运用适当的销售方式，提供适当的产品和服务。

情境案例

总资产达到100万美元的高净值人群，中国有100万人，美国则有500万人。最具影响力的奢侈品网站Luxury Society对中美两国高净值人群的消费行为进行了调查研究，以预测未来两国富豪的消费趋势。从调查结果来看，选择"未来愿意购买更多奢侈品"的中国富豪高达86%，只有44%的美国富豪选择了这一项，两者间的差距达41%。同时，比起美国富豪，中国富豪更愿意通过网络(58%)、灰市(59%)和在旅游途中(59%)购买奢侈品。

从存款意愿来看，两国富豪都喜欢存钱(中国83%，美国72%)，相比之下，中国富豪更爱存钱。从消费模式来看，比起奢侈品，美国富豪更愿意将钱花费在旅游上(占比65%)，只有55%的中国富豪这么想。让人感到意外的是，有58%的中国富豪将收入的一部分捐献给慈善机构，高于美国富豪的49%。两者间存在较大差异的，要数在海外的投资了。56%的中国富豪正积极寻求在海外投资的机遇，仅有18%的美国富豪有相同想法。

最受美国富豪欢迎的奢侈品品牌中，Ralph Lauren、Coach和Calvin Klein排名前三，都是美国本土品牌。而最受中国富豪欢迎的奢侈品品牌中，欧洲品牌占了大多数，包括Chanel、Dior、Armani等。2016年，中国富豪花费了95亿美元购买奢侈品(包括服饰、珠宝、手表等)，美国富豪花费了144亿美元。数据还显示，在中国，富豪仅占奢侈品消费者人群的12%，而在美国，这一数字是24%。这一比例将给品牌营销以启示：要想增加销售额，各奢侈品品牌在美国的营销策略是继续吸引富豪阶层；而在中国，则需要吸引非富豪阶层。

(二) 社会因素

1. 相关群体

相关群体是指那些影响人们的看法、意见、兴趣和观念的个人或集体。研究消费者行为可以把相关群体分为两类，即参与群体与非所属群体。

① 参与群体是指消费者置身于其中的群体。按其作用，它又可分为主要群体和次要群体。主要群体是指个人经常性受其影响的非正式群体，如家庭、亲密朋友、同事、邻居等，这样的群体直接影响着一个人的情趣和爱好，培养其消费习惯，这种影响往往是潜移默化的。次要群体是指个人并不经常受到其影响的正式群体，如工会、职业协会、知名人士等，这样的群体尽管其影响不如主要群体，但同样在情趣、爱好方面相互影响，从而间接影响消费者的购买行为。

② 非所属群体是指消费者置身之外，但对购买行为有影响作用的群体。非所属群体有两种情况，一种是期望群体，另一种是游离群体。期望群体是个人希望成为其中一员或与其交往的群体，如一些球迷以某崇拜球队为期望群体。反之，则属于游离群体，即群体的价值观、行为遭到个人拒绝或抵制，极力划清界限的这种群体。相关群体对消费者购买行为的影响主要有以下方面：一是向消费者展示新的生活方式和消费模式；二是影响人们的态度，帮助消费者在社会群体中认识消费方面的"自我"；三是相关群体的"模仿"作用，使某群体内的人员消费行为趋于一致化；四是相关群体的"意见领袖"，有时其消费示范作用是难以估计的。

在市场营销活动中，企业应该重视相关群体对消费者购买行为的影响作用。首先应关注本企业目标市场的消费者受不同相关群体的影响程度，运用不同的策略满足不同的需求。如经营化妆用品的企业总是请著名的影星、歌星做产品形象代言人、做广告，这就是利用期望群体的影响提供产品。企业在利用相关群体的影响开展营销活动时，还要注意不同的商品受相关群体影响的程度不同。商品能见度越强，受相关群体的影响越大。一辆自行车与一双袜子相比，购买自行车受相关群体的影响要大得多。商品越特殊，购买频率越低，受相关群体影响就越大。消费者对某商品越缺乏知识，受相关群体的影响就越大。

情境案例

"安全、耐用、省钱"，还记得"康明斯大卡车"吗？这个影响几代人的经典传承，如今已经在青海地区深深扎根。据了解，在青海，60后和70后老司机，80后年轻司机，甚至一个家族几代卡车人都在使用配装了康明斯发动机的东风卡车，也就是他们口中的"康明斯大卡车"。杨海生的父亲是一个老卡车司机，他选择开卡车也是深受父亲影响。在买新车前，他找到父亲商量。父亲只说了这样一句话，"这个配'康机'的卡车我那时开过两台都不赖，按照常理这东西一代比一代强，选择'康机'应该没有错"。父亲的阅历及经验给了他足够的自信，他坚定地选择了搭载东风康明斯340马力的东风大力神自卸卡车。

2. 家庭

(1) 家庭对购买行为的重要影响

营销人员应看到家庭作为一个相关群体对购买行为的影响。一个家庭中的每个成员都受到这个家庭的熏陶和影响，也可以说家庭从小就影响着一个人的生活情趣、方式、个人爱好和习惯，这常常体现在对商品需要的要求、评价和购买习惯。尽管这种影响多数情况下是下意识的，但其影响作用是长久的，一个人孩提时代对商品的爱好可能会维持几十年。

情境案例

有人喜欢听歌剧，有人喜欢听爵士乐；有人喜欢科幻电影，有人偏好爱情喜剧……这些选择看上去是消费者的个人行为。美国学者最新研究却发现，消费者消费习惯和对于特定商品的喜好能够追根溯源到他们的前辈。美国斯坦福大学市场营销学教授伊塔马尔·西蒙森和佛罗里达州立大学教授阿纳·塞拉研究发现,遗传基因影响消费者的消费习惯,决定他们对特定商品的喜好,诸如巧克力、科幻电影、爵士音乐和动力汽车等。一名叫埃米莉·伊斯利的消费者说,考虑到她和母亲的消费行为,她"完全理解消费习惯可以遗传"。"我们通常会买一样的商品,"伊斯利说,"有一次我穿着一件新买的、领口带花的淡紫色T恤衫,回家后发现我母亲刚买了一件一模一样的衣服。""看到她衣橱里的衣服和我的完全一样,总是很有趣,"伊斯利说。家住波士顿的黛安娜·马茨说,她的祖母、母亲、女儿和她自己都习惯节俭。"我的孩子肯定受我影响,我受到我母亲的影响。但我认为,这是因为孩子观察长辈的行为和决策过程,从而受到影响。一些行为肯定是后天习得,"马茨说。研究人员说,他们并未忽视后天因素的影响,他们更想表明,后天因素和先天因素相结合,共同影响消费者的判断和选择。

(2) 家庭中不同购买角色的作用

在购买行为中,不同的家庭成员可能充当不同的角色,会对购买发表不同的意见,起着不同的影响作用。通常在购买行为中,家庭有五种不同的角色,即购买发起者、重大影响者、商品使用者、实际购买者和购买决策者。不同商品,家庭成员充当的购买角色是不同的,购买家用电器,男主人往往充当购买决策者;而购置新家具,充当购买决策者的则是女主人为多。

情境案例

某儿童玩具厂家为在暑期加大一种智力玩具的销量,煞费苦心地在产品上捆绑了一种时下在小学生中非常流行的飞镖玩具,以期博得他们的青睐。但结果令他们非常失望:销售额还不如上一个月。后来通过调查才得知有许多家长认为这种玩具的安全性有问题。促销失败的原因是企业只强调满足使用者——孩子的心理需求,却忽略了玩具的购买者是成人。

(3) 家庭生命周期的影响

一个家庭从产生到子女独立的发展过程称家庭生命周期。根据购买的年龄、婚姻和子女等状况,购买者的家庭生命周期大体分为七个阶段:①"未婚",年轻、单身;②"新婚",年轻夫妇,没有子女;③"满巢"Ⅰ,年轻夫妇,有6岁以下的幼儿;④"满巢"Ⅱ,年轻夫妇,有6岁或6岁以上的孩子;⑤"满巢"Ⅲ,年纪较大的夫妇,有未独立的孩子;⑥"空巢",年纪较大的夫妇,与子女已分居,年老、单身;⑦"独居",即失去配偶后,只剩下一位老人的家庭。消费者处在不同的家庭生命周期阶段,会有不同的爱好与需要。如新婚夫妇需要购买家具、家电等耐用消费品,"满巢"家庭需要婴儿食品,需要购买青少年商品、玩具,以及图书杂志、体育用品、服装、摩托车等商品。由此可见,购买者的家庭生命周期也会影响消费者的购买行为。家庭生命周期的研究目的在于要看到不同家庭生命阶段有着不同的购买重点。企业营销应根据不同的家庭类别、不同的家庭生命周期阶段的实际需要,开发产品和提供服务。

3. 角色与地位

一个人在一生中会参加许多群体,每个人在各个群体中的位置可用角色和地位来确定。角色是一个人所期望做的活动内容。一个人可能是父亲,是儿子,同时是经理。地位伴随着角色,每个角色都具有一定的地位,反映着社会的综合评价。

人们通常选择适合自己角色和地位的产品。角色与地位影响着一个人在购买商品中参与决策的程度。

> **情境案例**

美国万宝路香烟的广告是众所周知的20世纪最成功的商业广告之一,其成功的奥秘就是准确地塑造了一个性格特征分明、充满个性魅力的品牌角色形象,这个角色形象由于其独特的性格倾向性,激起了无数消费者长达半个世纪的倾心追随。

万宝路香烟结合当时的美国文化,以充分体现男人挽救力的牛仔作为广告形象,将产品由原来的女士香烟重新定位为男士香烟。包装采用当时首创的平开式盒盖技术,并将名称的标准字(MARLBORO)尖角化,使之更富有男性的刚强,并以红色作为外盒主要色彩。

万宝路香烟的广告以辽阔的美国西部为背景,塑造了一群狂放不羁、自由豪放、浪漫潇洒的美国西部牛仔形象:目光深沉,皮肤粗糙,浑身散发着粗犷、豪气的英雄男子汉,在广告中袖管高高卷起,露出多毛的手臂,手指总是夹着一支冉冉冒烟的"万宝路"香烟。

这些西部牛仔展现出来的强有力的性格魅力,深深地吸引了美国和世界各国的男人,"万宝路"所象征的西部牛仔的性格几乎成了一个真正男人必须具备的一种性格,成了众多男性追求的一种角色偶像,是男人气的象征,女士同样因为万宝路所代表的男士挽救力而对其爱不释手。

真正使人们迷上万宝路的并不是它在与其他品牌香烟之间微乎其微的味道上的差异,而是万宝路广告给香烟带来的优越感。换句话说,万宝路的硬汉子牛仔广告使香烟罩上了一种男子气概、个人英雄气概,而消费者购买这些香烟也正是为了购买这些气概,获得这种感觉上的满足。万宝路广告的创作充分抓住了美国人渴望通过某种方式表现自己男子汉气概的内心诉求。

(三) 个人因素

1. 年龄

人们一生中购买的商品与服务随着年龄的变化而变化。年龄的变化导致的购买行为变化与家庭生命周期有着密切的关系。

> **情境案例**

中国银联联合京东金融共同编制了《2017年消费升级大数据报告》。该报告显示,2015—2017年期间,70后贡献了70后、80后、90后消费整体规模的近一半。同时,70后对消费的贡献度近年来逐步下降,而80后、90后对消费贡献度则持续上升。90后消费金额增长迅猛,远高于70后、80后,增幅达70后的近两倍。从2017年各年龄在移动互联网渠道及线下实体渠道的消费金额占比来看,90后移动互联网渠道消费金额占比51.40%,已超过消费金额的一半;而70后、80后线下实体渠道消费仍为核心,消费金额分别占比为67.04%、67.22%。

"为人父母的80后们"成为人均日常消费支出最高的人群,2017年达6.2万元。同时,90后年均消费金额为3.5万,较2015年增长2.7倍,增长最快。70后在娱乐、珠宝行业笔均消费金额最高,80后在餐饮、宾馆行业消费最高。其中,70后在娱乐行业笔均消费金额超过3 000元,在珠宝行业笔均消费金额超过6 000元;80后在餐饮行业笔均消费金额超1 000元,在宾馆行业笔均消费金额超1 700元。90后最舍得在手机上花钱,客单价明显高于70后、80后。智能设备全面爆发,70后最爱无人机、80后情系智能家居。

2. 职业

一个人的职业也影响着消费模式，学生、农民、工人、公务员……，以及蓝领、白领，等等。营销人员要做的是努力找出对自己的产品或服务有浓厚兴趣的职业群体。

> **情境案例**
>
> 京东联手易观发布了《中国网上超市购消费者行为专题研究报告(2016)》。该报告显示，对比电商全站，网络超市用户呈现出高学历、高收入、品质关注度高的特点。其中，本科以上学历人群占比超过70%，白领、事业单位、学生教师、金融工作者、医务人员占比超过85%。

3. 经济状况

个人经济状况对产品的选择有很大的影响。一个企业经营与收入水平密切相关的产品时，应关注个人收入、储蓄和利率等变化趋势。一旦经济指标预示衰退，企业应对产品进行重新设计、定位、定价。

> **情境案例**
>
> 2016年，全国居民人均可支配收入23 821元，比2012年增长44.3%。2016年，全国居民人均消费支出17 111元，比2012年增长33.1%。这其中，最明显的就是服务消费保持快速增长。数据显示，2016年，全国居民人均教育文化娱乐支出1 915元，比2012年增长41.7%，年均增长9.1%，快于全国居民人均消费支出年均增速1.7个百分点，占人均消费支出的比重为11.2%，比2012年上升了0.7个百分点。此外，交通通信支出、医疗保健支出分别比2012年增长55.7%、60.6%。

4. 生活方式

生活方式（AIO模式）是指个人的生活模式，可由消费心态表现出来，包括消费者活动（activities，工作、嗜好、购买行为、运动及社会活动等）、兴趣（interests，食品、服装、家庭、休闲等）和意见（opinions，有关自我、社会问题、商务和产品等方面）。生活方式所表现的内容很多，它勾画出了一个人在社会中的行为和互动模式。即使是亚文化、社会阶层和职业相同的人，他们的生活方式也可能不同。

> **情境案例**
>
> 随着电子商务的崛起，实体经济已进入了以生活方式为主流营销趋势的时代。为吸引人气，越来越多的家居品牌开始发力生活方式营销。从曲美家居的"你＋生活馆"，到居然之家的"家庭消费生态圈"，通过战略性的品牌延伸，提供覆盖客户生活方式的全方位产品，正成为家居品牌提振市场竞争力的主要手段。比如，曲美家居在"你＋生活馆"推出了"定制生活方式"的概念，并通过下午茶等活动形式，传达"休闲、自由、独立"的时代精神，使消费者能准确无误地记忆并理解，从而产生认同。

5. 个性与自我观念

个性是指一个人独特的心理特征，这种心理特征将使个人对环境做出相对一致和持久的反应。个性通常可用自信心、控制欲、自主、顺从、交际、保守性、适应等特征来描述。对于特定的产品或品牌选择，个性是一个很有用的分析变量。

> **情境案例**

2015年9月8日,摩托罗拉推出了Moto X Style。Moto X Style与当今一味追求低价的手机研发理念截然不同,通过摩托罗拉Moto Maker在线设计平台(motomaker.com.cn),消费者可以定制专属于自己的Moto X Style。可以说,摩托罗拉将个性化和定制等创新的设计理念成功带入了数码领域,让消费者可以从内至外深度定制专属于自己的手机。然而,在"个性化崛起的年代",并不是所有品牌都能像耐克或是摩托罗拉一样,赋予消费者极大的自主权。并且,如若一味地追求个性化而失去品牌本身的形象和理念也并不可取。因此,产品需要在统一和个性化之间寻找一个平衡点。在这一问题上,可口可乐就是很好的范例:推出自制饮料机向消费者提供上百种饮料供他们自己去混合搭配,在不改变产品配方的前提下为消费者提供了个性化的饮用体验。可口可乐在日本推出姓名瓶,通过个性化的姓名瓶建立情感连接,增强与年轻族群的关系。而在中国,从昵称瓶、歌词瓶到台词瓶,这一系列的行为展示出已经建立统一形象与标准的品牌应该如何拥抱个性化的趋势。

(四)心理因素

影响消费者行为的心理因素有动机、感受、态度、学习。

1. 动机

动机与行为有着直接的因果关系。消费者购买行为由购买动机支配,而购买动机又由需要引起。因此要研究消费者购买动机,必须研究消费者的需要。需要是购买动机的基础,是购买行为的起点。

人的需要引发购买动机。需要是指人们感到没有满足的一种状态。就消费者而言,需要表现为获取各种物质需要和精神需要。对需要与动机的分析,许多行为学者、心理学家曾提出多种分析方法,其中,马斯洛的"需要层次"理论对消费者购买行为分析有重要的参考价值。

马斯洛将人类的需要分成五个层次,即生理需要、安全需要、社会需要、尊重需要和自我实现的需要。其中,前两个层次需要都属于生理的和物质方面的需要,后三个层次需要是心理的和精神方面的需要。它们是根据由低到高的层次排列的(见表2-2)。

表2-2 马斯洛需要层次模式

第一层	生存需要	希望满足基本生存条件	生理需要
第二层	安全需要	希望有安全稳定的环境	
第三层	社会需要	希望得到关爱和友情	心理需要
第四层	尊重需要	希望得到尊重,获得名誉	
第五层	自我实现需要	希望取得成功,实现自我发展目标	

① 生理需要。它是指人类最基本的需要,如对衣、食、住等物质的需要。马斯洛认为,当人所有的需要未得到满足时,生理上的需要是压倒一切、最为优先的需要。

② 安全需要。它是指人们要求人身安全得到保障,基本需要得到满足以后,为避免生理及心理方面受到伤害所产生的保护和照顾的需要,如人身安全、健康保障、财产安全、职业安全等。

③ 社会需要。它是指人们相互交往的愿望和归属感,人们希望能被社会上某些团体或者他人所接受,使自己在精神上有所归属;希望给予他人和得到别人的友谊和爱护,这是人的情感方面的需要。这种需要促使人们致力于与他人感情的联络和建立社会关系,如朋友交往、伙伴关系、参加某些团体或集会等。

④ 尊重需要。它是指人们对自尊心、荣誉感的追求和维护。人们希望通过自己的才华与成就获得他人的重视和尊重,希望自己具有一定的身份和地位。

⑤ 自我实现需要。它是指人们的成就感,人们对获得成功具有渴望,希望个人的才能得到发挥成为优秀的人。这是需要层次理论的最高级需要。

需要产生动机,但并非所有的需要都必然产生动机。一种需要必须被激发到足够大时才能发展成为动机。而且,动机的强弱除了受内在刺激驱使外,还与外界的刺激有关时才能发展成为动机。可见,消费者购买动机是消费者内在需要与外界刺激相结合使主体产生一种动力而形成的。

由于消费者需要的复杂多样,在此基础上产生的消费者的购买动机也是多样化的,购买动机大体上可概括为两大类。

① 生理性购买动机。生理性购买动机是指人们因生理需要而产生的购买动机,如饥思食、渴思饮、寒思衣,所以又称本能动机。

生理动机是以人们基本的生理本能需要为基础的,因此,具有经常性、习惯性和稳定性的特点。但是应该注意到,当社会经济发展到一定水平时,心理动机在消费者行为中占重要地位。

② 心理性购买动机。心理性购买动机是指人们由于心理需要而产生的购买动机。消费者的心理需要十分复杂,因而产生了各种各样的心理性购买动机。根据对人们心理活动的认识,以及对情感、意志等心理活动过程的研究,可将心理动机归纳为以下三类:第一类是感情动机。所谓感情动机,是指由于个人的情绪和情感心理方面的因素而引起的购买动机。第二类是理智动机。它是指建立在对商品客观认识的基础上,经过充分的分析比较后产生的购买动机。第三类是惠顾动机。它是指消费者由于对特定的商品或特定的商店产生特殊的信任和偏好而形成的习惯性重复光顾的购买动机。

需要引发动机、动机影响购买行为的理论,要求营销人员深入、细致地分析消费者的各种需求和动机,针对不同的需求层次和购买动机设计不同的产品和服务,制定有效的营销策略,获得企业营销的成功。

情境案例

据国家统计局数据,我国15~60岁的女性消费群体占总人口的33%,其中崇尚年轻时尚且有经济能力的25~45岁女性占总人口的16%,约2.9亿人。

相比平时,女性更爱在双十一期间买买买。2014—2016年,双十一当天在京东下单的女性用户数增长了4倍多,消费额增长近5倍。

京东大数据显示,美妆、食品、母婴、服装、家居是女性用户在双十一期间最爱买的品类的前五名。除了这些传统品类外,2014—2016年间,机票、酒店订单、保健、情趣用品等品类在双十一期间的销量爬升很快。

京东调研数据显示,今年双十一期间,女性最期待的是鞋包服饰的促销,超过50%的女性对此表现出购买意愿;排在第二位的美容个护选择比例同样接近半数;手机数码作为京东的优势品类居第三位。

2. 感受

消费者一旦有了购买动机后,就会采取行动。但是如何行动还要看他对外界刺激物或情境的反应。这就是感受对消费者购买行为的影响。感受指的是人们的感觉和知觉。所谓感觉,就是人们通过视、听、嗅、触等感官对外界的刺激物或情境的反应或印象。随着感觉的深入,各种感觉到的信息在头脑中被联系起来进行初步的分析综合,使人形成对刺激物或情境的整体反映,就是知觉。知觉对消费者的购买决策、购买行为影响较大。在刺激物或情境相同的情况下,不同的消费者有不同的知觉,他们购买决策、购买行为就可能会截然不同。例如,有两个顾客到同一商店选购电视机,刺激物和情境相同,但其中一个认为某牌电视机好,售货员服务态度好,决定购买;而另外一个认为同一品牌的电视机不好,售货员的服务态度也不好,不愿购买。为什么会出现这种情况呢?这是因为消费者的知觉是一个有选择性的心理过程。一个人在特定范围内不可能对所有的刺激物都感受得到。具体说有三种情况影响感受。

① 有选择的注意。一个人每时每刻都面对许多刺激物,但是往往不可能注意所有的刺激物,而只能有选择地注意某些刺激物,即只注意那些与自己的主观需要有关的事物和期望的事物。如某顾客欲买洗衣机,他只注意看洗衣机而不注重别的商品。因此,对某种商品(如洗衣机)的广告宣传,有些消费者会有印象,而有些消费者不会有什么印象。

② 有选择的曲解。消费者即使注意到刺激物,但未必能如实反映客观事物,往往按照自己的先入为主来曲解客观事物,在对所接受信息的加工处理过程中,不自觉地加进了个人的看法。例如,甲品牌电冰箱的质量在客观上很好,但某消费者主观认为国产电冰箱只有乙品牌质量好,其他牌子都不行。

③ 有选择的记忆。它是指人们所获得的信息绝大部分都会被忘记,只记住那些和自己的意见、观点一致的信息。如消费者只记得自己喜欢的乙品牌电冰箱的优点,而忘记了也在经常宣传的甲品牌电冰箱的优点。

可见,感受是消费者购买的重要影响因素。尽管不同的人对同样的客观事物有不同的感受,但外界刺激物本身有助于决定人的感受。我们应该看到外界刺激物的作用所在,还应看到消费者个人因素也会影响其感受,如个人理解信息的能力、心情、记忆力、经验和价值观等,都会影响外界信息的接受,形成自己的感受。

分析感受对消费者购买行为的影响,要求营销人员掌握这一规律,充分利用企业的营销策略,在保证商品质量的前提下,改进包装、款式、颜色,尤其是要加强广告宣传,以强化刺激。企业要以简明、有吸引力的广告词句反复多次做促销宣传,引起消费者的注意,加深消费者的记忆,正确理解广告。

3. 态度

态度通常是指个人对事物所持有的喜欢与否的评价、情感上的感受和行动倾向。作为消费者,态度对消费者的购买行为有着很大的影响。企业营销人员应该注重对消费者态度的研究。

社会心理学家认为态度是情景和他人倾向以及本人性格特点相互作用的结果。消费者对某一商品的态度来源于:① 消费者本身与商品的直接接触;② 亲友或其他人的直接、间接的影响;③ 家庭教育与本人的生活经历。

消费者的态度包含信念、情感和意向，它们对购买行为都有各自的影响作用。

(1) 信念

信念是指人们认为确定和真实的事物。一般来说，信念是来自知识、见解，也有来自信任的。在实际生活中，消费者不是根据知识，而常常是根据见解和信任作为他们购买的依据。如某消费者之所以选择甲品牌商品而不买乙品牌商品，其原因在于他相信前者而不相信后者。该消费者的信任往往产生于甲品牌的商品质量有保证、企业信誉好、优质的服务、公道的价格。

(2) 情感

情感是指商品和服务在消费者情绪上的反应，如对商品或广告喜欢还是厌恶。上述所提的消费者对甲品牌商品倾注着喜欢态度，显示出自己的情感。情感往往受消费者本人的心理特征与社会规范影响。

(3) 意向

即态度的动作倾向，具体是指消费者采取某种方式行动的倾向，是倾向于采取购买行动，还是倾向于拒绝购买。消费者的态度最终落实在购买的意向上，喜欢甲品牌的消费者必然会采取购买的行动。

研究消费者态度的目的在于企业充分利用营销策略手段，让消费者了解企业的商品，帮助消费者建立对本企业的正确信念，培养对企业商品和服务的情感，让本企业产品和服务尽可能适应消费者的意向，使消费者的态度向着企业期望的方向转变。在20世纪80年代，温州的产品一直被认为是劣质假冒产品的代名词，经过市场经济的锤炼，企业改变营销观念，注重产品质量，强化广告宣传，从而改变了人们对温州产品的信念和态度。现在温州的鞋类产品已经以新的形象行销全国，并开拓了国际市场。

情境案例

根据麦肯锡发布的《2017中国汽车消费者调查报告》，从全国范围来看，38%的大众中产人群对国产品牌抱有好感，而在富裕人群中，只有26%的人持相同观点。消费者一致认为国产品牌在高端产品上缺乏优势，只有8%认为本土汽车制造商提供了他们想要的品牌。显然，本土汽车制造商在"入门成功"后能否再下一城，仍有待时间的检验。该报告显示，中国汽车买家再度购买同一品牌的比例在下降（本来就已低于全球调查水平），但对联网等数字化功能的需求在增强。新一代买家的需求不同以往，且这次的受访者很少对现有的线下体验表示满意。

4. 学习

学习是指由于经验引起的个人行为的改变。即消费者在购买和使用商品的实践中，逐步获得和积累经验，并根据经验调整自己购买行为的过程。一个人的学习是通过驱策力、刺激物、提示物、反应和强化的相互影响、相互作用而进行的。

驱策力是诱发人们行动的内在刺激力量。例如，某消费者重视身份地位，这种尊重的需要就是一种驱策力。这种驱策力被引向某种刺激物，如高级名牌西服时，驱策力就变为动机。在此动机的支配下，这位消费者需要做出购买名牌西服的反应。但他在何时何地做出何种反应，往往取决于周围的一些"提示物"的刺激，如看了有关电视广告、商品陈列。在他购买了这套名牌西装时，如果穿着很满意的话，他对这一商品的反应就会加强，以后如果再遇到相同诱因时，就会产生相同的反应,即采取购买行为。如反应被反复强化,久而久之,就成为购买习惯了。这就是消费者的学习过程。

从以上分析可以看出,消费者一方面从广告中学习,获取知识;另一方面是从自己周围的人的购买经验中学习。为此,企业在营销过程中要注重消费者购买行为中"学习"这一因素的作用,要通过各种途径给消费者提供信息,如重复广告,目的是达到加强诱因,激发驱策力,将人们的驱策力激发到马上行动的地步。同时,企业对商品和提供的服务要始终保持优质,这样消费者才有可能通过学习建立起对企业品牌的偏爱,形成其购买本企业商品的习惯。

情境案例

2017年4月,全球行业分析公司Counterpoint的一份报告显示,25%的OV消费者会选择再次购买这两个品牌的手机,而超过半数(53.4%)的iPhone购买者仍会选择iPhone。另据外媒报道,iPhone 8发布在即,日前针对iPhone用户的忠诚度调查显示,70%的iPhone用户表示换机时不会考虑其他品牌。在用户忠诚度上,苹果用户几乎碾压三星与华米OV等厂商。而且我们要看到,虽然在中国市场,iPhone销量在持续下滑,但在用户忠诚度上依然是最高的。这其中一个重要原因是苹果的软硬一体化的封闭系统,这个封闭系统很省心,而且对用户非常有黏性。因为对智能手机用户来说,对软件层面的体验流畅性与易用性、稳定性要求越来越高,而在当前,在这些方面,Android阵营在操作系统体验上,依然拿不出更好的办法来打败iOS。对于苹果用户来说,苹果全系产品的体验是别家无法替代的。而在欧美市场尤甚,由于欧美、日本等市场高端用户群体庞大,整体人均收入高,iPhone几乎是一家独大。在北美,据说苹果用户的重复购买率高达90%。

三、消费者购买行为的类型

消费者购买行为会随着其购买决策类型的不同而有所不同。在较为复杂的和花钱多的购买决策中,购买者往往要反复比较、权衡,并且可能还需要其他人(如家庭成员、朋友、销售人员等)参与购买决策。根据购买过程中参与者的介入程度和品牌间的差异程度,可以将消费者购买行为分为复杂的购买行为、寻求平衡的购买行为、习惯性的购买行为和寻求多样化的购买行为四种类型,如图2-8所示。

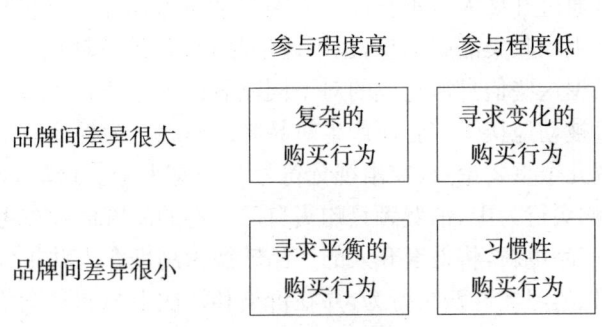

图2-8 四种购买行为

1. 复杂的购买行为

复杂的购买行为是指消费者对价格昂贵、品牌差异大、功能复杂的产品,由于缺乏必要的产品知识,需要慎重选择、仔细对比,以求降低风险的购买行为。消费者在购买此类产品过程中,经历了收集信息、产品评价、慎重决策、用后评价等阶段,其购买过程就是一个学习过程,在广泛了解产品功能、特点的基础上,才能做出购买决策。如购买计算机、汽车、商品房等。

针对复杂的购买行为,首先,企业需要制作产品说明书,帮助消费者及时全面了解本企业产品知识、产品优势及同类其他产品的状况,增强消费者对本企业产品的信心。其次,企业要实行灵活的定价策略。再次,企业要加大广告力度,创名牌产品。最后,企业需要运用人员推销,聘请训练有素、专业知识丰富的推销员推销产品,简化购买过程。最后,企业应加强售后跟踪服务,加大企业与消费者之间的亲和力。

2. 寻求平衡的购买行为

寻求平衡的购买行为是指消费者对品牌差异小,不经常购买的单价高、购买风险大的产品,需要花费大量时间和精力去选购,购后又容易出现不满意等失衡心理状态,需要商家及时化解的购买行为。如购买家用电器、旅游度假等。消费者购买此类产品往往是"货比三家",谨防上当受骗。

针对寻求平衡的购买行为,首先,企业应做到价格公道、真诚服务、创名牌,树立企业良好形象。其次,企业应选择最佳的销售地点,即与竞争对手同处一地,便于消费者选购。最后,企业要采用人员推销策略,及时向消费者介绍产品的优势,化解消费者心中的疑虑,消除消费者的失落感。

3. 习惯性的购买行为

许多产品的购买是消费者在低度介入、品牌间无多大差别的情况下完成的。消费者有时会长期购买同一种品牌的产品,但这只是出于习惯,而非出于对品牌的忠诚。一般来说,这类消费者对价格低廉、经常购买、品牌差异小的产品花最少的时间,采取就近购买。它是最简单的购买行为,如购买食盐、鸡精、牙膏之类的便利品。消费者并没有对品牌信息进行广泛研究,也没有对品牌特点进行评价,对决定购买什么品牌也不重视,相反,他只是在看电视或阅读印刷品广告时被动地接收信息。他之所以选择这一品牌,仅仅因为是他熟悉的。

首先,对习惯性的购买行为可以利用价格与销售促进吸引消费者试用。由于产品本身与同类其他品牌相比难以找出独特优点以吸引顾客的兴趣,就只能依靠合理价格与优惠,以及展销、示范、赠送、有奖销售的手段吸引顾客试用。一旦顾客了解和熟悉了产品,就能经常购买以至形成习惯。其次,通过开展大量重复性广告加深消费者印象。在低度介入和品牌差异小的情况下,消费者并不主动收集品牌信息,也不评估品牌,只是被动地接受包括广告在内的各种途径传播的信息,根据这些信息所造成的对不同品牌的熟悉程度来决定选择。企业可开展大量广告,使顾客经过被动地接受广告而产生对品牌的熟悉。为提高效果,广告信息应简短有力且不断重复,只强调几个重要论点,突出视觉符号与视觉形象。最后,增加购买介入程度和品牌差异。在习惯性购买行为中,消费者只购买自己熟悉的品牌而较少考虑品牌转换,如果竞争者通过技术进步和产品更新,将低度介入的产品转换为高度介入并扩大与同类产品的差距,将促使消费者改变原先的习惯性购买行为,并在价格和档次上与同类竞争性产品拉开差距。

4. 寻求多样化的购买行为

多样化的购买行为是指消费者对产品品牌差异大、功效近似的产品,不愿多花时间进行选择,而是随意购买的一种购买行为。这种购买行为的消费者,表现为朝三暮四;不花太多的时间选择品牌,而且也不专注于某一产品,而是经常变换品种。该行为针对商品的特点是,不同品牌商品间差异较大,但价格便宜,经济风险小,如食品、化妆品等商品。消费者愿意经常尝试一下未曾用过的商品或新产品,其购买行为表现出一种寻求多样化的特点。这种消费者对商品品牌选择的变化常起因于商品的多样性,而不是起因于对商品不满意。消费者属于低参与并了解现有品牌和品种之间具有的显著差异,则会产生寻求多样化的购买行为。寻求多样化的购买行为是指消费者购买产品有很大的随意性,并不深入收集信息和评估比较就决定购买某一品牌,在消费时才加以评估,但是在下次购买时又转换其他品牌。

针对寻求多样化的购买行为,首先,企业可以采取多品牌策略,突出各种品牌的优势。多品牌决策是指企业在相同产品类别中同时为一种产品设计两种或两种以上互相竞争的品牌决策。此策略为宝洁公司首创,今天宝洁公司的洗发用品品牌众多,如飘柔、海飞丝、潘婷等。飘柔的突出优势是柔顺头发,海飞丝的突出优势是去头屑,潘婷的是护理、营养头发。宝洁公司凭借强大的企业实力,多方位的广告宣传,使其品牌深入到消费者心中,创造了骄人业绩。其次,企业应在价格上拉开档次。然后,企业要占据有利的货架位置,扩大本企业产品的货架面积,保证供应。最后,企业要加大广告投入,树立品牌形象,使消费者形成习惯性购买行为。

四、消费者购买决策的过程

消费者的购买并非就是简单的实地购买,而是较复杂的决策过程。消费者的购买决策在实地购买前就已经开始,而且还延伸到实地购买以后。因此,企业不要仅仅着眼于"决定购买"阶段,而要调查研究和了解消费者购买过程的各个阶段。消费者的购买决策过程一般可分为以下五个阶段:

(一)确认需要

确认需要是消费者购买活动的起点。当消费者意识到对某种商品有需要时,购买过程就开始了。消费者的需要可以由内在因素引起,如口渴驱使人寻找饮料;也可以是由外在因素引起,如一种色香味美的食品引起人们的食欲;看了电视、杂志上的家具广告而产生购买的欲望。在这一阶段,企业必须通过市场调研,认定促使消费者认识到需要的具体因素,营销活动应致力于做好以下两项工作:

① 发掘消费驱策力。如青年人绝大多数爱美,爱美的需要就是一种驱策力。企业在开发年轻人使用的产品系列中就应考虑"爱美"驱策力。

② 规划刺激、强化需要。驱策力只有与某些刺激相联系时,才能使人形成强烈的购买欲望。企业不但需要生产适销对路的产品,还要善于规划刺激,尤其是运用数量众多、形式各异的各类提示物,强化刺激,引发和深化消费者对需要的认识。

(二)寻求信息

有时消费者的消费需要很强烈,甚至可能马上去购买商品,但在多数情况下,消费者还要考虑买什么牌子的商品,花多少钱到哪里去买等问题,这就是消费者购买过程的第二阶段,即寻求信息的阶段。消费者寻求所需求的信息一般有产品质量、功能、价格、牌号、已经购买者的评价等。消费者的信息来源通常有以下四个方面:

① 商业来源,即消费者从广告、经销商、商店售货员、商品陈列、商品包装等途径得来的信息。一般来说,消费者的信息大多数来自商业来源。

② 个人来源,即消费者从家庭、亲友、邻居、熟人那里得来的信息。
③ 大众来源,即消费者从报纸、杂志、电视、广播等大众传播媒介获得的信息。
④ 经验来源,即消费者通过自身操作、实验、使用产品而得到的信息。消费者通过寻找信息,逐渐了解市场上出售的某种品牌的产品及其特征。

市场营销者的任务就是设计适当的市场营销组合,尤其是产品品牌广告策略,宣传产品的质量、功能、价格等,以便使消费者最终选择本企业的品牌。

(三) 比较评价

比较评价是消费者购买过程的第三个阶段。消费者进行比较评价的目的是识别哪一种牌子、类型的商品最适合自己的需要。消费者对商品的比较评价是根据收集的资料,对商品属性做出的价值判断。消费者对商品属性的评价因人、因时、因地而异,有的评价注重价格,有的注重质量,也有的注重牌子或式样等。对企业来说,首先要注意了解并努力提高本企业产品的知名度,使其列入消费者比较评价的范围之内,进而才可能被选为购买目标。同时,还要调查研究人们比较评价某类商品时所考虑的主要方面,并突出进行这些方面的宣传,以对消费者的购买选择产生最大影响。

(四) 决定购买

消费者通过对可供选择的商品进行评价并做出选择后,就会形成购买意图。在正常情况下,消费者通常会购买他们最喜欢的品牌。但有时也会受以下两个因素的影响而改变购买决定:

1. 他人态度

任何一个消费者都生活在一个特定的环境中,他的购买决策往往受其家庭成员、朋友、同事或权威人士等的影响,和他关系越密切,影响程度就越大。

2. 意外事件

消费者原本做出的购买决策,可能会受到如涨价、失业、收支状况的变化而发生改变。消费者修改、推迟或取消某个购买决定,往往是受已察觉风险的影响。"察觉风险"的大小由购买金额大小、产品性能优劣程度,以及购买者自信心强弱决定。企业应尽可能设法减少这种风险,以推动消费者购买。

(五) 购后评价

这是购买决策的最后一个阶段。消费者购买商品后,购买的决策过程还在继续,他要评价已购买的商品。企业对这一步仍须给予充分的重视,因为它关系到产品今后的市场和企业的信誉。判断消费者购后行为有两种理论:

1. 预期满意理论

该理论认为,消费者对所购商品的满意程度,取决于购前期望的实现程度。如果购买满意程度达到或超过他购前期望,他就会比较满意;反之,就会不满意。希望与现实差距越大,消费者的不满意感也就会越大。因此,企业在营销过程中,对商品的宣传应尽量实事求是,不要夸大其词,以免造成消费者在购买前的期望过高,而使用后却对产品产生强烈不满。

2. 认识差距理论

该理论认为,消费者购买商品后,都会产生不同程度的不满意感。这是因为任何商品都有其优点和缺点,消费者在购买时往往看重商品的优点,而购买后,又较多注意商品的缺点,当别的同类商品更有吸引力时,消费者对所购商品的不满意感就会越大。企业在营销过程中,应密切注意消费者购后感受,并采取适当措施,消除不满,提高满意度。如经常征求顾客意见,加强售后服务和保证,改进市场营销工作,力求使消费者的不满降到最低。

从以上分析可见,消费者购买决策的每一个阶段,都会对其购买决策产生影响。企业通过调查分析,可以针对消费者在决策过程中各个阶段的思想、行为采取适当措施,来影响消费者的购买决策,使消费者做出对企业有利的购买决策。

情境案例

瑞典买房记

我在瑞典的居所,先是租住在 Rinman 太太家中,这里是哥德堡最南端,环境很好。一段时间之后,我的生活逐渐安顿下来,工作走上正轨,只是感觉这里离市区的距离有点远,不算太方便,而且想一想,每个月 5 千多克朗,如果买房子还贷款也差不多够了。看着哥德堡的房价一天天这么涨,我下决心赶紧买房了!

选房之前,先说两点,一个是产权,一个是居住权。瑞典的房子分两种,一种是别墅,一种是公寓。买别墅的话,房子和土地都是永久产权。买公寓的话,买到的是永久居住权,公寓的所有权是归业主协会所有的。瑞典业主协会的职责是妥善维护房子,比如,刷新外墙、维护管道、更新通风系统,等等。瑞典的绝大多数老房子状况都很好,这种业主协会制度功不可没。考虑到我现在的具体需求,我决定还是买一套靠近市中心、位置较好、交通便利的公寓比较合适。

在瑞典选房子,比国内简单得多,因为瑞典有一个选房子的官网 hemnet,大家都到这里看房子。也就是国小人少才能有这齐齐整整的现象吧。在 hemnet 里,你按照户型、位置、面积等信息筛选,很方便就可以锁定符合需求的房源。在国内有建筑面积和使用面积这两种算法,但是在瑞典只有一种面积,就是房间的实际面积,这点也比国内简单一些。另外,在国内大家都讲究南北通透,但是瑞典人最看中朝西的房子,准确地说是最喜欢西南朝向。因为这样在夏季时,可以从凌晨一直到夜里都能晒到太阳。

还有房龄的问题,在国内大家都讲究买新房,二手房要是超过 10 年的,大家就不太愿意再考虑了。在瑞典我看了几天房子,发现几十年房龄的房子都算新的了,动不动就出现过百年的房子!而且有些区域老房比新房还要贵很多。瑞典政府很重视市政建设维护,所以老房子状态保持得很好,非常干净,设施也都在与时俱进地更新。

我在网上找了几天,终于发现一处特别满意的房子。离第二中心区步行十几分钟。整个小区的公寓密度很小,都是两层小楼,其中一楼都带花园。在瑞典买一楼的房子是赠送花园的,我因为有小孩,肯定需要买带花园的房子,得让小孩有足够的活动空间啊!最关键的是这个小区离海边不到 5 公里,还挨着山,在市中心有这么好的环境也是难得的了。

选中了房子,就要联系网站上登记的房屋中介信息,递交申请以及注册个人信息,准备参加看房会。到了看房日,按照约定的时间到达,中介负责人会核对你的信息,然后给你厚厚一

市场营销——过程与实践(第2版)

本关于房屋的详细资料,包括房子什么时候建成,什么时候装修过,哪些电器换过,以及历任房主的情况。这些在瑞典是没有什么秘密可言的,所有房主的信息全部都公开,不得不说,这一点让我觉得有些没有隐私感。

房子确实很好,两室一厅,朝西,一个大院子。很心动。厨房设备齐全,再稍微添置些家具很快就可以搬进来。当天大约十几名客人来看房,都看得很认真,差不多半个小时看房会就结束了。

我看过房子,向中介确定了购买意向。中介检查了我的购房资质之后,就通知我参加这个房子竞拍。竞拍其实是短信竞价,房东会先给出一个他心目中的底价,然后中介组织所有有意向的人进行竞标,价高者得。竞价当天,中介会给每个买家一个编号,大家挨个出价,同时你会看到别人的竞价短信,不过不显示名字,只显示编号。这个房子从198万开始,有6个人在竞价,大家先是试探性地一万一万地加价,之后火药味渐浓,开始三万五万地涨,转眼到下午下班时间,中介宣布休战,第二天上班继续。当价格开到240万的时候,基本只剩下我和2号了。因为实在想要,我又开到245万,对方没有动静了。我觉得差不多也到极限了,等等没有动静,我想这房子应该是拿下了。可是谁知两个小时之后,2号哥们突然出了一个251万!唉,想想这两小时之中,他是经历了怎样的纠结,下了多大的决心呀。好吧,既然他志在必得,我决定成人之美吧。

虽然我向2号和中介表示了放弃,并祝贺2号哥们拿下了这间很棒的公寓,但是之后我还是免不了有些惆怅,因为这样的房子实在是并不好找,我由于工作的关系,还是很希望尽快搬到市区的。

不过令我非常惊喜的是,没过几天,我接到了中介的电话,之前那间房子的隔壁也开始出售了,户型一模一样,也是一楼带个花园,只是朝向是南向。这时距离公共看房日还有一周,我试探着询问,如果我愿意在房东的底价上直接加价30万,能否可以提前单独看房。中介在征得房东同意之后,提前让我参观了房子,并且我提出的价格房东也接受。哈,非常顺利,一拍即合,约定好一个月之后签合同拿钥匙。这么一来我和那个竞拍的2号哥们就成了邻居,现在他已经是我家小孩的干爹了!他至今还对他抢到那套西南朝向的房子对我表示抱歉,但是,我是中国人啊,我现在住的房子可是南北通透啊!南北通透!这事儿我没法让瑞典人明白,但是国内的同志们,你们都懂我现在住着这套房子时内心的圆满啊!

之后我办好了银行贷款,嗯,顺便和大家说一下瑞典的房贷情况。瑞典买房首付15%,剩下的85%可以向银行贷款。其中的10%需要在10年内还清,利率略高;剩下75%需要在60年内还清,利率很低。其实很多瑞典人都不还这75%,60年你都不知道换了多少房子了。贷款的利率需要根据自己的资金状况和不同的银行去谈,每家银行都是不同的,怎么去和银行谈判是个挺深的技术活,听说谈好了是能够省不少的,我当时呢,经验到底不足,不过就是现在这样我也满意了,和北京比起来,我不得不说,实在是已经太幸福了!

办好了贷款,在签约前还有一件重要的事情,那就是跟业主协会见面。上文提到,瑞典的公寓所有权都归业主协会所有。整个区域公共设施的管理维护,以及居民租赁、买卖房子,协会都有发言权。在跟房东签订了买房意向之后不久,业主协会就调取了我的信用记录和工作学习情况,并且预约了见面时间。没办法,瑞典就是个完全透明的社会。

当我按照约定的时间来到协会办公室。负责人拿出一大沓资料给我看,主要是关于协会情况说明,小区情况说明和我要买的房子的所有情况,以及在这里生活可能会遇到的问题。同时也问了我很多工作学习的经历情况。瑞典人确实办什么事都一板一眼。之后负责人带我参观了小区的公共洗衣房、垃圾房、桑拿房等。"欢迎你,来自中国的朋友",我算是通过了审核,可以正式进入社区了!

到了正式签合同那天,在厚厚一叠合同最后签好名字,在拿到钥匙那一刹那,我心里突然涌起了一阵激动,在这异国他乡,我有自己的房子了!那种感觉我现在回想起来,还会有些心潮难平。始终记得那一天走出中介所后那一地明媚的阳光……

我在当天就租了辆车,带着我的一点家当搬了进去。之后又经历了长达数月的对自己心爱的小房子的整理和美化工作。我的小窝65平方米,还有一个8平方米的储藏室,门前有76平方米的漂亮草坪,我亲自铺草种花维护的!房子虽然不大,但是在瑞典有了完全属于自己的小天地,那种安详的欣慰感觉,海外游子都能够体会。(作者:王赟隆)

任务四 生产者购买行为分析

前面我们学习了消费者的购买行为及影响因素,本任务中,我们将对生产者购买行为进行分析。生产者购买行为是指一切购买产品或服务并将之用于生产其他产品或服务,以供销售、出租或供应给他人消费的一种决策过程。对生产者购买行为分析是提供生产资料产品企业营销的研究重点,只有了解了生产者的购买行为特点,掌握生产者购买行为的规律性,才能制定相适应的市场营销组合策略,在满足生产者需求的同时,实现企业自身的营销目标。

一、生产者购买行为的特征

在生产者市场上,购买者购买商品的目的不是为了个人生活消费,而是为了进行再生产并取得利润。因此,生产者的购买行为与消费者的购买行为有很大的差别。生产者购买行为具有以下鲜明的特征:

1. 购买者数量少,购买规模大

在消费者市场上,购买者是个人或家庭,购买者数量众多,但购买规模很小;而在生产者市场上,购买者绝大多数是企业单位,购买者的数量必然比消费者市场小得多,但每个购买者的购买规模都较大。在现代市场经济条件下,由于资本的积聚,产业市场上的购买规模更显得庞大,许多行业的产品生产集中在少数大公司,所需原料、设备的采购也就相对集中。例如,美国固特异轮胎公司产品的购买者主要集中在通用汽车公司、福特汽车公司、克莱斯勒汽车公司,买者有限,但购买数量相当大。因为这几家大汽车公司面对全美数以亿计的汽车消费者。

情境案例

截至2017年年底,中国国产单通道大飞机C919共接到了27家公司的785架订单,全部订单中,国际订单共34架,分别为:GE航空资本服务公司(GECAS)20架,德国普仁航空7架,泰国都市航空7架。在共计785架的订单中,来自融资租赁机构的订单数量是636架,占比高达81%。

2. 购买者区域相对集中

购买者区域相对集中是由产业布局的区域结构决定的。由于历史和地域资源的原因,各国的产业布局结构各不相同。产业布局在地理位置上相对集中的特点形成了生产者购买较为集中的目标市场,在产品分销过程中,可以抓准重点目标市场,提高分销效率,降低分销成本。比如,扬州市邗江区杭集镇享有"中国牙刷之都"美誉,杭集镇生产牙刷已有170多年的历史,目前,全镇拥有牙刷生产及相关配套企业近千家,其中规模生产企业80多家,世界500强企业高露洁公司也落户杭集。全镇牙刷从业人员2万多人,生产的牙刷有1 100多个品种,年产牙刷32亿支,年销售20多亿元,杭集牙刷已占据了国内80%的市场份额,还出口到50多个国家和地区。因此,牙刷毛、牙刷柄的购买者主要集中在杭集镇。

3. 需求受消费品市场的影响

生产企业对生产资料的需求,常常取决于消费品市场对这些生产资料制品的需求。有人把它又称为"衍生需求",这就是说,生产者购买产品的需求,归根结底是从消费者对消费品的需求中衍生出来的。例如,兽皮商把牛、羊、猪皮卖给制革商,制革商把皮革卖给皮鞋制造商,皮鞋制造商把皮鞋出售给消费者。由此可见,正是由于消费者对皮鞋的需求,才派生出一系列连锁的需求。

4. 需求缺乏弹性

在生产者市场上,购买者对产品的需求受价格变化的影响不大。在工艺、设备、产品结构相对稳定的情况下,生产资料的需求在短期内尤其缺乏弹性。例如,皮鞋制造商既不会因皮革价格上涨而减少对皮革的需求量,也不会因为价格下降而增加需求量。

5. 需求波动大

生产者的需求是波动的需求,而且波动幅度大。用户对生产资料产品的需求比消费者对消费品的需求更容易发生需求波动。由于生产者需求是一种衍生需求,所以消费者需求的少量增加能导致产业购买者需求的大幅度增加。这种现象被西方经济学家称为加速原理。所以有时消费者的需求有稍许的变化,就会引起很大的生产者购买变化,因而提供生产资料的企业往往实行多元化经营,以减少风险,增强应变能力。

情境案例

接近2018年农历春节时,太阳能终端市场更加疲软,组件业者对电池的采购需求降低,电池业者只能通过抛售来清库存。然而以中国大陆为首的年前市场相当萎靡,即使压低价格也很难找到买家,导致整个供应链的价格应声下滑。降价压力从组件快速往上传导到硅料,使中国境内部分小厂因恐慌而开始部分跌价。硅料整体虽然还没有明显降价,但预期下周也必须跟跌。受到电池片大量抛货的影响,硅片也开始大幅跌价。单晶硅片因需求相对稳定,价格跌幅相对于多晶硅片来说较小,仅有龙头厂商隆基在本周进行小幅跟跌。

6. 购买人员较为专业

生产者购买较为专业。由于生产者所需产品(如原料、原材料、零配件、设备、技术等)是用来再生产或再加工之后出售的,所以,购买必须符合企业再生产的需要,对产品的质量、规格、型号、性能等方面都有系统的计划和严格的要求,通常需要专业知识丰富、训练有素的专业采购人员负责采购。这就要求有关企业必须向采购员提供技术资料和特殊的服务。

7. 购买多为直接购买

由于生产购买者少,又是大宗买卖或技术复杂的设备、仪器等,因而购买者多数希望直接与供应者打交道。一方面,供应商能够保证按照自己的要求提供产品;另一方面又能与供应商密切关系,保证在交货期和技术规格方面符合自己的需求。

情境案例

数据显示,2016年1—6月钢铁企业钢材按销售渠道占比的大小排序依次是分销、直供、分支机构、出口、零售。同2015年1—6月相比,钢材零售占比提高最大,提高了1.00个百分点,分销占比下降最大,下降了1.55个百分点。钢材销售量同2015年1—6月相比,分销降幅最大,下降6.11%。

不难看出,钢厂销售模式正在发生轻微的改变,直供和零售的比例有所增加,而分销和分支机构的比例有所减少。此前,钢厂销售渠道更多的是依赖贸易商,但是经历了钢贸商资金链断裂、倒闭潮后,其"蓄水池"功能大为弱化,钢厂被迫提高直供比例。而如今,钢厂主动提高直供的比例,甚至削减代理商的数量,来改变其销售模式。

目前,钢协会员企业直供比例平均在36%左右,而最近随着钢厂直供比例的不断增加,部分企业达到50%~70%,个别甚至更高。目前,钢厂直供的代表可以说是宝钢,其70%以上的产品直接销售给大型制造企业;首钢销售公司直供及三方直供用户数量的比例也超过了80%;首钢长治钢铁、马钢的直销比例超过50%;河北钢铁集团也从去年开始,集中力量加大产品的直供比例,减少销售环节,直供比例大约在40%,个别高端品种的直供比例超过60%。

沙钢集团作为民营企业的代表也在不断创新营销机制,逐步完善电子商务、代理直供、期货套保、产业链合作等多种营销模式。除此之外,沙钢还成立了自己的物流公司,虽然初期遭遇了贸易商的集体抵制,但目前代运政策基本已经实行下去。另外,长达、华伟等钢厂已经实现厂内直接提货买卖,钢厂每日调整对外售价,直接与客户进行对接。

8. 特殊购买方式——租赁

许多生产者并不是以购买而是以租赁的方式取得设备。这种方式一般适用于价值较高的机器设备、交通工具等,因为这种设备单价高,通常用户需要融资才能购买,加上技术更新越来越快,为减少投入和避免技术升级带来的风险,租赁已成为近年来生产者获得生产资料,特别是生产设备的一种重要形式。租赁的形式主要有服务性租赁、金融租赁、综合租赁、杠杆租赁、供货者租赁、卖主租赁等形式。

情境案例

我国民航业在1987年开始认识到资金的时间价值,机队建设模式逐渐尝试国外流行的"以租替买",至今租赁已成为国内航空公司扩充自身机队的主要方式之一。国际航空协会预计,到2020年,全球约近半数的商用飞机将实现租赁模式。而前瞻产业研究院的数据则显示,全球范围内,航空公司机队中租赁和购买飞机的比例已达6∶4,即60%的飞机需要通过租赁获得。从微观角度而言,以东航为例,其现有机队规模为581架,其中仅有213架为自有,占36.7%,其余全部以租赁方式持有,融资租赁的有226架,占38.9%,经营租赁的有142架,占24.4%。而在春秋航空的一份机队扩张计划中,公司在2017—2019年打算引进27架飞机,其中仅有17架为购买,另外10架则为经营租赁。关于经营租赁和融资租赁,有业内人士打了一个形象的比喻:"你可以把飞机想成房子,经营租赁就是纯粹交租金,所有权始终是别人的;融资租赁就是按揭买房,你慢慢还钱,但产权是自己的。"对于航空公司而言,因为飞机价格相对昂贵,自购飞机过多将导致其固定成本过高,不利于提高盈利水平,也会为航空公司带来不小的融资压力。

二、生产者购买行为的类型

由于企业采购的目标与需要不同,生产者的购买行为按其购买性质,大致可分为三种类型。

1. 直接重购

直接重购是指企业采购部门为了满足生产活动的需要,按惯例进行订货的购买行为。也就是企业的采购部门根据过去和供应商打交道的经验,从供应商名单中选择供货企业,并连续订购采购过的同类产品。这是最简单的采购,生产者的购买行为是惯例化的。供应商的营销人员要努力保证稳定的产品质量,维护与客户的良好关系,以保持现有客户并争取新客户。

2. 修正重购

修正重购是指企业的采购人员为了更好地完成采购任务,适当改变采购产品的规格、价格和供应商的购买行为。这类购买情况较复杂,参与购买决策过程的人数较多。供应商的营销人员必须做好市场调查和预测工作,努力开发新的品种规格,并努力提高生产效率,降低成本,设法保护自己的既得市场。

情境案例

据路透社报道,美国航空公司(American Airlines)2013年1月14日宣布,其修正了与波音及空中客车公司之间有关购买上百架飞机的订单协议,其中包括2011年的史上最大订单。美航表示,该公司与波音公司达成最终协议,购买100架配备有更高效发动机的波音737MAX飞机,预计2018—2022年间交付。此外,美航还持有在2022—2025年间再购买60架MAX飞机的选择权。美航还修正了2011年与空中客车公司间有关购买空中客车A320的协议。2011年夏季,美航宣布将购买200架波音737和260架空中客车A320飞机,这一订单也被称为航空史上的最大订单。美航还调整了1997年和2008年订购波音737、777和787型号飞机的协议,以此来节约开支。美航表示,修改后的购买协议还有待批准。

3. 全新采购

全新采购是指企业为了增加新的生产项目或更新设备而第一次采购某一产品或服务的购买行为。新购买的产品成本越高、风险越大,决策参与者的数目就越多,需收集的信息就越多,完成决策所需的时间也就越长。这种采购类型对供应商来说是一种最大的挑战,同时也是最好的机会。全新采购的生产者对供应商尚无明确选择,是供应商的营销者应该大力争取的市场。

三、生产者购买决策过程

(一) 生产者购买过程的参与者

生产资料的生产企业不仅要了解谁参与生产者用户的购买决策过程,还要了解他们在购买决策过程中充当什么角色、起什么作用。也就是说,还要了解其客户的采购组织,以便采取相应的对策。

生产者购买除了专职的采购人员外,还有一些其他人员也参与购买决策过程。所有参与决策过程的人员构成采购组织或采购中心,参加采购中心的人具有同一目标,并分担购买决策的风险。这比消费者购买行为要复杂得多。通常,企业的采购中心包括以下五种成员:

① 使用者。即实际使用欲购买的某种产品的人员。例如,公司要购买实验室用的电脑,其使用者就是实验室的技术人员。使用者往往首先提出购买某种所需产品的建议,并提出购买产品的品种、规格和数量。

② 影响者。即企业内部和外部直接或间接影响购买决策的人员。他们通常协助企业的决策者决定购买产品的品牌、品种、规格。企业的技术人员是最主要的影响者。

③ 采购者。即在企业中组织采购工作的专业人员。采购人员的职能包括选择供应商、与供应商谈判,等等。在较为复杂的采购工作中,采购者还包括那些参与谈判的公司高级职员。

④ 决定者。即在企业中拥有购买决定权的人。在标准品的例行采购中采购者常常是决定者;而在较复杂的采购中,企业领导人常常是决定者。

⑤ 信息控制者。即在企业外部和内部能控制市场信息流到决定者和使用者那里的人员,如企业的采购代理商、技术人员和秘书等。

当然,并不是任何企业采购任何产品都必须有上述五种人员参与购买决策过程,采购的产品不同,企业采购中心的规模大小和成员多少也不相同。购买的产品技术性越强,单价越高,购买情况越复杂,参与购买决策过程的人员就越多;反之,人员就少,规模就小。如果一个企业采购中心的成员较多,供货企业的市场营销人员就不可能接触所有的成员,而只能选择接触其中少数几位成员,在这种情况下,市场营销人员就必须了解谁是主要的决策参与者,以便采取适当措施,影响其中的重要人物。

(二)影响生产者购买决策的主要因素

影响生产者购买决策的因素可以归纳为四大类,即环境因素、组织因素、人际因素和个人因素。

1. 环境因素

即一个企业外部周围的因素,包括政治、法律、文化、技术、经济和自然环境等因素。如市场基本需求水平、国家经济前景、资本成本等发生变化时,都将影响大批生产者购买。技术、政治及竞争环境、资源短缺程度等都会影响各企业的购买计划和采购决策。

2. 组织因素

即企业本身的因素。如一个企业的目标、政策、业务程序、组织结构、制度等,都会影响生产者的购买决策和购买行为。如企业采购机构有多少人参与购买决策?他们是些什么人?他们的评价标准是什么?企业的政策如何?等等。有关企业的营销人员只有调查了解这些组织因素的变化,才能采取适当措施影响客户的购买决策和购买行为。

3. 人际因素

这主要是指企业内部人际关系。生产者购买决策过程比较复杂,参与决策的人员较多,这些参与者在企业中的地位、职权、说服力以及他们之间的关系有所不同,这种人际关系也影响客户的购买决策和购买行为。

4. 个人因素

即各个参与购买决策的人在决策过程中都会掺入个人感情,从而影响参与者对要采购的产品和供应商的看法,进而影响购买决策和购买行为。

(三) 生产者购买决策的主要阶段

企业要了解生产者购买决策过程的各个阶段情况,并采取适当措施,以适应用户在各个阶段的需要。由于生产者购买类型不同,所以购买过程也有所不同。在直接重购的简单购买情况下,生产者购买阶段最少;在修正采购的情况下,购买阶段多了一些;在全新采购较为复杂的情况下,购买阶段的过程最长,要经过八个阶段。

1. 认识需要

在全新采购和修正重购的购买情况下,购买过程是从公司的某些人员认识到需购买某种产品以满足企业的某种需要开始。认识需要是由以下两种刺激引起的:

① 内部刺激。诸如开发新产品需要采购生产这种新产品的新设备和原料;有些机器发生故障或损坏,需购置零部件或新机器;发现购进的某些原料质量不好,需更换供应商;等等。

② 外部刺激。如采购人员看了广告或参加了展销会,发现了更物美价廉的新产品或替代产品,能为企业的再生产降低成本。

2. 确定需要

认识需要后,第二步是确定所需品种的特征和数量。对于标准品即按要求采购;至于复杂品,采购人员要和使用者、工程师等共同研究确定所购产品的特征和数量。供应商企业的营销人员在这一阶段应积极帮助采购单位的采购人员确定所需品种的特征和数量。

3. 说明需要

这一步是指专家小组对所需品种进行价值分析,做出详细的技术说明。价值分析的目的是以最少的资源耗费生产出或取得最大功能,以取得最大的经济效益。价值分析公式如下:

$$V=F/C$$

公式中,V 为价值;F 为功能(指产品的用途、效用、作用);C 为成本。

企业通过价值分析就能在生产性能、质量、价格之间进行综合评价,从而有利于选择最佳采购方案。供应商企业的营销人员也应该应用价值技术分析,向其顾客说明产品具有良好的性能。

4. 物色供应商

写出技术说明书以后,第四步是物色适合的供应商。特别是在全新采购的情况下,采购复杂的、价值高的品种,需要花较多时间物色供应商。采购人员通常利用工商名录或其他资料查询供应商,也可向其他企业了解供应商的信誉。供应商企业一定要将本企业名称列入《工商企业名称录》,同时加强广告宣传,提高本企业的知名度。

5. 征求建议

第五步是企业采购部门邀请合格的供应商提出建议或提出报价单。如果采购复杂的、价值高的产品,采购部门要求每个潜在的供应商都提交详细的书面建议或报价单。因此供应商企业的营销人员必须十分重视报价单的填写工作,善于提出富有创新的建议书,引起客户信任,争取成交。

6. 选择供应商

与供应商有了接触之后,企业采购部门就可以对供应商提出评价和选择建议。采购部门要根据供应商的产品质量、产品价格、信誉、及时交货能力、技术服务等来评价供应商,选择最具吸引力的供应商,以免受制于人。通常从主要供应者处采购所需要的,而另外的则分散给其他供应商,这样一方面促使供应商之间展开竞争,另一方面也可以防止市场波动给企业供货带来风险。

7. 正式订货

选择供应商后,通过商务谈判达成协议,就要给选定的供应商发出最后采购订单,写明所需产品的规格、数量、交货时间、退款政策、担保条款、保修条件等。在商务活动中,对信誉可靠的保修产品,往往愿订立"一揽子合同"(又叫无库存采购计划),和该供应商建立长期供货关系,供应商允诺当采购部门需要时,即按照原来约定的价格、条件随时供货。这样库存就存放于供货企业那里,采购单位需要进货时,会直接发送货单给该供应商,这种方式使供应者的产品销路有保障,可减弱竞争的影响。

8. 检查合同履行情况

采购部门最后还要向使用者征求意见,了解他们对购进的产品是否满意,检查和评价各个供应商履行合同的情况,然后根据这种检查和评价,决定以后是否继续向某个供应商采购。

任务五　营销实践:撰写营销环境分析报告

前面四个任务介绍了营销企业营销活动的微观环境和宏观环境,企业营销活动如何开发、利用营销环境的外在表现形式——营销信息,以及从最终消费者和生产者两个方面入手进行分析顾客的购买行为。因此,在营销实践部分,需要撰写一份营销环境的分析报告。通过撰写该报告能让人更深刻地理解内、外部环境对一个企业的发展究竟有着怎样的影响,企业如何适应和利用环境,而这又必然需要收集信息,并且信息的数量和质量对企业开发利用环境至关重要。另外在分析环境时我们还必须对消费者和生产者进行分析,他们是影响企业活动的重要环境因素。

课后练习

一、单项选择题

1. 下列属于宏观环境要素的是(　　)。
   A. 消费者　　B. 中间商　　C. 社会文化　　D. 竞争者
2. 下列属于微观环境要素的是(　　)。
   A. 政治法律　　B. 科学技术　　C. 社会文化　　D. 竞争者
3. 电子商务在营销活动中的广泛应用说明企业应重视(　　)。
   A. 自然环境　　B. 经济环境　　C. 技术环境　　D. 社会文化环境
4. 以向企业管理人员提供有关销售、成本、存货、现金流、应收账款等各种反映企业经营现状信息为其主要工作任务的系统,是市场营销信息系统中的(　　)。
   A. 市场营销情报系统　　　　B. 市场营销研究系统
   C. 市场营销分析系统　　　　D. 内部报告系统

5. 现在越来越多的消费者通过互联网来订购车船机票和购买产品,这要求企业在制定市场营销组合战略时还应当着重考虑( )。
   A. 人口环境　　　B. 技术环境　　　C. 经济环境　　　D. 社会文化环境

6. 下列关于恩格尔系数的说法中,正确的是( )。
   A. 恩格尔系数越高则生活水平越高　　B. 恩格尔系数越低则生活水平越低
   C. 恩格尔系数越低则生活水平越高　　D. 恩格尔系数越高说明收入水平越高

7. 对不愿接受访问的对象最适宜采用的调查方式是( )。
   A. 电话访问　　　B. 邮寄问卷　　　C. 人员访问　　　D. 上门调查

8. 一手资料主要是来自( )。
   A. 公司纪录　　　　　　　　　　　B. 政府的统计资料
   C. 实地调研　　　　　　　　　　　D. 数据库

9. 把总体按某一主要标志分成几个不同类型群的组,然后在每一组中按简单随机原则抽取样本,这种抽样法为( )。
   A. 分群随机抽样　　　　　　　　　B. 分层随机抽样
   C. 简单随机抽样　　　　　　　　　D. 非随机抽样

10. 调查者通过试销实际观察顾客的购买行为,这种调研方法是( )。
    A. 实际痕迹测量法　　　　　　　　B. 行为记录法
    C. 实验法　　　　　　　　　　　　D. 直接观察法

11. 属于消费者购买行为特征的是( )。
    A. 需求多样性　　B. 需求弹性小　　C. 感情动机　　　D. 理性决策

12. 生活方式是影响消费者购买的( )。
    A. 文化因素　　　B. 心理因素　　　C. 个人因素　　　D. 社会因素

13. 一个消费者的完整购买过程是从( )开始的。
    A. 引起需要　　　B. 筹集经费　　　C. 收集信息　　　D. 决定购买

14. 消费者购买决策过程的顺序通常为( )。
    A. 引起需要→收集信息→评价比较→决定购买→购后感受
    B. 引起需要→评价比较→收集信息→决定购买→购后感受
    C. 收集信息→评价比较→引起需要→决定购买→购后感受
    D. 决定购买→引起需要→评估比较→收集信息→购后感受

15. 根据马斯洛的需要层次理论( )。
    A. 需要的层次越高越不可缺少　　　B. 需要的层次越低越重要
    C. 尊重的需要是最高层次的需要　　D. 层次最高的需要最先需要

16. 按马斯洛的需要层次论,最高层次的需要是( )。
    A. 生理需要　　　B. 安全需要　　　C. 自我实现需要　D. 社会需要

17. 制约顾客购买行为的最基本因素是( )。
    A. 文化因素　　　B. 经济因素　　　C. 个人因素　　　D. 社会因素

18. 所购买商品的品牌有较大差异,消费者在购买时介入程度高,此类购买行为属于( )类型。
    A. 复杂购买　　　B. 寻求平衡购买　C. 寻求变化购买　D. 习惯购买

19. 消费者受产品外在质量和广告宣传影响而购买商品的行为类型属于(　　)。
　　A. 谨慎购买　　B. 冲动购买　　C. 不定购买　　D. 习惯购买
20. 下列属于生产者购买特征的是(　　)。
　　A. 购买者多而分散　　　　B. 次数频繁,购买量小
　　C. 多属非专业购买　　　　D. 需求缺乏弹性

二、多项选择题
1. 企业宏观营销环境因素包括(　　)。
　　A. 经济环境　　　　　　B. 人口环境
　　C. 竞争环境　　　　　　D. 社会文化环境
　　E. 相关社会公众
2. 企业微观营销环境因素包括(　　)。
　　A. 经济环境　　　　　　B. 供应环境
　　C. 竞争环境　　　　　　D. 社会文化环境
　　E. 中间商
3. 影响企业营销的社会文化环境包含的因素有消费者的(　　)。
　　A. 储蓄与信贷　　　　　B. 消费结构与模式
　　C. 价值观念　　　　　　D. 宗教信仰
　　E. 风俗习惯
4. 下列属于企业可控的营销因素的有(　　)。
　　A. 产品　　　　　　　　B. 价格
　　C. 分销　　　　　　　　D. 促销
　　E. 政策
5. 企业在经济环境分析时应着重分析(　　)主要经济因素。
　　A. 消费者收入变化　　　B. 消费者支出模式
　　C. 消费者价值观念　　　D. 消费者价格反应
　　E. 消费与信贷
6. 市场营销信息系统包括(　　)。
　　A. 内部报告系统　　　　B. 外部报告系统
　　C. 市场营销情报系统　　D. 市场营销研究系统
　　E. 市场营销分析系统
7. 根据调研目标,市场调研的基本类型包括(　　)。
　　A. 探测性调查　　　　　B. 描述性调查
　　C. 预测性调查　　　　　D. 新产品开发调查
　　E. 因果性调查
8. 观察法用于市场调查的常见形式有(　　)。
　　A. 顾客动作观察　　　　B. 店铺观察
　　C. 试用观察　　　　　　D. 实际痕迹测量
　　E. 试销观察
9. 影响消费者市场购买行为的主要因素有(　　)等。

A. 个人因素 B. 心理因素
C. 技术因素 D. 自然因素
E. 社会文化因素

10. 根据购买的介入程度和所购商品的差异程度，消费者购买行为分为（　　）。
A. 复杂型购买 B. 寻求平衡型购买
C. 寻求变化型购买 D. 同一型购买
E. 习惯型购买

11. 下列个人直接受其影响的相关群体有（　　）。
A. 朋友 B. 邻居
C. 家庭 D. 工会
E. 知名人士

12. 消费者寻找信息的来源通常有（　　）。
A. 商业来源 B. 个人来源
C. 大众来源 D. 经验来源
E. 购买来源

三、思考题

1. 什么是营销环境？它有什么特点？
2. 宏观环境包括哪些内容？微观环境包括哪些内容？
3. 消费者收入的含义是什么？信贷和储蓄对消费有什么影响？
4. 科技环境对营销有什么影响？
5. 什么是市场信息？其主要有哪些特征、作用？
6. 什么是市场调查？其步骤如何？
7. 市场调研的主要方法有哪些？
8. 营销调研报告包括哪些内容？
9. 消费者、消费者市场的含义是什么？
10. 简述消费者购买行为模型。
11. 什么是相关群体？相关群体对消费者购买行为有什么影响？
12. 简述个人因素对消费者购买行为的影响。
13. 试举例说明消费者购买行为的学习过程。
14. 试述不同消费者购买行为类型的特点及营销对策。
15. 简述消费者购买决策过程。
16. 生产者购买行为有什么特征？
17. 简述生产者的影响因素。
18. 简述生产者购买的决策过程。

四、案例分析题

案例一：家乐福败走香港

2000年9月18日，世界第二大超市集团"家乐福"位于香港杏花村、荃湾、屯门及元朗的4所大型超市全部停业，撤离香港。

法资家乐福集团，在全球共有5 200多间分店，遍布26个国家及地区，全球的年销售额达

363亿美元,盈利达7.6亿美元,员工逾24万人。家乐福在我国的台湾、深圳、北京、上海的大型连锁超市,生意均蒸蒸日上,为何独独兵败香港?

家乐福声明其停业原因是香港市场竞争激烈,又难以在香港觅得合适的地方开办大型超级市场,短期内难以在市场争取到足够的占有率。

家乐福倒闭的责任可从以下两个方面来分析:

1. 从它自身来看

第一,家乐福的"一站式购物"(让顾客一次购足所需物品)不适合香港地窄人稠的购物环境。家乐福的购物理念基于地方宽敞,与香港寸土寸金的社会环境背道而驰,显然资源运用不当。这一点反映了家乐福在适应香港社会环境方面的经验不足和策略欠缺。

第二,家乐福在香港没有物业,而本身需要数万至10万平方英尺的面积经营,背负庞大租金的包袱,同时受租约限制,做成声势时租约已满,竞争对手觊觎它的铺位,会以更高租金夺取;家乐福原先的优势是货品包罗万象,但对手迅速模仿,这项优势也逐渐失去。

除了已开的4间分店外,家乐福还在将军澳新都城和马鞍山新港城中心租用了逾30万平方英尺的楼面,却一直未能开业,这也给它带来沉重的经济负担。

第三,家乐福在台湾有20家分店,能够形成配送规模,但在香港只有4家分店,直接导致配送的成本相对高昂。在进军香港期间,它还与供货商发生了一些争执,几乎诉诸法律。

2. 从外部来看

第一,在1996年它进军香港的时候,正好遇上香港历史上租金最贵时期,经营成本高昂。这对于以低价取胜的家乐福来说是一个沉重的压力,并且在这期间又不幸遭遇亚洲金融风暴,香港经济也大受打击,家乐福受这几年通货紧缩影响,一直无盈利。

第二,由于香港本地超市集团百佳、惠康、华润、苹果速销等掀起的减价战,给家乐福的经营以重创。作为国际知名的超市集团,家乐福没有主动参加这场长达两年的减价大战,但几家本地超市集团的竞相削价,终于使家乐福难以承受,在进军香港的途中铩羽而归。

问题:

1. 你认为家乐福败走香港的真正原因何在?
2. 你认为世界零售业"巨无霸"打入中国以后,中国本土零售商能与之决一雌雄吗?
3. 家乐福败走香港对中国大陆零售业的发展有什么启示?
4. "入世"后中国大陆零售业如何制定与世界零售业巨头的竞争策略?

案例二:丰田汽车进入美国市场

在20世纪60年代以前,"日本制造"往往是"质量差的劣等货"的代名词,此间首次进军美国市场的丰田车,同样难逃美国人的冷眼。丰田公司不得不卧薪尝胆,重新制订市场规划,投入大量人力和资金,有组织地收集市场信息,然后通过市场细分和对消费者行为的深入研究,去捕捉打入市场的机会。其具体策略有二:一是钻对手的空子。要进入几乎是"通用""福特"独霸的美国汽车市场,对初出茅庐的丰田公司来说,无疑是以卵击石。但通过调查,丰田发现美国的汽车市场并不是铁板一块。随着经济的发展和国民生活水平的提高,美国人的消费观念、消费方式正在发生变化。在汽车的消费上,已经摆脱了那种把车作为身份象征的旧意识,而逐渐把它视为一种纯交通工具;许多移居富裕家庭开始考虑购买第二辆车作为辅助;石油危机着实给千千万万个美国家庭上了一堂节能课,美国车的大马力并不能提高其本身的实用价值,再加上交通阻塞、停车困难,从而引发对低价、节能车型的需求,而美国汽车业继续生产以往的高能耗、宽车体的豪华大型车,无形中给一些潜在的对手制造了机会。二是找对手的缺点。丰田定位于美国小型车市场。即便小型车市场也并非没有对手的赛场,德国的大众牌小型车在美国就很畅销。丰田雇用美国的调查公司对大众牌汽车的用户进行了详细的调查,充分掌握了大众牌汽车的长处与缺点。除了车型满足消费者需求之外,大众品牌高效、优质的服务打消了美国人对外国车维修困难的疑虑;而暖气设备不好、后座空间小、内部装饰差是众多用户对大众车的抱怨。对手的"空子"就是自己的机会;对手的缺点就是自己的目标。于是,丰田把市场定位于生产适合美国人需要的小型车,以国民化汽车为目标,吸收对手的长处而克服其缺点,按"美国车"进行改良的"光冠"小型车,性能比大众品牌的对应系列高两倍,车内装饰也高出一截,连美国人个子高、手臂长、需要的驾驶室大等因素都考虑进去了。

问题:

丰田汽车进入美国市场的切入点是什么?他们是怎么发现的?你在将来的工作中会这么做吗?

五、职业技能训练题

1. 到大型商场观察消费者的购买行为,分析其与学过的知识是否挂钩。
2. 访谈自己的爸爸妈妈,找出父母在购买行为上的差异。

项目三　设计以顾客为导向的营销战略

知识目标：掌握市场细分的标准及步骤；理解目标市场选择、市场定位的模式及策略；理解竞争对手的不同类别、竞争者分析及竞争策略的内容。

技能目标：能够选取恰当的标准进行市场细分；能够根据企业实力选择恰当的目标市场；能够为企业产品进行市场定位；能够根据企业实际情况进行竞争者分析并进行竞争策略的选择。

基本素养目标：提升逻辑思维能力，培养学生的全局意识；能在训练及案例分析环节培养团队协作与沟通能力；领悟竞争与合作的文化，培养竞争与合作意识。

导入案例

国产手机的崛起已经是不容争议的事实。目前，全球每三部手机就有一部来自中国。而在国产手机之中，华为是当之无愧的龙头。2017年前三季度，华为手机表现抢眼，累计发售1.12亿台，超过苹果，位居全球手机市场排名第二，中国市场排名第一。这份成绩的背后离不开华为旗下两大手机品牌——华为和荣耀的全面爆发。

双品牌这一经营策略，并不是秘密，在各行各业都能见到，比如，丰田旗下的丰田和雷克萨斯，Bestseller旗下的JACK & JONES和selected，等等。回顾华为和荣耀双品牌从相互依靠到各自独立的过程，不难发现，华为双品牌战略的推进过程中有诸多可以借鉴的地方。

1. 划分准确的细分市场：华为主攻商务，荣耀面向年轻人群

智能手机市场日趋成熟，消费群体呈现多元化，比如，时尚的、商务的、科技的、女性的、性价比的等。消费群体的多元化进一步催生了不同的细分市场，一个品牌在面对两个以上细分市场时往往显得无力。

面对多元化的消费群体，华为的双品牌战略可以覆盖更多的消费群体，帮助华为做大整个市场。华为品牌更多面向中高端市场，以商务人士为目标消费者；荣耀品牌更多面向互联网，以年轻人群为目标消费者。

目前来看，华为和荣耀所面对的细分市场是少有重叠的，这也意味着即便两个品牌的售价相近，二者的冲突也不明显。

2. 打造差异化的产品和服务：华为强调品位和品质，荣耀追求大胆和创新

不同的细分市场决定了不同的产品定义。华为品牌以商务人士为主，外观更稳重，产品定义则强调品位和品质。荣耀面对年轻人，所以外观更时尚，产品定义更大胆、更创新，在时尚、游戏、音乐、运动等领域关注较多。

为了更好地服务年轻人，荣耀坚持全面拥抱年轻人，以大数据为支撑，全流程、全平台、全区域搭建消费者声量分析平台，希望以此能够了解消费者对未来手机的构想和他们对未来手机的期待。

这里有个有趣的例子，为了打造漂亮外观，荣耀的理工男们都要去学习时尚品牌。

营销启示：华为的成功来自华为和荣耀双品牌各自锁定不同的细分市场，有着不同的产品定位和经营方法论。它们针对品牌锁定的目标群体，打造极致产品，脚踏实地地构建自己的竞争力。

了解市场和顾客需求是为了设计以顾客为导向的营销战略，进而进行营销活动的组织实施。

本项目中我们将按项目一中设计的以顾客为导向的营销战略的基本思路介绍其设计步骤，主要包括市场细分、目标市场选择、市场定位三个步骤，即目标市场营销；同时解释基于为顾客创造价值的竞争导向的营销战略的基本原理，即企业在竞争中如何定位才能获得最大的竞争优势。设计有价值的实施方案——营销策略组合，将在以后学习的项目中进行阐述。

任务一　市场细分

市场是由购买者组成，而购买者可能在一个或多个方面各有不同，比如，年龄、欲望、资源、购买行为、购买态度等。通过市场细分，一个企业可以将大而复杂的市场划分为小的市场，目的就是为了有效地到达这些市场，并提供满足他们独特需求的产品和服务。

所谓市场细分，是指企业通过市场调研，根据市场需求的多样性和异质性，依照一定的标准，把整体市场即全部顾客和潜在顾客划分为若干个子市场的市场分类过程。每一个子市场就是一个细分市场，一个细分市场内的顾客具有相同或相似的需求特征，而不同的子市场之间却表现为明显的需求差异。显然，市场细分的客观基础是有差异的顾客需求。

市场细分是企业市场营销战略设计的重要步骤，是企业分析市场机会的重要方法，对营销实践有着重要的意义。

首先，市场细分有利于企业分析、挖掘和发现新的最有利的市场机会。市场机会就是尚未得到满足的市场需求。在市场细分的基础上，企业可以深入了解细分市场需求的差异性，并根据对每个细分市场需求的分析，研究购买者的满足程度及该市场的竞争状况。

情境案例

足力健，这家专做老人鞋的企业，这两年居然火了起来。仅2016年，就从零开始，一口气开了1 000多家店，最让人惊喜的是这么多的店居然无一亏损！足力健发迹于2013年的郑州，以专做老年人健康鞋而闻名，2014年开始全国招商，一年下来竟然卖了四十多万双。目前的足力健已发展成为一家专注于老人脚部健康，集研发、生产、销售专业老人鞋为一体的综合型企业。足力健成立的第一个部门，就是消费者需求调研部（后来升级为用户研究中心）。通过一次次面对面的接触，足力健对老人穿鞋的需求、痛点逐渐清晰起来。老年人买鞋难、穿鞋难，是因为老年人的脚发生了三大变化。一是脚前后变宽，脚背变高，脚变长了；二是趾骨变软，大骨头塌陷，脚踝骨变脆，有骨刺；三是脚上皮肤有肉垫，脚跟疼，皮肤松软。针对老年人穿鞋的需求与痛点，足力健开始了立项、打样、试穿，根据用户反馈，再不断改进颜色、款式、质量。足力健推出的第一款鞋为"足力健动力鞋"，主打"穿上不挤脚，出门不打滑"，最终一年卖了50万双。

其次,市场细分有利于企业集中资源,提高效益,增强企业的竞争能力。企业根据细分市场的特点,结合企业资源条件,充分发挥企业优势,占领某一细分市场或几个细分市场,从而增加企业在目标市场上的竞争能力。

情境案例

以足力健的冬鞋为例,为了找到最好的羊毛货源,足力健找到了全球羊毛加工重地——河南焦作,但遇到了成本太高的问题。据足力健对用户的调研了解到,若价格超过300元,鞋的销路就会出问题。所以必须降低成本!随后两个月,足力健的创始人亲自去了15次焦作,和当地的厂商软磨硬泡,愣是把45~50元成本的羊毛降到了31块钱。

为了控制成本,足力健专门请了顾问,完整地了解了材料、设备和人工等费用,以原皮为例,从何地采购、价格多少,海关、运费、设备各方面费用,都被算得清清楚楚,然后以预期的销量规模,将供应商的价格降到最低。鞋底,从报价18元降到8元。

再次,市场细分有利于企业有针对性地制定和调整营销组合策略。通过市场细分,能使企业比较容易地认识和掌握顾客需求的特点,并制定出相应的市场营销组合策略。同时,在细分市场上,信息反馈灵敏,便于企业及时掌握市场供求关系及消费者需求的变化,适时调整原来的营销组合策略,巩固和提升企业在市场上的地位。

情境案例

以足力健的老年人冬鞋为例,2016年年初,足力健通过调研发现,因为足底血液不畅,到了冬天,老年人的脚一定会凉,但他们需要的其实不是保暖鞋,而是一双不冻脚的鞋。针对这种特点,足力健决定用羊毛解决这个问题。因为羊毛既可以解决冻脚的问题,还是一个用户可感知的价值点。

考虑到老人们也有出席正式场合的需要,足力健生产了一款产品:其选用美国原装进口头层牛皮,由上市公司利德科技加工,皮质厚度达1.35厘米,但是其价格只卖169元。

足力健的实体店专门开在超市里,这是因为足力健经过调研发现,超市是老人生活中最常去的地方之一;而且,很多老人认为,超市里的品牌可信度更高。在2016年1月,足力健在郑州开了第一家店。同年7月开始在全国招商,至今已有1500家店,县级以上市场100%覆盖。如此快速的扩张速度,足力健遍布全国的实体店居然没有一家亏损。承德的一家店,一个月卖了40万元,50%的利润,在足力健的实体店里,顾客试穿时,工作人员全是半跪式服务,亲自给老人脱鞋、换鞋,令很多顾客大为触动。

一、有效细分的要求

市场细分的方法很多,但并不一定所有的细分都有效。有效的细分市场具有以下特点:

1. 可区分性

可区分性是指市场细分具有明确的标准,即消费者需求具有明显的差异性,这样不同的细分市场的特征才可以被清楚地加以区分,便于企业以不同的产品和营销策略为之服务,这样的市场细分才是有价值的。例如,玩具公司按年龄将玩具分为婴幼儿玩具、儿童玩具和成人玩具三个细分市场。

2. 可衡量性

即经过市场细分后,各个子市场之间区隔明显,容易界定和识别,同时各个细分市场的销售潜力能被测量,否则企业无法针对其实施有效的营销组合。

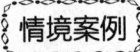

2016年全球大数据产业规模及细分市场现状

Wikibon 数据显示,2015年,全球大数据市场规模达到384亿美元,同比增长34.7%。大数据逐渐成为全球IT支出新的增长点。

从市场结构来看,2015年,全球大数据市场结构从垄断竞争向完全竞争格局演化。企业数量迅速增多,产品和服务的差异度增大,技术门槛逐步降低,市场竞争越发激烈。在全球大数据市场中,行业解决方案、计算分析服务、存储服务、数据库服务和大数据应用为市场份额排名最靠前的细分市场。

2011—2017年大数据细分市场规模分析 单位:亿美元

年份 项目	2011	2012	2013	2014	2015	2016	2017
云	3.6	6.2	11.9	18.2	25.2	30.5	36.5
行业解决方案	28.0	44.2	61.5	101.0	135.0	160	172.0
应用	5.2	9.9	16.9	34.5	52.9	66.5	77.5
非关系型数据库	0.7	1.3	2.9	5.0	8.0	10.0	12.0
关系型数据库	6.2	8.8	13.1	17.5	22.5	24.5	27.0
基础软件	1.4	4.4	8.3	10.8	12.5	16.0	19.0
网络	1.5	2.3	4.2	6.5	8.5	10.1	11.5
存储	11.0	17.5	30.9	42.0	55.0	64.0	69.5
计算	15.3	22.9	36.5	49.2	64.0	71.0	76.0

3. 可实现性

企业的资源条件有能力进入这一细分市场,并在这一细分市场上有较强竞争力,这样的细分市场才是有现实意义的。例如,2015年,宝马在豪华车市场的份额能达到25~26%。在细分市场上,2015年前10个月BMW 5系在豪华商务轿车细分市场取得了第一名的成绩。

4. 可盈利性

可盈利性是指所选择的细分市场有足够的市场容量,并具有相对稳定的发展潜力使企业能够在较长时间内获得稳定的利润。企业作为以盈利为目的的经济组织,能否盈利是判断其活动合理性的重要标准。因此企业选择的目标市场应当能够维持一定的利润水平。容量过小的市场不值得企业进入,而若所选的细分市场频繁改变,势必导致企业经营设施和营销策略的不断改变,给企业带来的风险与损失也随之增加。

> **情境案例**

作为市场价超过40万元的高端汽车,宝马i3被用作共享汽车车型,投入可谓不小,而且目前看来,国内共享汽车行业几乎所有企业均不盈利,甚至出现倒闭情况。对宝马来说,其共享汽车能赚钱吗?

对此,宝马集团有关负责人表示,这个商业模式的盈利能力已得到了事实验证。宝马在德国5个城市推出分时租赁共享服务,均为盈利。原理很简单,现在每辆私家车每天平均开2~3个小时,只要能保证用于分时租赁的车每天有4~5小时的利用率,就可以盈利。不过,同时也要考虑其他成本,比如,电、停车空间等。

该负责人认为,从长远来说,经过一段时间的市场培育之后,要实现盈利不是大问题。任何新兴市场在培育过程中必然有一段时间需要积累客户群,宝马在欧洲推出相关服务的过程中,也经历了耐心等待客户逐渐了解商业模式、逐渐拓展客户的过程。中国市场的潜力是非常大的,客户群积累到一定程度并形成规模的时候,盈利就是更加容易实现的事情。

宝马集团有关负责人介绍,分时租赁只是宝马服务战略中的一个组成部分,宝马还有出行服务,如停车、充电等。到今年年底,宝马在中国的即时充电桩将突破65 000个。宝马希望在中国成为全方位的优质出行服务供应商。

二、消费者市场细分

由于造成消费者需求差异性的因素很多,所以消费者市场细分的标准也呈多样化。但随着市场细分化理论在企业营销中的普遍应用,消费者市场细分标准逐步被归纳为四大类,即地理因素、人文因素、心理因素和行为因素,且每类因素又包含着一系列细分变量因素。

1. 地理细分

地理细分要求把市场划分为不同的地理区域单位。其具体变量包括国家、地区、城镇规模、交通运输条件、气候及人口密度等。处于不同地理位置的消费者,对同一类产品的需求特征往往呈现出较大的差异,对企业营销组合的反应也各不相同。

(1) 按照地理区域,我们可以将市场细分为东北、华北、西北、华南、华东等子市场。比如,有些旅行社将旅游市场分为日韩、东南亚、西欧、北美等细分市场。

> **情境案例**

当国产手机巨头们在国内市场厮杀得难分难解时,一个很少有人知道的国产手机品牌另辟蹊径,跑去非洲占据了40%的市场份额,成为国内手机厂商的"出口冠军"。传音控股(前身是传音科技)于2006年成立于香港,如今旗下拥有Itel(低端功能机)、TECNO(大众智能机)、Infinix(高端智能机)和Spice(其定位介于功能型与智能手机之间)等四个手机品牌。2014年,传音总出货量为4 600万部,成功跻身全球手机厂商第一阵营。2015年,传音的手机出货量超过5 000万部,在国产手机出口量中排名第一。到2016年,传音手机出口量已经超过8 000万部,全部外销,成为中国国产手机外销冠军。

配备前置高性能摄像头的智能手机的普及掀起了全民自拍的热潮,全世界人都爱自拍,但非洲人民似乎被手机厂商和美颜修图软件给遗忘了。由于非洲人民自身肌肤颜色的因素,在光线不佳的情况下,自拍出来的照片效果很差,经常画面是人脸一团漆黑,只看得到一口白牙。

为了解决这个难题,传音大量搜集当地人的照片,进行脸部轮廓、曝光补偿、成像效果的分析。最终通过眼睛和牙齿来定位,在此基础上加强曝光,帮助非洲消费者解决了自拍困扰。

众所周知,非洲气候非常炎热,时间稍微一长,拿着手机的手就容易出汗,黏糊糊的感觉并不舒服。传音又开发出具有防汗防摔等功能的手机,让消费者可以尽情使用。此外该品牌手机还有防滑、开机音乐非常长、来电铃声超大等特点。

为了迎合非洲人天生热爱音乐、能歌善舞的特性,Tecno 专门推出适合非洲人音乐口味的音乐手机,并随机赠送一个定制的头戴式耳机。因此在非洲用户中非常受欢迎,手机一上市便被疯抢。

非洲用户大多有两张以上的 SIM 卡,却受消费能力所限,大多只有一台手机。传音率先在非洲推出双卡手机,后来甚至推出了四卡手机,不出意料,产品很受欢迎。

(2) 按照气候,我们可以将市场细分为南方、北方、热带、亚热带、寒带、温带等子市场。比如,很多服装品牌都将衣服分为夏装、冬装、春秋装等细分市场。

(3) 按照人口密度,我们可以将市场细分为都市、郊区、乡村、边远地区等子市场。比如,有的汽车品牌将 SUV 分为城市 SUV、山地 SUV、越野 SUV 等细分市场。

(4) 按照城市规模,我们可以将市场细分为特大城市,大、中、小城市等子市场。比如,很多奢侈品品牌根据中国的城市等级分为一线、二线、三线及以下三个细分市场。

当然,地理因素只是一种相对静态的因素,不一定能充分反映消费者的特征。即使处于同一地理位置的消费者,对某一类产品的需求仍然会存在较大的差异,因此,市场细分还必须同时考虑其他变量因素。

2. 人文细分

人文细分是指将市场按照人文变量进行细分。具体的细分变量包括年龄、性别、家庭规模、家庭生命周期、社会阶层、收入、职业、教育、宗教、种族、代沟、国籍等。显然,这些人口变量与消费需求差异性之间存在着密切的因果关系。具体来说,它主要有以下几个方面:

(1) 按消费者年龄细分

不同年龄消费者的需要和购买力具有明显差异,比如,对服装的款式、规格、颜色、价格的要求,儿童、青年人、老年人是不同的。所以根据消费者年龄,我们可以把服装市场划分为婴幼儿市场、少年市场、青年市场、中年市场和老年市场。

(2) 按性别细分

不同性别的消费者具有不同的需求和购买行为,这在服装、化妆品等市场上尤其明显。比如,我们可以根据消费者的性别将服装市场、化妆品市场划分为男性市场和女性市场。

> **情境案例**
>
> 在中国市场,迪士尼的人物形象策略有着明确细分。"按照消费者的年龄、性别分成婴儿、学龄前、男孩、女孩、青少年。婴儿市场,是婴儿米奇和婴儿维尼;学龄前市场,是米奇和小熊维尼;女孩市场,是迪士尼公主系列。男孩市场主打赛车总动员,大一点的男孩市场主打漫威、蜘蛛侠。青少年这个群体市场,在中国有复古的米奇形象。"

(3) 按消费者的收入水平细分

消费者的实际收入直接影响他们的购买力、生活方式以及对将来的期望,因而对消费需求的数量和结构具有决定性影响。服装、化妆品、旅游、家具、家电等许多行业均以此作为细分依据,可以分为高档市场、中档市场和低档市场。

> **情境案例**
>
> 年龄和收入是消费者选择护肤品时的重要依据,根据这两个变量,护肤品市场可以划分成高、中、低端三个细分市场。高端市场:以价格较高的国外产品为主,消费者主要是高收入的中青年女性;中端市场:主要产品是价格相对较高的合资公司产品,如玉兰油和雅芳等,消费群体集中在中低收入女性;低端市场:基本上是低收入或无收入来源(如学生)的女性在购买。它根据年龄又可再细分成两个市场:一个以老品牌为主,如大宝和美加净等,主要消费者是中老年女性;另一个以新品牌为主,如小护士和丹巴碧,消费者主要是年轻的女性,尤以学生居多。

(4) 按消费者职业和受教育程度细分

消费者的职业不同会引起不同的需求。如职业女性、教师和演员对服装、鞋帽和化妆等产品的需求会有自己独特的购买要求。消费者受教育程度的不同会形成不同的消费行为和需求特点,这是由于文化水平影响人的价值观和审美观所致。例如,职业装市场可以根据消费者的职业分为公务人员、技术人员、商务人员三个细分市场。报纸杂志市场可以根据读者的受教育程度分为大众市场和高学历读者市场。

与其他因素相比,人文因素相对明确稳定,一般比较容易获得和使用,所以这一因素在消费者市场细分中颇受重视。

3. 心理细分

所谓心理细分,主要是指根据消费者的心理特征,即按照消费者的生活方式、社会阶层、个性来细分市场。实践证明,仅仅运用地理因素和人口因素变量对市场进行细分,细分后的市场往往对同类产品的需求仍会显示出差异性,可能的原因之一就是心理因素在发挥作用。具体来说,它主要有以下几个方面:

(1) 按消费者生活方式细分

生活方式是指消费者对自己的工作、休闲和娱乐的态度。生活方式不同的消费者,他们的消费欲望和需求是不一样的。如企业可根据生活方式将消费者分为"传统型"与"新潮型""节俭型"与"奢华型""严肃型"与"活泼型""社交型"与"顾家型"等消费群。比如,有些家具企业将市场分为现代简约、中式仿古、欧美风格等细分市场。

> **情境案例**
>
> 商业模式在经历了产品时代、顾客时代后,消费的欲望慢慢从单纯的物质消费变得更加注重精神享受,消费心理也逐步由显性过渡到隐性,人们的消费理念已经朝着追寻生活方式的时代转变。
>
> 在酒店竞争日趋白热化的今天,"个性化、科技化"已经成为各大酒店集团吸引年轻客群的重要手段。为了吸引他们的注意,酒店会注重设计,并诉求于"生活方式"。在这个领域,喜达屋在1998年成立的W酒店、万豪与Ian Schrager联袂打造的EDITION、凯悦的安达仕都是其中的佼佼者。
>
> "互联网+"时代的到来意味着一而统、大而全的时代过去了,取而代之的是多样、多元和

细分生活方式时代的到来。酒店的位置、环境、服务和产品都很重要,但在当前成熟的市场环境下,单纯的产品外延和品类已显得不那么至关重要,倡导哪种生活方式、吸引哪一类消费群体才显得更为要紧。这对酒店行业的影响就是,酒店必须成为一个生活方式的载体。

洲际酒店集团英迪格酒店、希尔顿酒店及度假村集团旗下 Canopy by Hilton、雅高国际酒店集团下属 JO&JOE、凯悦国际酒店集团 Hyatt Centric、万豪国际酒店集团旗下 AC Hotels by Marriott 都是最有代表性的生活方式酒店品牌。

(2) 按消费者所处社会阶层细分

处于不同社会阶层的消费者,其消费方式存在巨大的差异,他们之间的消费理念与消费行为也存在较大差异。

> **情境案例**

2015 年的双 11,三只松鼠完成了日销 2.66 亿元的销售额,成为食品类目的销量 4 冠王。三只松鼠在 2012 年成立之初,就把坚果作为主打产品,把坚果消费变成了一种时尚,同时也通过具有辨识度的包装和营销,成功地实现了品牌化。

三只松鼠是典型的把细分市场培育成大众消费的案例。在这个过程中,它除了切中坚果这个产品,同时也切中人群和场景,无论是它一开始打出的"白领办公桌上的零食"还是后来"拜年必拎的伴手礼"等营销手法,都是把产品嵌进场景,并且给了消费者一个非常明确的人设。

尽管 2015 年年初坚果类目的增速开始放缓,但是三只松鼠依然可以通过对购买坚果的人群画像与其他零食子类做比较,成功拓展类目,打破了增速天花板。

纵观三只松鼠的发展过程,它先从细分类目切入,继而形成行业性的爆发式增长,到达增速的天花板后,再利用自己积累的用户优势,拓展其他同类产品,稳固自己类目第一的地位。

(3) 按消费者的个性细分

个性是指人特有的稳定的心理特征,它影响着消费者的需求与购买行为。消费者的个性千差万别,直接导致消费者在购买过程中形态各异的购买行为。

在当今社会条件下,随着社会经济的迅速发展和生活水平的普遍提高,消费者需求结构的变化明显呈现高级化、多元化、个性化的趋势。在选购商品时,不仅要求其具有良好的性能、最佳的质量、便利的购买条件、适宜的价格和周到完善的服务,而且要求所购买的商品具有审美价值和社会象征意义,能展示自己独特的个性和个人风采,并能显示出个人特殊的身份、地位、财富。

> **情境案例**

不同消费者有着不同的个性,不同个性的消费者对产品有着不同的需求。有些消费者把品牌当作自我个性的延伸。企业创建品牌的关键是了解消费者的个性——他们的自尊、希望、追求、动机和行为。宝马在创建品牌时,正是不折不扣地照此去做的。宝马以消费者的心理为基础,确定了三大细分市场,分别向其提供 3、5、7 系列车型。

宝马 3 系列,是宝马车中最便宜的系列。据分析,这一车型的买主具有以下特点:年轻的白领,具有高收入潜力和积极的生活方式,是独立的思想者,攀比心理不强,希望拥有一个能表现自我的品牌。根据购买者的这个特性,创建品牌个性和价值时,宝马 3 系列确定了以下内容:年轻、动感、快乐和运动性。

宝马5系列所针对的客户特点是,年龄在30岁以上,居中层或中层以上的管理职位,喜欢挑战,在同类中观念超前,寻找一个既能提供良好性能和驾驶体验,又能体验豪华设计特点的品牌。因此,与该细分市场相适应的品牌价值是创新、专业和个性。

宝马7系列所针对的客户具有以下特点:男性,居高级经理或以上职位,是本行业中的成功人士,具有独立性。相应的品牌价值被选定为高档、独立和自主。

4. 行为细分

行为因素标准就是按照消费者的购买行为细分市场,包括消费者购买时机、使用频率、追求利益和忠诚度等变量。具体来说,它主要有以下几个方面:

(1) 按消费者的购买时机细分

这是根据顾客的有规律购买或无规律购买、平时购买或节假日购买等购买的时机性进行市场细分。比如,很多旅行社将市场细分为春节黄金周、暑期游、十一黄金周等细分市场。

情境案例

有人曾经做过调查,啤酒的消费对象,在家庭总住户中有68%是非使用者,32%是使用者,其中小量使用者和大量使用者的用量各占一半。但16%的大量使用者的用量却占总销量的88%,而小量使用者的用量只占12%。又据调查,啤酒的大量饮用者多数是劳动阶层,年龄约在25~50岁之间。而年龄在25岁以下和50岁以上为少量饮用者。这种细分将有助于企业做出相应的决策。

(2) 按消费者的使用率细分

这是根据消费者对产品的使用程度将市场细分为大量使用者、中度使用者和少量使用者群体。大量使用者的人数虽然只占总消费者数量的很小一部分,但其购买量占总消费量的比重很大。大量使用者群体往往是许多企业争夺的主要对象。比如,当当网就根据客户累计消费金额,将市场分为普通会员和贵宾会员两个细分市场,其中贵宾会员又进一步细分为银卡、金卡、钻石卡等三个细分市场。

(3) 按消费者追求利益的不同细分

这是根据顾客从产品中追求的不同利益来细分市场。企业的产品能够给消费者提供什么样的特殊利益和效用是细分的关键。如消费者对牙膏的选择,有的是为了经济实惠,有的是为了防治牙病,有的是为了洁齿美容,有的是为了口味清爽,等等。

情境案例

在过去大规模工业化的生产和销售中,品牌的意志通常占主导地位,而消费者则往往容易忽略自身个性化的需求。但在电商、物流快速发展的中国,人们个性化的需求可以被迅速聚集,从而形成新的机会,细分市场就形成了。

以Miss Candy为例,一两年前,彩妆类目尚未形成鲜明的品牌格局,而指甲油更是其中非常细分的垂直领域,鲜有彩妆品牌只做指甲油这一个产品。这恰恰给了Miss Candy异军突起的机会,她牢牢把控住了指甲油这个单一产品,仅用了一年时间,就成为该细分品类第一,成长速度令人咋舌。

当然这种成长,并非Miss Candy专注做指甲油这么简单,它切中的是消费者的痛点:担心指甲油不健康、不好卸、不好涂等等问题。在打消安全顾虑时，Miss Candy 标明产品的成分，做到没有刺激性气味；不需要卸甲油，干了之后想撕掉就能撕掉；去美甲店太贵自己又涂不好，可以下载 Miss Candy 的 App，上面有各种美甲的教程。

因为细分市场往往并非刚需，它满足的更多是消费者消费升级后的心理需求，所以 Miss Candy 准确地抓住了消费者对指甲油这种产品的诉求，同时利用品牌的专业度，提升产品的附加值，成了这个细分市场里的黑马。

(4) 按消费者的品牌忠诚度细分

这是根据消费者对品牌的忠诚状况把消费者分为四类：坚定品牌忠诚者，即始终不渝地购买一种品牌的消费者；中度品牌忠诚者，即忠于两种或一种品牌的消费者；转移型的品牌忠诚者，即从偏爱一种品牌转换到偏爱另一种品牌的消费者；经常品牌转换者，即对任何一种品牌都不忠诚的消费者。

购买行为是消费者心理活动的外在表现，与心理因素相比，行为因素的各种变量处于显现状态，更容易把握和使用，因而在细分市场时，也经常为企业所采用。

以上提出的四项标准及其所含变数是一般企业常用的标准，这并不意味着适用于任何消费品的市场细分，也不表示所有细分只限于以上变数。企业应该根据具体情况来确定细分标准，通常选择其中与消费者购买行为关联性最强的变数作为市场细分的标准。

三、生产者市场细分标准

生产者市场的购买者主要是企业用户，其购买决策主要由专业人员做出。与消费者市场相比，生产者市场无论在消费主体、消费对象、购买方式、购买周期变化等方面，都有许多特殊性。因此，生产者市场细分除了可使用消费者市场的一些细分标准（如地理环境因素、追求利益等）之外，还要根据其特点选择一些能够反应各类生产者市场特征及其差异的细分变量，作为生产者市场细分的标准。美国的波罗玛(Bouoma)和夏皮罗(Shapiro)两位学者，提出了一个产业市场的主要细分变量表，比较系统地列举了细分产业市场的主要变量，并提出了企业在选择目标顾客时应考虑的主要问题，对企业细分产业市场具有一定的参考价值（见表3-1）。

表3-1 生产者市场细分标准

人口变量	(1) 行业：我们应把重点放在哪些行业？ (2) 公司规模：我们应把重点放在多大规模的公司？ (3) 地理位置：我们应把重点放在哪些地区？
经营变量	(1) 技术：我们应把重点放在顾客所重视的哪些技术上？ (2) 使用情况：我们应把重点放在经常使用者，还是较少使用者、首次使用者或从未使用者身上？ (3) 顾客能力：我们应把重点放在需要很多服务的顾客上，还是只需少量服务的顾客上？
采购方法	(1) 采购职能组织：我们应将重点放在那些采购组织高度集中的公司上，还是那些采购组织相对分散的公司上？ (2) 权力结构：我们应侧重那些工人和技术人员占主导地位的公司，还是财务人员占主导地位的公司？ (3) 与用户的关系：我们应选择那些现在与我们有牢固关系的公司，还是追求最理想的公司？ (4) 总的采购政策：我们应把重点放在乐于采用租赁、服务合同、系统采购的公司，还是采用密封投标等贸易方式的公司上？ (5) 购买标准：我们是选择追求质量的公司、重视服务的公司，还是注重价格的公司？

(续表)

情况因素	(1) 紧急：我们是否应把重点放在那些要求迅速和突击交货或提供服务的公司？ (2) 特别用途：我们应将力量集中于本公司产品的某些用途上，还是将力量平均花在各种用途上？ (3) 订货量：我们应侧重于大宗订货的用户，还是少量订货者？
个性特征	(1) 购销双方的相似点：我们是否应把重点放在那些其人员及其价值观念与本公司相似的公司上？ (2) 对待风险的态度：我们应把重点放在敢于冒风险的用户，还是不愿意冒风险的用户？ (3) 忠诚度：我们是否应该选择那些对本公司产品非常忠诚的用户？

一般而言，市场细分是一项十分重要而又复杂的工作，在实践中既要运用以上标准，又不能生搬硬套。而要根据时间、地点、商品的不同特点、顾客的不同需求以及企业的具体情况灵活运用，用发展的观点来选择某些变量作为细分的标准，方能获得最佳的营销机会和效果。

情境案例

2017年6月26日，国内涂料产业首家财经媒体《涂界》(Coatings Industry)发布了"2017年中国涂料行业专业细分市场竞争力排行榜"。

该榜单显示，榜单共涵盖了工业涂料、建筑涂料、工程建筑涂料、真石漆、建筑节能保温隔热涂料、涂料保温装饰一体板、防水涂料、家具漆、家装木器漆、防腐涂料、汽车涂料、粉末涂料、船舶涂料、集装箱涂料、风电涂料、地坪漆、防火涂料、卷材涂料、绝缘漆、艺术涂料、钛白粉、乳液、树脂23个大小细分类别，分别评选出了20强或10强企业。

该榜单还显示，在工业涂料、防腐涂料、汽车涂料、船舶涂料、集装箱涂料、风电涂料、卷材涂料等多个细分类别中，外资企业占据名额较多，且均为高端细分类别；而国内本土企业仅在涂料保温装饰一体板、防水涂料、家具漆等细分类别中名额占据较多。

数据显示，2016年，我国规模以上1 358家涂料制造企业涂料产量累计达1 899.78万吨，同比增长7.2%；涂料产值累计达4 354.49亿元，同比增长5.61%；实现利润为353.40亿元，同比增长15.4%。平均价格约为2.29万元/吨。

类 型	产量/万吨	占比/%
工业涂料	1 260.89	66.37
建筑涂料	638.89	33.63

其中，2016年，我国工业涂料总产量达1 260.89万吨，占全国涂料总产量的66.37%。建筑涂料总产量为638.89万吨，占全国涂料总产量的33.63%。其中，内墙涂料、外墙涂料产量分别约为409.185万吨、229.705万吨。

类 型	产量/万吨	占比/%
防腐涂料	560.50	29.50
粉末涂料	152.88	8.05
汽车涂料	187.73	9.88
木器涂料	165.28	8.70

(续表)

类　型	产量/万吨	占比/%
船舶涂料	42.47	2.24
集装箱涂料	93.00	1.10
其他	130.98	6.90

注：汽车涂料，涵盖乘用车用涂料、机车涂料、载重车涂料、汽车零部件涂料、摩托车涂料，以及铁路机车、客车、货车、动车和铁路特种车辆涂料等。

从细分领域来看，2016年，我国防腐涂料产量约为560.5万吨（常规防腐涂料和重防腐涂料），占全国总产量的比例为29.5%；粉末涂料产量约为152.88万吨，占全国总产量的比例为8.05%；汽车涂料（含机车涂料等）产量约为187.73万吨，占全国总产量的比例为9.88%；木器涂料产量约为165.28万吨（工业木器漆为133.28万吨，家装木器漆为32万吨），占全国总产量的比例为8.7%；船舶涂料产量约为42.47万吨，占全国总产量的比例为2.24%；集装箱涂料产量为20.9万吨，占全国总产量的比例约为1.1%。其他涂料产量约为130.98万吨，占全国总产量的比例约为6.9%。

任务二　确定目标市场

市场细分只说明了企业的细分市场机会，不是最终目的。最终目的是为了有效地选择并进入某一或多个细分市场，也即目标市场，并如何服务市场。所谓目标市场，是指企业在细分市场的基础上，经过评价和筛选所确定的准备为之提供相应产品或服务的一个或几个细分市场。即企业决定所要销售产品或提供服务的目标顾客群。目标市场是企业制定市场营销战略的基础，是企业经营活动的基本出发点之一，对企业的生存与发展具有重要意义。企业根据一定的要求和标准，选择其中某个或几个作为自己经营目标的决策过程，即目标市场的选择。

一、评估细分市场

为了准确选择目标市场，企业必须首先对每个细分市场进行全面的评估和分析，然后根据自己的营销目标和资源条件选择适当的目标市场，并决定自己在目标市场上的营销策略，从而实现市场细分和目标市场营销的作用。一般来说，细分市场的评估主要从以下三个方面来考虑：

1. 细分市场的规模和增长潜力

企业主要评估细分市场是否有适当规模和增长潜力。适当规模是相对概念，是相对于企业的规模和实力而言的。大企业可能偏好购买量大的细分市场，对较小的细分市场不感兴趣，认为不值得涉足。而小企业会有意避开较大规模细分市场，选择购买量小的细分市场，因为较大规模的市场对小企业来说，往往由于缺乏资源和能力而无法有效进入，即使进入后也无力与大企业展开竞争。

细分市场增长潜力的大小关系到企业销售和利润的增长。所有企业都希望目标市场的销售和利润具有良好的增长趋势，能保证企业经营战略目标的实现。但有发展潜力的市场也常常是竞争者激烈争夺的目标，这又减少了企业的获利机会。

2. 细分市场的吸引力

所谓吸引力，主要是指市场可以提供的长期获利能力的大小。一个细分市场可能具有适当规模和增长潜力，但从获利观点来看不一定具有吸引力。决定整体市场或细分市场是否具有长期盈利潜力的因素有五种。

① 现实的竞争者。如果某个细分市场已经有了众多、强大的或者竞争意识强烈的竞争者，该细分市场就失去了吸引力，尤其是当该市场已趋向饱和或萎缩时。

② 潜在的竞争者。如果某个细分市场的进入障碍较低，能吸引新的竞争者投资，增加新的生产能力和大量资源，并争夺市场份额，也会使该细分市场的吸引力下降。

③ 替代产品。如果某个细分市场存在替代产品或者潜在替代产品，那么该细分市场就有可能失去吸引力。替代产品会限制细分市场内价格和利润的增长。

④ 购买者的讨价还价能力。如果某个细分市场中购买者的讨价还价能力很强或正在加强，该细分市场就可能会失去吸引力。在这种细分市场中，购买者会设法压低价格，对产品质量和服务提出更多、更高的要求，并使竞争者间互相斗争，所有这些都会使销售商的利润遭受损失。

⑤ 供应者的讨价还价能力。如果企业的供应商——原材料和设备供应商等，能够提价或者降低产品和服务的质量，或减少供应数量，那么该企业所在的细分市场就没有吸引力。

3. 细分市场与企业目标和资源的匹配性

细分市场的评估还需要分析企业自身的目标和资源状况。某些细分市场虽然具有一定规模和发展潜力，并且也具有较大的吸引力，但不符合企业的长远目标，不具备在该市场营销获胜所具备的能力和资源，这样的细分市场对企业是不合适的，应该放弃。

情境案例

前瞻产业研究院在《中国奶粉行业市场调研与投资预测分析报告》中整理的数据显示，2012—2016年间，我国婴幼儿奶粉的市场规模从不足600亿元增长到突破1 225亿元，年均复合增速高达16.9%。预计2017年，婴幼儿奶粉行业规模将达到1 350亿元。在市场规模持续增长的背后，婴幼儿奶粉行业也更加地细分，其中以下三大领域值得关注：

1. 有机奶粉

研究报告显示，2016年，全球有机奶粉的市值接近17.5亿美元，未来10年，将达到5.4%的复合年增长率，市值将超过30亿美元。

2016—2021年，中国婴儿配方奶粉市场将增长5.4%，而有机产品也将成为其中增长最快的领域之一。这种增长的趋势是靠中国新兴的中产阶级推动的，同时也受到了"二孩政策"的影响。

在有机奶粉中，全脂类产品仍然较受欢迎，预计未来10年的年均增长率将超过5%。2017年年底，其占有整个奶粉市场的份额将超过50%。

2. 婴幼儿配方羊奶粉

近年来随着政策环境的利好，中国羊奶消费呈现爆发式发展。数据显示，2014年，羊奶粉市场规模仅为35亿元，到了2016年，市场规模增长达到50亿元，预计到2020年，婴幼儿配方羊奶粉市场规模可超400亿元。

今年以来，包括澳优、圣元等国内主要乳企的羊奶粉业务增长迅速，而包括飞鹤、雅士利等国内主要乳企也在加速布局羊奶行业。在行业内看来，新政和跨境购的影响下，国内牛奶粉价格体系受到很大冲击,与此同时,随着市场的逐渐成熟,羊奶粉行业将迎来一轮爆发期。

3. 孕产妇奶粉

随着行业消费整体升级,孕产妇奶粉已经独立成为一个新的品类市场。相比较而言,成人奶粉的市场环境压力相对轻松,且由于都属于母婴领域,可以使用现有的渠道经营。最重要的一点就是,这个品类未来的毛利率要远远高于婴幼儿配方奶粉。

目前,孕产妇奶粉同样也受到了一线外资品牌的重视,惠氏、美赞臣、美素等都推出了各类孕产妇奶粉,且部分产品价格不菲,定位于高端产品。

随着新生儿群体扩容、年轻父母对婴幼儿健康关注度的提升以及其消费能力的提高,幼儿配方奶粉将迎来快速发展期,这三大细分领域有望领跑增长。

二、目标市场选择策略

企业通过评估细分市场,将决定进入哪些细分市场,即选择企业的目标市场。

(一)目标市场选择模式

从产品—市场对应的角度,企业有五种可供考虑的目标市场覆盖模式,如图3-1所示。

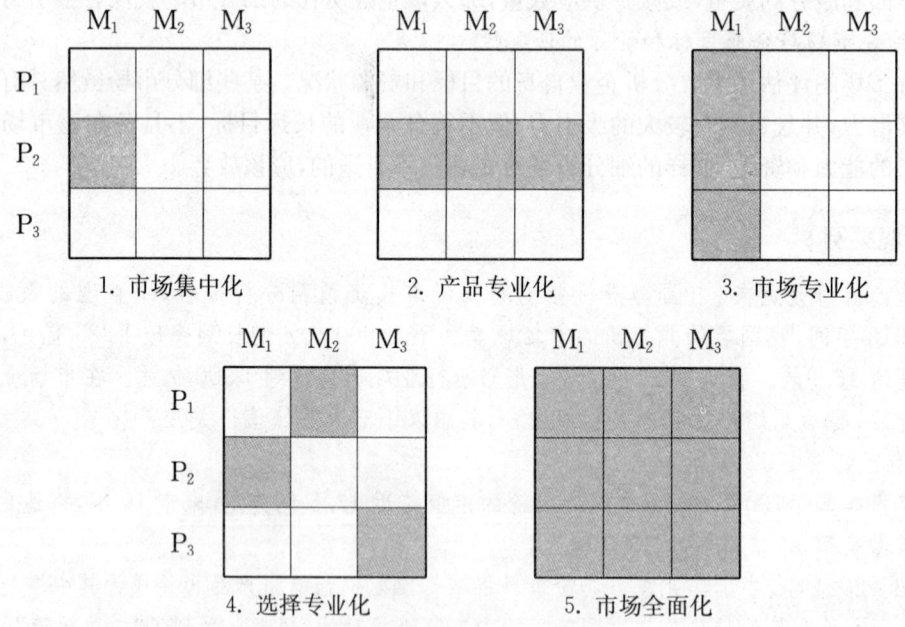

图3-1 目标市场的选择

1. 市场集中化

这是一种最简单的目标市场模式。市场集中化是指企业只选取一个细分市场,只生产一类产品供应给一类顾客群,进行集中营销。选择市场集中化模式一般基于以下几点进行考虑:企业在这一特定市场范围具有专业化经营的优势;企业资源力量有限;该细分市场中竞争对手较少;准备以此为出发点,取得成功后向更多的细分市场扩展。但是,选择这种目标市场覆盖模式,企业需要承担较大的市场风险,一旦市场需求发生变化,企业将有可能无法生存。例如,江诗丹顿选择高档机械表市场,最低价格都在10万元以上;茅台品牌选择高端酱香型白酒市场;克隆赛格选择500万元以上高端跑车市场;哈苏相机选择高端传统照相机市场,是世界市场最贵的相机。

2. 产品专业化

产品专业化是指企业集中生产一类产品,并向各类顾客销售这类产品。产品专业化模式可以使企业专注于某一种或一类产品的生产,有利于形成和发展生产和技术上的优势,在该专业化产品领域树立形象。但是,由于产品范围过窄,当该产品领域被一种全新的技术所代替时,该产品销售量有大幅度下降的危险。例如,日本普利司通(BRIDGESTONE)公司是世界最大的轮胎及橡胶产品生产商,也是世界轮胎业三巨头之一,它为包括轿车、SUV在内的乘用车以及卡车、工程车等各种车型提供轮胎。

3. 市场专业化

市场专业化是指企业生产不同的产品去满足某一类顾客群体的需要。市场专业化由于经营的产品类型众多,能有效地分散企业经营的风险。同时,这种目标市场的覆盖策略也能帮助企业从纵深方面尽可能地满足特定顾客的不同需求。但由于集中于某一类顾客,当这类顾客由于某种原因需求下降时,企业也会收益下降。比如:得力公司生产笔记本、打印纸、笔、订书机、文件夹以及U盘等各类产品来满足消费者办公的需求;NORTH FACE公司生产帐篷、水壶、冲锋衣、登山鞋等各种产品来满足户外运动消费者的需求;美泰公司总部位于美国加州EI Segundo,是全球最大的玩具公司,它生产各种儿童玩具;德国的菲仕乐和双立人,生产各种道具、锅具来满足高端群体和中端消费者对厨房烹饪用具的需求。再比如,中国的方太公司,专门生产抽油烟机、燃气灶、洗碗机、消毒柜、热水器等产品,来满足消费者对厨房电器的需求(见图3-2)。

图3-2 方太的市场专业化

4. 选择专业化

选择专业化是指企业选取若干个具有良好的盈利潜力和吸引力,且符合企业的目标和资源的细分市场作为目标市场。该目标市场覆盖模式中的各个细分市场之间较少或基本不存在联系。其优点是可以有效地分散企业经营风险,即使某个细分市场盈利不佳,企业仍可在其他细分市场取得盈利。选择专业化模式的企业应具有较强的资源实力和营销能力。比如福建达利集团,生产糕点烘焙类食品、薯片类休闲膨化食品、饼干类烘焙食品、凉茶、保健食品功能饮料、豆奶等来满足消费者需求。

5. 市场全面化

市场全面化是指企业针对不同顾客群的多种需求,提供多种产品加以满足。显然,这种目标市场覆盖策略只有实力雄厚的大型企业才能选用。例如,全中国每两张银行卡中就有一张是金邦达宝嘉生产的。它提供各类磁条卡、智能卡、卡片个人化、IC卡读写机具、发卡系统、网络安全认证系统等,主要涉及金融、政府、高速公路、公交、社保、网上银行、电子政务、电子商务、数字电视等诸多领域。

(二) 目标市场策略

企业对目标市场的选择还需要考虑其市场策略问题,即决定采取何种市场营销策略进入目标市场,直至占领该目标市场。可供企业选择的目标市场策略主要有四种,即无差异性市场营销策略、差异性市场营销策略、集中性市场营销策略、微市场营销策略。如图3-3所示。

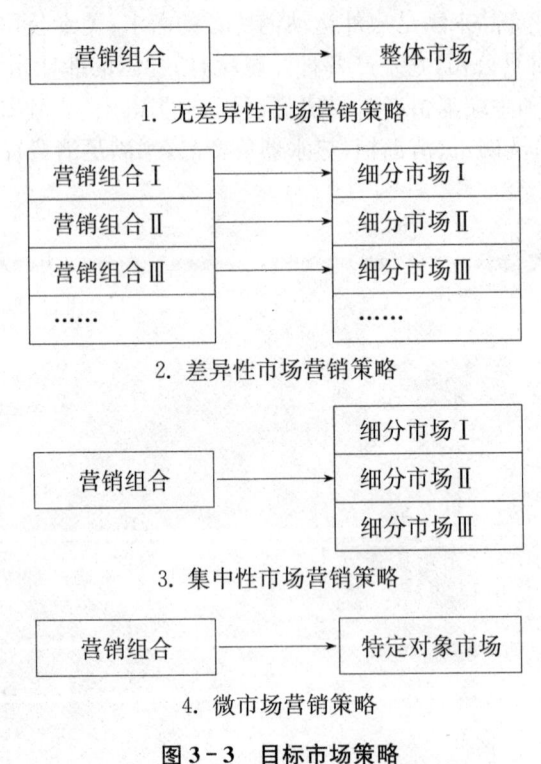

图3-3 目标市场策略

1. 无差异性市场营销策略

无差异性市场营销策略也称为整体性市场营销策略。即企业只提供一种产品,采用单一的营销策略来开拓整个市场。采用此策略的企业只注重市场需求的共性,不需要进行市场细分,无须关注市场间的需求差异性。

无差异性市场营销策略的最大优点是成本的经济性。单一品种大批量的生产经营有利于降低单位产品成本,获得规模效益;同时,大批量产品销售能节省大量的调研、产品开发、产品宣传、管理等费用,从而取得较佳的经济效益。

无差异性市场营销策略的缺点也非常明显,即产品的适应性较差。随着市场营销环境的不断变化,消费者经济收入水平的不断提高,一种产品很难适应消费者需求多样化、个性化的发展趋势,也很难充分满足消费者的不同需求;同样,当同类企业均采用这种策略时,必然要形成激烈的竞争。

2. 差异性市场营销策略

差异性市场营销策略是指把整体市场按照消费者需求的差异性,细分成需求与欲望大致相同的若干细分市场,然后根据企业资源及营销实力选择其中部分细分市场作为目标市场,并为各目标市场设计不同的产品,采取不同的营销组合策略,满足不同目标顾客的需要。

差异性市场营销策略的最大优点是市场适应力强。有针对性地满足具有不同特征的顾客群的不同需求,有利于增强企业竞争力,提高企业信誉,扩大销售额。

当然,差异性市场营销策略由于产品品种增多,批量减少,以及销售渠道、广告宣传的扩大化与多样化,导致企业的生产成本上升,营销费用急剧增加,并使管理工作复杂化。可见,目标市场选择的数目并非越细越好,也并非产品越多越好,企业要根据自己的客观条件权衡得失并做出决策。

情境案例

日本泡泡糖市场年销售额约为 740 亿日元,其中大部分为"劳特"所垄断。可谓江山唯"劳特"独坐,其他企业想挤进泡泡糖市场谈何容易。但江崎糖业公司对此并不畏惧。公司成立了市场开发班子,专门研究霸主"劳特"产品的不足,寻找市场的缝隙。经过周密调查分析,终于发现"劳特"的四点不足:第一,以成年人为对象的泡泡糖市场正在扩大,而"劳特"仍旧把重点放在儿童泡泡糖市场上;第二,"劳特"的产品主要是果味型泡泡糖,而现在消费者的需求正在多样化;第三,"劳特"多年来一直生产单调的条板状泡泡糖,缺乏新型式样;第四,"劳特"产品价格是 110 日元,顾客购买时需多掏 10 日元的硬币,往往感到不便。通过分析,江崎糖业公司决定以成人泡泡糖市场为目标市场,并制定了相应的市场营销策略。不久便推出了功能性泡泡糖四大产品:司机用泡泡糖,使用了高浓度薄荷和天然牛黄,以强烈的刺激消除司机的困倦;交际用泡泡糖,可清洁口腔,祛除口臭;体育用泡泡糖,内含多种维生素,有益于消除疲劳;轻松型泡泡糖,通过添加叶绿素,可以改变人的不良情绪。同时精心设计了产品的包装和造型,价格定为 50 日元和 100 日元两种,避免了找零钱的麻烦。功能性泡泡糖问世后,像飓风一样席卷全日本。江崎公司不仅挤进了由"劳特"独霸的泡泡糖市场,而且占领了一定的市场份额,从零猛升至 25%,当年销售额达 175 亿日元。

3. 集中性市场营销策略

集中性市场营销策略又称为密集性市场营销策略。它是指在细分市场的基础上,从中选择一个或少数几个细分市场作为目标市场,集中企业的资源和实力,经营一类产品,实施一套营销策略,以求在部分市场上争取较高的市场份额,获得明显优势。

集中市场营销策略主要适用于资源有限的中小企业或是初次进入新市场的大企业。这一市场营销策略能够发挥企业的资源优势,集中资源在小市场获得营销成功;由于目标市场集中,能更深入地了解目标市场的需求,生产出更加适销对路的产品;可实行生产专业化,有利于提高产品质量和生产效率,树立企业形象和品牌形象;而营销组合的单一,可大大节约生产成本和营销费用,增加利润。

但是,集中性市场营销策略经营风险较大,如果目标市场的需求情况突然发生变化,如消费者偏好突然改变,或是市场上出现了更强有力的竞争对手,企业可能陷入困境。

情境案例

某年冬天的一个傍晚,一个小女孩守着两筐大苹果在一个高校的俱乐部门前叫卖,因为天寒地冻,问者寥寥。小女孩冻得直打哆嗦,一位教授见此情形,对小女孩甚是同情。他认真地观察了一下此地的人流,略做思考,然后便上前对小女孩耳语了几句。

在教授的指点下,小女孩跳跳蹦蹦地跑到附近商店买来一把节日织花用的红绸带,然后便将筐里的苹果两两一扎,接着高叫道:"情侣苹果哟!两元一对!"用红绸带扎在一起的一对苹果看起来很有情趣,人们也觉得十分新鲜,特别是路经此地的多数人是与自己的情侣一起来消遣的。于是,就这么一叫,小女孩很快便将苹果卖完了,而且卖了个好价钱。

4. 微市场营销策略

差异化和集中化市场营销都是根据不同细分市场需求来调整营销组合,并没有根据单个消费对象的需求来进行营销组合调整。

微市场营销策略是指根据特定个人或特定地区的需求来调整营销组合策略。要注意的是,微市场营销不是寻求每一个个体能否成为顾客,而是寻求每一个消费者身上的个性。它包括本地营销和个人营销。

(1) 本地营销

本地营销是根据当地顾客群的需求,调整营销策略组合,如品牌、促销等。本地营销由于规模的降低而可能带来生产成本和营销成本的上升,物流配送也可能存在问题,另外如果不同地区的策略差别太大,还可能会影响企业品牌的整体形象。但随着技术的发展,面对地区人口特点和生活方式的明显差异,本地营销是一种更为有效的营销方式。

(2) 个人营销

极端情况下,微市场营销可变成个人营销,即根据单个消费者的需求和偏好来调整产品及营销策略。个人营销也称为一对一营销、定制营销或单人市场营销。现实生活中常见的裁缝为顾客量体做衣,鞋匠为单个顾客定做鞋子,木匠根据顾客需求制作家具等等都是个人营销的体现。随着新技术的不断应用,特别是互联网技术的应用,使个人营销成为可能并被广泛使用。不仅在消费者市场而且在生产者市场也同样如此。

情境案例

在营销界,"私人定制"开始悄悄火爆。似乎,这种无限细分、满足不同客户的不同需求的主张已经成为营销真理之一。从2013年夏天可口可乐推出"昵称瓶"开始,到去年春节特仑苏推出"定制好礼无可取代",针对家庭不同成员将称呼印在利乐盒上的促销活动,以及一些有定制倾向(将企业的LOGO或企业家照片印在瓶标上)的红酒、白酒等,都备受市场关注。定制模式对于消费者而言,是价值的最大化,但是对于企业而言,如何实现盈利的最大化和效益的最大化,则是一个不小的挑战。以酒葫芦网为例,去年推出C2B的定制酒模式,以个性化定制酒瓶和包装为核心,还可以做到"一瓶定制",定制内容涵盖生日、婚庆、家宴、礼藏、校庆、商务等一百多个个性化定制主题,充分满足个性消费者的需求。蒙牛推出的一款叫作"Hi milk"的产品,就完全启用一个全新的团队打造,选择一个专有的牧场,采用定制化的方式,选择10万个用户,提供一年的产品供应,而用户可以随时参观这座牧场,与企业方面对面地交流,就产品口味、营养成分、包装等环节展开交流,企业让用户完全参与其中。

(三)影响目标市场策略选择的因素

以上所述四种目标市场策略各有利弊,各自适用于不同情况。营销实践中,企业在具体选择目标市场策略时,应综合分析各种影响因素,全面权衡利弊、慎重选择。一般来说,通常要考虑的因素有以下几个:

1. 企业实力

企业实力是指企业在满足市场某种需求方面所具备的资源状况,主要包括生产能力、销售能力、技术开发能力、资金、信息,以及经营管理水平等。如果企业资金雄厚,市场营销管理能力较高,可以选择无差异性市场营销策略和差异性市场营销策略;反之,如果企业资源能力不足,则应采用集中性市场营销策略。

2. 产品性质

产品在性能、特点等方面的差异程度是不同的,有些差异大,有些差异小。例如,某些初级产品,尽管每种产品自身可能会有某种品质差别,但用户大多不会重视或不加区别,竞争主要集中在产品价格和服务方面。因而一般可视为"同质"产品,对于同质产品,一般宜实行无差异性市场营销策略。反之,许多加工制造类产品,不仅本身可以开发出不同规格型号,不同花色品种,顾客对这类产品的需求也是多样化的,选择性很强,则可视为"异质"产品,对异质产品则宜采用差异性市场营销策略或集中性市场营销策略。

3. 市场差异性

市场差异性是指各细分市场之间的差异程度。如果市场的需求、欲望、购买行为基本相同,对营销方案的反应也基本一致,这样的市场为"同质市场",一般宜实行无差异性市场营销策略。反之,如果市场需求差异较大,即所谓的"异质市场",宜采用差异性市场营销策略和集中性市场营销策略。

4. 产品所处市场生命周期的不同阶段

一般来说,一种产品从进入市场到退出整个市场,产品的市场生命周期可以分为四个阶段,即投入期、成长期、成熟期、衰退期。企业应随着产品所处的生命周期阶段的变化,采用不同的目标市场进入策略。通常,企业在产品处于投入期或成长期时,可采用无差异性市场营销策略,以扩大市场规模,提高市场占有率。到了产品的成熟期,由于市场竞争加剧,企业可改用差异性市场营销策略,以利于开拓新市场、新产品,增强企业竞争力。进入衰退期时,企业则应采用集中性市场营销策略,缩短战线,缩小市场,延长产品的市场生命周期。

5. 竞争对手的目标策略

企业采用何种目标市场策略也应该充分考虑竞争对手所采取的目标市场策略。通常,企业的目标市场策略要与竞争对手有所区别,反其道而行之。竞争对手采用无差异性目标市场营销策略,自己就应采用差异性目标市场营销策略,以提高产品的竞争能力。竞争对手采用差异性目标市场营销策略,企业就应进一步细分市场,实行更有效的差异性或集中性目标市场营销策略。当然,这些只是一般原则,并没有固定不变的模式,营销者在实践中应根据市场具体情况以及竞争双方的力量对比,采取具体的目标市场战略。

任务三 市场定位策略

企业在市场细分的基础上,选定目标市场之后,还要确定如何服务这个市场,也就是说还必须进行市场定位,为企业及其产品在市场上树立鲜明形象,塑造一定特色,并争取目标顾客的认可。

一、市场定位的含义

所谓市场定位(marketing positioning),是指企业根据竞争者现有产品在细分市场上所处的位置和顾客对产品某些属性和特征的重视程度,塑造出本企业产品与众不同的鲜明个性或形象,并通过一系列营销努力把这种个性和形象强有力地传递给目标顾客,从而使该产品在细分市场上占有强有力的竞争位置。市场定位就是要回答"消费者为什么购买你的品牌、产品"的问题。

市场定位的实质就是企业决定将自己的产品置于目标市场的什么位置上,而这种定位是通过塑造一种产品的鲜明特色和个性来实现的。它是通过对竞争者产品所处的市场位置、消费者的实际需求特点等做出正确的评估,然后塑造出本企业产品与众不同的特色、个性或形象,并传递给所选的目标顾客。

【情境案例】

宝洁公司对其产品的广告采用了这样的定位策略:宝洁产品属于中高档层次,其品牌定位则是时尚型与品牌精神型的有机合一。按照宝洁(中国)公共事务部副总监的说法,品牌有三重天:从基本的清洁功能型到中层的时尚型,最高境界是品牌精神行销。从宝洁制造概念开始就已明确了它的产品定位!如海飞丝的去屑,潘婷的保养,飘柔的柔顺等,然后通过广告传播不断强化。例如,海飞丝使用"头屑去无踪,秀发更出众"的广告语彰显个性;潘婷的个性在于对头发的营养保护,于是就有"……含丰富的维生素原B5,能由发根渗透至发梢,补充养分……"而"洗发护发一次完成,令头发飘逸柔顺"的广告,则强调了飘柔的个性。这就是宝洁的产品定位策略,它使得宝洁品牌进入一个较高的境界。

二、市场定位的基本步骤

企业的市场定位通常是通过识别潜在竞争优势、确定本企业适当的竞争优势、推广宣传所选择竞争优势等三个步骤来完成。

(一)识别潜在竞争优势

识别潜在竞争优势通常是通过对目标市场的广泛调研,以鉴别企业的成本优势和产品差异化优势。

1. 竞争者的定位状况

通过市场调研确认竞争者在目标市场上的定位,了解其产品在顾客心目中的形象,并估测其产品成本和经营情况,同时要正确估量竞争者的潜力,判断其潜在竞争优势,为本企业正确进行市场定位提供充分的依据。

2. 目标顾客的需求特点及其被满足的程度

就是要充分了解目标顾客现实的和潜在的需求特点及其偏好和欲望,掌握其对产品的购买要求及其满足的状况。这一点是企业能否实现产品差异化,真正获得竞争优势的关键。

3. 主要竞争者的优势和劣势

① 主要竞争者的主营业务经营状况,如近3年的销售额、利润率、市场占有率、投资收益率等。

② 主要竞争者的核心竞争能力,如产品的差异化状况、种数,以及产品质量和服务质量的水平等。

③ 主要竞争者的资金营运能力,如财务状况、筹资能力、获利能力、资金周转能力、偿还债务能力等。

(二)确定本企业适当的竞争优势

当企业与主要竞争对手相比,在产品开发、服务质量、销售渠道、品牌知名度等方面具有可获取明显差别利益的优势时,企业必须确定哪些方面的竞争优势能作为企业定位策略的基础,也就是说要确定准备推广哪些差异。

企业要决定的差异问题包括推广多少差异、推广哪些差异。

(三)推广宣传所选择竞争优势

企业的核心竞争优势定位以后,还必须将其传递给消费者并取得其认同,进而树立起一种形象和独特鲜明的市场概念,才会发挥核心竞争优势的效用,赢得顾客的青睐。

三、可供选择的市场定位策略

一般来说,可供企业选用的市场定位策略有以下几种:

1. 针锋相对式定位策略

针锋相对式定位也称对抗性定位。它是指将本企业的产品定位在与竞争者相似或相近的位置上。采用这种定位方式必须具备三个条件:本企业能够向市场提供比竞争者更好的产品;所争夺的市场容量足以吸纳两个以上竞争者的产品;本企业具有比竞争对手更多的资源和更强的实力。当然,这种定位具有较大的风险,很有可能造成两败俱伤。

情境案例

百事可乐作为世界饮料业两大巨头之一,100多年来与可口可乐上演了一场蔚为大观的两乐之战。两乐之战的前期,也即20世纪80年代之前,百事可乐一直惨淡经营,由于其竞争手法不够高明,尤其是广告的竞争不得力,所以被可口可乐远远甩在后头。然而,在经历了与可口可乐无数的交锋之后,百事可乐终于明确了自己的定位,以"新生代的可乐"形象对可口可乐实施了侧翼攻击,从年轻人身上赢得了广大的市场。如今,饮料市场份额的战略格局正在悄悄地发生变化。百事可乐的定位是具有其战略眼光的。因为百事可乐的配方、色泽、味道都与可口可乐相似,绝大多数消费者根本喝不出二者的区别,所以百事在质量上根本无法胜出,百事选择的挑战方式是在消费者定位上实施差异化。百事可乐摒弃了不分男女老少"全面覆盖"的策略,而从年轻人入手,对可口可乐实施了侧翼攻击。百事力图通过广告来树立其"年轻、活泼、时代"的形象,而暗示可口可乐的"老迈、落伍、过时"。

2. 另辟蹊径式定位策略

另辟蹊径式定位也可称为避强定位。当意识到自己无力与强大的竞争者相抗衡时,企业将自己的产品进行不同方向的定位取向,使自己的产品在某些特征或属性方面与竞争者相比有比较显著的区别。这种定位策略的优点在于,可凭借自身条件的优势迅速地在市场上站稳脚跟,并能在消费者心目中迅速树立起一种形象;市场风险相对较小,成功率较高。但是,避强往往意味着企业必须放弃某个最佳的市场位置,从而有可能使企业处于较差的市场位置。

【情境案例】

美国第二大出租汽车公司——埃比斯出租汽车公司就是采用逆向定位策略而获得成功的,它在广告中既谈竞争对手的优点,也谈本公司的不足,在其"第二位宣言"中公开宣称:"本公司与哈兹公司相比是第二位的,因此要在充实服务上全力以赴。"这一定位,利用了人们心理上认为第二仅次于第一但与第一相差不多的定势,同情弱者的心理倾向以及良好的服务承诺,而赢得了消费者的同情和信任,也体现了"不与竞争对手做恶性竞争"的策略,使广告活动获得了成功,通过广告宣传,坐埃比斯公司车的人越来越多了。

3. 填补空缺式定位策略

填补空缺式定位是指寻找新的尚未被占领的,但又为众多的消费者所看重的需求进行定位,即填补市场上的空白。这种定位策略的前提是,尚有部分潜在市场未被发掘,处于空白状态;虽有一些企业发现了该部分市场,但无力或不愿涉足,致使其处于空白状态。对此,只要企业能结合自身资源条件,认真评估细分市场,正确选择目标市场和制定相应的市场策略,成功率高。

【情境案例】

20世纪60年代,七喜公司为在日益激烈的软饮料市场上取得一席之地,进行了广泛的市场调查,结果发现,虽然大部分软饮料的消费者确实偏爱可乐,但消费者并非铁板一块,对某种品牌始终忠诚如一,有时他们也想试试其他口味,另外,尚有许多消费者确实并不太想喝可乐饮料。于是,在1968年,七喜公司开始把自己的柠檬饮料推向了市场,并向公众宣称自己的柠檬饮料纯属非可乐饮料。通过这种产品的品牌再定位策略,七喜产品成了当时软饮料两巨头可口可乐公司和百事可乐公司两大可乐产品的替换品,这种非可乐饮料的销量在上市的头一年就上升了15%,从而获得了非可乐饮料市场的领导地位。

四、市场定位的依据

各个企业经营的产品不同,面对的顾客不同,所处的竞争环境就不同,因而市场定位的依据也就不同。一般来说,目标市场定位的依据可以归纳为以下几种:

1. 根据具体的产品特色定位

产品特色定位是企业根据其本身特征,确定它在市场上的位置。构成产品内在特色的许多因素都可以作为市场定位所依据的原则,如产品功能、成分、质量、档次、价格等。比如,雀巢咖啡的产品特性是味道好极了,CLINIQUE 的成分特色是通过过敏性测试百分百不含香料,华硕的特色是华硕品质坚若磐石。

2. 定位依据是产品用途及使用场合

即将产品本身的用途及所使用的场合作为市场定位的依据。例如,脑白金的"今年过节不收礼、收礼只收脑白金",就将脑白金定位于礼品,飞毛腿的移动电源、精彩生活,防脱发用霸王,困了累了喝红牛等都是根据产品用途和使用场合来进行定位。

3. 根据使用者的类型定位

企业把产品指引给适当的潜在使用者,根据使用者的心理与行为特征,以及特定消费模式塑造出恰当的形象来展示其产品的定位。例如,海澜之家男人的衣柜、七匹狼的男人不止一面、妮维雅 FOR MEN 等就是定位于男性市场。嘉宝莉儿童漆定位于儿童市场;朵唯手机定位于女性手机市场;中国移动根据使用者类型,将动感地带定位于大学生年轻人市场、神州行定位于工薪阶层、全球通定位于商务人士等精英阶层。

4. 根据竞争的需要定位

根据竞争者的特色与市场位置,结合企业自身发展的需要,将本企业产品定位于与其相似的另一类竞争者产品的档次,或定位于与竞争者直接有关的不同属性与利益。它主要有迎强定位、避强定位和反向定位三种类型。

任务四　市场竞争战略

前面我们分析了一个企业如何进行市场细分、如何选择目标市场、如何进行市场定位,但无论是进入一个什么样的市场进行经营活动,企业都将会面临竞争,都要进行营销战略和策略的制定。那么如何制定企业市场营销竞争战略呢?

一、竞争者分析

分析和了解竞争对手是企业制定竞争战略和策略的前提。企业对竞争对手的分析要明确以下五个方面的问题:自己的竞争对手是谁;他们的营销战略和策略是什么;他们的营销目标是什么;他们的优势和劣势是什么;他们对竞争的反应模式如何。在了解、掌握上述问题的基础上,企业就可以正确选择自己的对策了。

(一) 确认竞争对手

1. 品牌竞争者

即生产同样的产品,并以相似的价格供给相同顾客的企业。例如,别克君威把本田雅阁、大众帕萨特、丰田凯美瑞等作为自己的品牌竞争者。又如,孔府宴酒对孔府家酒、万家乐热水器对神州热水器,等等。

2. 行业竞争者

即把行业内所有提供同类产品的企业都作为竞争者。所谓行业,是指生产彼此可密切替代的产品的厂商群。如上海别克的行业竞争者还包括广汽丰田、上海大众、北京现代、东风日产,等等。

3. 需要竞争者

即企业将所有满足消费者同一种需求的企业都看作是竞争者。如上海别克不仅把所有轿车制造商作为竞争对手,而且将摩托车、客车、卡车甚至游艇和私人飞机制造商都看作是自己的竞争对手。

4. 消费竞争者

即在最广泛的意义上,企业把所有争夺同一市场购买力的企业都作为竞争者。如上海别克可将房地产商、家电制造商、旅行社等都看作自己的竞争者,因为顾客若买了房地产或其他商品,可能就会无力购买汽车。

竞争者类型见表3-2。

表3-2 竞争者类型

竞争者类型	定义	利害关系	举例
品牌竞争者	企业把同一行业中以相似的价格向相同的顾客提供类似产品或服务的其他企业称为品牌竞争者	品牌竞争者之间的产品相互替代性较高,因而竞争非常激烈,各企业均以培养顾客品牌忠诚度作为争夺顾客的重要手段	如家用空调市场中,格力、美的、海尔等厂家之间的关系
行业竞争者	企业把提供同种或同类产品,但规格、型号、款式不同的企业称为行业竞争者	所有同行业的企业之间存在彼此争夺市场的竞争关系	家用空调与中央空调的厂家、生产高档汽车与生产中档汽车的厂家
需要竞争者	企业把提供不同种类的产品,但满足和实现消费者同种需要的企业称为需要竞争者	相互之间争夺满足消费者的同一需要	如航空公司、铁路客运、长途客运汽车公司都可以满足消费者外出旅行的需要
消费竞争者	企业把提供不同产品,满足消费者的不同愿望,但目标消费者相同的企业称为消费竞争者	企业间存在相互争夺消费者购买力的竞争关系	如很多消费者收入水平提高后,可以把钱用于旅游,也可用于购买汽车或购置房产

(二)竞争对手的营销目标分析

竞争对手营销目标分析一般可通过以下几方面因素的综合评估进行:

1. 竞争对手的经营理念

企业经营理念可通过企业的一些市场行为方式体现。如竞争对手对市场领导者地位的欲望、对技术及产品开发的投入力度、惯常促销方式、对目标顾客群体的特殊偏好,以及企业员工对经营理念的理解等。

2. 竞争对手的组织结构

竞争企业职能结构以及这种结构对资源分配、产品定价和新产品推出等关键性决策内容的权力分配状况;竞争者最高领导层的背景、经历、处世风格等;竞争者对管理人员的要求和激励措施等。

3. 竞争对手的财务目标

竞争者在长期和短期营销业绩之间的权衡,竞争者在利润和收入之间的权衡,竞争者在获利能力、市场占有率、销售增长率、风险期望水平等因素之间的权衡等。

4. 竞争对手的控制系统

竞争者对库存的评估、成本分配方式以及各级人员的报酬状况;竞争者企业制度以及股权分配状况;竞争者营销业绩评估方式等。

(三) 竞争对手的优势与劣势分析

每一个企业都有自身的优势或劣势。竞争对手优势和劣势的多寡,决定着其能否实现既定的战略和目标。要准确地评估各个竞争对手的优势与劣势,首先必须注意收集竞争对手近期各方面的资料,如销售额、市场占有率、边际利润、投资收益率、现金流量等。

竞争对手的这些资料对于评判其竞争实力并找出其优势与劣势很重要,而直接得到这些资料是有很大难度的,通常只能通过一些间接渠道收集,如通过顾客、供应商、中间商等渠道。这其中顾客价值分析是获得有价值资料的重要方式。

基于分析竞争对手的顾客价值分析,实质上是希望通过对顾客需求满足的跟踪,发现竞争对手的优势和劣势。其主要步骤如下:

① 调查、分析并确认顾客重视的产品主要属性,即顾客购买产品的评价标准,或称顾客价值标准;

② 评估各属性在吸引顾客中的重要程度;

③ 对比分析本企业产品与竞争对手产品在各项顾客价值标准上的差异;

④ 对比分析在特定细分市场上,本企业产品与主要竞争对手产品在各项顾客价值标准上的差异;

⑤ 通过差异分析,明确竞争对手的优势与劣势。

在进行上述分析时,有两点要特别注意:一是由于顾客的需求与心理处于动态变化之中,应该注意随时跟踪顾客价值标准的变化,以及时觉察竞争对手的实力变化;二是不能掺杂有利于本企业的无效或臆想的假设,以尽量使分析评估具有客观性。

(四) 估计竞争对手的反应模式

企业通过分析和研究竞争对手的目标、战略以及优势、劣势,可以对其应对市场变化可能产生的反应和采取的行动进行预测和判断。

不同企业对竞争对手采取的市场行为会有不同的反应,即反应模式不同。通常,竞争对手的反应模式可以大致归纳为以下四种基本类型:

① 从容不迫型。这种类型的竞争对手对企业的市场行为反应不强烈或比较缓和。产生这种反应的原因各不相同,或因其对顾客很有信心觉得其顾客很忠诚;或者是其缺乏做出反应行为所需的资金;或者是对市场变化反应迟钝,没有注意到其他企业已经变化的市场行为。

② 选择反应型。这种类型的竞争对手只对企业的某些行为和挑战做出强烈反应。通常这种竞争对手对其他企业的降价以及对顾客有强烈刺激效果的促销措施反应激烈,而对其他的市场行为不做反应。

③ 凶猛反应型。这种类型的竞争对手对其他企业的任何策略和行为都会做出强烈、迅速的反应。

④ 随机反应型。这种类型的竞争对手对企业的行为反应是随机变化的,对面临的某种挑战或攻击,有时反应并可能很强烈,有时则不进行反击或行为缓和,没有一定规律,通常无法预料其反应方式和强烈程度。

通过分析和估计竞争对手的反应模式,可以使企业对其主要竞争对手有更进一步的了解和认识,为企业选择攻击或回避的对象以及为企业选择恰当的应对策略提供依据。

(五) 选择攻击或回避的竞争者

企业在对其主要竞争对手的目标、战略、优势与劣势、反应模式有了充分认识和了解的基础上,便可以根据自己的实际情况决定攻击或回避的竞争对手。通常企业可以根据以下两个标准来选择:

① 根据竞争对手的强弱。企业一般都选择比较弱小的竞争对手为攻击的目标,这样可以花费较少的资源和时间,也比较容易取得成功,但企业最终的收获相对也比较小。因而,有些企业则专门以实力较强的竞争对手为攻击目标,因为即使是实力雄厚的竞争对手也会有弱点,如果能抓住其弱点并战胜,企业可以获得相当丰厚的回报。

② 根据竞争对手的表现进行选择。竞争对手的存在不一定都是对企业不利或不必要的。竞争对手是否对企业有利主要取决于竞争对手在市场上的表现。根据竞争对手的表现,可以将其区分为"品行良好"的竞争对手和"具有破坏性"的竞争对手两种类型。

所谓"品行良好"的竞争对手,通常指的是遵守行业竞争规则的竞争对手。这类竞争对手的存在有利于增加整个市场的总需求,可以分担新市场和新产品的研究开发费用,有利于新技术的推广和应用;这类竞争对手可能为吸引力较小的细分市场提供产品和服务,从而增加产品的差异性;这类竞争对手还可在加强整个行业与员工或政府部门就某些问题进行谈判时的谈判能力。

"具有破坏性"的竞争对手通常指的是破坏市场竞争规则、采用不正当手段获取利润或提高市场占有率的竞争对手。这类竞争对手偏爱冒险,并有可能扰乱行业既有的竞争秩序。

因此,明智的企业应通过与"品行良好"的竞争对手合作,共同打击"具有破坏性"的竞争对手。通过减少行业中"具有破坏性"的企业,来规范每个企业的营销行为,使得每一个企业都能遵守竞争规则,凭借正当的营销努力提高市场占有率,并且尽量采用差异化经营的手段参与竞争,以降低企业间正面竞争对抗的程度。

二、企业竞争战略

(一) 总成本领先战略

所谓总成本领先战略,是指企业尽可能降低自己的生产和经营成本,在同行业中取得最低的生产成本和营销成本,以获得同行业平均水平以上的利润。要实行总成本领先战略,企业必须通过建造最有效率的规模生产设备、改进生产制造工艺技术、严格控制成本、设计合理的产品结构和提高劳动生产率等方法来实现。

1. 总成本领先战略的适用条件

① 产品市场需求具有较大的价格弹性,降价会引起需求量的大幅上升,从而带来销售额的增加。

② 所处行业的企业大多生产标准化产品,从而使价格竞争决定企业的市场地位。

③ 有足够的资本及良好的融资能力。

④ 产品制造工艺先进,易于用经济的方法制造,且能对工人进行严格监督和管理。

⑤ 有低成本的分销系统。

⑥ 用户购物从一个销售商改变为另一个销售商时,不会发生转换成本,因而特别倾向于购买价格最优惠的产品。

2. 总成本领先战略的优点和缺点

总成本领先战略对于提高企业的竞争地位具有十分重要的作用,它可以帮助企业在行业中获得强大的竞争优势。它的优点在于以下几个方面:

① 在与竞争对手的竞争中,企业处于低成本领先地位上,具有进行价格战的良好条件,即使竞争对手在竞争中处于只能保本不能获得利润,甚至是亏本的情况下,本企业仍可获利。

② 面对强有力的购买者要求降低产品价格的压力,处于低成本领先地位上的企业仍可以有较好的收益。

③ 低成本企业都实行规模经济,对原材料和零部件的需求量非常大,具有和供应商讨价还价的资本,可以获得廉价的原材料和零部件,同时也便于和供应商建立稳定的协作关系。

④ 低成本企业往往在规模经济和生产经营成本方面有较大的优势,无形之中提高了行业门槛,对潜在的竞争对手进入本行业形成了障碍。

⑤ 在与替代产品的竞争中,低成本企业可用降价的办法稳定现在顾客的需求,使之不被替代产品所替代。

实施总成本领先战略的缺点有以下几个方面:

① 投资较大。

② 技术变革会导致生产工艺和技术的突破,使企业过去的大量投资和由此产生的高效率一下子丧失优势,给竞争对手以可乘之机。

③ 企业将过多的注意力集中在降低生产经营成本上,可能导致企业忽视顾客需求特性和需求趋势的变化,忽视顾客对产品差异的兴趣。

④ 由于企业大量投资于现有技术和设备,提高了退出障碍,因而对新技术的采用以及技术创新反应迟钝,甚至采取排斥态度。

情境案例

美国沃尔玛连锁店公司是世界上最大的连锁零售商,2016 财年沃尔玛全球营业收入高达 4 859 亿美元。沃尔玛发展的一个重要原因是成功运用了成本领先战略并予以正确实施。沃尔玛的经营策略是"天天平价,始终如一",即所有商品(非一种或若干种商品)在所有地区(非一个或一些地区)常年(非一时或一段时间)以最低价格销售。为做到这一点,沃尔玛在采购、存货、销售和运输等各个商品流通环节,采取各种措施将流通成本降至行业最低,把商品价格保持在最低价格线上。沃尔玛降低成本的具体举措如下:

第一,将物流循环链条作为成本领先战略实施的载体。

① 直接向工厂统一购货和协助供应商减低成本,以降低购货成本。
② 建立高效运转的物流配送中心,保持低成本存货。
③ 建立自有车队,有效地降低运输成本。
第二,利用发达的高技术信息处理系统作为战略实施的基本保障。
第三,对日常经费进行严格控制。

(二) 差异化战略

所谓差异化战略,是指为使企业产品与竞争对手产品有明显的区别、形成与众不同的独特性而采取的战略。

1. 实行差异化竞争战略需要的适用条件

① 有多种使产品或服务差异化的途径(如产品设计、品牌形象、加工技术、销售网络、售后服务等),而且这些差异化被顾客认可和接受。
② 有较强的生产经营能力和独特的具有明显优势的产品加工技术。
③ 有较强的创新观念。
④ 消费者对产品的需求不同,有多样性。
⑤ 可以得到渠道成员的高度合作。

2. 差异化战略的优点和缺点

企业实行差异化战略的优点有以下几个方面:

① 差异化战略使企业有了自己的独到之处,竞争对手难以模仿,形成了顾客对其产品的偏爱和忠诚,在市场竞争中确立了优势地位。
② 差异化战略可以减弱购买者和供应商的议价能力。
③ 差异化战略可以产生较高的边际收益,为企业带来超额利润。企业利用产品的独特性为其制定一个高价,就使企业有了获取超额利润的可能。

实行差异化战略也有缺点,主要表现在以下几个方面:

① 由于差异化战略,很可能导致成本升高,在与低成本的竞争对手竞争时,有失去顾客的可能。
② 由于竞争对手的模仿,可能会使企业的产品差异化优势丧失,进一步丧失自己在竞争中的优势地位。
③ 并非所有的顾客都愿意或能够支付产品差异所形成的较高价格。同时,顾客对差异化所支付的额外费用有一定限度,若超过这一限度,低成本的企业在竞争中就更占有优势。
④ 实行差异化战略,有时要放弃获得产品高市场占有率的目标。

情境案例

广州市麦点九毛九餐饮管理有限公司是经营山西风味面食和菜系的餐饮连锁集团,尤以"手工面食"著称,凭借其特色的产品和经营管理手段,很快在餐饮行业中崭露头角,并踏入快速发展的连锁扩张之路,分店遍及广州、深圳、佛山、天津等地。在当前餐企"转型之风"盛行的行业背景下,据九毛九研发中心经理透露,走中端路线的九毛九去年的业绩并没有下滑,反而上升了好几个百分点。这与其坚持产品和服务差异化战略是分不开的。

首先，为了突出九毛九产品的优势和特色，在大的方面，九毛九坚持走"手工面食之路"。而为了满足更多食客的不同需求，九毛九的产品结构内部也有明显的差异化。目前，九毛九的面食分为面条、饼类和饺子等多种类型，而这些不同种类的面食又可以用煮、煎、炸、烙等不同的方式去烹调和加工，再加上西红柿、羊肉、红烧牛肉、炸酱等多种汤卤，可以满足食客的多层次需求。并且，由于地域和年龄不同，不同的消费群体饮食习惯就会不同，如从地域上看，北方人普遍比较喜欢吃面条、饺子，南方人则比较喜欢吃饼类，山西人较喜欢汤水较少的菜品，而广东人喜吃米饭和喝汤；而从年龄上看，中老年人偏爱吃面条和饺子，年轻人则较热衷吃饼类食品。因此，在产品研发时，九毛九都会把这些因素考虑进去。另外，九毛九的面食产品又会按照季节分为夏季和冬季两个系列，具体会按照当地的气候来划分，如在广州这边，每年的4—10月天气相对炎热，将使用夏季菜谱，菜品偏向清淡，并且会加上一些夏天的凉菜菜品；而从当年的11月份至下一年的3月份，天气转冷，则使用冬季菜谱，菜品以砂锅、锅仔类居多。

除了注重产品研发，九毛九还在面粉的选择和制面工艺两个方面下手，争取制做出具有特色的差异化产品以赢得消费者。因为面粉分为高筋面粉、中筋面粉、低筋面粉及无筋面粉等种类，筋度不一样，做出的面的柔韧度就不一样，又由于不同地域生产的面粉也不一样，所以九毛九对面粉的选择非常挑剔。"需要出去采购面粉时，通常是由研发中心人员先从上百种不同的面粉中挑一些出来进行筋度配比，再经过多次试验后，从中挑选7~8种出来，接着由研发中心经理挑5~6种出来，然后由老总再挑3~4种出来。最后，由老总、供应商、研发人员等人员一起讨论决定，再验证试用。"中心经理说。有了好的原料后，还要注重生产的过程。正如九毛九的口号"中华真功夫，手工出劲道"所说的一样，为了满足各分店批量生产的需求的同时，又能坚持面食的纯手工制作，九毛九在企业内部建立起了面条大学，不惜每年花巨资上百万来统一培养手工面食制作人才。手工制做出的面食加上西红柿、羊肉、红烧牛肉、炸酱等多种汤卤，才能为顾客奉献上口味多样、口感极佳的特色面食。

九毛九的面食正是因为有自己核心的特色才赢得了市场。所以为了避免九毛九在扩张的过程中出现各个连锁分店之间产品风格不一而损坏品牌形象的情况，九毛九强调用手工制作进行标准化生产，而其标准化生产是通过对内部面食制作人员进行统一的培训来实现的。此外，在开发新的市场时，九毛九通常会提前派出厨政团队进行3~5个月的前期实地调查，了解当地消费者的口味习惯，然后将各个分店的面食产品根据当地的习俗进行基本相应的调整，调整的幅度一般不超过40%，才不至于丢掉九毛九产品和品牌的特色。为了更方便地进行产品的研发，九毛九在广州、北京、海口等地都设有地方分店总厨委，由对各大菜系都了解的厨师团队根据不同地方的口味和消费者的饮食习惯来对九毛九的产品进行定位，然后设计出适合各个地方分店的菜谱。

九毛九的老总曾经给管理层普及过一种思想，即"让顾客把自己当傻子"，意思是要让顾客觉得自己占了便宜。这不仅体现在给顾客让利上，还体现在服务细节中。所以，即便九毛九的面食产品本来价格定位走的就是大众化的中档路线，并争取最大让利给顾客，但在日常的经营中，还是针对不同的顾客群体，另外推出了各式有个性的服务和优惠活动，比如，跟着父母来九毛九消费的小朋友可以免茶位费，超过60岁的老人可以享受免费的养生粥，而当天过生日的顾客甚至可以享受"九毛九"的优惠价，等等。这样的优惠活动和服务处处都能从细节之中体现出人性的关怀。

(三) 目标集中战略

所谓目标集中战略，是指企业把经营的重点目标放在某一特定的细分市场上，集中企业的主要资源来建立企业的竞争优势及其市场地位。目标集中战略通俗地说就是"不在大海里与人抢大鱼，而是在小河里抓大鱼"，该战略实施的结果就是企业不在较大的市场获得一个较小的市场份额，而是在一个较小的细分市场里获得一个较大的市场份额。

1. 目标集中战略的适用条件

目标集中战略所依据的前提是，企业能比正在更广泛地进行竞争的竞争对手更有效地为其狭隘的战略目标服务。

2. 目标集中战略的优点与缺点

实行目标集中战略的优点有以下几个方面：

① 经营目标集中，可以集中企业所有的资源于一个特定细分市场。
② 熟悉产品的市场、用户和行业竞争情况，可以全面把握市场，获取竞争优势。
③ 由于生产高度专业化，在制造科研方面可以实现规模效益。

实行目标集中战略的风险有以下几点：

① 覆盖整个市场的竞争对手很可能将实施目标集中战略企业的特定细分市场纳入其竞争范围，构成对该企业的威胁。
② 该行业的其他企业也可采取目标集中战略，或者以更小的细分市场作为目标，构成对该企业的威胁。
③ 由于社会政治、经济、法律、文化等环境的变化，技术的突破和创新等多方面原因引起的替代品出现或消费者偏好发生变化，会导致市场结构性变化，从而使企业的竞争优势消失。

情境案例

创办于1921年的尼西奇公司，原来只生产雨衣、游泳帽等产品，常常处于订货不足的局面，后来专攻尿垫产品。他们是如何谋划和划分这个特定的细分市场的呢？当时基于一份人口普查报告，推定了战后生育的高峰将带来对婴儿尿垫的高度需求。日本每年大约有250万名婴儿出生。尼西奇认为，对婴儿而言，尿布是不可缺少的，于是公司定位于专门生产小孩尿布，果断放弃多样化经营。在企业发展中，他们不断研制新材料，设计新款式，建立自身的研发中心，专设资料室，陈列了来自世界各国的尿垫，堪称"尿垫博览会"。通过市场的专业化经营，竭力建构"小而精"的战略，走出了小产品、大销路的企业经营新路，其产品不仅占据了日本市场，还远销世界70多个国家，成了世界上最大的尿垫专业生产厂商。它正是有效利用目标集中战略切入市场的良好论证。

这个例子使我们认识到，资源越有限越要懂得目标集中。对企业家来说，成功来自简单、专注和重复。这就好比一个人，全面发展不一定会成功，但集中在一个点上发展，比如一生只做一件事，那就可能会成功，这是因为每天做加法，专业会打败综合。

三、不同地位的企业竞争战略

（一）企业市场地位分析

根据著名营销专家菲利浦·科特勒的观点，当一个产品的市场步入成熟后，在这个市场里竞争的同类企业之间，便都各自维持着一个稳定的市场占有份额，我们可以根据各企业在目标市场中所处的地位，把它们分为市场领先者、市场挑战者、市场追随者、市场补缺者。

1. 市场领先者

一般来说，市场领导者是指在相关产品的市场上市场占有率最高的企业。它在价格调整、新产品开发、配销覆盖和促销力量方面处于主导地位。它是市场竞争的导向者，也是竞争者挑战、效仿或回避的对象。

2. 市场挑战者

市场挑战者是指那些积极向行业领先者或其他竞争者发动进攻来扩大其市场份额的企业。这些企业可以是仅次于市场领先者的大公司，也可以是那些让对手看不上眼的小公司。只要是为了扩大市场份额，对其他企业发动进攻的企业，都可以称之为市场挑战者。它也指那些相当于市场领先者来说在行业中处于第二、第三和以后位次的企业。如美国汽车市场的福特公司、软饮料市场的百事可乐公司等企业。

3. 市场追随者

市场追随者是指那些不愿扰乱市场形势的一般企业。这些企业认为，他们所占有的市场份额比市场领先者低，但自己仍然可以盈利。他们害怕在混乱的市场竞争中损失更大，他们的目标是盈利而不是市场份额。它们是处于次要地位，不热衷于挑战的企业。在大多数情况下，企业更愿意采用市场跟随者战略。市场跟随者的主要特征是安于次要地位，在"和平共处"的状态下求得尽可能多的收益。

4. 市场补缺者

市场补缺者是指那些选择不大可能引起大企业兴趣的市场的某一部分进行专业化经营的小企业。这些企业为了避免同大企业发生冲突，往往占据着市场的小角落。它们通过专业化的服务来补缺可能被大企业忽视或放弃的市场，进行有效的服务。

情境案例

ZDC 数据显示，2017 年，中国手机市场上参与竞争的厂商数量有 118 家，较 2016 年的 134 家减少了 16 家，竞争激烈程度可见一斑。另国际调查机构 GFK 发布的数据显示，在刚过去的 2017 年，中国手机市场上国内品牌占绝对主导地位，华为以 1.02 亿部的销量排名第一，销量份额为 23%。GFK 采用的是 sell-out（出货量）统计方式，统计的是从厂商到最终消费者手中的出货量。华为的 1.02 亿部销量包括旗下品牌荣耀。

排在第二位的是 OPPO，全年销量为 7 756 万部；第三位 vivo 的销量为 7 223 万部；第四位苹果为 5 105 万部；第五位小米为 5 094 万部。同 2016 年相比，这四家增幅都不大，约在 5%～8%之间。排在第六到第十位的分别是魅族 1 681 万部、金立 1 494 万部、三星 1 107 万部、百立丰 lephone 的 467 万部以及联想 179 万部。排名前 10 的产商占销售额的近 90%。中兴、乐视、酷派、长虹、糖果、朵唯、ivvi、赛博宇华等品牌占据近 10%的销售额。

(二) 企业竞争战略选择

1. 市场领先者战略

市场领先者为了维护自己的优势,保持自己的领导地位,通常采取三种策略:一是设法扩大整个市场需求;二是采取有效的防守措施和攻击战术,保护现有的市场占有率;三是在市场规模保持不变的情况下,进一步扩大市场占有率。

(1) 扩大市场总需求

市场领先者应努力从以下三个方面扩大市场总需求:

① 寻找新用户。比如,说服男子使用化妆品。

② 寻找产品的新用途。例如,凡士林最初只是用作机器的润滑油,但后来顾客发现可用作皮肤软膏、润肤脂和发胶等。

③ 扩大产品的使用量。例如,润滑油企业鼓吹润滑对机器的保护,扩大润滑油的消费量。轮胎制造商可说服顾客经常驱车旅游,从而增加轮胎的消耗量。

(2) 保持市场占有率

市场领先者任何时候也不能满足于现状,必须在产品的创新、技术水平的提高、服务水平的提高、分销渠道的高效性和降低成本等方面真正处于该行业领先地位。领先者还应该在不断改进提高的同时,抓住对手的弱点主动出击,即所谓的"进攻是最好的防御"。市场领先者即使不发动进攻,也应该保护好自己的阵地,不能有任何疏漏。IBM公司之所以决定生产个人电脑,其部分原因就是为了防止其他公司乘虚而入、站稳脚跟后对自己构成威胁。由于资源有限,领先者不可能保持住它在整个市场上的所有阵地,因此,它要选择适当的防御策略,以便集中使用防御力量,减少受攻击的可能性,使攻击转移到利害较小的地方,并削弱其攻势。企业可供选择的防御策略有以下六种:

① 阵地防御。阵地防御就是在现有阵地周围建立防线,这是一种静态的消极的防御,是防御的基本形式,但不能作为唯一的形式。美国的福特汽车公司和克勒斯勒汽车公司都曾由于采取过这种做法而先后从顶峰跌下来;美国可口可乐公司在不同的时期,都积极地向市场提供消费者喜欢的产品,而不是据守于单品种的可乐饮料市场,公司不仅开发了各种非可乐饮料得以在软饮料市场上不断进取,而且在酒精饮料市场上也大肆图谋。这就没有给竞争对手更多的可乘之机。作为世界饮料业的巨子,可口可乐公司的市场领先地位长期得以稳固。

② 侧翼防御。它是指市场领先者除保卫自己的主阵地外,还应注意保护自己较弱的侧翼,防止对手乘虚而入。比如,20世纪80年代中期,当IBM公司在美国连续丢失个人计算机市场和计算机软件市场份额后,对行业或是组织市场的用户所使用的小型计算机加强了营销力度,率先采用改良机型、降低产品销售价格的办法来顶住日本和原西德几家计算机公司在这一细分市场上的进攻。

③ 先发防御。它是指在敌方对自己发动进攻之前,先发制人,抢先攻击。例如,日本精工公司在世界各地市场分销达2 300种钟表产品,使竞争对手很难找到其没有涉足的领域。日本本田公司,素以生产摩托车闻名,该公司从80年代中期开始进入轿车生产领域,但仍然保持每年推出几款新型摩托车产品。每当有竞争对手生产同样摩托车产品时,本田公司就采取首先降价的防御措施,因此该公司在摩托车市场的领先地位得以长久保持。

④ 反击式防御。它是指在对手发动进攻时,不仅采取单纯防御的办法,而且主动组织进

攻,以挫败对手。如日本的松下公司,每当发现竞争对手意欲采取新促销措施或是降价销售时,总是采取增强广告力度或是更大幅度降价的做法,以保持该公司在电视、录像机、洗衣机等主要家电产品市场的领先地位。

⑤ 运动防御。它是指市场领先者把其经营范围扩展到新的领域中去,将这些领域作为将来进行防守或进攻的阵地,使企业在战略上有较多的回旋余地。如美国施乐公司为保持其在复印机产品市场的领先地位,从1994年开始,积极开发电脑复印技术和相应软件,并重新定义本公司是"文件处理公司"而不再是"文件复制公司",以防止随着计算机技术对办公商业文件处理领域的渗入而使公司市场地位被削弱。

⑥ 收缩防御。它是指领先者主动放弃本企业实力较弱的市场阵地,把力量集中到实力较强的阵地上去。例如,可口可乐公司在20世纪80年代放弃了公司曾经新进入的房地产业和电影娱乐业,以收缩公司力量对付饮料业市场中越来越激烈的竞争。

(3) 提高市场占有率

提高市场占有率主要可采取以下方法:

① 产品创新。例如,20世纪80年代中期,日本松下公司平均每6个月对其录像机产品进行更新,Intel公司每6个月会更新其CPU产品。

② 质量领先。即不断向市场提供超出平均质量水平的产品。这种竞争做法,或者是为了直接从高质量产品中得到超过平均投资报酬率的收入;或者是在高质量产品的市场容量过小时,不是依靠其获得主要营销收入,而仅仅是为了维持品牌声誉或保持企业产品的市场号召力,从而能为企业的一般产品保持较大市场销售量。

③ 多品牌策略。例如,宝洁公司就是采用多品牌营销,仅洗发水就有海飞丝、飘柔、伊卡璐、沙宣等多个品牌,使品牌转换者在转换品牌时,都是在购买本企业的产品。

④ 大量广告策略。可以在一定的时期采用高强度、多频度的广告来促使消费者经常保持对自己品牌的印象,增加其对品牌熟悉的程度或产生较强的品牌偏好。

2. 市场挑战者策略

在市场上居于第二、第三等次要地位的企业——市场挑战者,如果要向市场领先者或其他竞争对手挑战,首先,必须确定自己的战略目标和挑战对象,然后,还要选择适当的进攻策略。

(1) 明确战略目标和挑战对象

一般来说,挑战者可以选择下列三种竞争对手作为攻击对象:

① 攻击市场领先者。

② 攻击与自己规模相当的竞争对手。

③ 攻击区域性小企业。

(2) 选择进攻策略

在明确了战略目标和进攻对象之后,市场挑战者还需要选择适当的进攻策略,有以下五种策略可供选择:

① 正面进攻。正面进攻就是集中兵力向对手的主要市场发动攻击,打击的目标是对手的强项而不是弱点。这样,胜负便取决于谁的实力更强、谁的耐力更持久,进攻者必须在产品、广告价格等主要方面大大领先于对手,方有可能成功,否则会使自己受到沉重打击。例如,1981年,日本摩托车行业的本田和雅马哈之间的竞争。

② 侧翼进攻。迈克尔·波特在其《竞争战略》一书中写道:"最好的战场是那些竞争者尚

未准备充分、尚未适应、竞争力弱的区隔市场或战略领域。"侧翼进攻就是集中优势力量攻击对方的弱点,这体现了避实就虚的军事原则。侧翼进攻包括两个战略方向:第一,地理市场战略方向;第二,细分市场战略方向。美国微软公司的比尔·盖茨当年就是利用了各个大型电脑公司DOS操作系统互不兼容的特点,创立出通用性很好的个人微机DOS操作系统而发展起来的。实际上,当年微软公司的DOS产品是向所有市场领先者发动攻击。但盖茨并没有专门针对任何特定竞争对手的产品,而是攻击这些对手的共同弱点所在。因此使这些各自为政的大公司都"束手无策",以致微软公司"坐大"为世界电脑软件产品的领袖地位。

③ 围堵进攻。围堵进攻是一种全方位、大规模的进攻策略,它在几个战线发动全面攻击,迫使对手在正面、侧翼和后方同时全面防御。日本的索尼公司在向原由美国几大公司控制的世界电视机市场进攻时,采用了此类做法。即提供的产品品种比任何一个美国公司提供的产品品种都齐全,使当时这些老牌大公司节节败退。

④ 迂回进攻。这是一种最间接的进攻策略,它避开了对手的现有阵地而迂回进攻。其具体办法有三种:一是发展无关的产品,实行产品多元化经营;二是以现有产品进入新市场,实现市场多元化;三是通过技术创新和产品开发,以替换现有产品。

⑤ 游击进攻。游击进攻主要适用于规模较小、力量较弱的企业,目的在于通过向对方不同地区发动小规模、间断性的攻击来骚扰对方,使之疲于奔命,最终巩固永久性据点。

情境案例

20世纪70年代的运动鞋市场是阿迪达斯的天下,阿迪达斯不论是在美国市场还是在欧洲市场都处于领先地位,然而耐克公司仅用了几年的时间就完成了在美国市场上对阿迪达斯的超越,成了新一代的市场领先者。这其中固然有阿迪达斯对市场竞争的疏忽,但更主要的原因应该是耐克恰当的战略选择和应用。

1. 正面进攻

耐克公司在起步时先是模仿阿迪达斯的运动鞋设计,随后不断开发阿迪达斯未进入或尚未立足的市场领域,尽量避免同阿迪达斯进行正面交战。但当耐克建立了自己的优势之后,耐克开始直接挑战阿迪达斯。耐克公司开发出了气垫技术,并广泛应用于各类运动鞋,建立自己的技术优势和技术壁垒。阿迪达斯早在60年代便签约了NBA巨星贾巴尔,并在随后不断巩固NBA市场,在NBA市场上打下了坚实的基础,耐克在80年代签约乔丹,大举进军NBA市场。通过NBA的成功,耐克迅速扩大了自己在美国的市场份额,随后,耐克更是直接进军阿迪达斯的本土市场——欧洲市场。而在足球这一阿迪达斯最具优势的领域,耐克数次同阿迪达斯争夺世界杯官方赞助权,并且斥巨资签约罗纳尔多。

2. 侧翼进攻

侧翼进攻是耐克面对阿迪达斯时使用较多的进攻战略,而在侧翼进攻中,耐克使用了细分性侧翼进攻,不断寻找阿迪达斯尚未服务的市场。而且,这些市场的规模并不小于足球、篮球等市场。耐克从开发这些市场的过程中极大地提高了自己的销售业绩,掌握了大批的客户,并且以此避免了同阿迪达斯的正面交锋。

20世纪80年代,尚未有企业重视高中和大学生运动员这一市场,而数家企业争夺一个NBA球员成本又往往太高。当时全美大学体育协会规定,不准向运动员个人送鞋,也不准以支付报酬的方法让他们穿某种鞋。但规定没有说不可向教练支付报酬,于是耐克通过搞定教练,往往就能搞定其手下所有队员。而这些运动员便是以后美国职业运动员中的主力。耐克通过这种方式,使自己在未来的市场竞争中抢占先机。

1987年,耐克进军妇女运动和健身市场。让女性员工决定市场开发战略,通过解决女性问题来解决市场问题,通过销售《女性情报》吸引关注、引领潮流,从而获得极大成功,1993年,耐克开始向户外产品进军。一系列的户外运动产品使耐克的销售业绩在一年之内增长了一倍。

另外在网球领域,阿迪达斯具备早期优势,在争夺伊利·纳斯塔斯失败之后,耐克别出心裁地暂时放弃了对著名球星的争夺,转而签约同耐克企业文化相符的球员。安德烈·阿加西这一个具备摇滚风格和叛逆性格的网球运动员成为其签约对象,借用其性格,嘲笑当时的网球现状,并借此塑造阿迪达斯的呆板形象。随后耐克充满了嘲讽、叛逆的广告让阿加西瞬间成为明星,一年之内营业额从5 000万美元增长到了3亿美元。

3. 游击战术

自1994年开始,耐克便渴望获得世界杯官方赞助权,但自1954年起,这一赞助权从未旁落,一直被阿迪达斯牢牢掌握,耐克数次竞争难以成功。

耐克后来实施"游击战",进行了大量的宣传和广告,并且这些宣传都和世界杯保持关联,以至于人们认为耐克才是世界杯的官方赞助商。如韩日世界杯期间,耐克举行城市业余5v5足球赛及耐克主题活动,在随后的调查中,70%的人认为耐克是世界杯官方赞助商。

4. 包围进攻

随着运动鞋市场的不断发展,这一市场也被不断分为众多的小型细分市场,如篮球鞋市场、网球鞋市场,而且当时很多市场并没有被满足,运动鞋主要还是面向赛跑、球类运动员市场。这些特点使耐克公司具备了实行包围进攻战略的条件。

耐克公司借此大力开发新样式鞋,到70年代末便开发出了140多种不同样式的产品,可以满足不同脚型、体重、性别、技术水平的消费者,并且通过提供不同风格、价格和多种用途的产品,耐克公司也成了鞋类品种最全的运动鞋制造商。

3. 市场跟随者战略

每个市场跟随者必须懂得如何保持现有顾客,并争取一定数量的新顾客;必须设法给自己的目标市场带来某些特有的利益;必须尽力降低成本并保持较高的产品质量和服务质量。市场跟随者可选择的策略有以下三种:

(1) 紧密跟随。它是指跟随者尽可能地在各个细分市场和营销组合领域效仿领先者。

(2) 有距离的跟随。它是指跟随者在目标市场、产品创新、服务质量、价格水平和分销渠道等方面都追随领先者,但仍与领先者保持若干差异。

(3) 有选择的跟随。它是指跟随者在某些方面紧随领先者,而在另一些方面又自行其是。

情境案例

王老吉的成功在为自己带来巨大的商业成就的同时,也开启了一个巨大的蓝海市场——凉茶市场。王老吉的成功使大量的跟风者或抄袭者蜂拥而至,在这么多的跟风者之中,和其正凉茶无疑是显眼的一支。

一、先模仿

作为饮料而言,最重要的是口味。因此,就同一个行业或同一个细分领域而言,行业的领导品牌或领先者,它的口味就应该成为该细分领域的标杆。在消费者的心目中,只有符合王老吉这种口味的才能称得上是地道或正宗的凉茶。这就要求作为凉茶市场的跟随者,在口味上必须以王老吉的口味为准,或者无限接近它的口味。和其正就是这么做的。不是这么做的其他很多的跟风者,都一个个趴下了。不是被竞争对手弄趴下,而是市场不认可,消费者不接受。

在渠道终端方面,和其正凉茶的渠道策略和王老吉的类似,都是采取密集分销的策略,尽可能多地占据更多的有效终端网点。这是因为,当产品、品牌、价盘、传播等关键要素均已成定局之后,对大多数消费品而言,剩下的就只有两项工作了:第一,在更多的地方卖;第二,让每个卖的地方卖得更多。也可以简单概括为"铺货,动销"四个字。前者是分销网络建设、有效终端拓展问题,后者是提高单店/单点销售力问题。除此外,其他事全是辅助。因此,在有王老吉出现的零售终端,就有和其正的存在。而且如果你留心的话,和其正就摆在王老吉旁边和附近。

在品牌的传播上,和其正的跟随策略体现得更加明显。无论是从广告创意,还是高举高打的传播策略,借助明星代言在中央电视台上做广告,它一登场就尽显华丽。在广告创意方面,它的创意和王老吉的差不多,都围绕着"清火""去火"等与上火有关的概念。在传播上,和王老吉一样,也是在央视这个级别的媒体平台上做广告。这样容易在消费者心目中建立一种和王老吉差不多的品牌形象,从而拉近和王老吉的品牌差距。

二、后差异

任何强大的竞争对手,任何领导品牌,都有其薄弱的环节,作为追随者要做的工作就是,找出领导品牌在产品、渠道、品牌传播方面的漏洞并制定差异化的策略。

王老吉虽强,但是它也不是滴水不漏的。它也犯了一些错误,最明显的就是体现在产品的包装上面。我们知道,王老吉产品的包装形态主要是罐装和纸盒,没有饮料产品常见的PET包装。无论是铁罐还是纸盒,一旦开启之后,必须一次性饮用完。它先天性的局限并不利于它的便携性和可保留性。这对于饮料产品而言并不是一件好事。与之对应的是,PET瓶装克服了罐装的这些毛病,携带和饮用更方便,同时在消费者的印象中,PET装容量更大,是一种实惠装。这就是王老吉的失误。抓住领导品牌的失误,然后制定差异化的战略,构筑自己独特的核心能力和优势,这就是追随者必须采用的作战方针和策略。和其正抓住机会,果断推出PET装凉茶,一炮而红。

王老吉是凉茶领域的头牌,它在凉茶市场呼风唤雨。在中国这么多层级、如此复杂的市场格局中,一家企业不可能通吃天下。相比较在国内一线市场的绝对统治地位,王老吉在二三线,甚至三四线、四五线市场还没有想象中的那么牢不可破。和其正就是仔细分析了这些现象,重点瞄准了市场竞争相对不是那么激烈的二三线,甚至是三四线、四五线的市场,在这些市场上稳扎稳打,攻城略地,也能活得很潇洒。

为了和目标市场相适应,和其正在产品的设计上也密切贴合目标市场的消费需求,在产品上做区隔。王老吉用铁罐,和其正就采用更实惠的PET瓶装,而且在定价策略上,和其正终端零售价更低,更具性价比优势。

在品牌传播上,和其正既作了跟随,又提出与"上火"有关的诉求,同时也有自己的价值主张。和其正的广告词是"火锅好吃,容易上火。和其正凉茶,清火气;熬夜伤神,和其正凉茶,养元气。清火气,养元气。中国凉茶——和其正"。在诉求凉茶共同的核心价值"去火"之外,又增加了一个"养元气"的价值主张,从而建立起自己的品牌个性,区隔于王老吉。

4. 市场补缺者策略

几乎每个行业都有些小企业——市场补缺者，它们专心致力于市场中被大企业忽略的某些细分市场，在这些小市场上通过专业化经营来获取最大限度的收益。

（1）市场补缺者的特点

一般来说，一个理想的市场补缺者具有以下几个特征：

① 有足够的需求量或购买量，从而可以获利；
② 有成长潜力；
③ 对主要竞争者不具有吸引力；
④ 企业具备有效地为这一市场服务所必需的资源和能力；
⑤ 企业已在顾客中建立起良好的信誉，足以对抗竞争者。

（2）市场补缺者的主要策略

市场补缺者的主要策略是专业化营销。市场补缺者为了获得利益，可在市场、顾客、产品或渠道等方面实行专业化。下面是几种可供选择的专业化方案：

① 按最终使用者专业化。专门致力于为某类最终使用者服务，如电脑行业有些小企业专门针对某一类用户（如诊疗所、银行等）进行营销。

② 按垂直层面专业化。专门致力于生产——分销渠道中的某些层面，如制铝厂可专门生产铝锭、铝制品或铝质零部件。

③ 按顾客规模专业化。专门为某一种规模（大、中、小）的客户服务，如有些小企业专门为那些被大企业忽略的小客户服务。

④ 按特定顾客专业化。只对某一个或几个主要客户服务，如美国有些厂商专门为西尔斯百货公司或通用汽车公司供货。

⑤ 按地理区域专业化。专为国内外某一地区或地点服务。

⑥ 按产品或产品线专业化。只生产一大类产品，如日本的YKK公司只生产拉链这一类产品。

⑦ 按质量和价格专业化。专门生产经营某种质量和价格的产品，如专门生产高质高价产品或低质低价产品。

⑧ 按服务项目专业化。专门提供某一种或几种其他企业没有的服务项目，如美国有一家银行承办电话贷款业务，并为客户送款上门。

在选择市场补缺者时，多重补缺比单一补缺更能减少风险，增加保险系数。只要营销者善于经营，小企业也有许多机会可以在获利的条件下提供优质服务。

情境案例

从1970年到现在，维珍集团成了英国最大的私人企业，旗下拥有200多家大小公司，涉及航空、金融、铁路、唱片、婚纱直至避孕套，俨然半个国民生产部门。如果有谁愿意的话，他可以这样度过一生：喝着维珍可乐长大，到维珍唱片大卖场买维珍电台上放过的唱片，去维珍院线看电影，通过virgin.net交上一个女朋友，和她坐维珍航空去度假，享受维珍假日无微不至的服务，然后由维珍新娘安排一场盛大的婚礼，幸福地消费大量virgin避孕套，直到最后拿着维珍养老保险进坟墓。当然，如果不幸福的话，维珍还提供了大量的伏特加以供选择。

红白相间的维珍品牌在英国的认知度达到了96%，在"英国男人最知名品牌评选"中排名第一,在"英国女人最知名品牌评选"中位列第三。但是,维珍产品在所处的每一个行业里都不是名列前茅的老大或老二,而是一只"跟在大企业屁股后面抢东西吃的小狗"。这正是维珍所期望的。

维珍集团进入每一个行业时,很多分析家认为市场已很成熟,已经被一些大集团瓜分得差不多了。维珍集团在这个时候进入市场先天就已经落后了,如果不想捡别人剩下的东西吃,只能找到"利基市场",只能创新。这正是科特勒关于"落后进入战略"(Laggard-Entry Strategy)的核心所在。

维珍集团认为,在一个成熟的市场环境里竞争,竞争的压力翻过来加剧了企业间的相互模仿,追求标准、降低成本、回避风险成了企业的游戏规则,企业自身的创新潜力收到了压制,而消费者只能在价格上进行比较。这导致了相当糟糕的局面:管理者思想僵化、新的创意越来越少。这正是维珍的机会。维珍提供给目标顾客的是那些老大们没有想到,或者是不愿意去做,而消费者其实很欢迎、很需要、能够从中得利的产品和服务。

维珍集团的经营虽然天马行空,涵盖了生活的方方面面,但是所有产品和服务的目标客户群都锁定在了"不循规蹈矩的、反叛的年轻人"身上。它把握了现代人注重享受生活、体验生活、追求个性的心理,赢得了年轻客户的认同和信任,通过长期对他们的服务和研究,掌握了关于他们职业、兴趣的信息,让他们成了维珍集团源源不断的财富源泉。

如维珍移动采用横向、纵向市场并重的策略,在对市场、客户进行细分之后,将单一的移动通信产品或服务有机地捆绑打包,形成具有维珍品牌特色的增值服务产品,再通过在线和离线两个渠道进行销售。从纵向市场看,维珍移动把其客户群分成四大类,即体育爱好者、文艺爱好者、旅行者、家居者。再针对这些细分的市场把其服务分成三大类,即标准服务、特别服务、其他服务。标准服务包括免费留言信箱、短消息、来电显示、来电等候、传真及数据、无线上网、MP3下载播放、电话热线以及服务质量保证,这些服务都是标准化的。特别服务则是定制化的服务,包括通过短消息给兴趣群体传送即时新闻、体育比赛、文娱项目的售票信息、无线电广播、基于地理位置的信息、交通信息、手机购物等。其他服务则给客户和合作伙伴提供了开发交叉销售、升级销售的机会,例如,客户可用手机购买保险、汽车路上修理应急服务、预付费卡月度明细账单、长达三个星期的语音留言保存以及国际漫游,等等。他的电信促销以非常趣味的方式开展,并将"一种新的生活方式"概念销售给年轻人。如将预设的配置装在手机里,只要打个特定的号码,有关的商品可以送到顾客手中。维珍移动还与其集团旗下深受年轻人欢迎的航空公司、旅游业务公司、音乐公司等相互合作,捆绑销售,为年轻的电信用户提供不同的优惠与配套服务。

战略规划协会的一项研究发现,中小市场的投资回报达到了27%,超过大市场投资回报16个百分点。这是一项很惊人的发现,研究者认为,造成这个结果的主要原因就是服务于中小市场的公司往往和顾客的沟通更多,更加了解顾客的想法和需要。维珍公司就是把自己定位在了"服务于年轻人的专家",由此在不同的领域所向披靡。

任务五 营销实践:撰写STP策略报告

通过前面的学习,我们知道市场细分是企业选择目标市场、目标市场营销策略的基础,也是企业进入市场的有效途径。通过对市场进行细分,实现目标市场营销战略,可以改善企业经营、提高经营效率。市场细分需要根据营销需求的因素和变量来进行。在有效细分的基础上，企业要根据消费者的特点和自身的经营能力，从整体市场中确定属于自己的市场范围，以便把有限的能力变成局部的优秀，集中满足一部分消费者的某种或者某几种需求，从而实现企业的营销战略目标。但是通常在企业选定的目标市场中已经有竞争者，企业为了能够在市场上战胜竞争者，必须了解竞争者，使自己的战略计划与众不同，以优质的产品与服务作为进入目标市场的定位。为一个企业设计一个营销战略，就是要对这个企业进行市场细分、目标市场选择和定位。本项目要求在撰写企业STP策略报告的基础上，理解市场细分、目标市场选择和定位对一个企业经营的重要性。

课后练习

一、单项选择题

1. 市场细分的依据是（　　）。
   A. 产品类别的差异　　　　　　B. 消费者需求与购买行为的差异性
   C. 市场规模的差异性　　　　　D. 竞争者营销能力的差异性
2. 市场细分的客观基础是（　　）。
   A. 不同产品的消费需求的差异性　　B. 不同产品的消费需求的共同性
   C. 同一产品的消费需求的同一性　　D. 同一产品的消费需求的多样性
3. 不属于有效市场细分原则的是（　　）。
   A. 可衡量性　　B. 可区分性　　C. 动态性　　D. 可盈利性
4. 无差异性目标市场策略面对的是（　　）。
   A. 整体市场　　B. 一个子市场　　C. 多个子市场　　D. 相关市场
5. 无差异性目标市场策略主要适用于（　　）的情况。
   A. 企业实力较弱　　　　　　B. 产品性质相似
   C. 市场竞争者多　　　　　　D. 消费需求复杂
6. 对于经营资源有限的中小企业而言，要打入新市场适宜采用（　　）。
   A. 集中市场营销　　　　　　B. 差异性市场营销
   C. 整合市场营销　　　　　　D. 无差异市场营销
7. 企业只推出单一产品，运用单一的市场营销组合，力求在一定程度上适合尽可能多的顾客的需求，这种战略是（　　）。
   A. 无差异策略　　B. 密集市场策略　　C. 差异化策略　　D. 集中性策略
8. 成本的经济性是（　　）的最大优点。
   A. 无差异策略　　B. 密集市场策略　　C. 差异化策略　　D. 集中性策略
9. 市场的适应性强是（　　）的最大优点。
   A. 无差异策略　　B. 密集市场策略　　C. 差异化策略　　D. 集中性策略
10. 企业生产经营不同产品满足同一顾客群的需求的市场选择方式为（　　）。
    A. 选择专业化　　B. 市场集中型　　C. 产品专业化　　D. 市场专业化
11. 企业生产经营同一产品满足不同顾客群的需求的市场选择方式为（　　）。
    A. 产品市场选择型　　　　　B. 产品市场集中型
    C. 产品专业化　　　　　　　D. 市场专业化

12. 企业通过市场细分,根据每个顾客需求为其制定营销组合策略是(   )。
    A. 市场专业化营销   B. 目标市场营销
    C. 产品差异营销   D. 定制营销
13. (   )要解决的是回答"消费者为什么购买你的品牌、产品?"的问题。
    A. 市场细分   B. 目标市场选择   C. 市场定位   D. 目标市场策略
14. 产品已进入产品生命周期的成熟期,选择的目标市场策略应当是(   )。
    A. 大量市场营销   B. 差异市场营销
    C. 集中市场营销   D. 无差异市场营销
15. 生产家用电器的企业与房地产公司是(   )。
    A. 消费竞争者   B. 行业竞争者   C. 品牌竞争者   D. 需要竞争者
16. 生产同类产品,但规格、型号、款式不同的竞争者是(   )。
    A. 行业竞争者   B. 消费竞争者   C. 需要竞争者   D. 品牌竞争者
17. 铁路公司和航空公司在提供客运服务方面,二者的竞争关系属于(   )
    A. 行业竞争者   B. 消费竞争者   C. 需要竞争者   D. 品牌竞争者
18. 以相似的价格向相同的顾客提供同样产品或服务的竞争者是(   )。
    A. 行业竞争者   B. 消费竞争者   C. 需要竞争者   D. 品牌竞争者

二、多项选择题

1. 消费者市场细分的标志有(   )。
    A. 地理   B. 人口
    C. 心理   D. 行为
    E. 用途
2. 以下不符合有效市场细分原则的有(   )。
    A. 可衡量性   B. 可实现性
    C. 可盈利性   D. 动态性
    E. 无限性
3. 在消费品市场细分标准中,属于人口统计因素的指标有(   )。
    A. 生活方式   B. 教育
    C. 年龄   D. 性别
    E. 收入
4. 选作目标市场的条件有(   )。
    A. 潜在需求量大   B. 有足够购买力
    C. 企业有竞争优势   D. 企业有能力进入经营
    E. 有完善的物流系统
5. 影响选择目标市场策略的因素有(   )。
    A. 企业的资源   B. 产品的性质
    C. 市场变化的状况   D. 产品生命周期
    E. 竞争对手的市场策略
6. 市场定位是一个(   )的过程
    A. 创造竞争优势   B. 明确竞争优势

C. 选择竞争优势 D. 显示竞争优势
E. 延续竞争优势

7. 良好的市场定位要求企业的产品（ ）。
   A. 符合消费者需要 B. 有明确的形象
   C. 价格低廉 D. 质量优异
   E. 有别于竞争者产品

8. 一个企业的竞争对手可以分为（ ）几类。
   A. 消费竞争者 B. 行业竞争者
   C. 转售竞争者 D. 需要竞争者
   E. 品牌竞争者

9. 竞争对手对市场行为的反应模式有（ ）类型。
   A. 从容不迫型 B. 选择反应型
   C. 随机反应型 D. 凶猛反应型
   E. 破坏反应型

10. 企业竞争战略主要有（ ）。
    A. 总成本成本领先战略 B. 差异化战略
    C. 市场挑战者战略 D. 目标集中战略
    E. 本地化战略

11. 市场领先者为了保持其地位，可采用（ ）等策略。
    A. 扩大市场需求 B. 维持现有市场占有率
    C. 提高市场占有率 D. 寻找空缺市场
    E. 确定挑战目标

12. 市场追随者可采用的策略包括（ ）。
    A. 拾遗补阙 B. 紧随其后
    C. 有距离追随 D. 有选择追随
    E. 有选择进攻

三、思考题

1. 什么是市场细分？市场细分有什么作用？
2. 有效的细分市场有什么要求？
3. 消费者市场、生产者市场细分有哪些变量？
4. 细分市场评估应该从哪些方面着手进行？
5. 什么是目标市场？目标市场选择有哪些模式？
6. 目标市场营销策略有哪些类型？其优、缺点是什么？
7. 目标市场策略选择的影响因素有哪些？
8. 什么是市场定位？市场定位的步骤有哪些？
9. 简述市场定位的策略与方法。
10. 竞争者有哪些类型？
11. 简述不同竞争战略的含义及适用条件。
12. 简述不同地位企业类型的特点及可选择的基本竞争策略。

四、案例分析题

案例一：红桃K的目标市场营销

红桃K集团是武汉著名的企业,红桃K生血剂的年销售额达数十亿元。总销售额中有70％的份额在农村市场。

公司根据消费者市场细分中的地理因素进行细分,在对农村市场进行大量调查的基础上,了解到农村存在着高比率的贫血人口,对生血剂有着巨大的潜在需求,而且,农村市场对产品功效要求更为迫切,见效快的产品更容易占领市场。红桃K符合这一要求。因此,公司决定以农村市场为目标市场,并为其设计了一整套的营销策略。

农村消费者的求廉心理比城市消费者更重,这是因为其经济条件决定了其购买力水平。红桃K集团经过对农村市场的研究后制定了正确的价格策略:30元/盒是农村可以接受的价格。在深入调查后发现,农村中经济条件好的消费者,较多地将红桃K生血剂作为保健品购买;经济条件一般的消费者中部分作为保健品购买,部分作为药品购买;经济条件差的消费者较多地作为药品购买。红桃K生血剂在农村巨大的市场,也说明它的定价是合理的。

"红桃K"作为生血剂的命名,不仅含义吉利,寓意着补血增寿的特点,还寓意产品和企业追求第一的定位。红桃K在农村市场有特殊的亲切感,因此,它提高了生血剂的知名度和传播性。

广告促销对红桃K市场开拓有着巨大的作用。农村市场开拓之初的号角式广告语"哔儿嗨哟,中国出了红桃K"让农村市场产生一种探求欲望,红桃K到底是什么？此后,红桃K又推出"红桃K补血快,疗效客观可测"这一功效性的广告语,及时消除农村消费者心中的疑虑。另外,在早期开拓市场之初,借用"王婆"历史人物形象,制作了"王婆"电视专题片。新"王婆"不卖瓜,而卖红桃K;过去王婆卖瓜,自卖自夸,现在不用自夸。在农村制作墙标,处处可见,宣传效果好。这样持久、反复地将产品功效的信息向农村消费者传递,他们无论是主动还是被动都要接受宣传的信息。

红桃K开拓农村市场,组建了深入县、乡、村的营销队伍,不论是地域辽阔,还是人居分散,只要有县城、乡镇、村庄,红桃K的营销队伍都要深入下去,进行宣传工作。红桃K还十分重视售后服务,赢得了广大农村消费者的信任。

问题：

红桃K选择农村市场作为自己的目标市场是否恰当？它采取哪种目标市场策略？该策略的优、缺点有哪些？

案例二：味千,一碗面卖出大产业

做出具有内涵的快餐拉面是味千董事长一直追求的味千拉面品质。在她看来,味千拉面是介于传统中餐和西式快餐之间的餐饮形式,可以定义为"休闲快餐"：有舒适环境和有优质服务的快餐。尽管味千的主要菜品是中国传统的面食,但按照她的说法,味千拉面并不完全属于中餐,而是介于西式快餐和中式传统餐饮之间的"快速休闲餐厅"。对于中西餐的差别,其有句著名的论断："西式快餐是饭在等你,中式是你在等饭。"而味千拉面则巧妙地结合了中餐的口味、营养和西餐的快速。

中国餐饮市场上有几个主要的不同业态。一个就是典型的传统中餐,这样的餐厅基本都要几千平方米,座位可以容纳几百人。另外一种业态就是西式快餐,进去以后排队、付钱,食物马上就可以拿到。而"像味千这种业态,是属于比较休闲的、快速的,点单以后,厨房看到单子马上开始做的"。在她看来,"随着人的生活节奏的加快,传统的大餐会慢慢地减少。更多的人,尤其是白领,都趋向于便利式的休闲饮食,而我们正好嵌入了这个空缺"。

在味千拉面上海淮海路店装有透明玻璃的后厨,工业化的煮面过程犹如一条生产线:成包拉面从中心厨房运来,每包一碗。每口大锅里有6个笊篱,拉面放进去后定时,时间一到,笊篱自动浮出水面。厨师把面倒入碗中,盛上用统一配送的原汤勾兑的骨汤,熟练撒上完全按比例调配的配菜。一碗味千拉面上桌,短到只用3分钟。

味千在深圳开出第二家连锁店的时候,就把华强北店的厨房转移到了工业区,扩建了一个食品加工厂,称为中心厨房。以后在深圳及珠三角地区的所有味千连锁店的产品,都来自这个中心厨房。1999年,味千走进上海,同时在上海也成立了一家和深圳一样的中心厨房,负责为华东、华北及东北地区的味千拉面店提供产品。目前,味千拉面全国200家门店的骨汤原汁、面条、原料都采取统一生产、统一采购,门店的后厨只需进行最后的简单再加工工序。把每一碗面都做到工业化,把每一家店都做到系统化,这就是味千能够上市的逻辑。所以,味千人能够自豪地说:"我们全国所有门店的100个菜品中,每一碗面条、每一份小料的分量、口味都是一模一样。"

除了集中生产、统一配送外,味千还使用标准化的管理系统和技术管理每一家餐厅,并用相同方法迅速开设新的餐厅。

虽然是系统化的工作流程,但味千给人的感觉却丝毫不刻板,来到味千的店铺,扑面而来的是一种温馨的气氛。曾有调查公司帮味千做过分析,最吸引消费者的三点是口味的认同、服务的满意和环境的舒适。消费者觉得服务小姐很热情,主动地询问和推荐。他们还对味千的环境很满意,壁画和桌椅感觉都很舒服,整个氛围很不错。说到环境,味千的要求极为苛刻。就连店面装修的瓷砖、涂料等装饰材料都要同一品牌、同一颜色,全国如此。这一点,就连日本本土的一些拉面都做不到。而董事长每天巡店还会看看各个角落有没有油污和灰尘。"她虽然穿的都是高级套装,但要是看见角落不干净,就会自己拿抹布蹲下去擦。"一位员工说。最后,潘慰还要检查一下店门口,看为顾客准备的等候椅、应急伞是否充足,这些无不体现味千处处以顾客为本的措施。

问题:

试分析味千的市场定位策略。

五、职业技能训练题

1. 调研某一企业市场现状,分析其市场细分的标准,并说明其选择目标市场的理论依据。
2. 调研分析某一企业的市场竞争策略。

项目四　提供满足消费者需求的产品

知识目标：掌握整体产品的概念、理解产品组合的内涵；熟悉产品生命周期各个阶段的特点及相应的营销策略；掌握品牌、包装的概念、作用及常用的策略；掌握新产品的概念、开发方法和开发程序。

技能目标：能够分析产品的整体层次以及产品组合的宽度、长度、深度和关联度；能够判别产品生命周期，并运用产品生命周期理论分析企业营销策略的选择依据；具备品牌建设意识并能进行企业品牌策略分析。

基本素养目标：树立营销的市场意识、规则意识、诚信意识和竞争意识；培养良好的人际沟通能力；培养执行力和团队协作力。

 导入案例

OPPO 手机的产品策略

根据市场调研机构 IDC 给出的数据，2017 年全球市场中，OPPO 以 1 亿台的销量、6.8% 的市占率，位居全球第四的位置，同比增长 133%，成为增速最快的手机品牌。这两年来 OPPO 着力打造的"R 系列"无疑成为一张王牌，将市场打爆。根据 Counterpoint 的数据，2016 年，OPPO R9 以 4% 的占有率成为国内市场销量第一的手机型号。IDC 的报告显示，去年 OPPO 以 122% 的惊人增长率首次加冕中国市场的年度冠军。一个系列"吃一年"，一面世便是"线下第一"，健康的产品生命周期、良好的销量，这样的"神力"背后，OPPO 是怎样做到的呢？实际上，在现代营销理论中，无论有多牛的营销策略，产品绝对是"万变不离其宗"的核心。以用户为核心的产品设计成为王道。据了解，OPPO 很早便成立了专门的小组，屡次对消费者需求进行调研，结果显示，拍照及外观设计是消费者最主要的关注点和痛点。而单单是在自拍这一领域，两年来 vivo、华为、金立等诸多厂商迅速跟进，纷纷将自拍作为抢占手机市场的高地，各出奇招。早在 2012 年，OPPO 便提出了"无美颜，不自拍"的口号，自此开始在拍照功能研发上着力部署。在 MWC 2016 上，OPPO 推出 SmartSensor 图像芯片防抖技术，一举解决了传统光学防抖技术存在的问题，让手机拍照功能的进步再上一个台阶。此后，OPPO R9s 还与索尼共同开发双核对焦的 IMX398，创新的双核对焦技术帮助用户在暗光、弱光、动态等条件下拍照更为清晰。R11 则搭载了 OPPO 与高通联合定制优化的旗舰影像处理器，这些都是在上游端进行的联合开发，使得影像处理功能更强，功耗更低，在自拍领域具有差异化的竞争优势。OPPO 在产品研发中一贯秉承专注、简单的理念，以如今用户最为关注的拍照功能为例，截至去年 9 月份，OPPO 已在拍照领域申请了 1 116 项专利。特别是在防抖、美颜算法和旋转摄像头等核心领域，就有 289 项核心专利。这些极具洞察力的专利技术在 OPPO 的产品上相继应用，不断赢得年轻用户的喜爱，在自拍等痛点上，成功占领了年轻人的心智。赛诺市

场调研数据显示,摄像头拍照结果、硬件质量、运行响应速度等方面,是消费者对 R11 评价最高的地方。而 2017 年上半年旗舰 R11 自 6 月 16 日上市之后,迅速引爆市场,开卖 3 天,当周线下份额即达到 3.2%,不足两周销量突破百万,目前已成为线下销量第一的手机型号。

营销启示:消费者的需求是通过产品实现的,产品在市场营销组合中的地位十分重要。任何一个企业制定战略时,首先要回答的是用什么产品使企业和目标市场发生联系,再考虑市场营销组合的其他三项决策。在 4Ps 中,产品是最重要的因素,随后依次是定价、分销和促销。

产品的开发与生产是企业经营活动的实质内容。然而,并非任何产品都一定能为企业带来所期望的经济利益,首先,它必须能满足一定的需求,因为只有能满足需求的产品才会被需求者所接受,他才愿意进行交换;其次,它必须能较好地满足需求,因为在市场上可能会有大量的同类产品出现,若相比较而言,满足程度不如其他产品,需求者就会转向购买其他产品;最后,它必须实现较高的价值(相对其成本而言),若其实现的价值低于其生产和加工的成本,企业也就得不到应有的经济利益。由此可见,根据市场消费的需要,开发出具有竞争力和较高价值的产品是企业获得良好经济效益的基础,从而也是市场营销策略组合中的首要问题。

任务一　产品组合策略

一、产品

(一)整体产品的概念

产品有广义和狭义之分。从广义上来讲,凡是能够满足消费者或用户某种需要和欲望的东西都是产品。而狭义上的产品是指能够提供给市场以满足需要和欲望的任何东西。因此,在市场营销中产品和商品是同义语。

产品还可以分为有形产品和无形服务。有形产品是指具有某种物质形态和用途的生产物,它可以满足消费者对产品使用价值的需要,是看得见、摸得着的产品实体,如服装、家具、汽车等。无形服务包括可以给消费者带来附加利益、心理满足感、形象和声誉等,它也是产品的一个组成部分。有形物品和无形的服务共同构成产品。现代营销学对整体产品概念的解释如图 4-1 所示。

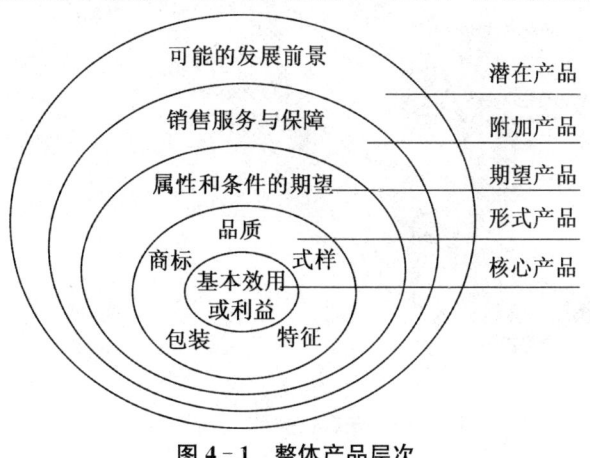

图 4-1　整体产品层次

1. 核心产品

核心产品并不是指对企业生存至关重要或者是能够带来最多收益的产品,而是指向顾客提供的产品的基本效用或利益。核心产品回答了"顾客真正要购买什么"的问题。营销在形式上是出售产品,但在本质上出售的是消费者的核心利益和服务。譬如,人们购买空调机不是为了获取装有某些电器零部件的物体,而是为了在炎热的夏季满足凉爽舒适的需求。

2. 形式产品

形式产品是指核心产品借以实现的形式或目标市场对某一需求的特定满足形式。形式产品由五个特征所构成,即品质、式样、特征、商标及包装。产品的基本效用必须通过特定的形式才能实现,市场营销人员应努力寻求更加完善的外在形式以满足顾客的需要。

3. 期望产品

期望产品是指购买者在购买该产品时期望得到的与产品密切相关的一整套属性和条件。期望产品是消费者没有偏好的共同要求,营销者在提供产品中应作为基本功能提供给消费者。譬如,旅馆的客人期望得到清洁的床位、洗浴香波、浴巾、衣帽间的服务等。因为大多数旅馆均能满足旅客这些一般的期望,所以旅客在选择档次大致相同的旅馆时,一般不是选择哪家旅馆能提供期望产品,而是根据哪家旅馆就近方便而定。

4. 附加产品

附加产品是指顾客购买形式产品和期望产品时,附带获得的各种利益的总和,包括产品说明书、保证、安装、维修、送货、技术培训等。国内外许多企业的成功,在一定程度上应归功于他们更好地认识了服务在产品整体概念中所占的重要地位。许多情况表明,新的竞争并非各公司在其工厂中所生产的产品,而是附加在产品上的服务、广告、顾客咨询、资金融通、运送、仓储及其他具有价值的形式。能够正确发展附加产品的公司必将在竞争中赢得主动。

5. 潜在产品

潜在产品是指现有产品包括所有附加产品在内的,可能发展成为未来最终产品的潜在状态的产品。潜在产品指出了现有产品可能的演变趋势和前景。如彩色电视机可发展为录放机、电脑终端机,等等。

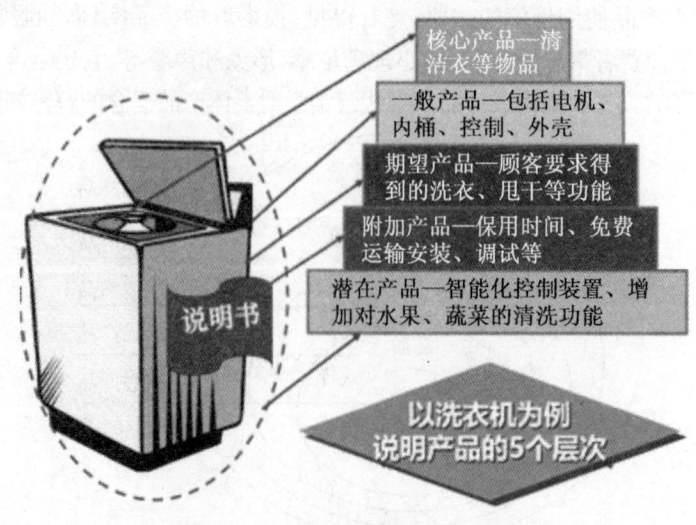

图 4-2 洗衣机的整体产品层次

产品整体概念的五个层次十分清晰地体现了以顾客为中心的现代营销观念。这一概念的内涵和外延都是以消费者需求为标准,并由消费者的需求来决定的。可以说,产品整体概念是建立在"需求=产品"这样一个等式基础上的。没有产品整体概念,就不可能真正贯彻现代营销观念。

情境案例

柯达的没落和技术无关

随着时间的推移,伊士曼柯达公司发生的故事渐渐被人淡忘。作为世界上曾经最大的影像产品及相关服务生产和供应商,柯达一度傲视群雄,称霸全球。

但在过去几十年,数码科技突飞猛进,科技革命给市场带来颠覆性的变化。2012年,柯达公司申请破产保护,退出传统业务并出售专利。

柯达的故事提醒人们,当突破性技术创新开始蚕食市场时,必须挺身应对。但一切只是挺身应对那么简单吗?

关于柯达的没落,最简单的解释就是"目光短浅":柯达被成功冲昏头脑,完全忽视数码技术的发展。但事实并非如此。世界第一款数码相机就是由柯达相机工程师史蒂夫·萨松(Steve Sasson)在1975年发明的。这台相机跟烤面包机一样大,20秒才能成像,画质低劣,并且需要与电视进行复杂的连接才能观看,但它仍然是突破性的科技创新。

有所发现与采取行动完全是两码事。于是,另一条解释产生了:柯达虽然发明了新技术,却没有后续的投入。但事实亦非如此。柯达为了研发数码相机,曾投入几十亿美元。

采取行动与采取对的行动也是两码事。接下来的解释便是,柯达对数码相机的投资管理不善,将重点放在让数码相机技术与传统胶片技术相匹配上,没有致力于将数码相机技术简单化。这些批评或许适用于柯达早期的数码相机,但它最终还是完成了相关技术的简化,通过研发能将照片轻松从相机转移到电脑上的技术,有力地巩固了市场地位。

如果上述都不成立,那么最终的答案是,真正的颠覆发生在相机和手机合体时,人们不再打印照片,而是将照片上传到社交媒体和手机App上。柯达完全错过了这一刻。可事实也不尽然。

早在马克·扎克伯格编写脸书网代码前,柯达就先知先觉地在2001年收购了照片共享网站Ofoto。可以想象,如果柯达真的秉承其宣传口号"分享回忆,分享生活"的精神,也许就会将Ofoto重新命名为"柯达一刻",并将其打造为全新的社交分享平台,人们可以分享照片、更新个人信息、阅读新闻。也许到了2010年,柯达还会从谷歌挖来名叫凯文·斯特罗姆(Kevin Systrom)的年轻工程师,请他为这个网站开发移动版本。

事实却是,柯达只是将Ofoto用来吸引人们冲洗数码照片。2012年4月,作为破产保护计划的一部分,柯达以不到2 500万美元的价格将Ofoto卖掉。而同月,脸书网砸下10亿美元收购了Instagram,这是斯特罗姆创立仅18个月的公司,当时其员工只有13人。

成功仿佛擦肩而过。

其实,柯达原本完全有可能在完成核心业务之余应对数码时代的到来。丽塔·麦格拉斯(Rita Gunther McGrath)在她的《竞争优势的终结》一书中,将柯达与富士进行了对比。

20世纪80年代,富士在胶片业务领域排名第二,但与龙头老大柯达相差甚远。柯达停滞不前时,富士主动抓住机遇,开发与胶片业务并行的产品,如复印机、办公自动化产品,还与施乐公司成立合资企业。如今,富士的年利润额超过 200 亿美元(约合人民币 1 327 亿元)。

对于影响行业的颠覆性力量的到来,柯达并非没有觉察,也曾调动充足的资源投入新兴市场。柯达的失败在于,它没有真正接受这一颠覆性变化开启的全新商业模式。

在与市场的博弈中,公司管理层做出了错误的决策。柯达发明了数码相机,投资了相关技术,甚至认识到照片将在互联网上分享。但它最大的失误是,没有意识到在线照片分享是新的商机,而不只是扩大照片洗印业务的方式。

资料来源:美国《哈佛商业评论》周刊

思考:请你从整体产品层次角度来解释柯达公司失败的原因。

(二) 产品的分类

产品可按不同角度进行分类,与营销策略有关的产品分类方法通常有以下几种:

1. 按产品的有形性和消费上的耐久性,产品可分为非耐用品、耐用品和劳务

① 非耐用品。非耐用品一般是有一种或多种消费用途的低值易耗品,例如,啤酒、肥皂和盐等。售价中的加成要低,应加强广告以吸引顾客试用并形成偏好。

② 耐用品。耐用品一般指使用年限较长、价值较高的有形产品,通常有多种用途,例如,汽车、机械设备等。耐用品倾向于较多的人员推销和服务。

③ 劳务。劳务是为出售而提供的活动、利益或满意,例如,理发和修理等。劳务的特点是无形、不可分、易变和不可储存。一般来说,它需要更多的质量控制、供应商信用以及适用性。

2. 按消费者购买习惯不同,产品可分为便利品、选购品、特殊品和非渴求物品

① 便利品。便利品是指顾客频繁购买或需要随时购买的产品,例如,饮料、纸巾、零食、香烟等。便利店或者一些小超市的商品大都属于便利品。便利品可以进一步分成日用品、冲动品、应急品。日用品是顾客经常购买的产品,例如,牙膏、洗发水、米、油、盐等。冲动品是顾客没有经过计划搜寻而顺便购买的产品,如超市里的促销产品等。应急品是当顾客的需求十分紧迫时购买的产品,比如,雨伞或者雨衣等。

② 选购品。选购品是指顾客在选购过程中,对适用性、质量、价格和式样等基本方面要做认真权衡比较的产品。例如,家具、服装、家电等。选购品可以分成同质品和异质品。购买者认为家电等同质选购品的质量相似,但价格却明显不同,所以有选购的必要。销售必须与购买者"商谈价格",因此价格促销有时非常有效。但对顾客来说,在选购服装、家具和其他异质选购品时,产品特色通常比价格更重要。经营异质选购品的经营者必须备有大量的品种花色,以满足不同的爱好;他们还必须有受过良好训练的推销人员,为顾客提供信息和咨询。

③ 特殊品。特殊品是指具备独有特征(或)品牌标记的产品,对这些产品,有相当多的购买者一般都愿意付出特殊的购买努力。例如,茅台酒、奔驰汽车、LV 皮具、江诗丹顿手表等著名品牌或奢侈品。

④ 非渴求品。非渴求品是指消费者不了解或即便了解也不想购买的产品。传统的非渴求品有人寿保险、墓地、墓碑以及百科全书等。对非渴求品需付出诸如广告和人员推销等大量营销努力。

二、制定产品组合方案

(一)产品组合的含义

产品组合(Product mix)也称产品经营结构,是指一个企业生产经营的全部产品线和产品项目的组合或结构。产品线也称产品大类,是一组密切相关的产品。产品项目也称产品品种,是指产品线内由尺码、型号、外观、价格、品牌及其他属性来区别的具体产品。如某企业生产彩电、冰箱、空调、计算机等,这就是产品组合,其中彩电、冰箱、空调、计算机等就是产品线,每条产品线中包括的具体品牌和品种就是产品项目。

海尔公司的产品组合见表4-1。

表4-1 海尔公司的产品组合

冰箱冷柜	洗衣机专区	空调专区	热水器专区	电视专区	厨电厨房	电脑手机及数码	小家电	智慧家电专区	大家电	居家产品	空气产品	无线产品	商业解决方案
单门冰箱	滚筒洗衣机	壁挂式空调	电热水器	曲面电视	电烤箱	笔记本电脑	厨房小家电	大家电	智能冰箱	扫地机器人	空气净化器	个人应用	中央空调
两门冰箱	波轮洗衣机	柜式空调	燃气热水器	4K高清电视	洗碗机	台式电脑	生活小家电	居家产品	智能空调	智能体脂秤	空气魔方	公共服务	商用冷柜
三门冰箱	干衣机	家用中央空调	太阳能热水器	智能电视	消毒柜	平板电脑	个护小家电	空气产品	微酒酷	菜多多水培种植箱	车载净化器		商用洗涤
对开门冰箱		除湿机	采暖炉	蓝光电视	燃气灶	一体电脑	母婴小家电	无线产品	智能烤箱	智能洁身器	除味宝		商用电视
多门冰箱		移动空调	空气能热水器		吸油烟机	网络设备及外设			智能洗衣机	魔镜	新风机		商用电脑
十字对开门冰箱			厨宝		空气炸锅	数码产品				多功能取暖器			生物医疗
冷柜					集成灶	手机专区				智慧音箱			U-home
冰吧酒柜					整体衣柜					智能晾衣机			商用净水设备
					整体厨房								商用热泵海尔地产

(二)产品组合的宽度、长度、深度和关联度

产品组合包括四个可以衡量的变量,即宽度、深度、长度和关联度。产品组合的宽度也称广度,是指一个企业拥有产品线的数量。产品组合的深度是指企业每条产品线中所拥有的产品项目的数量。产品组合的长度是指企业产品组合中产品项目的总数。产品组合的关联性是指企业各条产品线在最终用途、生产条件、分销渠道等方面的相关程度。

某企业的产品组合见图4-3。

产品组合的深度	护理用品	食品	家用电器
	护肤用品	调味品	冰箱
	洁肤用品	糕点	彩电
	护发产品	干果	洗衣机
	洗涤用品	饮料	
	护齿产品		

图 4-3 某企业的产品组合

从图4-3中可以看到,某企业产品组合的宽度为3,护理用品的产品组合深度为5,食品产品组合深度为4,家用电器产品组合深度为3,产品组合的长度为12(5+4+3),护理用品、食品、家用电器这三条产品线关联性不强,只有分销渠道比较相似,在百货公司都有销售。

产品组合的宽度、深度、长度和关联度在市场营销战略上具有重要意义。一是增加产品组合的宽度,可以增加企业产品线的数量,扩大企业经营范围,甚至跨行业经营,实行多角化经营战略,有利于发挥企业特长,充分利用企业资源,降低风险,提高经济效益;二是增加产品组合的深度和长度,可以增加产品项目,增加产品花色、款式、规格等,实行专业化经营,可以满足目标市场消费者的不同需求和爱好,扩大产品销售量,增强企业竞争力,树立良好企业形象;三是加强产品组合的关联性,可以提高企业在某一地区或某一行业的市场竞争位次,充分发挥企业在生产、分销渠道和技术等方面的优势。

(三)产品组合策略

产品组合策略是指企业根据市场需求和内部资源对产品组合的宽度、深度、长度和关联度的最优组合策略。企业通过产品线销售额和利润分析、产品项目市场定位分析对产品组合进行调整和优化,采取扩大产品组合、缩减产品组合、产品线延伸、产品线现代化等策略。

1. 扩大产品组合策略

扩大产品组合策略是指企业拓展产品组合的宽度和加强产品组合的深度。拓展产品组合宽度是在原有产品组合中增加新的产品线,扩大经营范围;加强产品组合深度是在原有产品线内增加新的产品项目。如果企业预测到现有产品线的销售额和利润额在未来一定时期内可能下降时,就会考虑在现有产品组合中增加新的产品线或加强其中有发展潜力的产品线。如果企业想增加产品特色或为更多的子市场提供产品时,可以考虑在原有产品线内增加新的产品项目。

采取扩大产品组合策略,实行多角化经营,可以拓展经营范围,扩大经营规模,降低风险,充分发挥企业资源。尤其是经济繁荣时期实行扩大产品组合策略,可以增加盈利机会,但是采取扩大产品组合策略需要大量投资,要慎重采用。

情境案例

很多人不了解小米是个什么公司,首先它是一家手机公司;其次它是一家移动互联网公司,因为智能手机是整个移动互联网的入口;更重要的是,小米是一家电商公司。智能手机、空气净化器、平衡车、智能手环、电视、扫地机器人……这些产品或由小米自己生产,或为小米生态合作伙伴提供,丰富了小米零售体系里的SKU。

小米的电商从官网起步,彼时进行的是小米手机的公开定点售卖,后来小米在天猫、京东开出自己的品牌旗舰店,在这些渠道上,小米的销量一直表现不俗,2017年的618,小米在京东平台上手机销量第一,而几乎每一年的天猫双11"在智能硬件、电子产品销量上",小米的官方旗舰店都是销量第一。有关数据统计显示,在去年的天猫双11上,小米手机的销量排行第一,销售额排行第二。

如果说小米最初几年的成功是得益于"玩转线上",那么前几年增长的匮乏和无力也同样要归结于其"过度追求线上而忽视了线下"。

于是从2015年起,小米就开始了对线下渠道的探索,同年9月,小米之家的第一家店在北京当代商城店开业。与国内领先的零售店相比,小米之家的平效为20倍以上,在世界范围内也仅次于苹果线下店。小米之家成功的核心是什么?就是"合适的产品组合"。从零售角度上讲,如果店里只卖手机,这是一个低频应用,两年来一回。这就意味着小米要砸非常多的市场费用,意味着整个销售效率很低。而小米长期以来丰富的产品品类为其合适的产品组合提供了强大的基础。那么做这么多产品又怎么能把产品做好?怎么把产品的品质管控好呢?这是一个挑战。据了解,小米在4年前就推行了一个计划,叫"生态链计划",孵化了90多家企业,每一家企业都按小米模式在做。所以小米其实是一个企业群,它不是一家企业。

当然除了丰富的品类组合外,还需要有爆款,爆款就意味着流量,就意味着口碑,就意味着销售额,就意味着效率。所以怎么做出爆品是互联网时代里面最重要的事情。因为在信息爆炸的今天,如果你不是爆品,消费者可能根本关注不到你。

2. 缩减产品组合策略

缩减产品组合策略是指企业减少产品组合中产品线的数量或减少产品线中产品项目数量。一般来讲,在市场经济萎缩、原材料能源供应紧张或行业内有替代品出现、消费者需求爱好发生转变时,可以采取缩减产品组合策略,放弃那些获利少甚至亏损的产品线或产品项目,集中力量发展获利多、有发展潜力的产品线和产品项目,以增加企业盈利能力。

情境案例

2016年,大众汽车公司大幅度缩减产品,取消40款车型。大众集团旗下目前仍有340多款车型,分别隶属于大众、奥迪、斯柯达、西雅特和保时捷品牌。知情人士透露,未来这个数字将低于300。大众在内的众多汽车制造商会提供同车型的不同版。生产这些车型对于大众而言越来越难管理,使生产滞后。另外,车型、品牌之间还会形成竞争。将被取消的车型会是销售业绩不佳的车型。

3. 产品线延伸策略

产品线延伸策略是指企业全部或部分地改变原有产品的市场定位,采取向上延伸、向下延伸和双向延伸三种形式。

(1) 向上延伸策略

向上延伸策略是指在原有产品线中增加高档产品项目。

实行向上延伸策略的市场条件:一是高档产品市场需求旺盛,产品畅销,利润高,市场发展潜力大;二是拥有进入高档产品市场的实力,想发展各档次产品俱全的完全产品线;三是企业有良好的信誉;四是具有反击竞争对手进攻的能力。

实行向上延伸策略的风险:一是高档产品市场竞争者进行反击并可能进入低档产品市场;二是未来消费者可能怀疑企业高档产品的质量水平;三是企业的销售代理商和经销商不一定有能力经营高档产品。

> **情境案例**
>
> 国产车目前只能在低端与合资车进行竞争。但是从前几年开始,奇瑞旗下产生了一个高端品牌——观致;然后吉利也发布了旗下高端品牌——领克;2017年长城旗下高端品牌魏派也开始上市。观致是奇瑞与以色列合资的中国品牌,致力于设计和打造出达到甚至超越国际标准的中国汽车产品。观致汽车拥有自身全部的知识产权,公司已提交了近1 000项商标申请,获得了超过300项专利。这标志着观致汽车正引领"中国制造"向"中国创造"的历史性转变。观致3在欧洲碰撞中也取得了仅次于沃尔沃的好成绩,可惜的是销量一直不佳。吉利自从收购沃尔沃之后可谓风生水起,有种扛起自主大旗的趋势。吉利跟沃尔沃合计了一下,共同生了个儿子,比吉利高端,比沃尔沃低端,这个品牌就是领克。领克号称欧洲设计,目标是全球市场,首发地在德国柏林,貌似很洋气的样子。领克01与沃尔沃40系列同平台。魏派他爹是大名鼎鼎的长城,曾经是皮卡专业户,靠SUV起家,靠H6一辆车撑了好多年。长城有钱了,也要打造一个高端品牌,车型名字取自董事长的名字。

(2) 向下延伸策略

向下延伸策略是在高档或中档产品线中增加中档或低档产品项目。

实行向下延伸策略的市场条件:一是高档产品销售增长缓慢,竞争激烈,企业需要开拓中低档产品市场,进行反击,增加盈利;二是利用高档产品的品牌效应吸引购买力水平低的消费者购买中低档产品,扩大销售量;三是填补市场空白,不让竞争者有隙可乘。

实行向下延伸策略的风险:一是容易损害高档产品的品牌形象,因此应采取新品牌推出中低档产品;二是经营高档产品的经销商或代理商因为利润少而不愿经营中低档产品;三是易激怒中低档生产企业向高档产品市场进攻。因此使用向下延伸策略要谨慎,否则会影响企业形象和品牌效应。

> **情境案例**
>
> 五粮液是我国著名的白酒品牌,以优良品质、卓著声誉、独特口味蜚声国内外。五粮液集团十分注意品牌延伸工作,当"五粮液"牌在高档白酒市场站稳脚跟后,便采取"纵横延伸"策略。纵向延伸是生产"五粮春""五粮醇""尖庄"等品牌,分别进入中偏高白酒市场、中档白酒市场和低档白酒市场。横向延伸策略是五粮液集团先后和几十家地方酒厂联合开发具有地方特色的系列白酒,在这些产品中均注明"五粮液集团荣誉产品"。五粮液集团借这些延伸策略有效地实施低成本扩张,使其市场份额不断扩大。

(3) 双向延伸策略

双向延伸策略是指在原来的中档产品线中同时增加高档产品项目和低档产品项目。

实行产品线延伸策略可以充分利用企业资源,开发多种产品满足消费者的不同档次需求,减少经营风险。但是产品线延伸要适度,因为随着产品线的延长,既造成产品成本增加,企业利润减少,也使消费者难以区分各种产品的独特优势,降低品牌忠诚度。

情境案例

丰田公司对其产品线也采取了双向延伸的策略,在其中档产品卡罗拉的基础上,为高档市场增加了凯美瑞牌,为低档市场增加了雅力士牌,该公司还在豪华汽车市场推出了雷克萨斯牌。雷克萨斯的目标是吸引高层管理者;凯美瑞的目标是吸引中层管理者;卡罗拉的目标是吸引基层管理者;而雅力士牌的目标是手里钱不多的首次购买者。此种策略的主要风险是有些买主认为在两个型号之间差别不大因而会选择低档的品牌,但对于丰田公司来说,顾客选择了低档品牌总比转向竞争者好。另外,为了减少与丰田的联系,减低自相残杀的风险,雷克萨斯并没有在丰田的名下推出,它也有与其他型号不同的分销方式。

任务二 产品生命周期策略

一、认识产品生命周期

产品生命周期营销是企业营销战略的一个重要方面。通过产品生命周期的分析,不仅可以帮助企业了解产品的发展趋势,适时开发新产品,而且还可以根据产品生命周期不同阶段的特点,制定相应的营销战略,使企业在不断变化的市场中处于有利的竞争地位。

1. 产品生命周期的含义

市场营销学认为,产品生命周期是指产品的市场寿命,即一种新产品从开始进入市场到被市场淘汰的整个过程。一般认为产品生命周期分为四个阶段,即导入阶段、成长阶段、成熟阶段和衰退阶段。导入期产品销售量低且增长较慢,利润额多为负数。当销售量迅速增长,利润迅速上升时,产品就进入了成长期。销售量增长逐渐趋于稳定,利润增长趋于停滞时,说明产品已进入了成熟期。当销售量不断递减,利润也不断地下降时,产品就到了衰退期。如图4-4所示,这是典型的产品生命周期形态,是产品生命周期的全过程。但并不是所有的产品都完整地经历了这四个阶段,由于受各种因素的影响,产品生命周期还有其他一些形态。

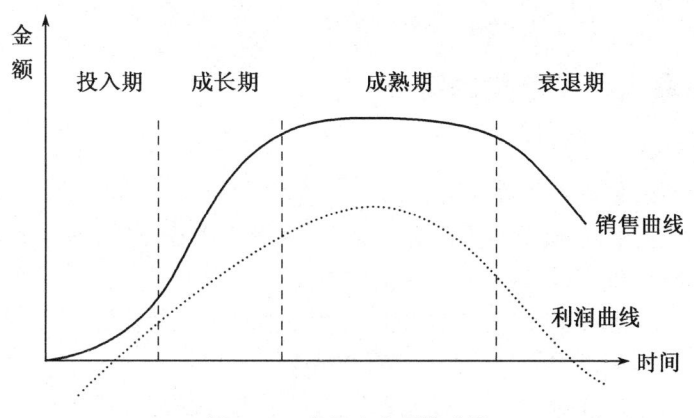

图4-4 产品生命周期曲线

2. 产品生命周期阶段的判定方法

产品生命周期很难准确地进行判断。在实践中,企业经常使用以下几种判断方法:

(1) 经验判断法

经验判断法是根据企业有关人员的经验来进行判断的一种方法。在缺乏历史资料的情况下,一般依靠有关人员的经验和直觉对产品生命周期进行判断。

(2) 类比法

类比法即参照以往的类似产品(具有可比性的、市场情况类似的产品)的生命周期变化的资料进行判定。如判断智能电视的生命周期,可以普通电视机的资料为依据,作对比分析。

(3) 销售增长率法

销售增长率法即根据产品销售量在一定时间的增长率来划分产品生命周期的各阶段。

表 4-2 销售增长率法

销售增长率(K)	所处阶段
$K<10\%$ 且不稳定	导入期
$K \geqslant 10\%$	成长期
$-10\%<K<10\%$	成熟期
$K \leqslant -10\%$	衰退期

(4) 曲线判断法

曲线判断法即依据产品进入市场后的销量和利润的变化,做出产品销售量和利润变化的曲线,然后参照典型的产品生命周期曲线进行定性判断的方法。

(5) 社会普及程度判断法

社会普及程度判断法即依据产品在社会中的普及程度进行判断的方法。

$$产品普及率 = 社会拥有量 \div 人口总数$$

① 若产品在社会中的普及程度小于 15%,则产品处于投入期;
② 若普及程度为 15%~50%,则产品处于成长期;
③ 若普及程度为 50%~80%,则产品处于成熟期;
④ 若普及程度为 80% 以上,则产品处于衰退期。

二、产品生命周期各阶段的特征

1. 导入期的特征

新产品投入市场,便进入了投入期。

① 产品的生产技术尚未成熟,产品存在缺陷,在性能上还不完善,需要对其进行改进,不具备批量生产的条件,生产批量小,单位制造成本高。

② 消费者对产品还不了解,大多数人不愿意改变以往的消费模式,只有少数具有求新心理的消费者购买产品,产品销售量低而且增长缓慢。

③ 生产者为了打开市场,不得不投入大量的费用进行促销宣传和建立分销渠道,这些都增加了产品的单位成本。

④ 由于销售量低且成本费用高,在投入期企业往往是微利、无利甚至亏损的。

⑤ 产品刚刚进入市场,前途未卜,其他同类企业尚未进入,市场上基本没有竞争者或很少有竞争者。

2. 成长期的特征

当产品在投入期经受住了市场的考验,销售量迅速上升时,便进入了成长期。

① 经过改进,生产技术工艺已经成熟,产品已经基本定型,质量稳定。随着市场销量的扩大,开始形成大批量生产的条件。

② 消费者已经了解和接受了产品,市场局面已经打开,销售量快速增长。

③ 大批量的生产使单位制造成本和单位促销费用大幅度下降,企业的利润率迅速提高。

④ 由于产品利润高,市场前景看好,新的竞争者相继进入市场参与竞争,竞争局面逐步形成。

3. 成熟期的特征

经过成长期之后,产品销售量的增长在达到一定程度后逐步变缓并趋于停滞时,产品便进入了成熟期。

① 产品成为企业支柱,销量最大而且比较稳定。但由于竞争激烈产品的特色逐渐消失,缺点开始暴露出来。

② 产品普及并日趋标准化,产量大且单位制造成本低。由于竞争的加剧导致同类产品生产企业之间不得不增加投入,以改进产品质量、花色、规格、包装、服务,开展促销活动,拓展新的市场。

③ 利润开始下滑。

④ 竞争激烈,实力较弱的企业开始退出市场。

4. 衰退期的特征

随着科技的发展和消费习惯的改变等原因,产品的销售量和利润持续下降,此时产品进入了衰退期。

① 产品在市场上已经老化,市场上已经出现了更能满足消费者需求的新产品和替代品。消费者对老产品的兴趣已经转移,但仍有人购买。

② 没退出的企业逐步减少产量和附加服务,削减促销预算,维持最低水平的经营。

③ 价格为主要竞争手段,利润低,多数企业无利可图。

④ 大部分企业退出市场,竞争淡化。

产品生命周期各阶段的特点可归纳如表4-3所示。

表4-3 产品生命周期各阶段的特点

特 征	导入期	成长期	成熟期	衰退期
销售额	低	快速增长	缓慢增长	衰退
利润	易变动	顶峰	下降	低或无
消费者属性	创新使用者	大多数人	大多数人	落后者
竞争者	稀少	渐多	最多	渐少
营销策略重心	扩展市场	渗透市场	保持市场占有率	提高生产率
营销费用	高	高(但百分比下降)	下降	低

(续表)

特　征	导入期	成长期	成熟期	衰退期
营销重点	产品知晓	品牌偏好	品牌忠诚度	选择性
分销方式	凑合式	密集式	密集式	选择性
价格	高	较低	最低	渐高
产品	基本	改进品	差异化	不变

三、产品生命周期各阶段的策略

1. 投入期市场营销策略

新产品首次导入市场，销售成长处于缓慢发展状态。在这一阶段，企业一方面应尽量完善产品技术性能，尽快形成批量生产能力，另一方面应采取有效的营销组合策略，来缩短产品导入期。

投入期常用的策略是名牌效应策略，即借现有名牌产品的提携和支持，利用原有品牌的形象与之一起出售，或利用原有广告宣传新产品；利用免费赠送、优惠价等手段诱导使用；对中间商采取寄售或进行优惠，减少其进货风险。

企业可以按主要营销变量，如价格、促销、分销渠道和产品质量等分别设计不同水平的营销组合，促使产品迅速进入成长期。企业将价格和促销活动作为战略侧重点，则导入期的营销战略可以有以下四种组合方式(如图4-5所示)：

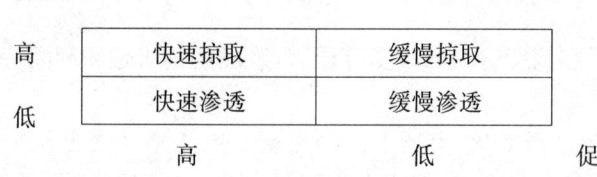

图 4-5　导入阶段的市场营销战略

(1) 快速掠取战略

这种战略采用高价格和高促销费用的方式，以求迅速扩大产品的销售量，并获得较高的市场占有率。采用该战略必须具备下列市场环境：大多数潜在的消费者还不了解这种产品；已经了解该产品的消费者则急于求购，并愿意按高价购买；企业面临着潜在的竞争威胁，需要尽快地建立顾客的品牌偏好。这一战略一旦成功，企业可较快地收回产品投资，获取较高的市场回报。

情境案例

华为和美国运营商AT&T合作的旗舰机型 Mate 10 将在 2018 年 2 月份上市，这被认为是华为大举进军美国市场的重要信号，华为将会在这款机型上投入 1 亿美元的宣传推广费用。虽然华为并没有透露两款手机具体上市的日期，但根据目前亚马逊上流出的无锁版价格，华为 Mate 10 售价为 699 美元(约合人民币 4 600 元)，Mate 10 Pro 售价为 919 美元(约合人民币 6 072 元)。

作为全球第三大智能手机厂商，华为在美国的表现远不及欧洲和中国市场。在智能手机的层面,虽然华为做得不错,但并不明显比苹果、三星智能手机更好,撇开技术层面的问题,华为首先必须克服知名度不足的问题。

华为要取得美国消费者的信任,广告营销可以帮得上忙,这有点像三星前几年在美国市场激进的广告策略。2012年,三星的广告创意代理公司72andSunny拿到的客户Brief就是"咬"下苹果的市场份额,为此72andSunny打出了一系列嘲笑苹果的争议性广告,最为人所熟知的是被称为"iSheep"的视频,对排队购买iPhone5的苹果粉大加嘲讽,这支90秒的广告还被VisibleMeasures评为2012年最佳科技广告,在线观看次数达到7 100万次。

(2) 缓慢掠取战略

这种战略就是以高价格、低促销费用的形式进行经营,获取尽可能高的市场占有率。采用该战略应具备下列市场环境:总体市场规模有限;市场上大多数消费者已熟悉该产品;购买者愿意支付高价;竞争者的加入有一定的困难,潜在的竞争威胁不大。

> **情境案例**

2018年1月16日,哈苏宣布推出全新中画幅单反相机H6D-400c MS,最高分辨率可达4亿像素(1亿像素传感器多帧合成)。针对建筑摄影、专业级艺术品复制等用途,哈苏H6D-400c MS高达4亿像素的骇人解析力,无疑会给整个行业带来不同以往的震撼。哈苏H6D-400c MS将于2018年1月16日开始预售,并于2018年3月开始发货,中国地区官方含税零售价为380 000元。

(3) 快速渗透战略

这种战略是以低价格、高促销费用方式推出产品,以求达到最快的市场渗透和最高的市场份额。采用该战略的市场环境为:市场容量大;消费者对产品不熟悉;大多数消费者对价格反应敏感;潜在竞争十分激烈,需抢先建立品牌偏好;产品成本会随产量的增加和生产经验的积累而下降。

> **情境案例**

2017年对北京现代来说,并不是一个好年份。尤其在上半年,车市整体滑坡以及受外部因素的影响,都让北京现代面临困境。但在逆境中,北京现代及时调整战略部署,收到了显著的成效。2017年11月月底,全新现代ix35带着它11.99万的逆天起售价登场了!在超低价格的刺激下,原本月均销量仅有2 000辆的ix35,一个月的时间销量瞬间翻了6倍,增至12 024辆!11.99万的价格让ix35成为最便宜的合资紧凑型SUV,而且直接触动了国产车在10万元级别市场的大蛋糕。事实也证明,现代ix35的低价战略成功了,硬生生地把一款濒临淘汰的车型给挽救回来了,还一举成为SUV市场热销款之一!

(4) 缓慢渗透战略

这种战略是以低价格、低促销费用的方式推出新产品。低价格可以使市场较快地接受该产品;而低促销费用又可以降低营销成本,使企业获取更多的早期利润。采用该战略的市场环境为:市场容量大;消费者熟悉这种产品;购买者对价格反应敏感;存在一些潜在的竞争者。

> **情境案例**

智能手机的销量正在向品牌厂商集中,数据显示,华为、小米、OPPO、vivo 以及苹果攻占了中国市场91%的份额,给其他品牌的空间越来越少。2017年12月12日,360手机推出N6和N6 Lite两款新品。此次发布的360手机N6,配备了5.93英寸全面屏,屏占比高达82.9%,采用高通骁龙630处理器,再加上4 GB/6 GB大内存,让它在性价比上难觅对手。1 399元的售价,与市面上同类配置的产品相比,要便宜一大截。360还发现,尽管全面屏乃大势所趋,但并不是所有消费者都喜欢,为此,360手机N6 Lite采用5.5英寸FHD屏幕,处理器与N6相同,配备了一块4 020 mAh大电池,价格仅需999元。如今的手机江湖很热闹,一些品牌纷纷请代言人,冠名热播节目,赞助世界杯……该公司老总坦承,以360手机现在的体量,还没有必要做这些推广,否则就是浪费钱。360手机要做的就是用产品去提升品牌,提升认知度与美誉度。正因为赢得了消费者口碑,360手机在低迷的市场环境下,没有被一线品牌挤出去。在京东商城,360手机的销量较去年增长了46%。

在选用上述战略时,企业应把产品市场寿命作为一个整体来加以考虑,而不应就某一阶段来选择营销战略;并且应努力保持产品生命周期各个阶段营销战略的连续性和一致性。

2. 成长期市场营销策略

针对成长阶段的特点,企业为了争取持续和较高的市场增长率,获取更大的市场份额和利润,可以采取以下几种战略:

(1) 进入细分市场

通过市场细分,找到新的尚未满足的细分市场,根据需要组织生产,并迅速进入这一新的市场。

> **情境案例**

2017年12月25日,OPPO联合其代言人推出了OPPO R11s星幕新年版,OPPO R11s新年版相当于是此前红色特别版上进行了定制,配色依然是红色,不过机身背部加入了18K镀金Lucky Dog(幸运狗)标识,外观与红色特别版略有不同,可以说更个性一些。其他方面,OPPO R11s新年版在包装、UI、配件等方面与普通版也有所不同,包装上采用了依然是红色,不过包装盒多了"新年正当红"标识。价格方面,OPPO R11s新年版售价与红色特别版一样,依然是3 199元。

(2) 不断提高产品质量,增加产品式样和特色

增加产品新的功能和花色品种,逐步形成本企业的产品特色,提高产品的竞争能力,以增强产品对消费者的吸引力。

> **情境案例**

2017年11月2日,OPPO在北京发布了其国内首款全面屏手机R11s。2017年12月1日,OPPO手机在官网悄然上架了OPPO R11s的高配版本,并于12月1日上午10点开售。这款OPPO R11s的高配版本并未进行大的升级与改变,只是在其他配置不变的前提下,将手机的内存组合升级到了6 GB内存和128 GB机身存储空间,但遗憾的是,目前配色只有香槟色一个版本可选。当然,配置方面的升级也带来价格方面的提升,售价也从标准版的2 999元

提升到了 3 599 元,涨幅为 600 元。

(3) 在适当的时机调价

企业应在适当的时机调整价格,以激发那些对价格较为敏感的潜在消费者产生购买动机并采取购买行动,从而扩大产品市场份额,增加产品的销售量。

情境案例

随着春节的临近,OPPO 宣布,从 2018 年 2 月 1 日起,OPPO R11s 星幕新年版的价格直降 200 元,原价 3 199 元,现价 2 999 元。

(4) 进入新的分销渠道

当产品进入成长阶段后,为了适应产品扩大销售的需要,企业应开拓市场,这就需要利用更多的中间商,利用原来不曾用过的分销渠道模式。如利用代理形式的渠道或直接性渠道。

情境案例

北京商报 2017 年 6 月 27 日报道:记者在物美超市发现,过去一直以套装形式出售的蓝月亮"机洗至尊"开始拆开进行单瓶售卖。此前,"机洗至尊"套装在超市的售价维持在 139 元左右,天猫旗舰店上售价相对较低,为 99 元一箱。现在,配合端午节促销的尾声,"机洗至尊"正在进行买一送一的促销活动。更为重要的是,套装也不再是"机洗至尊"的唯一销售形式。物美超市销售人员透露,近两个月前,超市上架"机洗至尊"单瓶装。虽然原先套装包含一瓶 660 g 瓶装"机洗至尊"洗衣液、两袋 600 g 替换装和一瓶 500 g 手洗洗衣液,但价格较高,外包装看起来像礼品,这款套装产品销量并不好。新上架的单瓶装"机洗至尊"洗衣液售价为 58 元,虽然价格相对其他品牌来说不低,但为一些希望"尝鲜"的消费者提供了更多选择。

单瓶装"机洗至尊"上市打破了这一产品一度维系的高端形象。北京商报记者发现,在电商渠道上,"机洗至尊"依然只有套装出售。一度看好互联网和电商平台、力推新模式的蓝月亮,却在重返商超卖场后表现出了对传统渠道前所未有的重视。

在超市渠道"二进宫"的蓝月亮,用更多促销手法打动消费者的同时,也被业内解读为是在向传统渠道"示好"。继两年前与大润发、家乐福等大卖场决裂的消息在业内炸开锅后,蓝月亮的渠道变革一直备受业内关注和争议。在重返商超卖场后,蓝月亮需要动用更多的筹码来收复失地。毕竟,在与商超渠道的谈判破裂后,蓝月亮在洗衣液市场所让出的份额一度被立白、绿伞等竞品吞噬。

(5) 适时改变传播目标

企业的广告目标,应从介绍和传达产品信息和建立产品知名度转移到树立品牌形象、说服和诱导消费者偏好和购买产品上来。

3. 成熟期市场营销策略

产品进入成熟阶段以后,企业应将营销重点放在维持并尽量扩大市场份额,战胜竞争对手,并采取主动出击的策略,力争延长成长阶段。为此,对处于成熟阶段的产品应采取以下战略:

(1) 市场改良

市场改良战略不是要改变产品本身,而是要使产品的销量得以扩大。产品销量主要受品牌的使用人数和每个使用者的使用量影响。因此,要扩大产品的销量,应从以下两方面考虑:

一是扩大产品的使用人数,其做法为:

① 寻求并进入新的细分市场。企业通过对市场的进一步细分或对现有细分市场需求的分析,确定产品新的消费对象。

② 使市场上未使用过该产品的人接受并使用该产品。企业可以通过有针对性的措施,如将产品对这些消费者的适用性更好地向他们进行宣传。

③ 争取竞争对手的顾客。企业可以通过分析竞争对手的顾客,采用竞争者产品的主要想法,有针对性地向顾客介绍本企业的产品,具有相同于竞争对手的特点,从而使其在品牌转换中,成为本企业产品的购买者。

二是寻求能够刺激消费者增加产品使用率的方法。

① 增加产品的使用次数。如洁齿和去垢牙膏的生产者向顾客说明,要想达到洁齿和去垢的最佳效果,应在每餐饭后刷牙,这样就可以使原来只有早晚刷牙习惯的顾客,每天增加了一次使用。

② 增加每次的使用量。企业可以通过宣传,向顾客暗示产品的使用量,应比顾客所认为的使用量要大,只有这样产品的效力才能更好地发挥出来。如橙汁饮料的生产厂商,向顾客暗示橙汁应在餐前和餐后都饮用,才能既开胃又助消化。又如,洗发水的生产厂商向顾客介绍,洗发水能够去头屑的关键是每次洗发应该涂抹两次并冲洗干净。这样就增加了顾客对产品的使用量。但这种宣传一定要有科学依据,不能违背道德。

③ 企业应努力发现产品所具有的一些顾客不了解或不知道的新用途,通过介绍和宣传,使顾客增加产品的使用量。如小苏打的生产厂商就曾发现过,小苏打除了能够做发酵食品的中和剂以外,还具有两个其他的用途:一个是可以用作高效除臭剂;另一个是可以用作对皮肤没有任何伤害的清洁剂。通过采用不同的包装,向顾客表明小苏打的不同用途,从而使小苏打的使用量成倍地增加。

情境案例

杜邦公司延长尼龙生命周期的战略

据了解,杜邦公司在延长尼龙生命周期方面采取了如下几个战略。

① 增加使用:尼龙袜销售曲线日趋平坦后,杜邦公司便潜力研究,发现那时女人已趋向于"露腿",人们的生活不定,青年妇女对于穿袜子的"社交需要"的感觉也日渐淡薄。由于这些发现,杜邦当局认为要使销售曲线回升,有一个直接的方法就是重复强调社交必须穿袜子。这种方法显然颇为困难,宣传的成本也很高,不过它却能在现有的使用者之间,促使他们时常穿着袜子,达到延长产品生命的目的。

② 变化使用:对杜邦来说,这种策略主要是要使妇女更普遍地购用尼龙丝袜。首先,杜邦公司推出一种淡色的丝袜,当作时髦标致的装饰;让大家普通购用后,又推出一些带有花样的高级丝袜,取代以前那种花色单调的丝袜,妇女因受新花样的吸引,则趋之若鹜,纷纷换旧购新,货色的变化换新,使人觉得年年有新花样可买、可穿。此外,妇女购用五颜六色、花样百出的丝袜后,男人的注意力便集中到她们的美腿上。

③ 创造新顾客:即促使人们公认少女穿尼龙丝袜是种正当的需要,而增加少女这一阶层的顾客。此时,必须用广告、公共关系来支持这种宣传。

④ 寻求新用途：从变化袜子的形态（如松紧长丝袜、松紧短袜等）到寻求新的用途（如地毯、轮胎、轴随等）。

(2) 产品改良

产品改良是通过产品的改变来满足顾客的不同需要，以扩大产品的销售量。从产品定义所包含的内容出发，产品改良可从以下几个方面着手进行：

① 质量改进。质量改进的目的是增加产品的功能特性。制造商可以通过"新颖和改进过的"产品来压倒竞争对手，使本企业的产品比竞争对手"更强""更大"或"更好"。但是，顾客并不一定接受"改进"的产品。因此，质量改进的关键是质量确有改进，而且买方相信质量被改进和有一定数量对质量要求较高的用户。

② 特点改进。特点改进的目的是增加产品的新特点，扩大产品的功能性、安全性和便利性。特点改进有许多优点：它可以为公司建立进步和领先地位的形象；它能赢得某些细分市场的忠诚；它还能给企业带来免费的大众化宣传；它会给销售人员和分销商带来热情。当然，特点改进很容易被模仿，有可能会得不偿失。

③ 式样改进。式样改进的目的是增加对产品的美学诉求。如包装食品和家庭用品引进颜色和结构的变化，以及对包装式样的不断更新等。式样改进的优点是每家厂商都可以获得一个独特的市场个性。但是，式样竞争也会带来一些问题。一是难以预料是否有人和有哪些人会喜欢改进的新式样。二是式样改进意味着不再生产老式样，企业将冒失去某种喜爱老式样顾客的风险。

(3) 营销组合其他要素的改进

营销组合改进是成熟期刺激销售的有效办法，一般可以从以下几个方面入手：

① 采用价格竞争手段。企业可以通过直接降低价格、加大价格的数量折扣、提供更多免费服务的项目等办法，以保持老顾客的数量或吸引新顾客。

② 向更多的分销网渗透或建立一些新的分销网。扩大产品的市场覆盖面，争取一些新顾客或保持原有的市场份额。

③ 有效地利用广告等宣传工具。在产品的成熟期，企业应检测原有广告的有效性，如果效果并不理想，就应重新进行广告的创意和设计。

④ 采取更加灵活的促销方式。积极开展促销活动，以保持既有的产品销量，甚至掀起新一轮的消费热潮。采用营销组合改进的主要是降价、改变广告宣传方式、进行分销渗透等方法，很容易被竞争对手模仿而加剧竞争，也可能会使销售费用增加而导致利润的损失。对此，企业必须事先做好充分的准备，以防不测。

4. 衰退期市场营销策略

产品进入衰退期以后，企业应视其经营实力和产品是否具有市场潜力，对老化的产品及时谨慎地做出放弃或保留的决策。简单地放弃或不顾实际地保留，都会使企业付出昂贵的代价。在衰退期，企业可以选择的营销战略有：

(1) 增加投资

进一步扩大经营规模，使企业在衰退的市场取得支配甚至垄断地位。这一战略比较适合产品占市场份额最大的企业采用，因为可以抢占某些竞争对手所放弃的市场或争取其顾客。

(2) 维持原有的投资水平

即在该行业前景未明确前，采取以静制动的对策。这一战略比较适合产品市场份额较大的企业,在产品仍具有一定的潜力或不能清楚地预见市场前景的情况下采用。

(3) 有选择地减少投资

即放弃某些销售额过小的细分市场,保持或扩大较具潜力的细分市场的规模。这一战略较适合市场份额中等的企业采用。

(4) 尽快收回投资

即不考虑具体后果,快速从经营的业务或产品中收回资金。这一策略比较适合市场占有额较小的企业。

(5) 迅速放弃业务

即尽可能采用有利的方式,处理与该衰退产品有关的资产。企业可以采取完全放弃的形式,如把产品完全转移出去或立即停止生产,也可以采取逐步放弃的方式,使其占用的资源逐步转向其他产品。

情境案例

根据43画幅官网,到2017年1月份的最后更新来看,所有的43画幅机身和镜头都已经被列为停产,这可以视作43画幅的正式终结。另外,最后一款43画幅的相机也是2010年发布,已经6年半的时间了,也可以看到这个系统已经不再有厂商做更新了。43系统是刚进入数码时代的诸多尝试之一,主力自然是奥林巴斯,后来M43系统算是接替了43画幅的位置。在相机的发展史上,各类卡口和系统的诞生与消亡从来不少见,43系统已经完成了它的历史使命。

任务三 制定品牌策略

一、认知品牌

1. 品牌的概念

品牌来源于古挪威文字"brandr",意思是"烙印"。品牌是指一种名称、术语、标记、符号或设计,或是它们的组合运用。其目的是借以辨认某个制造商、销售者,或某群制造商、销售者的产品及服务,并使之与竞争对手的产品和服务区别开来。

品牌由两部分组成:一是品牌名称(Brand Name),是指品牌中可以用语言称呼的部分,如格兰仕、春兰、乐百氏、耐克等;二是品牌标志(Brand Mark),是指品牌中可以被识别但不能用言语称呼的部分,通常由符号、图案、色彩等构成。

2. 品牌与商标

品牌与商标都是企业的无形资产,都是用来识别不同生产经营者的不同种类、不同品质产品的商业名称及其标志,其目的都是为了使自己的产品区别于竞争者,帮助于消费者识别产品。

品牌与商标的不同之处在于,品牌是市场概念,品牌实质上是品牌使用者对顾客在产品特征、服务和利益等方面的承诺。品牌则无须办理注册登记;品牌或品牌的一部分在政府有关部门依法注册登记后,称为商标。商标是法律概念,经注册登记的商标有"®"标记或"注册商标"的字样,它是已获得专用权并受法律保护的品牌,是品牌的一部分。

二、品牌的作用

品牌是企业给产品起名字,反映着企业的经营理念、经营管理水平和发展方向等。一个好的品牌对于树立品牌形象和企业形象具有重要的作用。

1. 品牌对营销者的重要作用

(1) 品牌有助于促进产品销售

品牌可建立稳定的顾客群,吸引那些具有品牌忠诚性的消费者,使企业销售额保持稳定。

(2) 品牌有利于保护品牌所有者的合法权益

品牌注册成为商标后受法律保护,可以防止假冒伪劣产品的侵害。

(3) 品牌有助于扩大产品组合

产品再好也只代表着一种产品好,再好的产品也会过时,而品牌可以覆盖企业的全部产品。消费者一旦偏爱某一品牌,就会喜欢该品牌下的其他产品线、产品项目,企业可以利用原品牌增加新的产品线或产品项目,使新产品能顺利地进入市场。

2. 品牌给消费者带来的益处

(1) 品牌有助于消费者购买产品

品牌代表着一定的产品属性,便于消费者辨认、识别所需要的产品,能简化消费者的购物过程,提高购物效率。

(2) 品牌有利于维护消费者的利益

品牌实质是对消费者的承诺,是公众监督产品质量的重要手段,当购买者所购买的产品出现问题时,可凭品牌找到制造商。

3. 对整个社会的益处

(1) 品牌有利于促进产品质量的不断提高

由于购买者往往是按品牌购货的,生产者要想使产品顺利地卖出去,就必须维护品牌的声誉,加强质量管理。这样就会使市场上的产品质量得到普遍提高。

(2) 品牌有利于促使生产者在竞争中不断创新

企业要想使品牌经久不衰,就要不断地创新,生产出更多的新产品投入市场,满足消费者需要,获得竞争优势。

(3) 品牌有利于维护良好的经济秩序

品牌注册为商标后就拥有了专用权。这有利于保护企业间的公平竞争,维护市场运行秩序,从而促使整个社会经济健康发展。

(4) 品牌有利于约束企业

有关部门可以按品牌对产品质量进行监督,追查责任,加强对企业不良行为的约束。

三、品牌策略

企业为了达到经营目标,使品牌在市场营销中更好地发挥作用,必须采取科学的品牌策略。品牌策略是企业产品策略的重要组成部分。

1. 品牌有无策略

品牌有无策略是企业品牌决策的第一个环节,即决定是否给产品建立品牌。

尽管品牌建立是市场发展的趋势,采用品牌对大部分产品来说可以起积极作用,但对于单个企业而言,是否要使用品牌还必须考虑产品的实际情况,因为建立、维持、保护品牌也要付出巨大成本,所以企业要对其利弊进行认真的分析。

(1) 无品牌策略

无品牌策略是指企业对产品不使用品牌。某些产品如果使用品牌对识别产品、促进销售的积极意义很小,而要付出的费用(包括包装费、标签费、广告费、法律保护费等)很高,就可以不使用品牌。

在下列情况下,企业往往不使用品牌:

① 品种规格相同,不会因制造商不同而形成差别的同质商品,如水泥、煤炭、木材、火柴等;

② 消费者习惯上不考虑品牌而只认货购买的商品,如水果、蔬菜等;

③ 生产简单,没有一定的技术标准,难以形成一定特色的商品,如农具、钉子、蜡烛等;

④ 临时性或一次性生产的商品;

⑤ 数量少,尚未定型的试产、试销产品。

无品牌策略可以减少品牌设计费、制作费、注册费、宣传费等,有利于降低价格,吸引求廉者购买;可以避免品牌经营失败给企业带来的负面影响。

目前,越来越多的传统上不用品牌的食盐、大米、水果等产品纷纷品牌化,而许多传统上使用品牌的产品采用了无品牌策略,欧美的超级市场上有许多无品牌日用消费品,由于节省了包装费、广告费等,无品牌产品比使用品牌的产品要便宜15~30%,对消费者有很大的吸引力。

(2) 有品牌策略

有品牌策略是指企业为自己的产品规定品牌,并向政府有关主管部门注册登记的一切业务活动。大多数企业都采取有品牌策略。

2. 品牌归属决策

制造商决定给其产品规定品牌之后,下一步要决定品牌的归属。企业对品牌归属面临以下三种选择:

(1) 自有品牌

自有品牌又称制造商品牌、生产者品牌,是指制造商决定使用自己的品牌。绝大多数制造商都使用自己的品牌,虽然这样要花费一定的费用,但可以获得品牌所带来的全部利益,有利于企业的长期发展。早年索尼的晶体管收音机,如果使用了美国经销商的品牌,可能就没有今天的索尼了。

(2) 他人品牌

他人品牌包括中间商品牌和贴牌。

中间商品牌是指中间商所拥有、控制并独自使用在所经营的产品上的品牌。即制造商将其产品卖给中间商,中间商再用自己的品牌将产品卖出去。

近年来,西方国家许多有实力的批发商、百货公司、超级市场、服装商店等都使用自己的品牌销售产品,如美国沃尔玛经销的很多商品都用自己的品牌。再如,屈臣氏商店的"屈臣氏"个人护理产品,百安居建材超市的"百丽彩"涂料等。

情境案例

大润发在成功运营贝兹卡洛品牌服饰的基础上又再一次推出自有品牌 JESS&TONY 服

饰。JESS&TONY服饰品牌于2017年8月在大润发全国368家门店同时发售。

大润发之所以重视自有服装品牌的发展，很大程度上是得益于服装的高毛利率，上海通略零售业顾问公司董事长曾表示，服装毛利一般在25%～35%之间，而自有品牌服装的毛利甚至能在50%以上。大润发董事长曾对媒体表示，2016年大润发的自有品牌商品比重大概在10%左右，希望大润发自有品牌商品每年能够增长1%的比重，使未来整个O2O体系内自有品牌商品能达到20%左右。

截至2016年12月31日，高鑫零售专营百货类、家纺及餐桌用品的品牌"Actuel"销售额增长88%。小家电品牌"Qilive"及家居服饰品牌"优纺"的销售额同样取得双位数增长。箱包及旅行用品品牌"Airport"及运动品牌"Cup's"与上一年相比销售额翻倍增长。此外，代表中国传统美食的品牌"荟尚"、进口水源的矿泉水品牌"钻典"、园艺品牌"Garden star"及文具品牌"ekolia"等若干新进品牌也将是未来增长的源泉之一。

中间商使用自己的品牌，可加强对价格和制造商的控制；可以把自己的品牌陈列在最醒目的位置；中间商往往能找到生产能力过剩的企业为其生产产品，可以降低生产成本和流通费用，从而取得较高的利润。

中间商使用自己的品牌，需要增加投资用于大批量的订货和储备存货，需要增加用于品牌宣传的广告费用，还需承担品牌不被顾客接受的风险等。

情境案例

从全球来看，消费者每花费的100元中，有24元是购买自有品牌商品，而在中国，这一数字仅为5元。许多著名的欧美零售企业的自有品牌占比高达30%～50%，以美国沃尔玛为例，它在全球有40多个自有品牌，其中23个是全球性品牌，如"山姆精选""乔治服饰"等。其自有品牌涉及食品、服装、玩具等多个领域，超过19万种商品。沃尔玛30%的销售额、50%以上的利润都来自它的自有品牌，很多自有品牌产品的销售额都进入所属品类的前三名；德国"阿尔迪"的自有品牌商品更是占到了其整个销售额的90%以上，在欧洲各地随处可见"阿尔迪"的影子，其品牌认知度非常之高。

制造商是选择自有品牌还是中间商品牌，应根据品牌在市场上的声誉、费用开支和企业未来发展等因素综合考虑。如果企业实力强，则采用自己的品牌；如果企业实力弱，无力开拓市场，或者本企业的商誉远不及中间商时，则应采用中间商品牌，使生产出来的产品能尽快地进入市场。

贴牌是指企业生产出产品，贴上别人的品牌，只赚取加工费。贴牌是一种经济行为，往往适用于企业初期。在产品的研发、制造和销售三个环节中，制造环节获得的利润最低，产品研发、销售环节获得的利润高。

情境案例

百丽出售、美邦持续亏损……在服装制鞋业，大批企业要么倒闭，要么在亏损与转型的生死线上苦苦挣扎。如此大势之下，有一家公司不仅"活"了下来，还蒸蒸日上，其股价在8年内翻了50倍，以700多亿元的市值坐上了国内服装类上市企业排名的头把交椅。这一龙头企业并不是什么耳熟能详的大品牌，而是一家向来以"利润微薄"著称的代工厂。它就是中国最大的针织服装制造商与出口商,优衣库、阿迪达斯、耐克、彪马等国际品牌的主力供应商,有着"服饰界富士康"之称的申洲国际。从2005年上市至今,申洲实现了三个百亿的跨越:销售收入从上市前的20亿元增加至2016年的151亿元,上升了7倍多;企业净资产从上市前的6亿元增加至2016年年末的153亿元,上升了25倍多;企业市值从发行时的32亿港元上升至目前700多亿港元,上升了21倍。

对于把代工做得比品牌还成功,申洲认为,很多企业如今都不愿做供应链和生产,一窝蜂去做品牌,所以申洲所专注打造的供应链反而成了一种稀缺资源。

到底该做品牌还是代工,业界有关该命题的辩论一直在持续,申洲的成功使得这场辩论变得更加激烈。

(3) 混合品牌

混合品牌是指制造商品牌与他人品牌混合使用,即企业将自己的一部分产品用自己的品牌,另一部分产品用他人品牌。

情境案例

东莞徐记食品有限公司向沃尔玛供应"惠宜"品牌果冻,同时也销售自己的"徐福记"果冻,但在沃尔玛同一个卖场,"惠宜"品牌果冻售价是每斤7.9元,"徐福记"果冻则为9.9元。之所以可以做到更低的价格,是因为沃尔玛的自有品牌不会做特别的广告宣传,也不像一般企业需要专业销售人员,成本更低。

3. 品牌统分策略

(1) 统一品牌

统一品牌是指企业的全部产品都使用同一个品牌。金融、保险、教育、快递、运输、软件等行业的许多企业都是靠一个品牌起家,坚持并采用统一品牌策略的,如汇丰银行、安联保险、新东方、联邦快递、阿联酋航空、微软,等等。

统一品牌策略的优点是便于公众识别和记忆,有利于树立统一的企业形象,显示企业的实力,壮大企业的声誉;有于利用已经成功的品牌推出新产品,消除消费者的不信任感,使新产品能顺利进入市场;节省品牌的设计费用和宣传费用。

其缺点是,如果某一种产品出现问题,就可能使其他种类产品受到牵连进而影响全部产品和整个企业的信誉;各种质量档次的产品难以区分,高档产品会受到低档产品的影响。

统一品牌策略的适用条件是,企业的各种产品应具有相同的质量水平,该品牌在市场上有较好的声誉。

(2) 个别品牌

个别品牌是指企业对各种产品分别采用不同的品牌。

这种品牌策略的优点是,某种产品出现问题时,不会影响其他产品的声誉;便于消费者识别不同质量、档次的商品;可以满足不同消费者的需求,占领更多的市场,增强企业的竞争力。其缺点是,品牌设计费用和促销费用高;不便于树立统一的市场形象。

其适用条件是,同时生产两个或两个以上产品的企业;产品差异较大;原有品牌有负面影响。

> **情境案例**

提到玛氏公司，或许有人还不清楚。但说起其产品德芙、士力架，以及"快到我碗里来"的M&M's巧克力豆，恐怕没人不知道。不久前，《福布斯》杂志推出了美国家族财富排行榜，玛氏家族以600亿美元资产排名第三。根据国外调研机构 Candy Industry 公布的2015年全球25强糖果和巧克力公司排行榜，玛氏公司居首，年净销售额超过330亿美元，旗下市值超过10亿美元的品牌包括德芙、玛氏、M&M'S、士力架、UNCLE BEN'S、益达、傲白、宝路、皇家、伟嘉和特趣。玛氏旗下共拥有11个市值超过10亿美元的品牌，其中巧克力产品有士力架(35.7亿)、M&M's(34.9亿)、德芙(26亿)、银河棒(23.8亿)、脆香米(15.1亿)。玛氏在中国共有七家工厂和三个创新中心，业务覆盖四大事业部、五大业务单位，包括玛氏巧克力、箭牌口香糖及糖果、玛氏饮品、玛氏宠物护理和皇家宠物食品。

(3) 多品牌策略

多品牌策略是指企业同时为一种产品设计两种或两种以上互相竞争的品牌。这种策略由宝洁公司首创并获得得了成功。例如，宝洁公司为洗发水设计了飘柔、潘婷、海飞丝和沙宣四个品牌。上海一饮料厂将同一饮料分别使用两个不同的品牌，卖给成人的饮料称为"乐口福"，卖给孩子的称为"阿华田"。

多品牌策略的优点是，可以占领更大的货架空间，使竞争者的货架面积相应减小；某种产品出现问题时，不会影响其他产品的声誉；使企业内部的各种品牌直接产生竞争，有利于提高企业的工作效率，为提高总销售量创造条件；可以满足不同的细分市场的需要，占领更大的市场。其缺点是品牌设计费用和促销费用高；不便于树立统一的市场形象。如果每一品牌都只能占有很小的市场份额，而且没有利润率很高的品牌，那么会造成企业资源的浪费。

> **情境案例**

Bestseller 于1975年始建于丹麦，创始人为 Troels Holch Povlsen。在中国，它于1996年成立独资子公司——绫致时装公司，主要经营 ONLY、Jack & Jones 和 Vero Moda 三个品牌，2008年，selected 也进入中国，自此中国公司经营四个品牌。其中，ONLY 和 Vero Moda 是女装品牌，Jack & Jones 和 selected 是男装品牌。

(4) 分类品牌

分类品牌是指企业在产品分类的基础上，对各类产品分别使用不同的品牌。如西尔斯公司将自己生产经营的产品分为器具类产品、妇女服装类产品、主要家庭设备类产品，并分别赋予肯摩尔、瑞溪和家艺三种不同的品牌。

品牌分类策略兼收了统一品牌策略和个别品牌策略的优点。

> **情境案例**

格力旗下现有三个品牌——格力、大松和晶弘。在品牌布局上是这样的：空调用格力，小家电用大松，冰箱用晶弘格力。这样做的初衷是为降低多元化发展中的经营风险，即万一小家电和冰箱板块做不好，也不会连累到自己的命根——空调业务。因此，格力高层为保险起见，用不同的品牌来经营各个不同板块。

4. 品牌延伸策略

品牌延伸策略是指企业利用已成功的品牌来推出新产品。新产品可以是原来品牌下的产品的改进品,也可以是一种全新的产品。企业用原有的成功品牌将全新产品或改进新产品投入市场。皮尔·卡丹是服装界成功的典范,在男装、女装和童装领域取得巨大成功后,它开始将品牌延伸到饰物、香水、家具、食品、酒店、汽车等领域。海尔集团的海尔冰箱获得成功后,又用海尔这一品牌推出了冰柜、空调、洗衣机、热水器等产品。杭州娃哈哈集团在娃哈哈果奶成功后,又用娃哈哈品牌推出营养八宝粥、绿豆沙、矿泉水等产品。

由于市场竞争激烈,创立一个新品牌需要耗费大量的人、财、物力,而且成功率很低。运用品牌延伸策略不仅可以节约品牌设计、促销所需的大量费用,而且能使新产品被消费者很快接受;能使企业更好地利用生产加工资源、销售网络资源、渠道终端资源、客户资源等,实现资源利用最大化;新产品的加入可以提升原品牌的形象,加强品牌的整体力量。

但是,如果新产品质量性能等不能令用户满意,就可能影响到该品牌下所有的产品。

采用品牌延伸策略需要具备以下条件:延伸的品牌必须具有较高的信誉,否则无法带动新产品的销售;新加入的产品必须与原品牌的核心价值相符合;新产品与原产品要有较强的相关性。

> **情境案例**

万宝路从香烟延伸到牛仔服、牛仔裤、鸭舌帽、腰带获得了很大的成功。许多关联度较低甚至风马牛不相及的产品共用一个品牌居然也获得了空前成功,这说到底是因为品牌核心价值能包容表面上看上去相去甚远的系列产品。登喜路、都彭、华伦天奴等奢侈消费品品牌麾下的产品一般都有西装、衬衫、领带、T恤、皮鞋、皮包、皮带等,有的甚至还有眼镜、手表、打火机、钢笔、香烟等跨度很大、关联度很低的产品,但也能共用一个品牌。因为这些产品虽然物理属性、原始用途相差甚远,但都能提供一种共同的效用,即身份的象征、达官贵人的标志,能让人获得高度的自尊和满足感。购买都彭打火机者所追求的不是点火的效用,而是感受顶级品牌带来的无上荣耀,买都彭皮包、领带也是为了这份"感觉"而不是追求皮包、领带的原始功能。此类品牌的核心价值是文化与象征意义,主要由情感性与自我表现型利益构成,故能包容物理属性、产品类别相差甚远的产品,只要这些产品能成为品牌文化的载体。

任务四 制定包装策略

俗话说,"货卖一张皮"。随着市场经济的发展,包装作为一种强有力的营销手段,已经成为经济生活中的重要组成部分。

一、包装的含义与作用

1. 包装的含义

包装是指设计包装容器或包扎物,并对产品进行盛装或包扎的一系列活动。包装有两方面的含义:一是指为产品设计、制作包扎物和包装操作的活动过程;二是指包扎物。一般来说,产品包装包括商标或品牌、形状、图案、颜色、材料和产品标签等要素。

包装分为运输包装和销售包装两个类别。运输包装又称为外包装,是产品的最外层包装,是为了便于运输而做的包装。销售包装是指随着产品进入零售环节,直接与消费者接触的包装,主要用于美化和宣传产品,吸引消费者,方便消费者认识、选购、携带和使用产品。

2. 包装的作用

(1) 保护产品

保护产品是包装的最基本的作用。保护产品是指保护产品质量安全和产品数量,即在产品生产出来到达消费者手中直至被消费掉以前,保证产品的使用价值不受外在因素的影响,使产品不破损、不挥发、不散失、不变质、不被虫蛀鼠咬、不被污染等。如对液体产品、感光材料、易挥发的产品往往采用密封包装;对玻璃制品、家用电器等往往采用防震包装;许多灭菌后的食品直接装入塑料袋等容器后立即封口,能够保证卫生和营养。20世纪40年代末,瑞典利乐公司推出了高温瞬时灭菌辅以无菌纸包装的新技术,使牛奶保鲜期由六七天延长到六七个月,被称为牛奶保鲜技术的第二次革命。除了砂、石、煤等受外界影响小的产品以外,绝大多数产品都需要包装。

(2) 便于储存和运输

产品从生产领域到消费领域,要经过装卸、运输和储存环节,经过合理包装的产品,便于进行搬运、码垛和检点,能节省流通时间及降低运输费用,便于管理。

(3) 便于携带和使用

产品有气态、液态、固态等物质形态,也可能带有棱角、刃口等不安全的特征,适当的包装可以起到便于携带、使用的作用。

(4) 促进销售

在市场中,首先映入消费者眼帘的不是产品实体而是包装,包装在一定程度上起着"无声推销员"的作用。

包装能改善产品外观,提高消费者的视觉兴趣,激发其购买欲望。跨国公司的调查结果显示,有63%的消费者是根据产品的包装和装潢做出购买决策的,而到超级市场购买的家庭主妇,由于精美的包装和装潢的吸引,其消费量往往超过她们原先预计45%。

包装能形成产品的差异,使消费者容易辨认。包装是消费者最先熟悉的部分,一种产品包装一般都有相对固定的色彩、图案,如大眼睛的海尔兄弟、黄色的柯达胶卷、红色的喜临门等。消费者通过包装,可以迅速辨认出产品的品牌和厂家,加速了购买产品的心理认识过程。因而,包装是创造产品印象的重要武器,是产品差异化的一个组成部分。包装物上都印有价格、产地、成分、重量、性能、规格型号、使用说明等,能使消费者了解产品。

如果包装图案能吸引住消费者,包装上的说明能抓住消费者的心理,解答消费者的疑问,就有可能使消费者产生购买动机。

(5) 增加盈利

"佛要金装,人要衣装。"明珠再好也要有宝楼相配。包装增加盈利的作用体现在两个方面:一是包装本身带来产品价值的增加;二是好的包装能带来销售量的增加,从而增加盈利。美观的包装本身就是一件艺术品,引起人的注意,给人以美的享受,这种包装物本身就具有产品价值;好的包装能提高产品身价。消费者往往是借包装来推测产品价值的,他们愿意出更多钱去购买包装精美的产品。如绍兴黄酒,原来用普通的坛子包装,一公斤仅卖10元,后来经过文化包装后,在香港市场卖650港币,在日本卖1万日元。

> **情境案例**

作为一家有着50多年历史的酿酒企业,北京红星股份有限公司(以下简称"红星公司")生产的红星二锅头历来是北京市民的餐桌酒,一直受到老百姓的喜爱。然而,由于在产品包装上一直是一副"老面孔",使得红星二锅头始终走在白酒低端市场,无法获取更高的经济效益。

随着红星青花瓷珍品二锅头的推出,红星二锅头第一次走进了中国的高端白酒市场。红星青花瓷珍品二锅头在产品包装上融入中国古代文化的精华元素。酒瓶采用仿清乾隆青花瓷官窑贡品瓶型,酒盒图案以中华龙为主体,配以紫红木托,整体颜色构成以红、白、蓝为主,具有典型中华文化特色。该包装在中国第二届外观设计专利大赛颁奖典礼上荣获银奖。有专家在看了此款包装以后表示,"这款产品很有创意,将中国的传统文化与白酒文化结合在一起,很成功"。

对此,红星公司市场部有关负责人说,红星青花瓷珍品二锅头酒是红星公司50多年发展史上具有里程碑意义的一款重要产品。"它的推出,使得红星二锅头单一的低端形象得到了彻底的颠覆。不但创造了优异的经济效益,还提高了公司形象、产品形象和品牌形象。"据了解,红星青花瓷珍品二锅头在市场上的销售价格高达200多元,而普通的红星二锅头酒仅为五六元。

据该负责人介绍,除了红星青花瓷珍品二锅头以外,红星公司还推出了红星金樽、金牌红星、百年红星等多款带有中国传统文化元素包装的高档白酒。

二、包装策略

包装策略是指企业在产品包装的形式、结构、方法、材料等方面所采取的对策。

1. 类似包装策略

类似包装策略是指企业将其所生产经营的各种不同产品,在包装上采用相同或相似的图案、形状、结构或色彩等,使消费者一看便知是同一家企业的产品。如索尼对其所生产的电视机、录像机、磁带等都采用了类似的包装。

类似包装策略可以节省包装设计的成本和宣传费用;有利于企业利用以前的声誉推出新产品,消除消费者对新产品的不信任感;壮大企业声势,树立企业整体形象。但如果企业产品质量相差太大,就会给优质产品带来不利的影响。

此策略适用于质量相当的产品。

苹果公司的类似包装见图4-6。

图4-6 苹果公司的类似包装

2. 等级包装策略

等级包装策略是指按照价值、质量将产品分成若干等级,对不同等级的产品采用不同的包装,使包装质量与产品质量相匹配。比如,对优质产品使用豪华包装,对普通产品使用简易包装。2002年,张裕向市场推出中档葡萄酒产品解百纳,5年后达到高峰,呈现一统终端市场的姿态。2007年,张裕把解百纳分为优选级、特选级、珍藏级和大师级四个等级,分别采用不同的包装。

等级包装策略的优点是,便于消费者识别和选购产品;能满足不同层次消费者的需要;各等级的产品之间不会有负面的牵连。其缺点是包装设计成本高。

它适用于产品相关性不大,产品档次、质量比较悬殊的企业。

农夫山泉矿泉水的等级包装见图4-7。

图4-7　农夫山泉矿泉水的等级包装

3. 组合包装策略

组合包装策略是指把使用时相互关联的若干种产品放在同一个包装容器中,同时出售(见图4-8)。比如,旅行盒、针线包、五金工具包等。这种策略的优点是,可以同时出售多种产品,节省交易时间和销售服务,增加销售量;将新老产品放在一个包装内,可顺利地卖出新产品;同时满足同一消费者的多种需要;方便消费者购买、使用、携带和保管。此策略主要适用于小商品,而且要注意不能把毫不相干的产品组合在一起,以免影响销售。

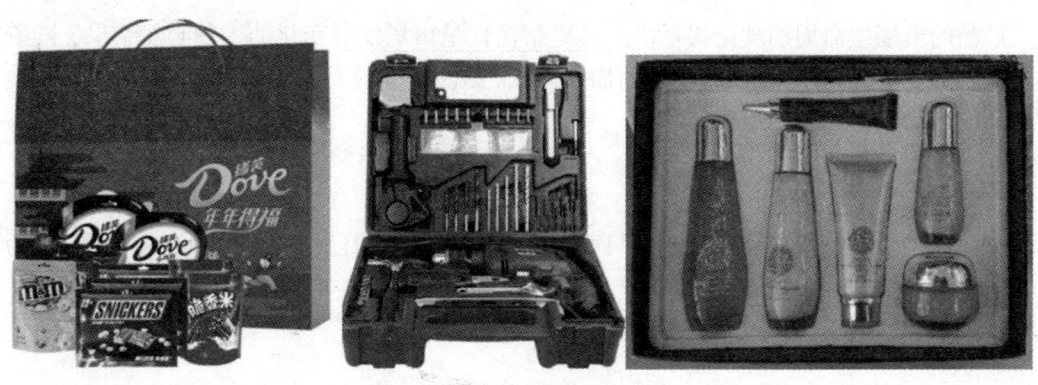

图4-8　组合包装策略

4. 附赠品包装策略

附赠品包装策略是指在包装物内附赠给购买者一定的物品或奖券,以吸引消费者购买(见图4-9)。如在儿童用品的包装中附赠一个玩具;在化妆品包装内放入一张奖券;在名酒的包装容器内附赠一只精巧的酒杯。

图4-9 附赠品包装策略

5. 更新包装策略

更新包装策略是指对原产品包装进行改进或更换。此策略能树立产品的新的形象,给消费者带来新鲜感。其适用条件是消费者对原产品包装的印象不好而影响了销售;企业与竞争对手的产品质量相近,而包装却次于对手。

名牌产品不宜采用此策略。

6. 再使用包装策略

再使用包装策略是指在原包装物内的产品使用消耗完后,空包装物还可以另做它用。罐头瓶可以当茶杯用,装咖啡的瓶子可以用来装茶叶或装糖,装衣服的包装袋可以用作手提袋,等等。

再使用包装策略的优点是可以利用消费者一物多用的心理,吸引他们购买产品;同时,空包装物上印有品牌、产品介绍说明等内容,能起到延伸宣传的作用,消费者在使用包装的物过程中,会经常接触到这些宣传。由于包装物本身就是一件产品,因而采用此策略的成本较高。

任务五 新产品开发

产品的市场生命周期理论揭示了产品更新换代是市场发展变化的一种必然结果。随着消费者需求的变化、科技的发展和竞争的加剧,企业要想在市场上生存与发展,就必须不断地开发出新的产品以满足新的市场需求。

一、新产品的概念

市场营销学中的新产品概念是指只要整体产品概念中的任何一部分发生了变化,并为顾客带来新的利益,则该产品就成为新产品。

按创新程度的不同,新产品可分为四种类型。

1. 全新产品

全新产品又称为原创产品或绝对新产品,是指在原理、结构、性能和材料等方面有重大突破,具有独创性、先进性、适用性的新发明的产品。如1926年出现的冰箱、1946年的第一代电子计算机、1959年的集成电路、1938年的尼龙都是前所未有的产品,它们以崭新的姿态出现在世界上。全新产品往往是科学原理的重大发现、产品结构的重大变革、应用技术的重大突破、生产材料的重大创新,它对人类生产方式、生活方式、社会发展有着深远的影响。

开发全新产品一般需耗费大量的时间与人、财、物力,多数企业难以承受,而且成功率很低。但一旦开发成功,便开辟了一个新市场,企业可在较长的时间内处于领先地位,拥有垄断优势。据调查,在新产品中,全新产品一般只占10%左右。

2. 换代新产品

换代新产品又称为革新新产品、部分新产品和相对新产品,是指在原有产品基础上,部分采用新技术、新工艺、新材料,使产品在性能上有显著提高的新产品。即在产品的基本原理不变的情况下,利用新技术、新材料、新元件对原产品进行重大革新,显著地提高原产品的性能。如1946年的第一代电子计算机,重量30吨,用了18 000只真空管,占篮球场那么大的面积。后来由于晶体管、集成电路、大规模集成电路技术不断地应用于计算机的改造,于是出现了第二、第三、第四代计算机,后一代与前一代相比,在性能上都有了显著提高。又如,洗衣机从单缸洗衣机发展到双缸洗衣机和全自动洗衣机;电视机从黑白电视机发展到彩色电视机和智能电视机,后者都属于换代新产品。

换代新产品的开发难度小于全新产品,而且市场普及快,成功率较高。

3. 改进新产品

改进新产品是指对原有产品的结构、材料、花色品种等作一定改进而形成的新产品。改进新产品不同于换代新产品,它不是由于科技进步而导致的,与原产品相比,在性能上没有显著提高,它属于原产品派生出来的产品。如将洁齿牙膏改进为药物牙膏;将食品改进为保健食品;将收音机、录音机组合成收录机;将铅笔改进为自动铅笔;等等。

改进新产品与原产品差别不大,进入市场后易被消费者接受。但由于这种改进很简单,容易被竞争者效仿,因而各企业之间竞争激烈。

4. 仿制新产品

仿制新产品是指通过对国际或国内市场已出现的产品进行引进、模仿而生产出来的新产品。如服装市场竞争激烈,竞争者模仿很快。法国巴黎最新时装发布会上的款式,不到一星期就可以在东京或北京买到大致相同款式的时装。

仿制新产品灵活性强,见效快。如果企业缺乏开发新产品的能力,但能快速地接受市场信息,快速地研究仿制竞争者的产品,就能大幅度地减少产品开发的时间和成本,降低促销费用,就可以利用被仿制产品的市场占有率的优势来抢占部分市场份额,或利用价格优势挤进该市场。

二、新产品开发的方法

企业开发新产品一般有三种方法,即自行研制、技术引进、自行研制与技术引进相结合。

1. 自行研制

自行研制是一种独创性的研制,它是指企业根据市场情况和消费者的要求,针对现有产品存在的问题,采用新原理、新技术、新材料等,研制出全新产品或换代新产品。

自行研制投资大,风险也大。它一般适用于技术力量雄厚、科研能力较强的企业。

2. 技术引进

技术引进是指企业通过引进国内外先进技术、购买专利等方式来开发新产品。技术引进是新产品开发常用的一种方式。

技术引进可以节省企业的科研经费和技术力量;在引进技术的基础上,更快地提高企业的技术水平,赢得时间,尽快缩短与竞争企业之间的技术差距。例如,合成尼龙生产技术是美国杜邦公司花费巨资2 500万美元,用了11年的时间研制出来的,日本花700万美元购买了这项专利,仅用两年的时间就投入了生产。

3. 自行研制与技术引进相结合

自行研制与技术引进相结合是指在对引进技术充分消化和吸收的基础上,进行改进或创新。它比单纯引进技术更为有利,既能借鉴他人的先进技术,节省研发费用,又能发挥自己的独创性。

三、新产品开发的程序

新产品开发是一项艰巨复杂的工作,需要投入大量的人、财、物力,还要冒很大的风险。所以,必须建立一套科学的开发程序,使新产品开发工作能有效地进行。一个完整的新产品开发过程要经历八个阶段,即构思产生、构思筛选、产品概念的形成和测试、初拟营销规划、商业分析、产品研制、市场试销、商业化。

1. 构思产生

新产品构思是新产品的孕育阶段,是指为满足某种市场需求而提出的产品设想。成功的新产品首先来自一个创造性的构思。

(1) 构思来源

① 企业内部人员。它包括高层管理者、研究开发人员、市场营销人员、制造部门及其他部门人员。企业内部人员从不同的侧面与本企业的产品有着直接的接触,能提出与本企业情况相符合的、有价值的产品构思。

② 顾客。顾客是产品的最终使用者,最清楚产品的优点和缺点。实践证明,在顾客意见基础上构思出来的新产品成功率很高。所以,企业要做好顾客调查,按顾客需求改进产品,从中受益。

③ 竞争者。企业可以研究竞争者的广告资料和产品,或者通过中间商、销售人员了解竞争者的销售状况和顾客反映,从中获得启发,产生构思。

④ 经销商。经销商直接从事购销活动,熟悉市场行情,了解顾客需求,能为企业提供有价值的信息。

⑤ 其他。企业还可以从科研机构、高等院校、市场营销调研公司、学术会议、展销会等方面获得新产品构思。

情境案例

1996年,一位四川农民投诉海尔洗衣机排水管老是被堵。服务人员上门维修时发现,这位农民居然用洗衣机洗地瓜,泥土大,当然容易堵塞!但服务人员并没有推卸责任,依然帮顾客加粗了排水管。农民感激之余说,如果能有洗地瓜的洗衣机就好了。

技术人员一开始是把此事当笑话讲出来的,但是,海尔集团董事局主席听了之后却不这样认为,他对科研人员说,满足用户需求是产品开发的出发点与目的。技术人员对开发能洗地瓜的洗衣机想不通,因为按"常理"论,客户这一要求太离谱甚至荒诞!但他说,开发创造出一个全新的市场。终于,"洗地瓜洗衣机"在海尔诞生了!它不仅具有一般双桶洗衣机的全部功能,还可以洗地瓜、水果!

(2) 构思方法

① 产品属性列举法。先列出某一现行产品的主要属性,然后尝试探索、改进每一属性,从而得到新构思。

② 强行关系法。先列出若干不同的产品,然后把某一产品与其他一个或一些产品强行结合起来,由此产生新的构思。如办公设备制造商打算设计一个新型经理办公桌,他列出相关物体,如办公桌、书橱、时钟、电视机、电脑和复印机等,用这些产品构思出一个完全电子化的组合办公桌。

③ 形态分析法。先找出一个问题的各个重要因素,然后分析各种因素之间的相互关系,重新组合,产生构思。

④ 问题分析法。它是指向消费者进行调查,了解他们在使用某种产品时出现的问题,然后对这些意见进行整理,把它们转化为新的产品构思。

⑤ 头脑风暴法。它是指选择专长各异的人员进行座谈,不做任何限制,也不批评任何人提出的意见。通过这种方法使与会人员都能够放下思想包袱,畅所欲言,从而获得从常规渠道或常规方法中得不到的意见,从中寻找和发现有价值的构思。

2. 构思筛选

构思筛选是指对前一阶段所获得的大量新产品构思加以分析和评估,从众多的构思中保留少数几个有吸引力且切实可行的构思。

情境案例

"健达出奇蛋"(Kinder Surprise)是一种用巧克力做的包着精巧玩具的蛋形儿童糖果。该产品于1972年首次在意大利亮相。随后,"健达出奇蛋"很快征服了所有欧洲人的心(无论是小孩还是大人)。1975年,它进入加拿大市场。其创意来自意大利糖果业巨头费列罗(Ferrero)。

当"健达出奇蛋"刚面世的时候,零食市场主要的品种包括糖果、口香糖、坚果、咸味食品、冰激凌和巧克力。当时市场已是细分到一定程度,如今更是有过之而无不及。而巧克力类的品牌更是趋于饱和。市面上的巧克力条不仅大小各异、种类繁多,而且口味齐全,为的是竞相俘获小孩和父母的心。很多时候是父母给孩子购买巧克力,而且喜欢了解和控制孩子的饮食。费列罗很好地把握了这一点。

当公司决定推出一项新的巧克力条产品时,它本可以考虑改变该产品的味道、成分、设计等等(纵向的创新思维)。但是,费列罗推出了一个新奇的概念:藏有玩具的巧克力蛋——每颗巧克力蛋里的玩具都是可供儿童收集的一个长长系列玩具中的一员。

巧克力里包玩具?倘若我们考虑在巧克力条市场中创新,玩具会是不合逻辑的选择。我们是糖果制造商,对吧?

"健达出奇蛋"在电视广告中将自己定位为健康食品——富含热量和碳水化合物。而蛋形给儿童提供了合适的巧克力摄取量。当孩子们打开巧克力蛋,他们会开始玩起里头的玩具,不再嚷着要更多的巧克力了。这两点使得父母(购买者)相信"健达出奇蛋"就是他们在众多糖果中的最佳选择。

对儿童而言,"健达出奇蛋"可谓是一"吃"三得:巧克力、玩具和收集飞船、动物、鬼怪等各种玩具的机会。"健达出奇蛋"通过创造新的亚糖果类重新界定了糖果市场。目前,"健达出奇蛋"仍是该亚类的领导者,尚无其他竞争者可以与之抗衡。

要是费列罗推出一款夹花生的巧克力,他又能卖出多少呢?充其量不过是占有3%~5%的市场份额而已。也许有些人看不出"健达出奇蛋"与其他巧克力之间有什么不同。"健达出奇蛋"在"吃"的需求中加入了"玩"的需求,市场立刻发生了变化。普通巧克力若不进行任何改动,是无法满足消费者玩的需求的,而"健达出奇蛋"做到了。

3. 产品概念的形成和测试

(1) 产品概念的形成

产品构思是企业从自己的角度考虑的能够向市场提供的可能产品,它只是为新产品开发指明了方向。如奶粉的构思可能是"生产一种粉状牛奶制品"。

产品概念是企业从消费者的角度对产品构思进行的详尽描述。即将新产品构思具体化,描述出产品的名称、性能、具体用途、形状、价格、提供给消费者的利益等,让消费者能轻而易举地识别出新产品的特征。产品概念的形成来源于针对新产品构思问题的回答,一般通过对以下三个问题的回答,可形成不同的新产品概念,即谁使用该产品?该产品提供的主要利益是什么?该产品适用于什么场合?

(2) 产品概念的测试

产品概念的测试是指将一个精心描述的产品概念交给目标顾客去评价,以了解潜在顾客的反应,为优选产品概念提供依据。

4. 初拟营销规划

选定产品概念后,要制定将该产品引入市场的初步规划。该规划是粗线条的,在以后的开发阶段中还会不断得到完善。

5. 商业分析

企业拟定初步营销规划后,还要详细分析这一新产品开发方案的可行性。商业分析实际上是经济效益分析,即对新产品未来的销售额、成本和利润给予充分的估计,判断它是否能达到企业开发新产品的目标。企业首先要调查同类产品销售的历史资料,掌握历史上最高销量和最低销量,结合目标市场的实际状况推算出新产品的销售额。然后,由研发部门、生产部门、营销部门和财务部门等进一步估算产品的预期成本和盈利情况。如果预计产品的销量、成本、利润能达到目标,就进入新产品研制阶段。

6. 产品研制

产品研制是指企业的研发部门或技术工艺部门,将通过商业分析后的产品概念试制成为产品模型或产品样本,同时进行包装的研制和品牌的设计。

在此以前,新产品只是一段语言描述、一张图纸或一个粗糙的模型,经新产品研制后变成了产品实体或模型。

对试制出来的模型必须进行严格的性能测试和消费者测试。性能测试在实验室和现场条件下进行,以确保新产品的有效性、可靠性与安全性。消费者测试是通过各种方式了解消费者对新产品的意见。

如果企业对产品测试的结果感到满意,就进入市场试销阶段。

7. 市场试销

市场试销是指把研制出来的新产品投放到有代表性的范围有限的市场内进行销售,观察在现实的市场环境条件下新产品的市场反应。如果试销市场呈现高试用率和高再购率,就表明该产品受欢迎,可以继续生产;如果市场呈现高试用率和低再购率,就表明消费者不喜欢该产品,必须重新设计或放弃;如果市场呈现低试用率和高再购率,就表明该产品很有前途,需要加强促销工作;如果试用率和再购率都很低,就表明该产品没有前途。

新产品的市场试销获得成功之后,企业就要将其大批量地投放市场。

8. 商业化

商业化是指企业将试销成功的新产品全面推向市场。在这一阶段,企业高层管理者必须作好以下四项决策:

(1) 上市时机

它是指企业决定在什么时间将新产品投放到市场上。如果新产品是季节性产品,应选择在旺季上市,以尽快引起消费者的注意。如果新产品是用来替代老产品的,就应等到本企业老产品的存货被处理掉时再将这种新产品投放市场,以免影响老产品的销量。如果竞争者也将推出新产品,企业可以抢先入市,建立起品牌偏好;也可以与竞争者同时进入市场,与对手共同承担市场开发费用和风险;还可以延后进入市场,以节省促销费用,降低风险。

(2) 上市地点

它是指企业决定在什么地方(如某一地区、某些地区、全国市场或国际市场等)推出新产品。选择市场时要考察市场潜力、投放成本、竞争情况、企业在该地区的声誉、该地区调查资料的质量、对其他地区的影响力等方面。

直接把新产品投放到全国市场上的企业不多。大多数企业都是先在主要地区的市场推出产品,站稳这一市场后再扩大到其他地区。大企业一般是先占领某一地区(如华北、东北等),再推向全国,然后推向国际市场。小企业一般是先在某一中心城市销售,然后拓展到地区和全国。

(3) 目标市场

目标市场是指可能率先购买或早期购买新产品的顾客群。企业希望通过这个顾客群来带动一般顾客,用最少的费用迅速扩大新产品的市场份额。

(4) 营销组合导入策略

企业要为新产品入市制定出相应的营销策略,有计划地开展市场营销活动。企业要选择一个最合适的时间、最适宜的地点,以最恰当的方式将产品销售给最需要的顾客。如当年法国白兰地通过给艾豪威尔总统做寿,配合以促销组合策略,成功地进入了美国市场。

任务六　营销实践:撰写产品策略分析报告

通过本项目我们学习了产品策略的内容,包括产品组合、产品市场寿命、品牌、包装及产品开发等。从提供满足需求的产品角度分析,一个企业的经营首先要向市场提供有效的供给,即根据企业的营销战略,结合企业产品组合、不同产品所处的市场寿命等情况不断地进行产品开发,并将企业品牌和包装合理运用到企业产品的推广中。本项目学习结束后,营销实践的任务就是要结合某一企业的情况进行产品策略分析报告的撰写,旨在对所学习的内容从实践角度有进一步的认识和提高。

产品策略分析报告所包含的内容就是本项目所阐述的内容,主要有产品组合策略报告、产品市场寿命分析报告、产品品牌及包装策略报告、新产品研发报告等。产品策略分析报告既可以写成综合报告,也可以是分项报告。报告内容除一般的营销环境分析外,应该包括某策略现状分析、优缺点分析、未来趋势分析、策略建议等。由于产品策略分析报告包含的内容较多,所以本项目的营销实践我们可要求学生就某一方面撰写产品策略分析报告。

课后练习

一、单项选择题

1. 产品组合的长度是指企业所拥有的(　　)的数量。
   A. 产品品种　　B. 产品项目　　C. 产品品牌　　D. 产品线
2. 企业经营产品线的条数称为产品组合的(　　)。
   A. 长度　　　B. 宽度　　　C. 深度　　　D. 密度
3. 企业经营产品项目的总数称为产品组合的(　　)。
   A. 长度　　　B. 宽度　　　C. 深度　　　D. 密度
4. 企业推出新产品时采用高价格和高促销的策略为(　　)。
   A. 慢速渗透　B. 快速渗透　C. 慢速取脂　D. 快速取脂
5. 人们购买制冷用空调主要是为了在夏天获得凉爽空气,这属于空调产品整体概念中的(　　)。
   A. 核心产品　B. 形式产品　C. 附加产品　D. 期望产品
6. 产品说明书、保证、安装、维修、送货、技术培训等是产品整体概念中的(　　)。
   A. 核心产品　B. 形式产品　C. 附加产品　D. 直接产品
7. 企业产品线中所包含的产品项目的总数称为产品组合的(　　)。
   A. 宽度　　　B. 长度　　　C. 深度　　　D. 关联度
8. 产品改良、市场改良和营销组合改良等决策适用于产品生命周期的(　　)。
   A. 投入期　　B. 成长期　　C. 成熟期　　D. 衰退期
9. 在产品生命周期的(　　),企业应积极主动地扩大分销渠道,为日后产品的销售奠定良好网络基础。
   A. 投入期　　B. 成熟期　　C. 衰退期　　D. 成长期
10. 若企业各个产品系列之间在生产技术、分销渠道及顾客等方面具有一致性,则称产品组合(　　)。
    A. 比较深　　B. 比较宽　　C. 很广　　　D. 关联性强
11. 如果某产品的生产和销售正处于市场成长期,其营销重点应该是(　　)。
    A. 延长产品寿命,巩固市场占有率　　B. 努力开拓市场,提高市场占有率
    C. 加大推销力度,获取最大限度利润　D. 加大推销力度,增进顾客对产品的了解

12. 向顾客提供基本效用和利益是产品整体概念中的(　　)。
    A. 有形产品　　B. 附加产品　　C. 核心产品　　D. 期望产品
13. 企业的全部产品都使用同一个品牌的策略是(　　)。
    A. 个别品牌策略　B. 统一品牌策略　C. 分类品牌策略　D. 自有品牌策略
14. 某种产品出现问题时,不会影响其他产品的声誉,这是(　　)的优点。
    A. 个别品牌策略　B. 统一品牌策略　C. 复合品牌策略　D. 自有品牌策略
15. 商品包装的基本作用是(　　)。
    A. 保护商品　　　　　　　　　B. 便于携带和使用
    C. 增加盈利　　　　　　　　　D. 促进销售
16. 把使用时相互关联的若干种产品放在同一个包装容器中同时出售的包装策略是(　　)。
    A. 等级包装　　B. 类似包装　　C. 组合包装　　D. 附赠品包装

二、多项选择题

1. 现代营销观认为,满足消费者需求的产品包括(　　)内容。
    A. 优质产品　　　　　　　　　B. 核心产品
    C. 物美价廉　　　　　　　　　D. 形式产品
    E. 附加产品
2. 整体产品包括(　　)。
    A. 核心产品　　　　　　　　　B. 形式产品
    C. 附加产品　　　　　　　　　D. 潜在产品
    E. 包装产品
3. 按消费者购买习惯不同,产品可分为分(　　)。
    A. 选购品　　　　　　　　　　B. 特殊品
    C. 耐用品　　　　　　　　　　D. 便利品
    E. 非渴求品
4. 产品线延伸的做法有(　　)。
    A. 相向延伸　　　　　　　　　B. 向上延伸
    C. 向下延伸　　　　　　　　　D. 双向延伸
    E. 向内延伸
5. 企业产品组合的要素有(　　)。
    A. 广度　　　　　　　　　　　B. 高度
    C. 深度　　　　　　　　　　　D. 关联度
    E. 长度
6. 企业在产品投入期采取慢渗透策略的条件有(　　)。
    A. 消费者对价格很敏感　　　　B. 产品已广为人知
    C. 竞争者容易进入　　　　　　D. 市场规模小但容量大
    E. 企业促销能力薄弱
7. 企业在调整和优化产品组合时,依据情况不同,可选择的策略有(　　)。
    A. 扩大产品组合　　　　　　　B. 产品组合国际化
    C. 缩减产品组合　　　　　　　D. 产品延伸

E. 产品大类现代化
8. 企业在产品投入期采用快速取脂策略的条件有（　　）。
   A. 产品鲜为人知　　　　　　B. 市场规模和容量都较小
   C. 消费者对价格不敏感　　　D. 企业欲树立产品高质高价的形象
   E. 竞争者容易进入该市场
9. 从企业营销角度来看，新产品包括（　　）。
   A. 全新产品　　　　　　　　B. 换代新产品
   C. 改进新产品　　　　　　　D. 仿制新产品
   E. 品牌新产品
10. 处于产品寿命周期成熟期产品的改进策略包括（　　）。
    A. 质量改进　　　　　　　　B. 特点改进
    C. 价格改进　　　　　　　　D. 服务改进
    E. 式样改进
11. 品牌由（　　）两部分构成。
    A. 品牌名称　　　　　　　　B. 可注册商标
    C. 品牌标志　　　　　　　　D. 不可注册商标
    E. 品牌化
12. 新产品构思的来源有（　　）。
    A. 企业内部人员　　　　　　B. 顾客
    C. 竞争者　　　　　　　　　D. 经销商
    E. 科研机构

三、思考题

1. 产品组合的要素有哪些？
2. 简述产品生命周期各阶段的特征及营销策略。
3. 新产品的开发程序有哪些？每个步骤对企业开发新产品有什么意义？
4. 什么是品牌？品牌决策包括哪些内容？
5. 包装有哪些作用？常见的包装策略有哪些？产品的包装越精美越好吗？

四、案例分析题

华龙面的产品组合及品牌策略

2003年，在中国大陆市场上，位于河北省邢台市隆尧县的华龙集团以超过60亿包的方便面产销量排在方便面行业第二位，仅次于康师傅。同时与康师傅、统一形成了三足鼎立的市场格局。华龙真正地由一个地方方便面品牌转变为全国性品牌。

作为一个地方性品牌，华龙方便面为什么能够在康师傅和统一这两个巨头面前取得全国产销量第二的成绩，从而成为中国国内方便面行业又一股强大的势力呢？

从市场角度而言，华龙的成功与它的市场定位、通路策略、产品策略、品牌战略、广告策略等都不无关系，而其中产品策略中的产品市场定位和产品组合的作用更是居功至伟。下面我们就来分析华龙是如何运用产品组合策略的。

1. 发展初期的产品市场定位：针对农村市场的高中低产品组合

在20世纪90年代初期，大的方便面厂家将其目标市场大多定位于中国的城市市场。如康师傅和统一的销售主要依靠城市市场的消费来实现。而广大的农村市场,则仅仅属于一些质量不稳定、无品牌可言的地方小型方便面生产厂家,并且销量极小。中国的农村方便面市场仍然蕴藏巨大的市场潜力。

1994年,华龙在创业之初便把产品准确定位在8亿农民和3亿工薪阶层的消费群上。同时,华龙依托当地优质的小麦和廉价的劳动力资源,将一袋方便面的零售价定在0.6元以下,比一般名牌低0.8元左右,售价低廉。

2000年以前,主推的大众面有"108""甲一麦""华龙小仔";中档面有"小康家庭""大众三代";高档面有"红红红""煮着吃"。

凭借正确的目标市场定位策略,华龙一下在北方广大的农村打开市场。

2002年,从销量上看,华龙地市级以上经销商(含地市级)销售量只占总销售量的27%,而县城乡镇占73%,农村市场支撑了华龙的发展。

2. 发展中期的区域产品策略:针对不同区域市场高中低的产品组合

作为一个后起挑战者,华龙推行区域营销策略。它创建了一条研究区域市场、了解区域文化、推行区域营销、运作区域品牌、创作区域广告的思路,在当地市场不断获得消费者的青睐。从2001年开始推行区域品牌战略,针对不同地域的消费者推出不同口味和不同品牌的系列新品。

华龙针对不同市场采取的区域产品策略

地域	主推产品	广告诉求	系列	规格	价位	定位
河南	六丁目	演绎不贵	六目丁	红烧牛肉、麻辣牛肉等14种规格	低价位	目前市场上最低价位、最实惠产品
			六目丁108			
			六目丁120			
			超级六目丁			
山东	金华龙	"实在"	金华龙	红烧牛肉、麻辣牛肉等12种规格	低价位	低档面
			金华龙108		中价位	中档面
			金华龙120		高价位	高档面
东北	东三福	"咱东北人的福面"	东三福	红烧牛肉面等6种口味3种规格	高价位	高档面
			东三福120		中价位	中档面
			东三福130		低价位	低档面
	可劲造	大家都来可劲造、你说香不香	可劲造	红烧牛肉面等3种口味3种规格	高价位	高档面
全国	今麦郎	有弹性的方便面,向康师傅、统一等强势品牌挑战	煮弹面	红烧牛肉等4种口味、16种规格	高价位	高档面系列、以城市消费者为主
			泡弹面			
			碗面			

另外,华龙还有以下系列产品:

① 定位在小康家庭的最高档产品"小康130"系列;

② 面饼为圆行的"以圆面"系列;

③ 适合少年儿童的 A—干脆面系列；
④ 为感谢消费者推出的"甲一麦"系列；
⑤ 为尊重少数民族推出的"清真"系列；
⑥ 回报农民兄弟的"农家兄弟"系列；
⑦ 适合中老年人的"煮着吃"系列；

以上系列产品都有三个以上的口味和六种以上的规格。

3. 华龙方便面组合策略分析

华龙目前拥有方便面、调味品、饼业、面粉、彩页、纸品等六大产品线，也就是其产品组合的宽度为6。方便面是华龙的主要产品线，在这里，我们也主要研究方便面的产品组合。

（1）华龙的方便面产品组合非常丰富

其产品线的长度、深度和密度都达到了比较合理的水平。它共有17种产品系列，十几种产品口味，上百种产品规格。其合理的产品组合使企业充分利用了现有资源，发掘现有生产潜力，更广泛地满足了市场的各种需求，占有了更宽的市场面。华龙丰富的产品组合有力地推动了其产品的销售，有力地促进了华龙成为方便面行业老二的地位的形成。

（2）华龙面在产品组合上的成功经验

根据企业不同的发展阶段，适时地推出适合市场的产品。

① 在发展初期将目标市场定位于河北省及周边几个省的农村市场。由于农村市场本身受经济发展水平的制约，不可能接受高价位的产品，华龙非常清楚这一点，一开始就推出适合农村市场的"大众面"系列，该系列产品由于其超低的价位，一下子为华龙打开了进入农村市场的门槛，随后"大众面"系列红遍大江南北，抢占了大部分低端市场。

② 在企业发展几年后，华龙积聚了更大的资本和更足的市场经验，又推出了面向全国其他市场的大众面的中、高档系列，如中档的"小康家庭""大众三代"，高档的"红红红"等。华龙由此打开了广大北方农村市场。1999年，华龙产值达到9亿元人民币。

这是华龙根据市场发展需要和企业自身状况而推出的又一阶段性产品策略，同样取得了成功。

③ 从2000年开始，华龙的发展更为迅速，也开始逐渐丰富自己的产品系列，面向全国不同市场又开发出了十几个产品品种、几十种产品规格。2001年，华龙的销售额猛增到19亿元。这个时候，华龙主要抢占的仍然是中、低档面市场。

④ 自2002年起，华龙开始走高档面路线，开发出第一个高档面品牌——"今麦郎"。华龙开始大力开发城市市场中的中、高价位市场，此举在如北京、上海等大城市大获成功。

问题：
1. 请分析华龙面的产品组合。
2. 请分析华龙面的品牌策略。

五、职业技能训练题

1. 任选身边的某种产品进行层次结构分析，指出该产品中哪部分属于核心产品、哪部分属于形式产品、哪部分属于附加产品，并说明其对自己的启迪。
2. 调查并比较小米和格力的产品组合和品牌策略。
3. 对大润发的巧克力包装进行调查，分析存在的问题并提出改进意见。

项目五　制定和调整产品价格

知识目标：理解影响产品定价的主要因素；掌握常用的产品定价方法；熟悉常用的产品定价策略及其优、缺点。

技能目标：能够在不同时期、不同情况下灵活运用各种产品定价策略；能够当环境、营销条件、营销目标发生变化时，提出相应的调整产品价格的措施。

基本素养目标：树立营销的市场意识、规则意识、诚信意识和竞争意识；培养良好的人际沟通能力；培养执行力和团队协作力。

导入案例

我们在日常生活中经常看到很多和价格有关的现象，比如说：
① 泰国的大米在中国要比中国的大米贵很多。
② 黄金周期间家电企业一次又一次地爆发价格大战。
③ 相同的商品在我国内地和香港以及日本等地价格会相差很多。
④ 使用手机要交月租费。
⑤ 很多商场喜欢在节假日搞促销活动。
⑥ 景区内的很多服务会在节假日涨价。

营销启示：这些发生在我们身边的例子都与价格策略有关。不同环境条件下，企业要分析选择不同价格策略依据，即进行价格制定与调整的依据。

企业产品的价格是影响市场需求和购买行为的主要因素之一，直接关系到企业的收益。企业的产品价格策略运用得当，会促进产品的销售，提高市场占有率，增加企业的竞争力；反之，则会制约企业的生存和发展。

任务一　分析价格影响因素确定定价目标

一、分析影响定价的因素

（一）定价的理论依据

产品定价的基本依据是价值规律理论，即产品的价值由社会必要劳动时间决定，产品实行等价交换。一般来说，价值是价格的基础，价格是价值的货币表现，价值应等同于价格。但在实际市场交换中，单个商品的价格与价值很少趋于一致，价格与价值总是相互背离的，而这种背离又总是以价值为中心，进行上下波动的。从较长时期和总的趋势来看，这种背离不会太久,由于价格总是围绕价值上下波动,所以产品的总价格仍与总价值相等。因此企业在制定和调整价格时应以产品的价值为基础,使价格大体上符合价值,而不能背离太远,这样才符合价值规律的要求。

商品价格的高低主要由商品中包含的价值量的大小决定。但从市场营销的角度来看,商品的价格除了受价值量的影响之外,还要受其他诸多因素的影响。

(二)影响定价的主要因素

1. 影响产品定价的内部因素

企业在制定价格时,首先要考虑其基本依据——内部因素,即企业自身的经营条件。它具体包括企业的实力、企业的经营政策、产品成本水平和产品自身的特性等四个方面。

(1) 企业的实力

企业价格策略的运用必须以强大的实力作为后盾。当企业准备在市场上与对手展开直接价格竞争时,谁的资金雄厚、技术力量强、装备新,谁就能在较长的时期内保持低于对手的价格,从而在竞争中处于优势;反之,则会遭到失败。所以对于实力不足的企业,决不能轻易卷入价格大战,以免投机不成,反而葬送了自己。

(2) 企业的经营政策

企业的整体经营政策是产品定价的一个重要依据。因为它大致决定了企业的服务对象、目标市场、营销战略以及定价目标。企业在制定经营政策的过程中要注意保持其面向市场的各项政策之间的协调性、一致性,以理顺企业内外各方面的关系,创造良好的企业形象。

(3) 产品成本水平

产品在生产与流通过程中耗费的一定数量的物化劳动和活劳动之和构成产品成本,它是定价的最低界限。企业定价只有在补偿生产经营耗费的基础上尚有一定利润,才能保证其生产经营活动的顺利进行。换言之,企业定价必须首先保证总成本费用得到补偿,这就要求价格不能低于平均成本费用。但由于平均成本费用是由平均固定成本费用和平均变动成本费用两部分组成,而固定成本费用不随产量变化而变化,所以企业的盈亏分界点就只能是在价格补偿平均变动成本费用之后的累积余额等于全部固定成本费用之时。从长期来看,产品价格如果低于平均成本,企业将难以生存。就短期而言,产品价格必须高于平均变动成本,即获得边际利润。否则,亏损将随着生产经营产品数量的增加而增多。

(4) 产品自身的特性

不同的产品能满足不同层次的市场需求,产品自身的特性将直接影响企业价格策略的选择。它一般包括以下几个方面:

① 产品满足的需求层次。产品满足消费者需求的不同,使消费者对各类产品注重的因素会有所不同,其需求价格弹性也往往存在较大差别。

② 产品的质量。产品的质量是影响产品定价的重要内在因素,一般可分为三类,即按质论价、物美价廉、质次价高。

③ 产品生命周期的不同阶段。在产品生命周期的不同阶段,成本和销量差异很大,这就要求企业针对产品所处的不同阶段制定不同价格。如导入期价格、成长期价格、成熟期价格和衰退期价格等。

2. 影响产品定价的外部因素

企业在价格决策中,除了考虑内部因素,还需要充分考虑外部因素的制约,即市场因素、需求因素、心理因素和政府政策因素等四个方面。

(1) 市场因素

根据市场竞争程度的不同,我们可以把市场分为完全竞争、完全垄断、垄断竞争和寡头竞争四种类型。不同的类型决定着企业定价策略的不同。

① 完全竞争。它是指没有任何垄断因素的市场状况。其主要特征是,同种产品有许多生产者,各个企业的产品没有差别,且产量在销售总量中所占的比重很小,没有企业能够垄断市场和控制价格。在这种情况下,企业定价活动几乎发挥不了作用,只能接受市场竞争中形成的价格。而要获取较多的利润,也只能通过提高劳动生产率,节约成本费用,使本企业的成本低于同行业的平均成本。事实上,这种完全竞争的市场状态并不存在。很多商品只是接近于完全竞争状态。例如,一些生产简便、供应来源便捷的日用小商品等。对于这类商品,任何企业都不可能通过加强营销措施来提高价格,提高价格只会造成销售困难。

② 完全垄断。它又称为纯粹垄断市场或独占市场,是指一种产品完全由一家或少数几家企业所控制的市场状况。其主要特征是,企业没有竞争对手,独家或少数几家企业联合控制市场价格,通常主要通过市场供给量来调节市场价格。完全垄断一般只能在特定的条件下才能形成,比如,拥有资源垄断、专卖、专利产品的企业,像通讯、电力、自来水等,方可处于垄断地位。从理论上讲,垄断企业完全有定价的自由。但实际上,独占企业提高产品价格总能引起消费者的抵制和政府的干预。同时对市场的完全垄断会使企业缺乏降低成本的外在压力,导致销售价格较高及生产效率低下,社会资源配置不佳。

③ 垄断竞争。它是指既有垄断又有竞争的市场状况。垄断竞争介于完全竞争和完全垄断之间,属于一种不完全竞争,是现代市场经济中普遍存在的典型竞争形式。其主要特征是,同类产品在市场上有较多的生产者,市场竞争激烈,由于产品存在着差异性,使少数拥有某些优势的企业可以创造一种独特的市场地位,影响并控制一定的市场价格。在垄断竞争的市场中,由于竞争者众多,所以企业较少受竞争者市场营销战略的影响。

④ 寡头竞争。寡头竞争是竞争和垄断的混合物,也是一种不完全竞争。它是指某种产品的绝大部分由少数几家企业垄断的市场状况。其主要特征是,少数企业共同占有大部分的市场份额,并控制和影响市场价格,个别企业难以单独改变价格。在寡头竞争条件下,商品的价格主要由寡头们通过协议或默契决定。这种价格一旦决定,会保持较长时期不变,一般不会出现某个寡头升降价,其他寡头随之升降价的现象,但各个寡头在广告宣传、促销方面竞争较激烈。在现实经济中,寡头竞争比完全垄断更为普遍。如西方国家的汽车业、飞机制造业、钢铁业等都是寡头竞争。

(2) 需求因素

决定价格下限的是成本,而决定价格上限的是产品的市场需求,需求是影响企业定价最主要的因素。经济学上把商品的需求量对该商品价格变动反应的敏感程度称为需求价格弹性。影响需求价格弹性的因素主要有以下几个:

① 商品与生活关系的密切程度。凡是与生活关系密切的商品,需求的价格弹性就小;反之,则弹性大。

② 商品本身的独特性和知名度。越是独具特色和知名度高的产品,需求的价格弹性越

小;反之,弹性越大。

③ 替代品和竞争品的种类及效果。凡替代品和竞争产品少并且效果也不好的产品,价格弹性小;反之,则弹性大。

不同产品的需求价格弹性不同,因而企业在定价时对需求价格弹性大的商品可用降价来刺激需求;对需求价格弹性小的商品,当市场需求强劲时,则可适当提高价格以增加收益。

(3) 心理因素

消费者的心理行为是企业制定价格时最不易考察的一个因素,同时又是企业定价时必须考虑的一个重要因素。通常消费者在选购商品时,总是根据某种商品能为自己提供效用的大小来判定该商品的价格,他们对商品一般都有客观的估价。若企业定价高于消费者的心理估价,则很难被消费者所接受;反之,则易引起消费者的误解及拒绝。随着消费心理的日趋复杂,心理因素对企业定价的影响越来越大。

(4) 政府政策因素

随着价值规律、供求规律和竞争规律的自发作用,市场经济在发展过程中会产生某些无法自我完善的弊端。为此,政府就需要通过运用经济、法律、行政的手段对市场进行宏观调控,有时甚至需要直接对市场价格进行宽严程度不同的管制。政府为发展市场经济制定的一系列政策、法规,既有监督性的,也有保护性的,还有限制性的。它们在经济活动中制约着市场价格的形成,是各类企业定价的重要依据。因此,企业在经营过程中应密切注意货币政策、贸易政策、法律和行政调控体系等对市场流通和价格的影响,尽可能地规避政策风险。

二、确定定价目标

定价目标是指企业在对其生产或经营的产品制定价格时有意识地要求达到的目的。它是企业选择定价方法和制定价格策略的依据。企业的定价目标既要服从于营销总目标,又要与其他营销目标相协调。一般来说,企业的定价目标主要有以下几种:

1. 追求利润最大化

以最大利润为目标,指的是企业希望获取最大限度的销售利润或投资收益。最大利润目标并不必然导致高价。当一个企业的产品在市场上处于某种绝对优势时,如有专卖权或垄断等,固然可以实行高价策略以获得超额利润,但随着市场竞争的加剧,企业要想在长期内拥有过高价格,必然会遭到来自多方面的抵制,价格也会随之回落到合理的水平。最大利润有长期和短期之分,有远见的经营者,都着眼于追求企业长期利润的最大化,但也有一些中小企业和商业企业经常以短期最大利润为目标。此外,为了获取整个企业的最大利润,企业也可以有意识地将一些易引起人们兴趣的产品的价格降低,借以带动其他产品的销售。例如,美国吉列公司曾以低价甚至是赔钱的价格销售其刀架,目的是为了吸引更多顾客购买其互补品剃须刀片,以便从大量销售的剃须刀片中获取更多的利润。

2. 保持或扩大市场占有率

市场占有率是企业经营状况和产品竞争能力的综合反映,关系到企业的兴衰。价格的高低对于市场占有率的高低有很大影响。一般来说,为了保持或扩大市场占有率,许多企业经常采用价格手段,制定出对潜在消费者有吸引力的较低价格,以开拓销路。销路越好即销售规模越大,则意味着市场占有率越高;市场占有率越高,则盈利能力越强;盈利能力越强意味着企业的市场地位越高,竞争实力越强,企业才能进一步发展壮大。

3. 应付或防止市场竞争

这种定价目标是指企业通过服从竞争的需要来制定价格。一般来说,企业对竞争者的行为都十分敏感,尤其是价格的状况更甚。在市场竞争日趋激烈的环境中,企业在定价前应仔细分析竞争对手的产品和价格情况,然后有意识地通过自己的定价目标去对付竞争对手。即一方面对竞争者挑起的价格竞争进行反击;另一方面也可通过价格设置一道看不见的进入壁垒,以预防潜在的竞争者。在这里要说明的是后一种情形。在生产某种产品的技术水平和成本水平一定的情况下,企业制定高价意味着在短期内企业能获取较高利润,可能会吸引大量竞争者的进入,而制定低价,企业在短期内的获利水平可能是有限的,但也降低了本行业对潜在进入者的吸引力,即降低了企业在未来可能面临的压力。

4. 树立和改善企业形象

良好的企业形象是企业的无形资产和宝贵财富,它同样也体现在定价决策中。通常为了取得良好的企业形象,企业在定价中需要考虑以下三个方面的因素:

① 本企业的价格水平能否被目标消费者所接受,是否同他们期望的价格水平相接近,是否有利于企业整体策略的有效实施。

② 本企业产品的价格是否使人感到质价相称,独具特色。

③ 本企业的定价是否符合国家宏观经济发展目标,是否严格遵从了社会和职业道德规范。

企业在确定定价目标时应综合考虑影响企业定价的因素,使定价符合市场状况。

任务二 选择定价方法

定价方法是企业为实现其定价目标所采取的价格制定方式。不同的企业、不同的产品、不同的时期,企业定价考虑的因素重点有所不同,因而定价方法的选择也就不同。但在价格决策中,企业所面临的价格水平的主要影响因素——成本费用、市场需求、市场竞争是客观存在的,因此,各种定价方法可归纳为成本导向、需求导向、竞争导向三大类。

一、成本导向定价法

所谓成本导向定价法,是指企业以提供产品过程中发生的成本为定价基础的定价方法。按照定价成本的性质不同,它又可分为以下几种:

1. 成本加成定价法

这是应用最普遍的一种方法,是以单位产品成本加上固定的百分率,即该商品的出售价格。其计算公式为:

$$单位产品价格 = 单位产品成本 \times (1 + 加成率)$$

加成率即预期利润与产品总成本的百分比。

例 4-1 某电子企业生产一部小型录放机的平均变动成本为 75 元,固定成本为 65 元,利润加成率为 40%,则这一小型录放机的售价是多少?

解: 销售价格 = 单位成本 × (1 + 加成率)
= (75 + 65) × (1 + 40%)
= 196(元)

这种方法的优点是：① 简单易行，大大简化企业定价程序。② 若多家企业成本和加成接近，则会避免按需求定价所引起的激烈竞争。③ 企业以本求利，消费者会认为公平合理。其缺点是按照习惯比例加成定价，忽视了竞争状况与需求的弹性，难以确保企业实现利润最大化。这种定价方法应用面广，不仅生产企业、中间商长期使用，其他行业、科研部门等也常采用。

2. 目标利润定价法

这是利用盈亏平衡分析原理来进行定价的一种方法，也叫盈亏平衡定价法。其原理是，企业在一定的销售量条件下，当价格在某一水平时，产品成本费用正好为销售收入所补偿，利润为零；如果价格低于这一水平，则企业亏损；如果价格高于这一水平则企业盈利。这一价格水平称为保本价格。其计算公式如下：

保本销售价格×销售量＝固定成本＋（单位产品变动成本×销售量）

$$P \times Q = F + (v \times Q)$$

$$P = (F + vQ)/Q$$

式中，P 为保本销售价格；Q 为销售量；F 为固定成本；v 为单位产品变动成本。

利用保本价格公式，可以推出企业确定目标利润时产品价格的计算公式为：

单位产品价格＝（固定成本＋变动成本＋目标利润）÷销售量

$$P_0 = (F + vQ + TP)/Q$$

式中，P_0 为获得目标利润的价格；TP 为预期目标利润。

与成本加成定价法相比较，盈亏平衡法重视企业对总成本的补偿和盈利，考虑到了预期销售量及目标利润。但也有与成本加成类似的缺点，即为了确定总成本而预测销售量时，并未明确在什么价格上的销售量。因此，企业应该考虑不同的价格，并估计各种价格下盈亏平衡的产量、可能的需求量和利润。企业在考虑价格与销售量的关系上，还要考虑价格需求弹性以及竞争者的价格。

3. 边际贡献定价法

它是指在变动成本的基础上，加上预期边际贡献来计算价格的定价方法，所以也称之为变动成本定价法。边际贡献是指销售收入减去变动成本的余额，其计算公式为：

单位产品边际贡献＝单位产品价格－单位变动成本

例 4-2 某钢管椅生产企业每年固定成本为 10 万元，当年由于市场变化，按原价格出售找不到新客户，而且一时也无法生产其他产品。这时如有一批客户定购 10 000 把椅子，最高报价为 50 元一把。如果每把椅子的变动成本为 42 元，按上述损益平衡法可知，企业至少要以 52（100 000÷10 000＋42）元的价格出售才正好保本，按 50 元销售将损失 20 000（2×10 000）元。但企业如果不生产，10 万元固定成本的损失不可避免。如果生产，看起来损失了 2 万元，实际上是补偿了 10 万元固定成本中的 8 万元，比不生产少赔 8 万元。因此，在这种情况下加工比不加工更好。

利用边际贡献法有利于维护买卖双方良好的关系，扩大产品销售，提高竞争能力。它通常适用于以下两种情况：一是企业产品滞销积压时以变动成本为基础定价，有利于提高企业竞争力。二是当企业生产两种以上的产品时，可根据各种产品贡献的大小安排企业的产品线，易于实现产品的最佳组合。

二、需求导向定价法

需求导向定价法是基于消费者对产品的感知价值和市场需求强度来定价的方法。它是在预计市场能够容纳目标产销量的需求价格限度内,确定消费者价格、经营者价格和生产者价格的一种方法。这种定价法具体可分为以下几种:

1. 可销价格倒推法

可销价格倒推法是通过价格预测,先确定市场可销零售价,再据此向后推算批发价、出厂价的一种方法。

(1) 计算方法

$$出厂价 = 市场可销零售价 - 批零差价 - 进销差价$$
$$= 市场可销零售价 \times [1 + 批零差价率 \times (1 - 进销差价率)]$$

例 4-3 某产品单位生产成本 17 元,产品税率 15%,该类商品进销差价率为 10%,批零差价率为 15%,据预测,市场可销零售价为 27.6 元,则其生产利润是多少?

解:批发价 = 27.6/(1+15%) = 24(元)

出厂价 = 24×(1−10%) = 21.6(元)

生产税金 = 21.6×15% = 3.24(元)

生产利润 = 21.6−17−3.24 = 1.36(元)

(2) 可销价格的测定

采用可销价格倒推法的关键在于正确测定市场的可销价格,否则,定价会偏高或偏低,影响企业的市场营销能力。市场可销价格一般应满足以下两个条件:

① 与消费对象的支付能力大体相适应。

② 与同类产品的现行市场价格水平大体相适应。

测定市场可销价格的基本方法有以下几种:

① 主观评估法。由企业内部管理人员以市场上畅销的同类产品的价格为依据,通过比质比价,结合考虑市场供求趋势,对产品的市场可销价格进行评估确定。

② 客观评估法。由企业外部有关人士对产品的性能、效用、寿命等方面进行评议、鉴定和估价。

③ 试销评估法。以一种或几种不同价格在不同区域或消费对象中进行实地销售,并采用上门征询、问卷调查、举行座谈会等形式,全面征求消费者的意见,最后综合分析,确定市场可销价格。可销价格倒推法有强化企业的市场导向意识和提高企业竞争能力等优点。

2. 理解价值定价法

所谓理解价值定价法,是指根据消费者对商品价值的理解程度来决定商品价格的一种方法。其关键在于企业对消费者理解的商品"价值"有正确的估计。如果估计过高,定价超过了消费者的价值判断,消费者就会拒绝购买;如果估计过低,定价低于消费者的价值判断,消费者又会不屑购买;只有当产品定价同消费者的价值判断大体一致时,消费者才会乐于购买。采用理解值定价法时,企业并非完全处于被动地位,而是可以在充分了解消费者对商品理解值的基础上,尽可能地采用多种手段去影响消费者对商品价值的理解。如有计划地搞好产品的市场定位,在质量、服务、包装、广告等因素上下功夫,从而进一步提高价格决策的主动性。

情境案例

美国卡特彼勒工程机械公司采用理解价值定价法为其产品定价。该公司生产的拖拉机定价为 24 000 美元,虽然竞争者的类似产品只定价 20 000 美元,但卡特彼勒公司得到了更大的销售量。为什么顾客愿意多付 4 000 美元来购买该公司的产品呢?因为根据市场研究,该公司发现所产拖拉机的市场理解价值如下:拖拉机与竞争产品相同时的价值为 20 000 美元;产品有较长使用寿命所值的金额为 2 000 美元;产品良好的可靠性在买主中享有较高的信赖度所值的金额为 2 000 美元;公司提供较好的服务所值的金额为 2 000 美元;公司有较长的零件保用期所值的金额为 2 000 美元;买主对该公司品牌的认可价值是 1 000 美元。可见,该产品售价 24 000 美元对买主来说不是比竞争产品贵 4 000 美元,而是比应有价值便宜了 5 000 美元。这就是价高销售量反而增大的原因。

3. 需求差别定价法

它是指同一质量、功能、规格的商品,可以根据消费者需求的不同而采用不同的价格。即价格差别并非取决于成本的多少,而是取决于消费者需求的差异。这种定价法主要有以下几种形式:

① 以不同消费者为基础的差别定价,如工业用水、居民用水按两种价格收费。

② 以不同产品式样为基础的差别定价,如同等质量的产品,式样新的可定高价,式样旧的可定低价。

③ 以不同地理位置为基础的判别定价,如可口可乐易拉罐饮料在星级饭店的售价就比街边杂货店的售价高。

④ 以不同时间为基础的差别定价,如长途话费在不同时间可以制定不同的价格。

采用需求差别定价法应具备以下条件:

① 市场要能细分,且细分市场的需求差异较为明显。

② 高价市场中不能有低价竞争者。

③ 价格差异适度,不会引起消费者的反感。

三、竞争导向定价法

它是指以市场上竞争对手的价格为依据,随市场竞争状况的变化来确定和调整价格的定价法。这种方法具有在价格上排斥对手,扩大市场占有率的优点。它一般可分为以下几种形式:

1. 随行就市定价法

它是指与本行业同类产品的价格水平保持一致的定价方法。适用随行就市定价法的产品,一般需求弹性小、供求基本平衡、市场竞争较充分,且市场上已经形成了一种行业价格,企业轻易不会偏离这个通行价格,除非它有很强的竞争力和营销策略。采用这种方法的优点是,可以避免挑起价格战,与同行业和平共处,减少市场风险。同时可以补偿平均成本,获得适度利润,易为消费者所接受。因此,这是一种较为流行的保守定价法,尤其为中小企业所普遍采用。

2. 竞争价格定价法

它是指根据本企业产品的实际情况及与对手的产品差异状况来确定价格的方法。这是一种主动竞争的定价法。它一般为实力雄厚、产品独具特色的企业所采用。

它通常将企业估算价格与市场上竞争者的价格进行比较,分为高于竞争者定价、等于竞争者定价、低于竞争者定价三个价格层次。

① 高于竞争者定价。在本企业产品存在明显优势,产品需求弹性较小时采用。

② 等于竞争者定价。在市场竞争激烈,产品不存在差异情况下采用。

③ 低于竞争者定价。在具备较强的资金实力,能应付竞相降价的后果且需求弹性较大时采用。

情境案例

前些年,麦当劳凭借其价格仅为2元的圆筒雪糕,在快餐行业的雪糕销售中一直压倒竞争对手肯德基,处于领先地位。每日门庭若市的雪糕销售热潮在为麦当劳带来丰厚的利润之余,也带动了整个餐厅销售额的大幅增长。针对这种状况,其主要竞争对手肯德基也在下一年推出了模仿意味甚浓的脆皮甜筒,并定出与麦当劳相当的价格。

3. 投标定价法

密封投标定价法适用于一些工程建设项目或一些商品的采购。一般是将工程项目或所要采购商品的具体情况发出公告,即公开招标。有意于这笔生意的企业在规定时间内填写标书,即卖方竞争投标,密封递交给招标企业,称为投标。招标者到期当众开标,选择最有利于招标方的投标者中标,并与中标者签约。

一般情况下,招标方总是选择最经济实惠的、最有利于己方的投标方成交。而投标方总是希望以较高的价格投中,获得较好的收益。但是报价越高,投中的可能性越小。那么企业怎样确定投标价格呢?

第一,分析计算本企业经营投标项目的边际成本,列出不同价格条件下的企业获利水平。

第二,分析竞争对手的实力及可能报价。确定本企业的几种方案的中标机会。如果企业知道参加竞标的单位,则可根据其过去的投标记录和研究人员的判断,列出对手的投标出价的可能情况,进行比较分析,再制定自己的方案。如果不知道参加竞标的单位,就只能完全凭经验列出每一投标价格下可能中标的概率,作为企业出价的依据。

第三,计算期望利润值。就是将不同价格条件下企业能得到的利润同中标可能性(中标概率)相乘得到期望利润值,企业的投标价格,应该根据最高期望利润来确定。

例如,某企业要参与者一项工程的投标。其报价情况如表5-1所示。

表5-1 投标报价情况分析表　　　　　　　　　　　　　　万元

投标方案	企业报价	可得利润	中标概率%	期望利润
1	300	80	90	72
2	400	150	60	90
3	500	200	30	60
4	600	280	5	14

由上表可以看出,第二号方案为企业投标方案。企业在制定投标方案时,对竞争者报价、中标概率、企业利润的估计分析是一项比较复杂的工作,需要认真对待,以尽量获得可靠数据,提高投标成功率。

任务三　制定定价策略

定价策略与定价方法密切相关,定价方法侧重于确定产品的基本价格,而定价策略则侧重于根据市场具体情况,运用价格手段去实现企业定价目标。从一定意义上说,定价策略是定价方法的灵活性、艺术性的运用。由于企业生产经营的产品和所处市场状况等条件的不同,企业的定价策略应有所区别。

一、新产品定价策略

新产品关系着企业的前途和发展方向,它的定价策略对于新产品能否及时打开销路,占领市场,最终获取目标利润有很大的关系。新产品的定价策略一般有以下几种:

1. 撇脂定价策略

它是指在新产品上市之初,将价格定得很高,尽可能在短期内赚取高额利润。这种策略如同从鲜奶中撇取奶油一样,所以叫撇脂定价策略。这是一种短期内追求最大利润的高价策略。运用它时必须具备以下条件:

① 产品的质量、形象必须与高价相符,且有足够的消费者能接受这种高价并愿意购买。

② 产品必须有特色,竞争者在短期内不易打入市场。

采用这种定价策略的优点是,高价格高利润,能迅速补偿研究与开发费用,便于企业筹集资金,并掌握调价主动权。其缺点是,定价较高会限制需求,销路不易扩大;高价原则会诱发竞争,企业压力大;企业新产品的高价高利时期也较短。撇脂定价策略一般适用于仿制可能性较小、生命周期较短且高价仍有需求的产品。

> **情境案例**
>
> iPod是苹果公司成功推出过的消费类数码产品之一。当年,苹果公司对第一款iPod制定的零售价格就高达399美元,即使对美国人来说,也是属于高价位的产品,但是有很多"苹果迷"既有钱又愿意花钱,所以纷纷购买。苹果公司认为还可以"撇到更多的脂",于是不到半年又推出了一款容量更大的iPod,定价499美元,仍然销路很好。苹果公司的撇脂定价策略大获成功。

2. 渗透定价策略

这是一种低价策略,在新产品上市之初将价格定得较低,利用价廉物美迅速占领市场,取得较高市场占有率,以获得较大利润。其适用条件如下:

① 潜在市场较大,需求弹性较大,低价可增加销售。

② 企业新产品的生产和销售成本随销量的增加而减少。

这种定价策略的优点如下:

① 低价能迅速打开新产品的销路,便于企业提高市场占有率。

② 低价获利可阻止竞争者进入,便于企业长期占领市场。

其缺点是投资的回收期长,价格变动余地小,难以应付在短期内突发的竞争或需求的较大变化。

> **情境案例**

1997年,吉利集团以民营企业的身份跨入了汽车制造行业。1999年,吉利在宁波投资建设了宁波美日汽车制造有限公司,生产吉利、美日家庭轿车。2001年4月,吉利与豪情两家公司成立浙江吉利汽车工业股份有限公司。2001年的中国汽车市场,一方面,市场继续发育;另一方面,受到中国加入WTO的影响,车型频出,产销量快速上升,价格逐渐下降。

吉利在刚生产汽车的时候,第一次定价就是全国最低,后来还在降价。吉利车价格只有3~6万元,有的车型价格甚至低于国内同类车的一半,定位低端经济型轿车。在低端轿车市场中,吉利利用其生产成本低的优势,获得了市场发展的空间。

吉利汽车采取了"最低价"的市场渗透定价策略,实现了以最快速度抢得市场份额的目的,成功进入了轿车市场,成为我国轿车行业的知名民族品牌。

3. 温和定价策略

这是一种中价策略,在新产品上市之初将价格定在高价和低价之间,力求使买卖双方均感满意。由于撇脂定价策略定价较高,易引起消费者的不满及市场竞争,有一定风险;市场渗透定价策略又定价过低,虽对消费者有利,但企业在新产品上市之初收入甚微,投资回收期长。而温和定价策略既可避免撇脂定价策略因高价而具有的高风险,又可避免市场渗透定价策略因低价带来的企业生产经营困难。因而既能使企业获取适当的平均利润,又能兼顾消费者的利益。此法的缺点是比较保守,不适于需求复杂多变或竞争激烈的市场环境。

4. 仿制品定价策略

新产品中有一类仿制品,是企业合法模仿国内外市场某种畅销产品而制造的新产品。这类产品定价的关键在于如何进行市场定位,特别是仿制品的定位应尽量与市场上原有创新者的定位保持一定的价格差。如目前中外合资企业生产的仿制品普遍采用优质中价、中质低价、低质廉价的降档定价策略。

二、产品组合定价策略

产品组合是指一个企业新生产经营的全部产品大类和产品项目的组合。产品组合定价策略的主要形式有以下几种:

1. 产品线定价策略

产品线内的不同产品,根据不同的质量和档次,结合消费者的不同需求和竞争者的产品情况,来确定不同的价格。即对同一产品线中不同产品之间的价格步幅做出决策。

采用这种方法定价,需注意的是,产品线中不同产品的价格差要适应消费者的心理需求,价差过大会诱导消费者趋向于某一种低价产品;价差过小会使消费者无法确定选购目标。如某服装店将男衬衫分别定为260元、95元、30元三种价格,消费者自然会把这三种价格的衬衫分为高、中、低三个档次进行选购。即使这三种价格都有变化,消费者仍会按自己的习惯去购买某一档次的衬衫。

> **情境案例**

2017年10月和11月,华为公司相继发布了HUAWEI Mate 10系列产品。其中,HUAWEI Mate 10有4G+64G和6G+128G两种配置,官网销售价格分别是3599元和

4 199元;HUAWEI Mate 10 Pro也有6 G+64 G和6 G+128 G两种配置,官网销售价格分别是4 499元和4 999元。产品线上的手机通过依次增加新容量和功能来获取高价,营销管理部门要确定各款手机之间的价格差距。制定价格差距时要考虑手机之间的成本差额、顾客对不同特征的评价以及竞争对手的价格。如果价格差额很大,顾客就会购买价格低、配置低的那款手机。

2. 任选品定价策略

这是指在提供主要产品的同时,还附带提供选购产品或附件与之搭配。选购品的定价应与主要产品的定价相匹配。选购品有时成为招徕消费者的廉价品,有时又成为企业高价的获利项目。如美国的汽车制造商往往提供不带任何选购品的车型,以低价吸引消费者,然后在展厅内展示带有很多选购品的汽车,让消费者选购。

3. 连带产品定价策略

这是指有连带互补关系,必须配套使用的产品。两种相关产品同时生产的企业,一般将主体产品定低价以吸引消费者购买,而将附属产品定高价以获取长期利益。如吉列公司的剃须刀架定价很低,因为它能在销售高价吉列刀片上赚回利润。

情境案例

就桶装水而言,饮水机是附属产品,水桶从某种意义上讲也是附属产品,主产品则是纯净水。目前桶装水厂家饮水机的来源一是从市场上购买,贴出商标/品牌,二是自己组装。不管是哪一种来源,纯净水生产厂家均采取了让消费者低代价获取饮水机的方法,具体方法包括:

① 低价销售。有的厂家1 500元进货的饮水机以半价赔本供给用户。

② 有条件赠送。比如,一次性购买一定数量的桶装水即赠送饮水机。

③ 免费赠送。一般是对一些大机构或用水大户如宾馆、饭店、单位办公室及一些公共场所的摊点实行免费赠送。

④ 出租。即对饮水机收取较低的租金,一定时间后归用户所有。

饮水机较低的获得成本扩大了市场总需求,饮水机得以飞入寻常百姓家,最终促进了纯净水主产品的消费。

4. 副产品定价策略

企业在生产过程中,经常产生副产品,如酿造厂的酒糟,榨油厂的油渣等。这些副产品的处理需要花费一定的费用。如果能将其直接变卖将会对主产品的价格产生非常有利的影响,也有助于企业在迫于竞争压力时制定较低价格。

5. 产品群定价策略

为了促销,企业常将几种产品组合在一起进行捆绑降价销售。如图书经销商将整套书籍一起销售,价格就要比单独购买低得多。采用这种策略,价格的优惠程度必须有足够的吸引力,且要注意防止易引起消费者反感的硬性搭配。

三、产品生命周期不同阶段价格策略

这是一种根据产品在生命周期不同阶段的不同特点,而采用不同定价方法的策略。

1. 导入期定价策略

这个时期是新产品进入市场的初级阶段。其特点是产品初次上市,制造成本高,促销费用

大,而销售数量少。针对这些特点,企业可采取以下三种策略:

① 高价策略。即高价投入新产品,售价大大高于成本,力求短期内补偿全部成本,并迅速获利。它一般适用于市场寿命周期较短的时尚产品,如服装、化妆品等。

② 低价策略。即低价投放新产品,使产品在市场上广泛渗透,从而提高市场份额,然后随市场份额的提高调整价格,实现盈利目标。它一般适用于有代用品的中高档消费品。

③ 中价策略。即价格水平适中,同时兼顾厂商、中间商及消费者利益,使各方面满意。它一般适用于生活必需品和重要的生产资料。它的总原则是努力取得市场占有率。

2. 成长期定价策略

成长期是商品在市场上打开销路的阶段。新产品进入成长期以后销售量迅速增加,成本不断下降,质量逐步提高,市场竞争者较少。成长期的总体营销策略上往往采取以"好"为主的方针,需要一定的投入,其重点是建立消费者的价值满意度。针对以上特点,定价策略应根据投入期定价策略做相应调整。可根据需求情况和消费者对产品的满意,进行市场细分后来确定价格,即以顾客需求导向定价方法;也可根据产品与其他企业差异度来进行差别定价;还可以根据先前的低价策略,继续致力于成本领先策略,定低价格阻止竞争者加入或保持领先优势;投入期的高价策略可根据情况适当降价,也可阻止竞争者加入,并保持优势。

3. 成熟期定价策略

成熟期是产品在市场上普及并达到饱和程度的阶段。这个阶段的特点是,销售量趋于平缓,企业利润稳定,市场竞争更为激烈。企业必须根据市场条件的变化实行竞争价格。如从产品的广度和深度上拓展市场,向消费者提供新的利益和服务,改革营销组合手段等。它的总原则是确保产品的市场占有率。

4. 衰退期定价策略

衰退期是产品在市场上逐渐被淘汰的阶段。其特点是商品销售量急剧下降,替代品出现,消费者兴趣转移,同行业竞相抛价销售,企业利润降到最低。针对其特点,可采取的策略有以下几个:

① 驱逐价格。对需求弹性较大的商品可以其边际成本为限定价,以驱逐竞争者,抢占其市场份额,延长本企业产品市场寿命,将抽出的资金用于研制和生产新产品。

② 维持价格。对一般生活必需品和重要的生产资料,继续保持成熟期价格或小幅降价。因这类商品销量相对稳定,利润变化不大,降价潜力较小,实行维护价格尚能保持一定销量。其总的原则是力争维持局面,使新老产品顺利交替,尽量减少企业损失。

四、心理定价策略

心理定价策略是指企业根据消费者的心理特点,迎合消费者的某些心理需求而采取的一种定价策略。具体讲它有以下几种形式:

1. 尾数定价策略

这是指在商品定价时,取尾数,而不取整数的定价策略。一般来说,价格较低的产品采取零头结尾,常用的尾数为9和8,给消费者以便宜感,同时因标价精确给人以信赖感而易于扩大销售。此策略适用于日常消费品等价格低廉的商品。如一家餐厅将它的汉堡类食品统一标价为9.8元,这比标价10元要受欢迎。消费者心里会认为9.8元只是几元钱,比整数10元要便宜许多。

2. 整数定价策略

与尾数定价策略相反,企业有意将产品价格定为整数,以显示产品具有一定质量。这种方法易使消费者产生"一分钱一分货""高价是好货"的感觉,从而提升商品形象。它一般多用于价格较贵的耐用品或礼品,以及消费者不太了解的产品。

3. 声望定价策略

这是指利用消费者仰慕名牌商品或名店的声望所产生的某种心理来制定商品的价格,一般把价格定成高价。因为消费者往往以价格判断质量,认为价高质必优。像一些质量不易鉴别的商品,如首饰、化妆品等宜于采用此法。

4. 招徕定价策略

这是指企业利用部分顾客求廉的心理,特意将某几种产品的价格定得较低,以吸引顾客、扩大销售。虽然几种低价品不赚钱,但由于低价品带动了其他产品的销售,使得企业的整体效益得以提升。如某酒店推出的每日一个"特价菜"。

情境案例

现在很多电商网站运用"秒杀"营销定价,就是网络卖家发布一些超低价格的商品,所有买家在同一时间在网上抢购的一种销售方式。由于商品价格低廉,往往一上架就被抢购一空,有时只用一秒钟。

目前,在淘宝等大型购物网站上,"秒杀"店的发展可谓迅猛。这些网店采用"秒杀"营销的本质并不是单纯地追求销售量,而是通过"秒杀"活动聚集人气以达到宣传促销的作用,从而带动网店内其他商品的销售。

5. 分档定价策略

这是指在定价时把同类商品比较简单地分为几档,每档定一个价格,以简化交易手续,节省消费者时间。这种定价法适用于纺织业、水果业、蔬菜业等行业。采用这种定价法,档次划分要适度,级差不可太大也不可太小,否则起不到应有的分档效果。

6. 习惯定价策略

这是指按照消费者的需求习惯和价格习惯定价的技巧。一些消费者经常购买、使用的日用品,已在消费者心中形成一种习惯性的价格标准。这类商品价格不易轻易变动,以免引起消费者不满。在必须变价时,宁可调整商品的内容、包装、容量,也尽可能不要采用直接调高价格的办法。日常消费品一般都适用这种定价策略。

五、折扣与折让定价策略

它是指企业根据产品的销售对象、成交数量、交货时间、付款条件等因素的不同,给予不同价格折扣的一种定价决策。其实质是减价策略。这是一种舍少得多,鼓励消费者购买,提高市场占有率的有效手段。其主要策略有以下几种:

1. 现金折扣

它是指对按约定日期付款的消费者给予一定比例的折扣。典型的例子是"2/10,$n/30$",即 10 天内付款的消费者可享受 2% 的优惠,30 天内付款的消费者全价照付。其折扣率的高低,一般由买方付款期间利率的多少、付款期限的长短和经营风险的大小来决定。这一折扣率必须提供给所有符合规定条件的消费者。此法在许多行业已成习惯,其目的是鼓励消费者提前偿还欠款,加速资金周转,减少坏账损失。

2. 数量折扣

它是指根据购买数量的多少,分别给予不同的折扣。购买数量越多,折扣越大。典型的例子是"购货 100 个单位以下的单价是 10 元,100 个单位以上是 9 元"。这种折扣必须提供给所有消费者,但不能超过销售商大批量销售所节省的成本。数量折扣的实质是将大量购买时所节约费用的一部分返还给购买者,其关键在于合理确定给予折扣的起点、档次及每个档次的折扣率。它一般分为累计折扣和非累计折扣。数量折扣的目的是鼓励消费者大量购买或集中购买企业产品,以期与本企业建立长期商业关系。

3. 交易折扣

它是指企业根据交易对象在产品流通中的不同地位、功能和承担的职责给予不同的价格折扣。交易折扣的多少随行业与产品的不同而有所区别;同一行业和同种商品,则要依据中间商在工作中承担风险的大小而定。通常的做法是,先定好零售价,然后再按一定的倒扣率,依次制定各种批发价及出厂价。在实际工作中,也可逆向操作。

4. 季节折扣

它是指经营季节性商品的企业,对销售淡季来采购的买主给予折扣优惠。实行季节折扣有利于鼓励消费者提前购买,减轻企业仓储压力,调整淡旺季间的销售不均衡。它主要适用于具有明显淡旺季的行业和商品。

5. 复合折扣

企业在市场销售中,因竞争加剧而采用多种折扣并行的方法。如在销售淡季可同时使用现金折扣、交易折扣,以较低价格鼓励消费者购买。

6. 价格折让

它是指从目录表价格降价的一种策略。它主要有以下两种形式:

① 促销折让。它是指生产企业为了鼓励中间商开展各种促销活动,而给予某种程度的价格减让。如刊登地方性广告、布置专门的橱窗等。

② 以旧换新折让。它是指消费者购买新货时将旧货交回企业,企业给予一定价格优惠的方法。如"双喜"牌压力锅的以旧换新策略。

六、地理定价策略

它是指与地理位置有关的制定价格的策略。这种策略在外贸业务中运用得较普遍。其具体形式如下:

1. 产地交货价

它是指在产地某种运输工具上交货定价,卖方承担货品装上运输工具之前的所有费用,交货后一切费用及风险则由买方承担,类似于国际贸易中的离岸价格(FOB)。产地交货价一般适用于生产企业、批发和零售业。其优点是简化卖主的定价工作,缺点是削弱了卖方在较远市场的竞争力。

2. 目的地交货价

它是指在买主所在地交货的价格。它相当于国际贸易中的到岸价(CIF)。目的地交货价实际上就是生产者的全部生产成本,相当于批发商业通用的"送货制价格"。使用这种策略时,是卖主出于竞争需要或为了使消费者更满意而由自己负担货物到达目的地之前的运输、保险和搬运等费用。

3. 运费补贴价

它是指对距离遥远的买主,卖方适当给予其价格补贴的一种定价策略,其实质是运费折让。由于企业产品向跨地区市场渗透,导致市场范围扩大、费用增加、产品价格提升,这迫使买方只能弃远求近购买产品。为了争夺远距离的潜在消费者,企业必须通过采取运费补贴价格来扩大市场销售区域。运费补贴策略一般适用于较大的商品,如钢铁制品等。

4. 统一运货价

它是指不分买方路途的远近,一律实行统一价格、统一送货,一切运输、保险费用也都由卖方承担的定价策略。这种策略如同邮政部门的邮票价格,平信无论寄到全国各处均付同等邮资,所以又称之为邮票定价法。它一般适用于运费在全部成本中所占比重较小的产品。其优点是,扩大了卖主的竞争区域;统一价格的使用,易于赢得消费者的好感;大大简化了计价工作。

5. 分区运送价

它是指在既定地区内向所有买主收取包括运费在内的同一价格,卖主支付实际运费,价格中的运费是该区平均运费。依据距离远近,不同的地区,价格不同。各地区间价格虽然不同,但同一地区内所有的客户都支付同一价格。它适用于交货费用在价格中所占比重较大的大体积产品。其优点是定价简便,大体合理;其缺点是同一区域内也有顾客远近的问题;区域价格分界线的两侧的顾客所付的费用不同。

6. 基点定价

企业指定一个城市作为基点,按基点到顾客所在地的距离的运费加上产地价格来制定价格,而不管货物是从哪个城市运出的。基点选择一般是重要的生产点或重要交通枢纽所在地。这种定价策略适用于产品笨重,运费占成本比例较大的产品;市场范围大,购买者分布广;产品需求弹性大。其优点是有利于产品扩展到远方市场;其缺点是对邻近地区购买者不利。

任务四　价格调整策略

企业价格制定以后不是一成不变的,在激烈的市场竞争中,企业的内外部环境发生变化时企业产品价格也应随之而做出调整。企业调整价格一般有两种情况:一是主动调价;二是由于竞争压力调价。企业价格变动的方向可以是降价,也可以是提高价格。

一、企业调价的原因

1. 企业降价原因

① 生产能力过剩,其他手段无法打开销路;
② 市场竞争加剧,迫使降价;
③ 企业有成本优势降价可以扩大销售;
④ 经济不景气,需求下降,降价刺激需求;
⑤ 行业性衰退或产品进入衰退期。

> **情境案例**

在市场竞争日趋激烈的影响下,2016年以来,大部分合资和自主品牌的汽车公司陆续宣布官方降价,车市价格继续走低。2017年3月,长城哈弗SUV大手笔派发购车和服务红包,红包发放总金额超10亿元,同时推出金融贴息政策等;2017年5月,长安汽车宣布,旗下大部分车型将参与官降,其中CS75车型更是直降1.4万元;2017年8月,江淮汽车宣布官降,其中瑞风S3降价幅度达到1万元,可以看出车市增长乏力导致整车厂压力较大。主要原因是,去年小排量购置税减半政策的刺激在一定程度上透支了部分需求,对后期价格产生一定影响。

2. 企业提价原因
① 成本上涨迫使提价;
② 供不应求,提价抑制部分需求;
③ 为补偿产品改进的费用;
④ 为了竞争需要,将产品的价格提高到同类产品之上,以树立形象。

二、企业调价策略

1. 降价策略
① 可以直接降价。
② 可以采取保持价格不变,增加免费项目;改进产品性能和质量;增加折扣种类;提高折扣率及馈赠礼品等策略实现产品降价。

> **情境案例**

2018年3月,华为P20系列发布会如期召开,华为P20系列国行版本也发布了最终的售价,不仅如此,华为Mate RS保时捷设计版本更是让华为手机成了奢华的代名词。不过当今国内手机市场竞争异常激烈,可以说已经进入了白热化的阶段,国内各大手机厂商纷纷推出了自己的新旗舰产品,再加上传统豪强苹果和三星,可以说如今的手机市场竞争压力非常大,而华为手机同样感受到了这样大的压力,在这样的压力之下,去年发布的华为Mate10和华为P10系列都在价格上做了很大的调整,让利措施不断出炉,也是为了更好地在销量上和口碑上有所突破。

而针对当前华为手机,尤其是对于老版本的华为Mate10以及华为P10,尽管随着新旗舰产品的出现而不断降价,但是很多网友还是吐槽表示仍然买不起,认为华为手机进入高端市场之后,价格居高不下,不过为了促进销量,华为手机尤其是华为Mate10系列,可以说最近一直在不断地"变相降价",而官网也同样出现了这样的局面,前不久,已经可以领取优惠券,降价100元,在此基础上,目前又出现了赠送手机外壳的优惠活动,这样加起来,再加上原本就已经下跌了不少的价格,其实华为Mate10已经给出了新低价,不过对于很多用户而言,华为手机似乎并不能让他们满意,而且很多朋友表示华为手机用了一段时间会卡顿,而种种变相降价的优惠显然没有比直接降低售价更靠谱一些。

2. 提价策略
① 可直接提高基本价格。

② 可以在不提高基本价格的情况下采取下列策略：减少免费服务项目或增加收费项目；减少价格折扣；压缩产品分量；使用便宜的材料和配件；减少或改变产品的功能以降低成本；使用低廉的包装材料或推销大容量包装产品，降低包装相对成本。

> **情境案例**

香烟每盒20支装，这基本上已经成为一种共识。但是在20世纪80年代中后期，德国装的美国万宝路香烟却是每盒只有19支。原来，经历了数次通胀后，每盒售价4.2马克的万宝路已无利可图，而和其他香烟一样上调价格，将会丧失这一主流品牌的市场竞争力。万宝路德国经销商最后想出了"减支不涨价"的点子。经过计算，每包只要少装一支香烟便有利可图。新装万宝路上市后，多数人对少一支烟并不在乎，而对它的"不涨价"一往情深，使万宝路在德国市场上既畅销又盈利，打败了许多竞争对手。

三、市场对调价的反应

1. 消费者的反应

（1）顾客对企业降价可能产生的反应

① 该产品质量有问题，卖不出去了；

② 该产品已经老化，将要被新产品替代；

③ 可能还要降低等等再买；

④ 企业可能经营不下去了，要转行，将来的售后服务没有保证。

（2）顾客对企业提价的反应

① 该产品质量好；

② 厂家想多赚钱；

③ 该产品供不应求，再不买就买不到了。

> **情境案例**

众所周知，薄利多销是被普遍采用的一种占领市场、扩大市场占有率以及推销滞销品策略。但是，也有许多降价却带来滞销，实行高价反倒带来丰厚利润的情况，这关键要看你是否摸透了顾客的消费心理。

中国一家服装企业的男士衬衫出口到美国，质量比美国产的好，但是开始一直卖不出去。美国产的衬衫售价35美元，而中国的衬衫只卖30美元，他们认为初来乍到，低一点价格好卖。结果适得其反，原来美国人穿衬衫的消费者主要是白领阶层，是专门用来配西服穿的，如果穿的衬衫比别人便宜5美元，说明是二流货，便会降低身价。商家后来分析了美国人对衬衫的高价位承受心理，把衬衫单价一律提高到38美元。由于质量过硬，买的人多了起来，很快成了畅销货。

2. 竞争者的反应

竞争者对本企业调价可能的理解：

① 该企业想和我们争夺市场；

② 该企业想促使全行业降低来刺激需求；

③ 该企业经营不善,想改变销售不畅的状况;
④ 该企业可能推出新产品。

四、企业对付竞争者的调价策略

1. 了解与竞争者调价有关的问题

企业采取行动之前,必须弄清下列问题:

① 竞争者为何调价,是想充分利用其过剩的生产能力,或是想提高市场占有份额,还是想促使其他企业一起调价;
② 竞争者调价是暂时行为还是长期行为;
③ 其他竞争者会做何反应;
④ 竞争者调价对本企业有何影响;
⑤ 如果本企业对竞争者的调价做出某种反应后,则竞争者及其他竞争者又有何反应。

2. 应付竞争者调价的策略

(1) 应付竞争者提价的策略

一般的策略是,如果认为对本行业(企业)是有利的,则跟随提价;否则就维持价格不变,以迫使对手最终恢复原价。

(2) 应付竞争者降价的策略

① 维持原价,一般认为本企业市场份额不会失去太多,而采用此价格策略;
② 维持原价,同时采取一些非价格竞争措施,以提高顾客对本企业产品的理解价值;
③ 跟随降价;
④ 提价并提高产品质量,树立本企业的产品高品质的形象,以增强其竞争力;
⑤ 增加廉价产品项目进行反击,如果有可能丧失的细分市场对价格很敏感,则可以采取本策略。

情境案例

休布雷公司巧定酒价

休布雷公司在美国伏特加酒的市场中属于营销出色的公司,其生产的史密诺夫酒,在伏特加酒的市场占有率达23%。20世纪60年代,另一家公司推出一种新型的伏特加酒,其质量不比史密诺夫酒差,每瓶价格却比它低1美元。

按照惯例,休布雷公司的面前有三条对策可用:① 降价1美元,以保持市场占有率。② 维持原价,通过增加广告费用和推销支出来与竞争对手竞争。③ 维持原价,听任市场占有率的降低。

由此看来,不论休布雷公司采取哪种策略,似乎都是输定了。但是,休布雷公司的市场营销人员经过深思熟虑后,却采用了对方意想不到的第四种策略。即将史密诺夫酒的价格再提高1美元,同时推出一种与竞争对手新伏特加酒价格一样的瑞色加酒和另一种价格更低的波波酒。

这种产品线策略,一方面提高了史密诺夫酒的地位,同时使竞争对手的新产品沦为一种普通品牌。结果,休布雷公司不仅渡过了难关,而且利润大增。实际上,休布雷公司的三种酒的味道和成本几乎相同,只是该公司懂得以不同的价格来销售相同产品的策略而已。

任务五　营销实践：撰写价格策略分析报告

通过本项目我们学习了价格策略的内容,主要包括如何制定价格和如何进行价格调整两个方面。撰写价格策略分析报告也就包括这两个方面的内容。当然不管对什么样的企业进行价格策略分析,都要从影响该企业价格制定的影响因素分析开始,然后根据企业的竞争环境分析其定价目标,分析所选择的定价方法和定价策略的情况,还要对企业价格的调整做出分析,如调整的原因、方向、策略等。学生在撰写价格策略分析报告时,可就定价影响因素、定价目标、定价方法、定价策略、价格调整等一个或几个方面进行。

课后练习

一、单项选择题

1. 下列商品需求价格弹性高的是(　　)。
   A. 生活必需品　　　　　　　　B. 具有独特性的产品
   C. 替代品多的产品　　　　　　D. 知名度高的产品
2. 理解价值定价法是(　　)定价方法。
   A. 成本加成　　B. 需求导向　　C. 竞争导向　　D. 利润导向
3. 同一质量、功能、规格的商品,可以根据消费者需求的不同而采用不同的价格,这是(　　)定价方法。
   A. 成本加成定价法　　　　　　B. 需求差异定价法
   C. 目标利润定价法　　　　　　D. 竞争价格定价法
4. 中国服装设计师李艳萍设计的女士服装以典雅、高贵享誉中外,在国际市场上,一件"李艳萍"牌中式旗袍售价高达一千美元,这种定价策略属于(　　)。
   A. 声望定价　　B. 基点定价　　C. 招徕定价　　D. 需求导向定价
5. 在完全竞争情况下,企业只能采取(　　)定价法。
   A. 成本加成　　B. 随行就市　　C. 拍卖　　　　D. 边际成本
6. 企业把创新产品的价格定得较低,以吸引大量顾客,提高市场占有率,这种定价策略叫作(　　)。
   A. 撇脂定价　　B. 渗透定价　　C. 目标定价　　D. 加成定价
7. 在新产品上市之初,将价格定在高价和低价之间,力求使买卖双方均感满意的定价策略叫作(　　)。
   A. 撇脂定价　　B. 渗透定价　　C. 温和定价　　D. 仿制品定价
8. 饮用水厂向广大消费者免费赠送饮水机以扩大桶装饮用水的销售量是实施(　　)策略。
   A. 招徕定价　　B. 连带产品定价　C. 产品群定价　D. 任选产品定价
9. 按照顾客一次购买总量或订购量而给予折扣的方法是(　　)。
   A. 现金折扣　　B. 累计折扣　　C. 非累计折扣　D. 数量折扣
10. 企业选定一些中心城市统一定价,再按最近城市距顾客距离收取运费为(　　)。
    A. 统一交货定价　B. 分区定价　　C. 基点定价　　D. 部分运费免收定价

11. 电信公司规定每日 21:00—24:00 拨打国内长途电话按半价收费。这种定价策略属于（　　）。

　　A. 成本加成策略　B. 差别定价策略　C. 心理定价策略　D. 组合定价策略

12. 居民用电价格与工业用电价格不同，是差别定价的（　　）差异。

　　A. 地理不同　　　B. 消费者不同　　C. 式样不同　　　D. 时间不同

二、多项选择题

1. 撇脂定价策略的优点是有利于（　　）。

　　A. 阻止竞争者加入　　　　　　B. 取得丰厚的利润
　　C. 迅速打开销路　　　　　　　D. 维护和提高产品质量和信誉
　　E. 取得价格调整的主动权

2. 心理定价策略主要有（　　）。

　　A. 尾数定价　　　　　　　　　B. 廉价
　　C. 整数定价　　　　　　　　　D. 声望定价
　　E. 招徕定价

3. 产品组合定价策略主要有（　　）。

　　A. 产品线定价　　　　　　　　B. 连带产品定价
　　C. 产品群定价　　　　　　　　D. 新产品定价
　　E. 任选产品定价

4. 针对消费者的折扣让价策略有（　　）。

　　A. 现金折扣　　　　　　　　　B. 交易折扣
　　C. 季节折扣　　　　　　　　　D. 数量折扣
　　E. 实物折扣

5. 企业根据市场环境对原有产品价格调整的策略有（　　）。

　　A. 主动降价　　　　　　　　　B. 主动提价
　　C. 被动降价　　　　　　　　　D. 被动提价
　　E. 稳定价格

6. 对付竞争者的调价，企业采取行动之前，必须弄清的问题包括（　　）。

　　A. 为什么调价　　　　　　　　B. 调价是短期还是长期行为
　　C. 其他竞争者是如何反应的　　D. 调价对本企业的影响是什么
　　E. 本企业采取行动后，其他企业及竞争者如何反应

7. 应对竞争者降价的策略有（　　）。

　　A. 跟随降价　　　　　　　　　B. 维持原价
　　C. 主动提价　　　　　　　　　D. 增加廉价产品项目反击
　　E. 采取非价格竞争措施

三、思考题

1. 影响企业定价的因素有哪些内容？
2. 什么是成本导向定价法？它包括哪些具体方法？
3. 什么是需求导向定价法？它包括哪些具体方法？
4. 什么是竞争导向定价法？它包括哪些具体方法？

5. 企业可采用的定价策略有哪些方面？

6. 企业为什么要调整价格？竞争对手调整价格后本企业应如何应对？

四、案例分析题

凌志挑战奔驰

在价值创造方面，丰田公司可以称得上是行家。丰田公司认识到全世界有相当多的消费者，希望购买并有能力购买昂贵的小汽车。该消费群体中，许多人想购买奔驰车，但认为它的定价太高。因此，他们希望能买到具有奔驰的质量，但价格更合理的小汽车。这就激发了丰田公司的构思：开发出与奔驰质量相同的新型汽车，但具有更优越的价值（更低的价格）。购买丰田车的人会认为自己做出了明智的选择，而不是为了显示地位去大量花费。

丰田公司的设计师和工程师在开展市场研究之后，便着手开发"凌志"汽车，并通过多种途径来推销。这种汽车的外表犹如雕塑艺术品，十分舒适，内部非常豪华。丰田公司在美国宣传凌志车时，将其图片和奔驰的并列在一起，并加上大标题："用 36 000 美元就可以买到价值 73 000 美元的汽车，这在历史上还是第一次。"

同时，丰田公司开辟了独立的经销网来销售凌志车，并挑选了最有能力的经销商。它对陈列室和销售计划的关心丝毫不亚于对汽车的设计。凌志车的陈列室，场地十分宽敞，周围有鲜花和树木，并提供免费的咖啡，配有专业的销售人员。经销商列出了潜在顾客的名单，并送给他们一套精美的礼品盒，内装展现凌志车性能的录像带。

录像带中有一片段内容如下：一位工程师分别将一杯水放在奔驰和凌志的发动机盖上，当汽车发动时，奔驰车上的水就晃动起来，而凌志车上的水却没有，这说明凌志车的发动和行驶更平稳。表现凌志车平稳性能的另一个画面是将一杯水放在挡灰板上，车在街角处突然转弯，这时杯子仍然立在那儿。那些早期购买凌志车的顾客不仅满意，而且十分快乐。他们向朋友们极力推荐，成为新的凌志车的最佳免费推销员。

问题：

1. 凌志在宣传中为什么突出其与奔驰车价格的对比？

2. 凌志车采取的价格策略是什么？这种策略有什么优、缺点？

3. 此时奔驰车应该采取什么样的价格策略予以反击？

五、职业技能训练题

1. 收集一种商品如手机、香烟的价格资料，讨论其定价方面的特点。

2. 调查某种产品（如个人电脑等）价格写一份分析报告。要求：分析其成本、需求和竞争，在其基础上分析其定价方法及运用的定价策略。

3. 凯莱汽车公司是销售美国三大汽车制造商产品且销售量较高的汽车经销商。该公司销售高档大型轿车、中档中型轿车和低档小型汽车。三种车型销售额的比例分别为 20%、30%、50%。该公司销售经理罗纳德·弗朗克过去一直执行一项稳健的价格策略：高档大型轿车定价是公司经销成本加 300 美元，中档中型轿车是经销成本加 200 美元，低档小型汽车是经销成本加 100 美元。去年三种车的销售量分别是 200 辆、250 辆、325 辆。CEO 凯莱先生支持过去的定价策略，今后也无意修改这种策略。

请分析这是一种什么定价方法，并说明其优、缺点。

项目六　建立和管理产品分销渠道

知识目标：掌握分销渠道的类型、模式；掌握企业建设分销渠道的影响因素；掌握对渠道成员进行激励的方法。

技能目标：能够针对不同的企业和产品设计合适的分销渠道；能够对分销渠道的选择、评估、优化提出相应的方案；能够对渠道冲突提出解决方案；能够对渠道进行修正与改进。

基本素养目标：树立营销的市场意识、规则意识、诚信意识和合作意识；培养良好的人际沟通能力；培养执行力和团队协作力。

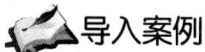导入案例

产品+渠道，如何成就一代文具大王

在中国有很多低调的隐形冠军企业，虽然不作秀，但业绩惊人，老干妈、王守义十三香、公牛插座等这些隐形大佬一年销售额都是10亿级以上，净利润都是亿级。例如，老干妈2014年产值突破40亿元、王守义2015年业绩突破16亿元。

而在中国文具市场也有这样一个低调的隐形冠军，在文具市场做到了一年业绩50多亿元。

小文具，一支笔卖出了大生意。2016年一年营收46.62亿元，2017年突破50亿元。

中国文具行业是典型的"小产品、大市场"，虽然市场规模超过1 000亿元，但是从事文具制造的企业多达8 000家左右，参与者众多、中小规模者居多，90%的文具生产企业年销售额低于1 000万元。而它——晨光文具，却做到了年销售达50多亿元。2015年，晨光文具营收37.49亿元，同比增长23.19%，净利润4.23亿元，同比增长24.57%。2016年，晨光文具营收达到46.62亿元，同比增长24.36%，净利润4.93亿元，同比增长16.63%。2017年上半年，晨光文具营收达到27.85亿元，同比增长27.78%，净利润2.89亿元，同比增长15.33%。

按照这个趋势，2017年晨光文具全年业绩将轻松突破50亿元，甚至超过55亿元，净利润超过5.5亿元。

在这样一个市场，一个企业做到50多亿元规模，可谓业绩惊人，是绝对的隐形冠军！

1. 创始人的创业历程

从普通业务员到总代理，再从总代理到创立自有品牌，然后该品牌成了中国文具第一品牌。

晨光文具创始人刚开始进入文具行业时是一名普通的推销员。之后，他逐渐成长为韩国、中国台湾等新潮文具的总代理商。代理品牌中较有影响力的是麦克美高品牌，但在1997年的金融危机中，这家知名度不错的公司也难以摆脱倒闭的命运。

上游厂家的倒闭让晨光被迫思考转型问题:到底该向上游开工厂还是向下游开零售店? 思考再三,晨光最终选择了开制笔工厂,对制笔一窍不通的晨光特意聘请专家,一边学习一边摸索。晨光认为:"在没有任何品牌支撑的情况下最好的方法就是建制笔厂。"

1999年,晨光完成了从代理商向品牌商的转型,开始打造自有品牌"晨光"。历经十几年的发展成为中国文具第一品牌。目前,晨光在国内书写工具细分市场所占份额达到9%左右。

2. 文具大王的秘诀

产品+渠道,成就文具大王。

在同行90%销售额低于1 000万元的状况下,晨光的业绩竟然高达50多亿元,几乎是多数业内同行的500多倍。它究竟是如何做到的?

产品+渠道,成就文具行业隐形冠军。

产品力打造、渠道网络建设是晨光文具成为行业大佬的两大法宝。

(1) 注重产品力打造

① 注重研发、设计。虽说文具是个小产品,但是要做好绝对是要下功夫的,晨光文具对产品的研发、设计极为注重。仅2015年,晨光全年开发新品1 907款,重点开发品类包括笔芯、儿童美术产品、办公产品、纸品等。

② 更新速度快。学生喜新厌旧的消费心理更为明显,为了抓住学生的心理,晨光推陈出新、更换包装的速度极快,满足了学生"求新"的消费特点,高频地推出新产品,形成持续性消费。而一旦产品有特色,还能在学生中形成潮流型消费,在学生群体中,更是有持续收集晨光文具的消费者。

③ 品牌延伸、品类丰富。如今的晨光除了笔芯,也对相关产品进行了品牌延伸,提供了一站式消费。例如,荧光笔、橡皮、订书机及钉子、尺子、各种笔记本、小剪刀、便签、笔筒、笔袋、修正带、修正液等。

可以说,在文具这个小产品上,晨光并没掉以轻心,在其年度财报中更是"通过调整组织结构,公司设计研发方面的功能组织进一步加强"来进行强调,足见其对产品研发的重视。

(2) 渠道为王

晨光在渠道运作上,符合众多快消行业大佬的风格,注重渠道网络体系的构建,充分发挥渠道为王的特点。

① 庞大的终端网络,近7万家零售终端。截至2015年12月31日,公司在全国拥有30家一级(省级)合作伙伴,近1 200家二、三级合作伙伴,超过6.8万家零售终端(54 779家标准样板店、8 464家高级样板店以及5 345家加盟店)。此外,公司在泰国和越南拥有1 800多家零售终端。目前,这一数字更是扩大到近7万左右。可以说,晨光在渠道上构建了一个强大的网络体系。

② 渠道品牌化、构建品牌影响力。品牌传播的方式中有两种主要方式,一种是媒体传播;另一种是渠道传播,通过渠道形象进行传播。

与得力通过媒体的拉动不同,晨光所采用的方式和公牛插座的方式类似——渠道终端的VI形象建设,统一为经销商、代理商更换门头,全国7万左右的终端,就是7万多个活的品牌广告。

晨光的这种品牌化的连锁经营模式并非一蹴而就,而是有一个循序渐进的过程。2004年做渠道建设时,晨光开始做门头,文具店名称一半是"晨光"的LOGO,一半是店名,如"小草文具",晨光称之为"样板店",这为晨光开展加盟连锁打下了基础。现在晨光的加盟政策中明文规定,样板店有申请加盟店的优先权。

3. 厂商深度协同合作

经过长达10年的耕耘,晨光和自己的渠道代理商形成了深度协同合作的关系。

2004年开始,晨光下决心规范渠道。在此之前的两三年间,他一直把扩大生产规模作为重头戏来抓,当时的渠道属于完全开放性的,代理商都是多品牌经营,甚至有卖100家以上产品的省级代理。

最初规范渠道时,晨光先做一年的宣传工作,向大家传达晨光做专属渠道的思想。起步阶段,很多经销商认为晨光的做法属于砍了自己的财路,不愿意合作。"实力最强的经销商能谈拢最好。我们当时也不一定选择实力最强和最大的,而是选择跟晨光思想、认知度、价值观一致,沟通效率高的来合作。"

但是晨光通过自己的运营能力改变了经销商的看法,并逐渐形成了稳固的合作关系。

毕竟晨光的实力在那儿,晨光在很多城市就不一定选择最大的经销商,有可能选择第二、第三名。如果经销商原来是第二、第三名,甚至是第五、第六名,一般3年以后都是这个城市最大的经销商,而且经营质量是最好的,这在全国有成千上万的成功案例。

晨光的经销商被称为"伙伴或者战略伙伴关系",在晨光看来,厂商跟代理商是一种非常脆弱的买卖关系,但双方思想高度保持一致时,这种关系就不一样了。"我们的合作伙伴可以忍受前期的亏损甚至没钱赚,他付出以后可以暂时不要回报,但你的客户不可以。"

渠道成功管控的背后是超强的品牌力和运作能力。

渠道管控一直以来都是难题,也是众多企业的难题,能真正做到位的极少!

中国市场庞大、分散,渠道管理最让企业头痛,尤其串货对快消来讲几乎是癌症。

但是,在这一点上,晨光却做得极其到位,"晨光的省级分销商没有一例串货案例,一例都不会有!"

这种成功管控的背后,一方面是晨光经过多年打造、越来越强的品牌力,另一方面是极强的运作能力。

晨光的创始人就是从销售到经销商、全国总代一路走来,对于经销商遇到的很多问题都很清楚,对经销商进行沟通、指导都能精准到位。

同时,晨光也打造了一支高效的管理团队,在渠道管理上,快消品领域的宝洁、可口可乐均有超过1万名销售员,统一、康师傅最少也需8 000名业务员,但晨光总部只需投入60人,秘诀就是:"层层投资、层层分享。"

4. 企业做成行业,领先水到渠成

在营销中,有两个关键问题:一是卖什么?二是怎么卖?

能把这两个问题解决了并超越对手,就能进入行业前列,如果把这两个关键问题做到领先,那么就很容易成为行业王者。

营销启示:无论是卖什么(产品力的打造),还是怎么卖(品牌形象建设,渠道网络体系的建设、管控等),晨光无疑都做到了很多同行做不到的程度,超越对手也是自然而然的事情!这也是一支笔、一个文具市场,它的业绩能做到90%同行500多倍业绩的秘诀!这一点,同样是值得国内其他企业学习和借鉴的。思路决定出路,布局决定结局!在这样一个规模行业,一个众多中小规模居多的行业中,晨光文具却做到了50多亿元,远超同行,其中太多值得其他企业学习!

渠道策略是企业营销策略的重要内容,是满足消费者需求的重要保证。谁拥有渠道,谁能使顾客在最方便的地点、时间快捷地购买到产品,谁就取得了市场竞争的主动权,有时甚至成为企业制胜的关键。

任务一　认识分销渠道

一、分销渠道的含义与特征

1. 分销渠道的含义

分销渠道是指产品(服务)从生产领域进入消费领域过程中,由提供产品或服务有关的一系列相互联系的机构所组成的通道。它是促使产品(服务)能顺利地经由市场交换过程,转移给消费者(用户)消费使用的一整套相互依存的组织。渠道的成员包括生产商、中间商、服务性企业和用户。

2. 分销渠道的特征

① 分销渠道反映某产品(服务)价值实现全过程所经由的整个通道。其起点是制造商,终点是最终消费者或工业用户。

② 分销渠道是一群相互依存的组织和个人。

③ 分销渠道的实体是购销环节。商品在分销渠道中通过一次或多次购销活动转移所有权或使用权,流向消费者或工业用户。购销次数的多少说明了分销渠道的层次和参与者的多少,表明了分销渠道的长短。值得一提的是,代理商并未与被代理商发生购销关系,没有取得商品的所有权,仅仅是帮助被代理商销售而已。分销渠道的长短决定于比较利益的大小。

④ 分销渠道是一个多功能系统。它不仅要发挥调研、购销、融资、储运等多种职能,在适宜的地点,以适宜的价格、质量、数量提供产品和服务,满足目标市场需求,而且要通过分销渠道各个成员的共同努力,开拓市场,刺激需求,同时还要面对系统之外的竞争,自我调节与创新。

分销渠道是通过生产形式效用、所有权效用以及时间和地点效用为最终消费者创造价值的协调运作网络系统。

二、分销渠道的类型

1. 直接渠道和间接渠道

按照商品在交易过程中有无中间商介入,商品的分销渠道可划分为直接渠道和间接渠道。

直接渠道是指制造商不通过中间商环节,采用产销一体化的经营方式,直接将产品销售给消费者。直接渠道是工业品分销的主要类型。大约有80%的生产资料是通过直接分销渠道销售的,例如,大型设备、专用工具及技术复杂需要提供专门服务的产品,都采用直接分销;消费品中有部分也采用直接分销的类型,如鲜活食品等。直接销售渠道有利于制造商掌握和控制市场需求与发展状况,获得对分销渠道的控制权。由于去掉了商品流转的中间环节,可以降低商品在流通过程中的损耗;采用直接渠道分销,也有利于制造商开展销售活动,直接促进销售。但是,采用直接渠道会使制造商花费很多的人力、财力和物力,从而使费用增加,特别是市场相对分散时,情况就更是如此。

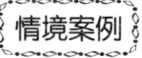

直销初衷:产品暴利的终结者

直销概念最早源于1886年诞生的雅芳公司,该公司雇用雅芳小姐来进行单层次直销。而具有现代意义的直销,亦即具有多层意义上的直销,则诞生于1959年成立的安利公司。

众所周知,新教在美国是利用家庭式聚会,建立见证了神迹的分享机制,取得了迅速的传播与发展。而二战后美国经济的调整增长与竞争环境,为这种传教机制在商业行为上找到了更恰当的突破口与载体来进行多层次直销。

起初,如果你问直销人为什么要参与直销这个行业,他们几乎会异口同声地回答:"产品太棒了!"如果产品是如此的优质,几乎所有的使用者都会很快体验到一种生理上得到满足的快乐,这种生理上的快乐必然会引发人作为社会性动物的一个社会诉求,那就是忍不住要去分享。这种社会心理诉求所促成的分享,无疑也再次强化了这个产品使用者的快乐。传统的商品渠道要通过经销商将生产商生产的产品销售至消费者手中,而经销商往往从上到下至少三级以上,各节渠道对产品利润的分摊最终由消费者买单,而如果能缩短销售渠道,让厂家与消费者直接建立联系,便能减少渠道商对产品利润的侵蚀,使得消费者享受更加便宜的价格。直销正是基于"缩减销售渠道、降低产品终端价格"这个核心理念而诞生的。

间接销售渠道则是指生产企业通过中间商环节把产品传送到消费者手中。间接分销渠道是消费品分销的主要类型,大约有95%的消费品是通过间接分销渠道销售的,因为消费者的购买大多属于分散、零星、小批量的购买。大多数的制造商缺乏直接销售的财力和经验,而采用间接渠道,能够发挥中间商在广泛提供产品和进入目标市场的最高效率,使制造商获得高于自身销售所得的利润。

2. 长渠道和短渠道

按照商品经过的流通环节的多少来划分,商品的分销渠道可划分为长渠道和短渠道。显然,没有中间环节的直接渠道最短;反之,中间层次或环节越多,渠道越长。现实营销实践中按渠道长度的不同,分销渠道可分为四种基本类型。

(1) 零级渠道

零级渠道是指制造商把商品直接销售给最终消费者或用户,是直接式的渠道模式,也是最简单和最短的分销渠道。

(2) 一级渠道

一级渠道是指制造商和消费者之间只有一个流通环节,这在消费品市场是零售商,在工业品市场通常是代理商或经纪人。在消费品市场,许多生产耐用品和选购品的企业都采用这种模式。

(3) 二级渠道

二级渠道是指制造商和消费者之间有两个流通环节,这在消费品市场是批发商和零售商,在工业品市场则可能是代理商和工业经销商。

(4) 三级渠道

三级渠道包含三个中间商组织。在大批发商和零售商之间,还有一个二级批发商,该批发商从大批发商处进货,再卖给无法从大批发商处进货的零售商。

可见,零级渠道最短,三级渠道最长。更高层次的分销渠道比较少见,渠道层数越高,渠道越长,对制造商来说,也越难控制。

> **情境案例**
>
> 娃哈哈的营销渠道结构是怎样的?娃哈哈产品遍布中国大部分省市,占据了饮料市场较大的市场份额。其渠道模式是总部—各省区分公司—特约一级批发商—特约二级批发商—二级批发商—三级批发商—零售终端,其中,与集团直接发展业务关系的为一级经销商,目前便有2 000多个。

3. 宽渠道和窄渠道

分销渠道也可按其宽度进行划分。分销渠道的宽度是指渠道的每个层次中使用的同种类型中间商数目的多少。如果某种商品(如日用小商品等)的制造商通过许多批发商和零售商将其产品推销到广大地区,那么这种分销渠道就较宽;相反的,如果某种商品(如工业设备等)的制造商只通过几个专业批发商推销其产品,那么这种分销渠道就较窄。

> **情境案例**
>
> 财报显示,截至2017年年底,在中国内地的安踏店(包括安踏儿童独立店)的数量共有9 467家,在中国内地、中国香港与澳门、新加坡的FILA店(包括FILA KIDS独立店)数量共有1 086家,在内地的DESCENTE店共有64家,而在2016年年底此品牌店则只有6家。
>
> 安踏预计到2018年年底,内地安踏店(包括安踏儿童独立店)的总数目将达到9 700～9 800家。而中国内地、中国香港与澳门、新加坡的FILA店(包括FILAKIDS独立店)的总数目将达到1 300～1 400家。DESCENTE品牌将渗透一二线城市,着重于优越地段开设门店。预计截至2018年年底,DESCENTE在内地的门店数目有望达到100～110家,KINGKOW预计会有60～70家店铺,SPRANDI预计会有190～200家店铺,而KOLON SPORT预计会有200～210家店铺。

4. 传统分销渠道和新型营销系统

分销渠道如果按一条渠道中渠道成员相互联系的紧密程度划分,可以分为传统分销渠道和新型营销系统。传统分销渠道是由生产企业、批发企业和零售企业构成的、关系松弛的销售网络。各个成员(企业)之间彼此独立,相互间的联系通过买卖条件维持,他们都各自考虑自己的利益。这样不仅使整体缺乏强有力的领导而且常受到内部之间的相互牵制,从而影响了销售。新型营销系统则是渠道成员采取一体化经营和联合经营而形成的分销渠道。现实中,大公司为了控制、占领市场,实现集中与垄断,常采取一体化经营和联合经营的方式,而广大的中小批发商、零售商为了在激烈的竞争中求得生存和发展,也往往走联合发展的道路。

> **情境案例**
>
> 一直以来,国内传统酒业流通模式都是以层层推进的经销商"团销"模式为主,酒业进入深度调整期以来,传统渠道弊端凸显,造成了销售、库存等多方面的经营压力,渠道商的利润空间急剧下降,一些地区甚至已经出现了退场潮。除此之外,以往酒水行业消费者与经销商的信息严重不对称,但互联网的普及打破了地域限制,原来的信息不对称情况产生了巨大的变化,这

也引发了渠道商的变革。

2015年11月,安徽百川商贸有限公司携手安徽当地大商家共同组建安庆百川经典商贸,向综合运营商转型;次月,歌德盈香签约7个省11家酒业大商,快速推进O2O模式;此外,酒仙网也陆续签约酒立方、华龙酒业、名品世家,意在借助与酒类连锁企业合作弥补线下短板。安徽百川商贸有限公司董事长指出,"白酒行业需要能够占据半壁江山的龙头企业,通过规模化实现效率提升是白酒行业的必经之路"。

有专家认为,以往白酒行业都是自上至下发展,以厂家为主导,可能会存在与一线市场脱离的情况。现在下游经销商通过资源再整合,倒逼厂家改革,意图重构厂商资源和行业资源的构成。

三、分销渠道模式

1. 消费品的分销渠道模式

消费品也叫生活资料商品,其分销渠道模式有以下五种基本形式,如图6-1所示。

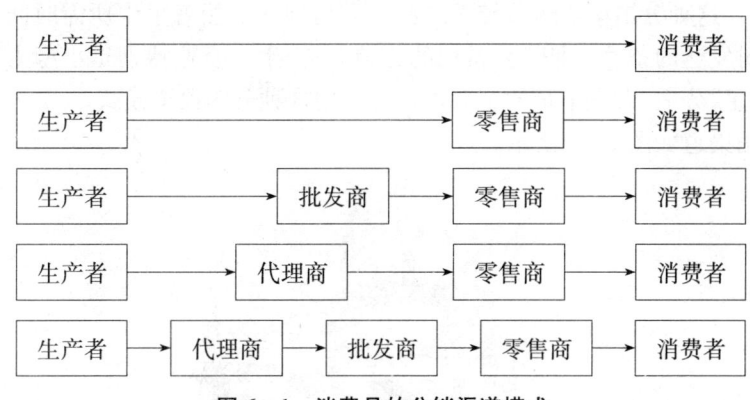

图6-1 消费品的分销渠道模式

(1) 生产者——消费者

这是生活资料商品分销渠道中最简单、最短的渠道。其特点是由生产者直接把商品销售给最终消费者而不经过任何中间环节,推销任务由企业自己的推销员担任,有利于树立企业形象和商品的促销。企业可以通过邮寄销售、送货上门、来料加工、电话销售、设立自己的商品销售门店等形式,把商品直接供应给最终消费者,使商品以最快的速度和最低的价格到达消费者手中。一般来说,生产大型高级耐用消费品或传统食品、保鲜期较短的食品的企业适合采用这种渠道。

【情境案例】

特斯拉的销售模式是这样的:顾客只要交付15 000元人民币的定金便可以通过官网或门店预定,特斯拉根据用户的预定需求安排车辆生产。从模式上看,特斯拉按需生产的模式避免了库存,从而省掉了中间代理、销售商的介入,给自己留出了足够的利润空间。

(2) 生产者——零售商——消费者

这种分销渠道的特点是在生产者与消费者之间只有零售商一个环节,发挥了零售商分散、接触顾客较多,对市场需求变化反应较快的特点,简化了生产者的推销手续,有利于扩大销售范围,加快销售速度,减少商品损耗。它适用于保管期短的农副产品、鲜活易腐商品、技术性能较高的耐用品、大型耐用消费品、易碎商品等。

情境案例

目前,4S店仍然是最主流的汽车销售渠道模式。1999年,广州本田的第一家4S店开始运营,成为4S店在中国诞生的标志,4S店模式开始普及,成为汽车售后服务的主渠道。根据中国汽车流通协会统计,2016年,我国乘用车4S店数量为26 685家。2016年,我国有10个省的4S店数量超过1 000家。

(3)生产者——批发商——零售商——消费者

这种分销渠道是生产者把商品转卖给批发商,再由批发商批发给零售商,最后又由零售商卖给最终消费者,充分发挥了中间商的专业作用。它有利于生产者批量销售商品,缩短生产周期,加快资金周转;有利于零售商多批次、小批量、多品种购进商品,保证零售商品花色品种齐全,吸引消费者。这种分销渠道环节较多、较长,商品到达消费者手中所需时间相对较长。这在商品经济相对发达的条件下是一种常用的分销渠道,生产企业特别是小型生产企业普遍采用,另外产品零星、分散、人力不足的企业也适合采用这种分销渠道模式。

水果的分销渠道如图6-2所示。

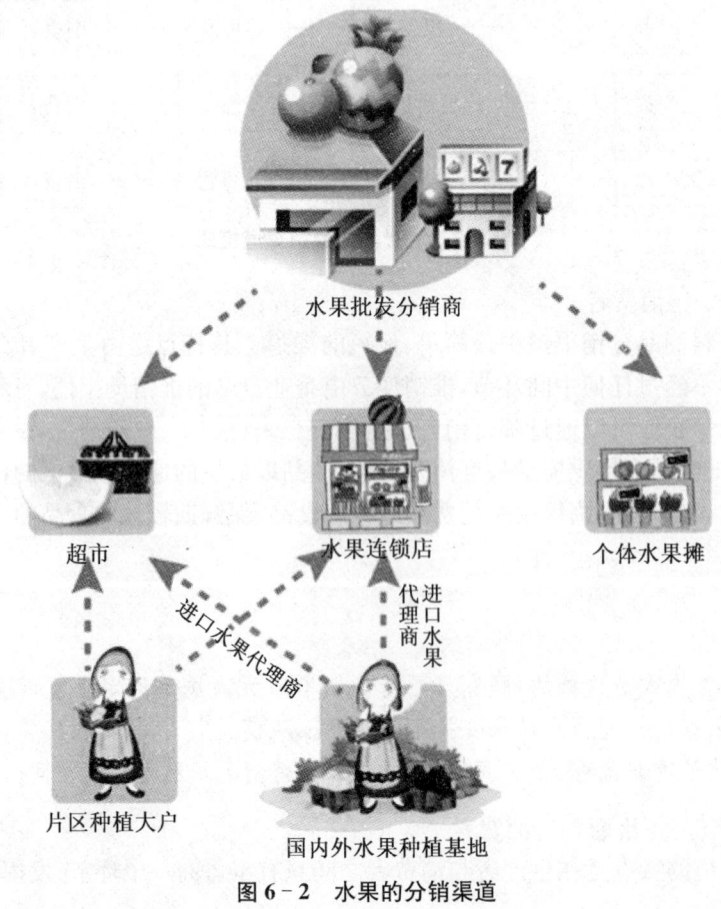

图6-2 水果的分销渠道

(4) 生产者——代理商——零售商——消费者

这种分销渠道与上一种分销渠道不同的是代理商替代了批发商。代理商比批发商更熟悉其代理商品的知识,能非常专业地向顾客介绍商品的性能、规格、质量、特点等,有利于商品促销,加上代理商不拥有商品的所有权,代理商与生产者的经济利益容易统一。

情境案例

如果不算网上渠道,耐克主要通过两种渠道销售其产品——直销和分销(或授权)。2012年,耐克在全球拥有756家直营零售店(近一半分布在美国),其中耐克品牌店为487家。耐克收购的子品牌Cole Haan、匡威、Hurley以及Umbro则通过各自的专卖店销售,目前Cole Hann的专卖店为190家,匡威为51家,Hurley为21家。

与少得可怜的直营店相比,耐克的分销渠道异常壮观:仅在中国市场,截至2011年年底,耐克拥有7 500家门店(包括直营店),其中大部分为百丽、宝胜这样的大代理商所有。耐克在170个国家设立了17个分销中心,其中有3个在美国本土。

耐克初进中国市场时,为了尽快抢夺市场,实行多级代理制度,一级经销商下面设区域经销商。目前,除了百丽、宝胜两家全国性经销商外,沈阳腾达日语、上海瑞丽运动、广州滔博体育和成都劲浪体育等都在各自的区域形成了一定的规模效应。

这种渠道模式有利于迅速拓展市场,但是不利于控制,很容易造成过度竞争,对品牌造成伤害。因此,耐克在2009年库存危机时期,开始"抓大放小",将渠道逐渐集中在大代理商手中,一部分小代理商因资金实力弱而自行倒闭或被收购。

这在耐克的渠道体系中形成了大代理模式。

以耐克在中国市场最大的经销商百丽为例,2011年上半年,百丽新开门店349家,其中大多是销售耐克和阿迪达斯产品的店铺。

但问题在于,百丽不仅仅是耐克的代理商,其甚至不仅仅是代理商。百丽旗下的鞋类品牌包括Belle(百丽)、Teenmix(天美意)、Tata(他她)、Staccato(思加图)、FATO(伐拓)、Senda(森达)、好人缘、BASTO(百思图)、MILLIE'S(妙丽)、Jipijapa、Joy&Peace(真美诗)等,涵盖不同的消费等级。此外,百丽的体育事业部还是国际运动品牌耐克、阿迪达斯在中国最大的经销商之一,并拥有Reebok、Puma、Mizuno、LiNing、Kappa、Converse、Levi's等运动品牌的代理权。

对于手中握有诸多资源的百丽来说,选择并不那么困难,谁的表现好自然会获得更多的资源,谁的表现差就会被淘汰掉。还是以2009年的库存危机为例,百丽的业绩公告显示,2009年上半年,百丽代理的耐克和阿迪达斯收入为33.2亿元,与2008年同期相比,仅增长2.5%,因此,2008年还在迅速扩张的百丽在2009年上半年就关闭了346家运动服饰店铺,其中304家为二线品牌店铺。而当时还是耐克代理商的达芙妮则选择在2009年关闭了所有的耐克店铺。

(5) 生产者——代理商——批发商——零售商——消费者

这种分销渠道环节最多,渠道最长,商品到达消费者手中所需的时间最长,支付的流通费用最多,面对消费者的价格也最高,一般不宜采用。

情境案例

中国农产品渠道到底有多少,每个渠道的现状是什么样子,未来有什么样的发展趋势?下面我们分类来看一下各个渠道的细分,特别是渠道对我们运作品牌农产品的机遇是什么。我们把渠道分成了批发、商超、餐饮、专卖店等领域。为此,我们梳理了目前我国农产品市场存在的主流渠道模式,主要有以下几种。

渠道一:农户→消费者;

渠道二:农户→零售商贩→消费者;

渠道三:农户→产地批发商→销地批发商→零售商贩→消费者;

渠道四:农户→产地批发商→销地批发商(→供货商)→大型连锁超市→消费者;

渠道五:农户→产地批发商→销地零售商贩→消费者;

渠道六:农户→产地批发商(→供货商)→大型连锁超市→消费者;

渠道七:农户→销地批发商→零售商贩→消费者;

渠道八:农户→销地批发商(→供货商)→大型连锁超市→消费者;

渠道九:农户→农产品专业合作社→销地批发商→零售商贩→消费者;

渠道十:农户→农产品专业合作社→销地批发商(→供货商)→大型连锁超市→消费者;

渠道十一:农户→农产品专业合作社→大型连锁超市→消费者。

2. 生产资料商品的分销渠道模式

生产资料商品的分销渠道模式一般有四种基本形式,如图6-3所示。

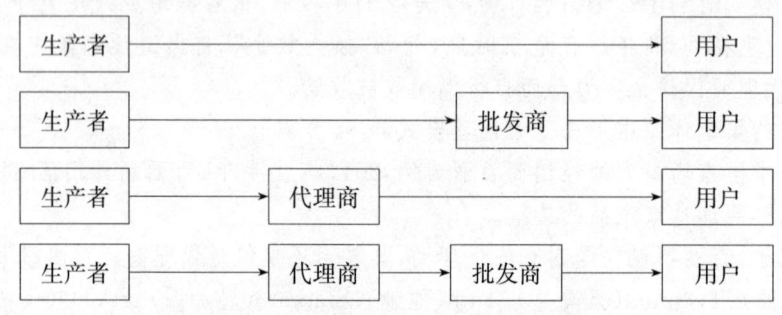

图6-3 生产资料商品的分销渠道模式

(1) 生产者——用户

商品不经过任何中间商,由生产者直接向用户推销商品,这种形式是环节最少、流通费用最低的分销渠道。它一般适用于商品价值高和技术性较强的生产资料。

情境案例

三一重工在混凝土机械的销售渠道上,以人员直销为主(包括派驻分公司驻点),以经销代理和关系代理为辅,多渠道覆盖,有重点渗透,销售效率高。特别要提到的是,三一在传统直销渠道做强的基础上,近几年重点发展其业内外首创的6S店模式,强化终端店面的销售和服务。相比汽车4S店,集整车销售(sale)、零配件供应(spare-part)、售后服务(service)、信息反馈(survey)、产品展示(show)、专业培训(school)六位为一体的三一6S店,具有更宏大的店面(每个6S店占地近百亩),具备更加强大的营销和服务功能。

(2) 生产者——批发商——用户

这种分销渠道模式比前一种模式多了一个批发商中间环节,可以减轻生产企业销售商品的负担,集中精力搞好生产,充分发挥批发商的作用,加快商品流通速度。它适用于销售有季节性、周期性、连带性以及用户分散的商品。

(3) 生产者——代理商——用户

生产者将其商品通过代理商这一中间环节转卖给用户。其特点是比由批发商转卖商品能减少费用,降低价格;有利于销售特种技术性能的生产资料,有利于商品促销工作的开展。代理商对商品不拥有所有权,而是以生产者"代理人"的身份出现,向生产者收取"佣金",在经济利益上与生产者是一致的。另外,代理商对所经营的商品质量、规格、性能等方面较为熟悉,因此,生产者如果没有推销机构或对市场情况不熟,或商品有特种技术性能,一般都采用这种分销渠道。

(4) 生产者——代理商——批发商——用户

这是生产资料分销渠道中环节最多、最长、最复杂的分销渠道。对一些用户分散且需要分散存货的商品,以及销售批量小,生产者无力自己推销,又急于销售的商品,往往采取这种渠道。

对于生产资料来说,由于品种、规格、型号复杂,有的商品技术性强,需要成套供应,而且生产资料往往需要由生产者提供技术指导、安装调试、人员培训等服务。因而,生产资料分销渠道的最大特点是产需直接见面的购销方式。

情境案例

中国石化的成品油营销业务由四大部分构成:① 零售:通过零售网络(加油站、石油商店、农村及水上网点)向社会上的千家万户供应成品油,这是公司成品油经营的主体;② 批发:通过销售企业的批发中心(油库),向社会经销商和独立零售商供应成品油;③ 向终端用户(非加油站)直销配送成品油;④ 向大型重点用户直接销售成品油。其中,零售是中石化成品油销售的主要方式。2016年,中石化境内成品油总经销量为1.73亿吨,其中零售量达1.20亿吨,占比69.6%。分产品来看,中石化2016年汽油零售量占汽油总销量的82%,柴油零售量占柴油总销量的51%。

中国石化成品油销售网络主要由三大部分构成:① 中国石化的全资子公司——中国石化销售有限公司及在主要市场内的下属4个大区分公司(华北、华东、华中、华南),承担中石化成品油资源的统一平衡、运输协调和直属销售以及专项用户的成品油供应任务;② 省级石油分公司(含香港公司)及所属的区域(地市)公司组成的销售网络;③ 中石化在全国范围内与其他成品油经营单位(如BP、壳牌等)合资组建以及采取特许加盟方式建立的销售网络。与中石化相似,中石油的成品油销售方式主要分为零售、批发、直销和专项四种模式。其成品油绝大多数来自集团炼油厂,此外还从中石化、地方炼油厂等渠道购进小部分成品油。

四、分析影响分销渠道的因素

(一) 顾客需求

同大多数的营销决策一样,中间商的选择也要始于顾客。主要了解企业所选择的目标顾客群要购买什么商品,习惯在什么时间、什么地点购买,如何买,以及他们希望中间商提供的购买服务水平、时间、空间、便利条件等,做到心中有数。在做这些调查的同时,制造商应当意识到虽然消费者可能喜欢企业能提供最快的送货服务、最多的商品种类,但这可能是企业所难以做到的或根本就是不现实的。此外,企业还必须在顾客的服务需求、满足这些需求的可行性与成本之间进行平衡,看顾客能否接受由于增加服务所提高的价格等。

(二) 产品特征

1. 产品的重量、体积

考虑到运输存储的条件和费用,较轻、较小的产品,一般用较长、较宽渠道;笨重及体积大的产品,如大型机械设备、建筑用材料等,多用较短渠道。

2. 产品的物理、化学性质

易损、易腐产品应尽量避免多次转手、反复搬运,尽可能迅速地把产品出售给消费者,故多用较短渠道,如牛奶、水果、蔬菜等。

3. 产品单价的高低

一般而言,价格昂贵的产品,多用较短、较窄的渠道分销;较便宜的一些产品,销售渠道则较长、较宽。

4. 产品的标准化程度

标准化程度高、通用性强的产品,渠道可长可宽;非标准化的专用性产品,渠道宜短宜窄,一般由企业营销人员直接销售。

5. 产品技术的复杂程度

产品技术越复杂,使用时间越长,对有关销售服务尤其是售后服务的要求则越高,而中间商缺乏必要的知识,一般多用较短渠道。

6. 是否为耐用品

耐用品多用较短渠道,非耐用品多用较长渠道。

7. 是否是新产品

新产品上市,多用较短渠道。一是销售渠道尚未畅通,企业缺乏选择的自主权;二是短渠道有利于企业强劲促销。若是已经打开销路的产品,可以考虑用较长的渠道。

8. 式样与款式

花色款式多变、时尚程度较高的产品,如新奇玩具、时装、家具等,为避免过时,应尽可能缩短分配路线。

(三) 市场因素

1. 市场区域的范围大小

市场区域宽广,宜用较宽、较长渠道;地理范围较小的市场,可用较短、较窄渠道。

2. 顾客的集中程度

顾客较为集中,可用较短、较窄渠道;顾客分散,需要更多地发挥中间商的作用,多用长而宽的渠道。

3. 竞争状况

通常,企业使用与竞争者品牌相同或类似的渠道,如食品企业等。竞争特别激烈时,则应寻求有独到之处的销售渠道。例如,竞争者普遍使用较短、较窄渠道分销产品时,企业一反常规使用较长、较宽渠道。

4. 消费者购买习惯

顾客每次购买量少而购买次数频繁的产品,应采用较长渠道;顾客每次购买数量大而购买次数少的产品,应采用较短渠道。

(四)企业自身因素

1. 企业的规模和实力

规模大、资金力量雄厚的企业,选择余地较大,可建立自己的销售队伍,可对渠道的控制程度要求高些,建立短渠道,也可根据实际情况建立长渠道;而规模小、资金力量不强的企业,往往须依靠中间商为企业提供销售服务。

2. 企业的声誉和市场地位

对生产企业或经营企业来说,声誉越高,越容易取得与中间商的广泛合作,选择中间商的余地就越大;相反的,声誉不高或没有地位的企业,中间商不大乐意合作,选择的余地就比较小。

3. 企业的经营管理能力

管理能力较低的企业,需要物色可靠、信誉好的中间商提供服务,多用较长渠道;有能力控制销售渠道的企业,可选择较短渠道,不必太依赖中间商。

4. 控制渠道的要求

凡企业在营销中需要对渠道时刻控制的,不宜采取长渠道、宽渠道结构;反之,如果企业不希望控制渠道,则可选择长渠道。

(五)环境因素

1. 经济环境

当经济不景气时,制造商总是希望以最经济的方式将其产品运到市场,他们力求使用较短的渠道,放弃可能增加货物最终价格的服务。

2. 政府有关立法及政策规定

专卖制度、反垄断法、进出口规定、税法等政策法令都会影响企业对分销渠道的选择。如烟酒实行专卖制度后,企业就应当依法选择指定的分销渠道进行销售;又如,在出台限制企业进行多层传销的有关规定后,企业就不能选择多层传销这种分销渠道。

情境案例

1. 化妆品线下渠道的分布

主流的线下化妆品渠道有百货专柜、单品牌店、KA渠道、CS渠道。海外流行的药妆连锁和直销模式在中国比较少。除此之外还有美容院渠道。根据渠道是否继承"品牌基因"的属性,它们可以被分为两大阵营:一是以品牌为核心,包括由品牌商统筹且制定标准的百货专柜与单品牌店;二是由加盟商、代理商掌控操作权的 KA 和 CS 渠道。

2. 品牌与渠道定位匹配,渠道间互补共存

基于不同的产品定位和目标顾客群体,准入门槛较高的百货专柜被中高端品牌垄断,提供优质服务内容的大型连锁专营店和高级美容院也是中高端品牌的重要渠道;中端品牌的适应

范围较广,包括百货、连锁专营店、大型商超等;而国产大众品牌更适合电商和三四线城市CS渠道,消费客单价较低,50~100元的价格区间最大(34%),彩妆消费在1000元以内的居多。

品牌定位的不同使得其流通环节也略有不同。

海外和高端品牌流通环节较短,中高端和大众品牌通常由代理商作为纽带扮演流通环节的重要角色。化妆品代理商与品牌商的合作关系一般有两种:一是品牌商输出店面销售人员并支付柜台租金、代理商负责物流和后台支持;二是品牌商仅输出产品,销售人员由代理商提供。

3. 线下渠道发展喜忧参半

(1) CS渠道

门店数量快速增加,提供多品牌一站式消费体验。宝洁CS渠道研究显示,中国化妆品店铺数量在2014年超过16万家,同比增长5%。

近两年CS渠道正在不约而同地积极拓展门店数量,以及增加自有专供品牌销售占比。除了娇兰佳人的2020年"万店蓝图"计划,千色店、唐三彩等CS渠道也均有高达数千家门店建设的规划。品牌端国产和日韩定位大众的彩妆品牌迭起,配合三四线城市消费升级趋势,为CS渠道的下沉和扩张打开市场。数量充足的连锁门店将有助于CS渠道建立全新、健康的定价机制,自有品牌的发展有利于树立品牌形象,给予渠道打造单飞产品的机会。

(2) 单品牌专卖店

成为线下渠道新宠。随着多品牌专营店渠道同质化竞争的加剧,以及近几年国产品牌知名度的提升,许多国产品牌开始发展单品牌专卖店渠道。单品牌专卖店模式起源于英国的美体小铺(被欧莱雅集团收购),同模式的海外对标有美国的科颜氏、法国的欧舒丹、韩国的菲诗小铺、悦诗风吟、爱丽小屋、谜尚等。

(3) KA渠道、百货渠道

受累于零售寒冬的影响,占比下降。KA渠道所依附的各大商超纷纷放缓开店速度,对选择KA渠道为主销售窗口的化妆品牌造成一定影响,2011—2015年KA渠道占比逐年下降,从15%左右下降至约10%。同样受到影响的是最主要的化妆品渠道:百货专柜。根据Euromonitor数据,百货专柜占比下降至41.1%。

KA渠道适合定位大众市场的快消日用品。KA渠道以大型商超、卖场为销售平台,大多与居民区毗邻而设,客流量比较稳定。KA渠道的代表品牌是国产的相宜本草,自2011年起,相宜本草就已完成KA渠道的100%全覆盖。

百货突显品牌强化体验,仍是国际化妆品大牌的必争之地。结合2014—2016年百货渠道销售TOP10榜单来看,除国产的佰草集外,其余上榜品牌均出自海外化妆品巨头,其中,欧莱雅、雅诗兰黛和资生堂稳包前四,其余宝洁、LVMH、香奈儿、爱茉莉太平洋等轮流上榜。

4. 单品牌店重体验PK多品牌店一站式购物

单品牌店模式正在中国的化妆品行业悄然兴起,这种经营模式以品牌商为核心,定价机制标准统一,有一个共同的内核,相比之下,多品牌连锁店层层代理加盟、体系庞大复杂,较易被同行定价混乱所掣肘。2016年上半年,屈臣氏中国区营收同比下降了4%,可比店铺上半年营业额下滑8.5%。香港莎莎2016上半财年的利润较去年同期下降37.3%,毛利率下降1.7%。

在线下渠道呼吁高体验度的市场环境下,单品牌专卖店比综合型渠道更具有服务属性和会员互动性,单品牌店与化妆品消费的深度体验属性十分吻合,容易形成客户黏性以及完成品牌升级。同时由于品牌单一,产品周转率和商品管理效率较高。BA 资源对单品牌店的影响力巨大,高专业素养的 BA 将极大提升顾客的体验度,从而增加客户黏性。

多品牌店模式提供一站式购物体验,考虑到其定位大众市场,一站式消费有利于提升客单价和连带销售。另一方面,多品牌店 SKU 数量多,多层代理下易有产品质量和定价体系问题,且连锁式考验跨区域管理能力。

总而言之,在行业发展的过程中,任何一个渠道都没有绝对的优势,也没有绝对的劣势。对于行业从业者来说,如何扬长避短才是最为关键的。

任务二　设计分销渠道方案

一、设计分销渠道

分销渠道的设计就是建立以前从未存在过的分销渠道或者对已经存在的分销渠道进行变更完善的营销活动。分销渠道的设计是整个渠道决策的核心,渠道设计首先是对影响渠道建设的因素进行深入分析,然后拟订出可供选择的分销渠道方案。每个分销渠道方案一般都涉及以下三个方面的内容:一是分销渠道的基本模式;二是每一分销层次所使用的中间商的类型和数目;三是渠道成员主要是指生产者与中间商彼此的权利和义务。

1. 确定渠道长度

制造商在设计分销渠道模式时,首先要根据渠道成员满足消费者需求的功能及以上各种因素,决定采取什么类型的分销渠道,是采取直接销售,由生产企业的营销人员上门推销,设自销门店,通过产销一体化的直销方式,还是通过中间商间接销售。若采用中间商分销,还应进一步决策应选用什么类型和规模的中间商,是采用单层的短渠道分销,还是多层的长渠道分销。制造商应根据自身实际、产品情况、市场条件等制约因素,全面权衡利弊,加以正确选择。确定渠道模式时,制造商既可沿用本行业其他企业采用的分销渠道,也可探求更多创新的分销渠道模式。

2. 确定渠道宽度

渠道宽度的确定是指企业确定每一层次所用中间商的数目。这一般有以下三种策略可供选择:

(1) 密集性分销

密集性分销是指制造商对经销商不加任何选择,经销网点越多越好,力求使商品能广泛地和消费者接触,在方便消费者购买的同时,也推动了产品迅速、广泛地占领市场。这种策略适用于日用消费品或生产资料中普遍使用的标准件、小工具等的销售。

情境案例

传统渠道，层层渗透

达利拥有强势的流通渠道，以子公司为基点发散，层层渗透，从省、市、县、乡镇构筑经销商代理体系，经销商遍布全国各地；

现代零售渠道，实力彰显

达利集团十分重视以大型卖场、商超、便利连锁为代表的现代渠道。达利与大型连锁集团建立合作伙伴关系，通过他们旗下的连锁卖场，让达利的产品集中展示，触手可及；

电商东道，蓄势未来

达利迅速开拓电商渠道，在互联网时代，网上购物成为一种趋势，达利在各大电商平台建立旗舰店，网购用户数及销售额不断提升，让消费者足不出户，也能享受到达利的产品。

（2）独家分销

独家分销是指制造商在某一地区仅选择一家中间商推销其产品。通常双方协商签订独家经销合同，规定经销商不得经营竞争者的产品。它通常适用于高档服装、电器、汽车以及一些名牌商品的销售，或适用于使用方法复杂、需要较多销售服务的商品。这种策略有利于制造商对中间商的控制，调动其经营积极性，占领市场。但是，独家分销使得销售渠道过于狭小，在抓住一部分消费者的同时,也往往使企业失去更多的市场,而且采用这种策略风险较大,由于产销双方依赖性太强,一旦中间商经营失误,往往会使制造商蒙受巨大损失。

情境案例

2017年3月24日,深圳万乐药业有限公司与日东电工株式会社签订了日东制药(苏州)有限公司的股权转让合同,取得阿米迪在中国大陆的独家经销权,正式进入儿童用药领域。妥洛特罗贴剂用于缓解支气管哮喘、急性支气管炎、慢性支气管炎、肺气肿等气道阻塞性疾病所致的呼吸困难等症状。该药目前主要用于儿童治疗,是首个透皮吸收型支气管扩张剂,使用方便。该药于2007年在中国上市,2014年度销售额一度超过5 000多万元。此次深圳万乐药业有限公司经过两年多的接触和艰苦谈判,成功争取到在中国大陆地区的独家经销权。

(3) 选择性分销

选择性分销是指制造商在某一地区仅仅通过少数几个精心挑选的、最合适的中间商推销其产品。选择性分销适用于消费品中的选购品,也适用于所有产品。一方面,它比独家分销面广,有利于企业扩大市场,展开竞争;另一方面,它又比密集性分销节省费用,对分销渠道的控制也比较容易。有不少企业开始先采用密集性分销,以后再根据需要淘汰一些不理想的中间商,实行选择性分销,以提高效率,降低费用,为企业赢得更多的利润。

情境案例

苹果销售渠道主要分为自营和第三方渠道两种。其中,前者主要以苹果官网、苹果门店以及Apple store天猫旗舰店为主;后者分为以下几种:

① 独立分销商(中国邮电器材总公司和深圳天音公司),通过二者的营销网络,能够覆盖全国各地、市、县、乡的各级零售店;

② 大规模零售商,它们和苹果公司签有直供协议,根据协议可不通过全国代理商直接从苹果公司进货,这比普通零售商享有更大的价格优势和市场支持,京东、苏宁、国美、迪信通均属于此级别,国内大概有80余家大规模零售商;

③ 普通零售店,直接从上述两个代理商处采购产品进行终端销售。

对比之下不难发现,对于苹果而言,其自营渠道承担品牌和销售渠道的把控职责,第三方渠道多以出货为目的。

因此,苹果最近开始越来越强化自营优势,放大自营渠道在其销售体系中的价值。如苹果新品一直以自营渠道为主优先供货,此次iPad pro自营渠道供货时间大概比第三方渠道提前半个月。

苹果要保持其品牌性就必须把控其价格体系,毕竟此前发生过销售方私自折扣被苹果处罚的事件。如在2016年由于苏宁易购低价销售,苹果取消了对其销售授权,但保留了苏宁门店权限。

基于此,苹果必然要收拢市场定价权,将门店、官网、天猫旗舰店的定价权把握在苹果手中,与此同时,通过以延迟供货为主要手段来加强对经销商的管控,苹果对渠道把控可谓煞费苦心。

3. 确定渠道成员彼此的权利和义务

制造商需要与渠道的每个成员达成协议,明确各渠道成员的权利和义务。制造商应为中间商制定价格目录和折扣明细表,提供供货保证、质量保证、退换货保证,明确应执行的特定服务。中间商应向制造商提供市场信息和各种业务资料,保证实行价格策略,达到服务标准等。尤其是对采取特许经营和独家分销渠道的成员更应明确其权利与义务。其具体内容包括:

(1) 价格政策

为了鼓励中间商进货,或者为了保证企业出售足够数量的商品,企业可制定一张价格表,对不同类型的中间商给予不同的回扣;或者对不同的进货数量,给予不同的折扣。但企业必须十分慎重,因为中间商对商品价格以及各种回扣、折扣非常敏感。

(2) 交易条件

对提前付款或按时付款的中间商,根据其付款时间可给予不同的折扣,这样做可鼓励中间商,同时对企业的生产经营也十分有利。企业就次品处理或价格调整向中间商做出某些保证,也可鼓励中间商放手进货,解除中间商的后顾之忧。

(3) 中间商的地区权利

企业对于中间商的地区权利应予以明确。企业可能在许多地区有特许代理人,特别是在临近地或同一地区有多少特许代理人,有多大的特许权,中间商对此十分关注。因为中间商总希望将自己销售地区的所有交易都归于自己。同时,企业在邻近地区或同一地区特许代理人的多少以及企业对特许代理人特许权的允诺,均会影响中间商推销产品的积极性。因此,企业对此一定要注意,要相应地给予中间商一定的地区权利。

(4) 双方应提供的特定服务内容

这些特定服务内容具体包括广告宣传、资金帮助和人员培训等。为慎重起见,对于双方应提供的特定服务内容可用契约形式固定下来。契约固定的服务内容应使中间商尽可能满意,让其觉得有利可图,愿意花费精力推销企业的产品。

二、分销渠道方案的评估

当生产者明确了产品进入目标市场所依赖的主要分销渠道后,还需要对其进行评估,然后依据评估结果决定能够满足企业长期目标的最佳渠道方案。生产者应从以下三个方面对分销渠道进行评估:

1. 经济性标准的评估

经济标准主要是比较每个分销渠道方案可能达到的销售额及成本水平。首先,比较由本企业推销人员直接销售与通过中间商分销哪种方式的销售额更高。其次,比较由本企业直接销售所花费的费用成本与通过中间商分销所花费的费用成本。企业通过对以上两方面情况的对比权衡,从中选出最佳的分销渠道模式。一般来说,通过中间商分销的成本较企业自销的低。但是通过中间商销售的成本增长快,当销售额达到一定水平后,通过中间商销售的成本将越来越高,因为中间商按一定比例索取较大佣金,而企业自己的销售人员只享受固定工资或部分佣金。因此,规模小的企业或大企业在销售量小的地区,利用中间商销售成本低,利润高,较为合算,而在销售额增长到一定水平之后,再实行自销比较划算。

2. 可控性标准的评估

一般来说,采用中间商分销可控性小,企业直接销售可控性大,分销渠道长,控制难度大,分销渠道短,控制难度小。企业如果选择与大的中间商合作,由于中间商是以追求利润最大化为目标的独立商业公司,生产企业一般无力左右其销售行为或影响其进货。如果选择与中、小型中间商合作,企业就比较容易控制,因为中、小型中间商对企业的依赖性强,愿意接受企业的要求与指导,一般会按双方的协议行事。所以,生产企业应根据自身实力和对渠道的控制要求,选择适宜的渠道成员。

3. 适应性标准的评估

如果生产企业同所选中间商的合约时间比较长,在此期间,其他销售方法如企业直接销售更有效,但生产企业又不能随便解除合同,这样企业选择分销渠道便缺乏灵活性。因此,生产企业必须考虑选择策略的灵活性,如果所选中间商的信誉好、经验能力强,就签订长期合约,如果所选中间商的信誉度低、经验能力一般,就不要签订长期合约。另外,对所确定的渠道模式能否根据市场营销环境和竞争对手策略的变化做适应性调整也应充分考虑。

三、选择渠道成员

(一) 中间商的概念、作用及类型

中间商是指在生产者和消费者(用户)之间从事商品流通业务活动,促使买卖行为发生和实现的经济组织和个人。一般意义上,中间商具有以下作用:

① 沟通生产者和消费者。中间商介于生产者和消费者之间,一头连接着生产者,一头连接着最终消费者,组成了一定的分销渠道。可以把消费者的需求信息传递给生产者,同时可以把生产者的产品信息传递给消费者,因而起着沟通作用。

② 减少交易次数,降低成本。假设有 n 个生产商、m 个消费者,在没有中间商的情况下,交易次数为 $n \times m$,有中间商的情况下交易次数为 $n+m$。

③ 行使产品集中、平衡和分散的职能。集中就是将分散于各地制造商的产品汇集成比较大的批量,发挥蓄水池的作用。平衡就是中间商可以调节产需双方在品种、数量、质量、空间、等方面的矛盾,起平衡供求的作用。分散就是根据市场需求,将集中起来的成批大量的产品分解成小批量,扩散到各地区、各部门和各商店中去,以方便消费者或用户购买。

④ 代替生产者行使市场营销职能。中间商可以代替生产者执行所有的市场营销职能。如调查、广告、实体分配、销售服务等。

中间商包括代理商、批发商、零售商、经纪人、制造商自设的销售部门等多种商业经营形式。但不同类型的中间商在商品流转过程中所起的作用及基本职能不同。

1. 代理商

代理商对所代理销售的商品不拥有所有权,只是受被代理人的委托,在一定的区域范围内,以被代理人的名义代理其开展商务活动。代理商大多经营批发销售业务,但在整个批发销售量中所占的比重不大。因为企业利用代理商销售产品,大多是在自己的推销能力不能达到的地区,或是在销售批发商不愿收购自己的产品,或是在无法找到合适销售对象的情况下,制造商才选择代理商销售的方式。代理商开展业务是在被代理人的委托下进行的,它不是独立的经销商,不承担商品销售的市场风险,主要功能就是为买卖双方牵线搭桥,促进交易,获得销售佣金,它和制造商的关系是委托关系。它多见于食品、不动产、保险和证券行业。代理商在指定的销售区域内一般只能销售其代理的商品,而不能再销售其他有竞争性的商品。但仍可经营或再代理与其代理的制造商没有竞争关系的其他相关商品。

2. 批发商

批发商是为进一步转售、生产、加工或其他商业用途而出售商品的中间商。批发商服务的对象都是非最终消费者的组织或个人；批发商的业务特点是成批购进和成批售出，业务量比较大；批发商一般都主要集中在工业、商业、金融业、交通运输业较发达的大城市，以及地方性的经济中心(中小城市)，其数量比零售商少，其分布也远不及零售商那样广，但批发业务往往比零售业务量大，覆盖的地区也比零售商广。批发商具有集散商品，分装编配；储运商品；信息咨询；稳定物价，资金融通；承担市场风险的功能作用。

3. 零售商

零售商是指将商品和服务直接销售给最终消费者的中间商，处于商品流通的最终阶段。任何从事这种销售业务的组织，无论是生产者还是批发商和零售商都有可能开展零售业务。但是，零售商是主要从事零售业务的组织或个人。所谓主要，是指零售商的收入或利益主要来自零售业务。零售商是生产者与消费者或批发商与消费者之间的中间环节，是距离消费者或用户最近的市场营销中介机构，是商品流通的最终环节。零售商的主要任务是为最终消费者服务，它们不仅将购入的产品拆零出售，还为顾客提供多种服务，创造营销活动需要提供的品种、时间、数量、地点和所有权效益。零售商数量庞大，分布广泛，商店类型繁多，向来是竞争比较激烈的行业。零售商的形式有很多，但常见的零售商有以下几种：

(1) 商店零售商

① 专用品商店。专用品商店是专业化程度较高的商店，专门经营一类商品或一类商品中的某种特定商品，产品线虽然较窄，但品种、规格齐全，便于消费者充分挑选。常见的服装店、体育用品店、鞋店、药店和书店都属于专用品商店。

② 百货公司。百货公司是零售商业的重要组成部分，一般设立在城市中心，规模较大，经营的商品类别多样，规格齐全，许多大百货公司经营的商品都在几十万种以上，同时以经营优质、高档时髦的商品为主，并向顾客提供优良的设施和服务。在管理上，百货公司实行依产品线分布，组织与管理每个商品都有相对的独立性。百货公司是零售商业中最早出现的一种形式。但随着城市中心交通的日益拥挤和居住条件的恶化，郊区购物中心的兴起，百货公司正逐步失去其往日魅力。为求生存，百货公司采取了许多革新措施，如连锁经营、电视电话购物、增加廉价商品销售等。

③ 超级市场。超级市场于1930年首先出现在美国纽约，它的出现被誉为商业零售业的第二次革命。超级市场一般规模较大，产品种类多，价格较低，大多数商品的售货方式都采用自选，十分方便，颇受顾客欢迎。它于20世纪30年代中期以后逐渐传入欧洲、日本，现已在全球普及。

④ 方便商店。方便商店是一种设在居民区附近的小型商店，主要销售日用百货、副食品、报纸杂志等便利品，经营的品种不多，营业时间长，有的甚至全天24小时营业，能为顾客提供种种便利，因此价格虽然较高，仍成为人们生活中不可缺少的一种购买方式。方便商店在日本最为普遍，近年来在我国也取得迅速发展。便利店如图6-5所示。

⑤ 廉价商店。廉价商店也称折扣商店，它的突出特点是以比一般商店明显低的价格销售商品，这对那些愿意以低价购买商品的消费者来说有很大的吸引力。商店主要销售全国性品牌，因此价格低廉并不说明商品的质量低下。为了维持其廉价销售，折扣商店采用自助式售货，店址也选在租金低的地区，将营业费用控制在总费用的12%～18%之间。

图 6-5 便利店

⑥ 仓储商店。仓储商店是一种不重形式、价格低廉、服务有限的零售方式。仓储商店出售的商品大多是顾客需要选择的大型笨重的家用电器、家具等,商店设在租金比较低廉的地段,室内装修简单,仓库和商店合一。顾客选中商品,付清货款,即可以取货自行运走。由于仓储商店营业费用较低,因此价格比一般商店要便宜 10%～20%。

⑦ 样品销售商店。这种商店是通过展出商品目录和样品进行销售的。它主要经营毛利高、周转快的品牌商品,如电动工具、摄影器材、箱包等。商店定期发行彩色目录,除商品的实物照片外,还标明每种商品的价格及折扣率,顾客可以根据目录册电话购物,商店送货上门,也可以到商店看样付款取货。这是一种比较新颖的零售方式。

(2) 无店铺零售商

虽然大多数的商品和服务是由商店销售的,但是无店铺零售却比店铺零售发展得更快。一些发达国家的社会商品零售额中,有近 1/3 是通过非商店渠道实现的。

① 直复营销。直复营销是不通过门市,而是使用邮购、电话、电视和网络等手段进行的零售活动。一是邮购。邮购是指经营者通过信件广告的方式将商品目录或册子直接邮寄到潜在消费者家中,或备有目录随时供消费者索取,以吸引顾客来购买商品的零售方式。美国的西尔斯公司就是邮购目录企业中首屈一指的巨型企业,目录邮购营业额高达 30 亿美元,每年寄出的目录多达 3 亿份。二是电话销售。电话销售是企业的营销人员利用电话向顾客进行推销和征订购货。三是电视销售。电视销售是通过在电视插播广告或一套完整的节目来介绍产品,顾客可以拨打免费电话订购其宣传的产品。四是网络销售。网络销售则是通过互联网进行的商品销售。顾客通过网络将所需商品的信息输送给零售商,在货款结算后,零售商将商品邮寄或直接送货上门。

直复营销使消费者即使在家中也能购物,而且不受时间限制,方便快捷,不失为一种具有广阔发展前景的零售方式。

② 直接推销。即制造商不通过中间商的直接销售,起源于走街串巷的传统贩卖方式。现在,直接推销在美国已经发展成为一个年销售额达 90 亿美元的行业,有 600 多家公司派出推销员以挨家挨户访问、逐个办公室推销和举办家庭销售会等方式销售商品,商品主要有日用品、化妆品、百科全书等。其中的佼佼者雅芳(AVON)公司在全球拥有 100 多万推销员"雅芳小姐",年销售额超过 20 亿美元。与常人印象相背离的是,直接销售的成本高昂,主要原因是销售人员的佣金高达总成本的 20%～50%,此外公司还要支付雇用、训练、管理和销售人员的

费用。由于越来越多的妇女要上班工作,以及电子通信技术的发展,上门直接推销将会被网络直销所取代。

③ 购物服务公司。购物服务公司是一种专门为特定顾客如学校、医院、工会、政府机关等大型机构的雇员提供服务的无店铺零售业。这些单位可以成为某个购物服务组织的会员,这个组织与许多零售商订有契约,该组织的成员购货时均可享受优惠价格。

④ 自动售货。使用硬币的自动售货机是二战后出现的一种零售方式,被称为零售业的第三次革命。现在仅美国就有 800 多万台自动售货机,它们被广泛安置在工厂、办公室、超级市场、加油站、街道等地方,用于销售香烟、饮料、糖果、书籍、胶卷、化妆品、T 恤等便利品。自动售货机向顾客提供 24 小时售货、自我服务和无须搬运商品等便利条件,具有灵活方便、清洁卫生的优点。由于要经常给相当分散的机器补充存货、机器常遭损坏、失窃率高等原因,自动售货的成本很高,因此商品的售价要比一般水平高 15%~20%。

(3) 管理系统不同的其他零售组织

① 连锁商店。20 世纪,零售业最主要的发展形式就是连锁商店。连锁商店是指由一家大型商店控制的,许多家经营相同或相似业务的分店共同形成的商业销售网。其主要特征是总店集中采购,分店联购分销。它最早出现在 19 世纪末到 20 世纪初的美国,到 1930 年,连锁商店的销售额已占全美销售总额的 30%。20 世纪 50 年代末以来,欧洲、日本也逐渐出现了连锁商店,并得到迅速发展,到 70 年代后全面普及,逐步演化为一种主要的商业零售企业的组织形式。

② 特许经营。它也称合同连锁、契约连锁。它是特许专卖授权企业(制造商、批发商或服务企业)与接受者之间通过契约建立的一种组织。特许专卖权所有者通常都是些享有盛誉的著名企业,接受者则为独立的零售商。授权企业把自己开发的商品、服务和商标、专利,以营业合同的形式授予规定区域的加盟店以统一销售、统一模式。加盟店则须交纳一定的营业权使用费,承担规定的义务,经营管理要求高度统一化、标准化。比如,麦克唐纳连锁店一般要求特许经营店在开业后,每月按销售总额的 3% 支付特许经营使用费。肯德基连锁店的比例一般是 5% 左右。特许专卖方式为双方都带来利益,大型企业不用自己开设很多零售店就可以大量销售自己的产品和劳务,而专卖店可以用小本钱做大生意。

③ 协同营业百货商店。有些国家的生产企业自己不经营零售业务,而在适当地点建造高层建筑或宽阔市场,专供小零售商租用,各个零售协同营业,起到了百货公司的作用,但各小零售商在组织上并没有关系。这种协同营业商店品种齐全、各有特色、服务热情,资金虽少,也颇受消费者欢迎。近年来,我国不少大城市也出现了这种类似的百货商店。

④ 消费合作社。它是一种为顾客自己所有的零售商店。它发起于英国,后在西欧国家很盛行。在西方国家不少低收入阶层和政府公务员,自己投股或由组织出面建立消费合作社。目的是减少商业经营环节不必要的加价,费用较低,从而以较低的消费价格供应给社团成员所需的日用品。消费合作社不以营利为目的,但要求保持收支平衡或略有结余,它同时还兼有保护消费者利益,抵制不法或不合理商业行为的功能。

除以上各种零售组织外,还有生产企业设立的自销门市部、各种形式的联营商店、旧货商店、小商小贩等零售组织。这些众多的零售组织大部分已在我国发展起来了。

4. 经纪人

经纪人是一种特殊的代理商,他们并不卷入商品交易实务,而只是为买卖双方牵线搭桥,促成他们之间的交易。买卖双方生意成交后,由委托方付给佣金。所以,经纪人既不经手商品,也不经手财务,不承担任何风险。某些经纪人不仅为卖方代理业务,介绍买主,有时也为买方代理业务,寻找合适的卖主。

5. 制造商自设销售部门

制造商自设销售部门的所有权和经营权都属于制造商,包括设置在各地的分销机构和销售办事处。分销机构承揽着征集单、储存和送货等多种业务。销售办事处则主要是征集和传递订单。此外,制造商还可在展销会和批发市场上长年租赁展台、场地,设立批发窗口。

(二)中间商的选择与确定

对于任何一个企业来讲,进行分销渠道的设计建设,首先考虑的是是否需要中间商,如果不需要,则为直接销售;如果需要,则为间接销售。一种商品的分销是否需要中间商,或需要几个层次的中间商,主要取决于产品特性、市场条件以及企业的实力状况。如果企业决定通过中间商分销产品,就要进一步确定所用中间商的类型:是批发商还是零售商,什么样的批发商和零售商,用不用代理商,以及具体选择哪一些中间商。

选择中间商应考虑以下因素:

1. 中间商的市场覆盖面

市场覆盖范围是企业选择中间商最关键的因素。首先,企业要考虑中间商的市场覆盖面是否与企业的目标市场一致。如北京的某企业打算在西南地区开辟市场,所选中间商的经营地域就必须包括这一范围。其次,中间商的销售对象是否是企业所希望的潜在顾客,这是最基本的条件,因为生产企业都希望所选的中间商能打入自己选定的目标市场,并最终说服消费者购买自己的产品。

2. 中间商的经验、知识与能力

企业应考察中间商是否具有经销某种产品的必需的专门经验、市场知识、营销技术和专业设施等。如经销计算机、照相机等高技术产品,要求中间商必须具备计算机和照相机方面的专业技术人才;一些中间商在销售食品方面极富经验,另一些在经营化妆品方面历史悠久;有些产品需要人员推销,还有些产品需要独具魅力的现场演示。总之,不同中间商以往的经营范围和经营方式不同,能够胜任的职能也不同,企业必须根据自己的目标对中间商完成某项产品营销的能力进行全面评价,在此基础上,选择最适宜的中间商。

3. 中间商的信誉与合作意愿

在目前市场游戏规则尚不完善的情况下,中间商的信誉显得极为重要。中间商的信誉直接影响企业的回款情况,一旦中间商中途有变,企业就会欲进无力,欲退不能,不得不放弃已经开发起来的市场。而重新开发市场,往往需要付出成倍的代价。另外,中间商的合作意愿不同,产生的市场效应也不同。企业在选择中间商时,一定要选择那些能够与企业精诚合作,求真务实,利益相同,能积极主动为企业推销产品的中间商。

4. 中间商的产品组合与财务状况

对于中间商的产品组合,一般认为如果其经销的产品与自己的产品是竞争产品,应避免选择该中间商;如果其产品组合有空当或者自己产品的竞争优势非常明显,就可选择该中间商。但这需要区域市场经理及部下进行细致、翔实的市场考察。另外,生产企业应倾向于选择资金雄厚、财务状况良好的中间商作为自己的中间商,因为这样的中间商不仅能够保证及时付款,而且还能在资金上为企业提供必要的帮助。

5. 中间商的目标与要求

有些中间商希望企业能为产品大量做广告或开展其他促销活动,扩大市场的潜在需求,使中间商更易于销售;还有些中间商希望供求双方建立长期稳定的业务关系,企业能为自己提供随时补充货源的服务,并在产品紧俏时也能保证供货;当然,也有些中间商并不希望与某一家企业维持过于密切的关系。制造商在做出选择时,对这些应有全面的了解。

情境案例

济南九阳电器有限公司是一家从事新型小家电研发、生产与销售的民营企业,是全国最大的家用豆浆机生产厂家。九阳有技术优势,但与技术上的领先优势相比较,九阳在市场营销上更为成功。特别是全国160多个地级城市的营销网络,不仅是实现销售和利润增长的渠道,而且是构筑自身安全体系的基石。

通过160多个地级市场的建设,九阳形成了一套寻找和管理经销商的思路。九阳公司根据自身情况和产品特点采用了地区总经销制。以地级城市为单位,在确定目标市场后,选择一家经销商作为该地区独家总经销商。为达到立足长远做市场、做品牌、共同发展的目标,九阳公司对选择总经销商提出了较严格的要求。

① 总经销商要具有对公司和产品的认同感,具有负责的态度和敬业精神,这是首要条件。一个好的产品,不仅能给经销商创造一定的经营效益,而且能给其带来更大的市场空间和发展动力。经销商只有对企业和企业的产品产生认同,才能有与企业基本一致的对产品及市场的重视程度,才能树立起开拓市场、扩大销售的信心。同时,对企业经营理念的认同,有助于经销商与企业的沟通和理解,自觉施行企业营销策略,与企业保持步调一致。这些是企业建立成功的网点和良好的合作关系的根本。

九阳销售人员注意帮助经销商分析认识企业的发展前景和产品的市场潜力,在培养经销商的这种企业经营理念方面做工作。

首先,负责的态度。它是指经销商要对产品负责、对品牌负责、对市场负责,这是经销商完成销售工作的保障。九阳公司在开发重庆市场时,曾有一家大型国有批发企业提议担任总经销,公司在对其进行全面考察后,认为其虽然具备较强的实力但缺乏这种负责的态度,不利于公司的市场发展,于是否决了这项提议。

其次,敬业精神。它是推动一个企业不断发展的重要动力。具备敬业精神的经销商能够积极主动投入市场销售与拓展,克服销售障碍,协助企业开展各项市场活动,充分发挥能动性和创造性,通过自身的发展来带动企业销售业绩的提升和市场占有率的扩大,巩固销售网络基础,提高销售网络水平。

② 总经销商要具备经营和市场开拓能力,具有较强的批发零售能力。这涉及经销商是否具备一定的业务联系面,分销通路是否顺畅,人员素质高低及促销能力的强弱。企业选择总经销商,就是要利用其开拓市场、扩散产品的能力。总经销商的市场营销能力直接决定着产品在该地区市场能够在多大范围和程度上实现其价值,进而影响到企业的生产规模和生产速度。当一种新产品进入一个新市场时,如果经销商不具备经营及开拓的能力以打开市场空间,仅靠企业一方的努力是不足以取得成功的。同时,总经销商作为企业产品流通中的一个重要环节,不仅要能够实现一部分终端销售,掌握第一手的市场消费资料,更重要的是要有经销产品的辐

射力和批发能力,拓宽产品流通的出路。

③ 总经销商要具备一定的实力。实力是销售网点正常运营,实现企业经营模式的保证,但是,要求实力并不是一味求强求大。九阳公司在如何评价经销商实力上,采用一种辩正的标准,即只要符合九阳公司的需要,能够保证公司产品的正常运营即可,并不要求资金最多。适合的就是最好的,双方可以共同发展壮大。适用性原则扩大了选择的余地。

④ 总经销商现有经营范围与公司一致,有较好的经营场所。如经营家电、厨房设备的经销商,顾客购买意向集中,易于带动公司产品的销售。由于经销商直接面对顾客,经销商的形象往往代表着企业的形象和产品的形象,对顾客心理产生影响,所以对经销商的经营场所也不能忽视。九阳公司要求总经销商设立九阳产品专卖店,由九阳公司统一制作店头标志,对维护公司及经销商的形象起到了积极的作用。

九阳公司与其经销商的关系,不是简单的立足于产品买卖的关系,而是一种伙伴关系,谋求的是共创市场、共同发展。因而公司在制定营销策略时,注意保证经销商的利益,注重的是利益均衡,不让经销商承担损失。如公司规定总经销商从公司进货,必须以现款结算,一方面保证公司的生产经营正常进行,另一方面可促使总经销商全力推动产品销售。那么,如何化解经销商的经营风险?一是公司的当地业务经理可以协助总经销商合理确定进货的品种和数量;二是公司能够做到为经销商调换产品品种,直至合同中止时原价收回经销商的全部存货,通过这些措施,解除经销商的疑虑。公司这种追求双赢的方针,切实可行的保障措施,配合优良的产品和完善的服务,大大提高了合作成功的可能性,使销售网点迅速铺开。

(三) 选择中间商的方法

选择中间商的方法很多,这里重点介绍企业常用的一种方法——综合评分法。综合评分法就是对拟选择作为合作伙伴的每一个中间商,就其从事商品分销的能力和条件进行打分评价。首先,根据反应中间商营销实力的各个因素对销售渠道功能建设的重要程度差异,分别给予一定的权重,然后,计算每个中间商的加权总分,并按分数的高低选择中间商。这种方法适用于一个较小范围地区的市场,为了建立精选的渠道网络而选择比较理想的分销商。

例如,某企业决定在某地区采用一级销售渠道模式(即厂家决定把自己的产品先售给零售商,再由零售商销售给消费者)。经实地考察,初步选出三家比较合适的零售商。企业希望最终选定的零售商应具有理想的市场覆盖范围、良好的声誉、较好的区位优势、较强的促销能力,并且愿意与生产厂商积极协作,主动进行信息沟通,以及财务状况良好。各零售商在这些方面中的某些方面都有一定优势,但没有哪一个零售商在各方面均名列前茅。因此,企业决定采用综合评分法对这三个零售商进行评价选优。其具体评价结果如表6-1所示。

表6-1 零售商的综合评价与选择

主要评价因素	权重	零售商1		零售商2		零售商3	
		打分	加权分	打分	加权分	打分	加权分
市场覆盖范围	0.20	75	15.0	70	14.00	90	18.0
信誉与声望	0.10	70	7.0	80	8.00	80	8.0
销售经验	0.10	85	8.5	90	8.50	90	9.0

(续表)

主要评价因素	权重	零售商1		零售商2		零售商3	
		打分	加权分	打分	加权分	打分	加权分
合作意愿	0.15	80	12.0	80	12.00	70	10.5
产品组合情况	0.10	90	9.0	85	8.50	80	8.0
财务状况	0.10	80	8.0	70	7.00	75	7.5
区位优势	0.10	65	6.5	70	7.00	80	8.0
促销能力	0.15	80	12.0	85	12.75	80	12.0
总得分	1.00	625	72.0	630	77.75	645	81.0

从表6-1中可以看出，通过打分计算，综合各方面因素，加权总分最高的是第三个零售商，因此，企业应优先考虑选择他作为其当地的分销商。

任务三 分销渠道管理

一、渠道成员的激励与评估

美国哈佛大学的心理学专家威廉·詹姆斯在《行为管理学》一书中认为，合同关系仅仅能使人的潜力发挥20%～30%，而如果受到充分激励，其潜力可发挥至80%～90%。这是因为激励活动可调动人的积极性。因此，激励渠道成员是渠道管理过程中不可缺少的一环。激励渠道成员是指制造商激发渠道成员的动机，使其产生内在动力以朝着所期望的目标前进的活动过程，目的是调动渠道成员销售商品的主动性、积极性。

（一）了解渠道成员

知己知彼，才能百战不殆。渠道负责人要想成功地管理渠道成员，就要首先了解渠道成员的想法和需求，然后才能有针对性地进行激励和促进。在营销活动中，尽管中间商和制造商同属一条供应链，但他们具有相对独立性，具有各自不同的经济利益。对于经销商而言，感兴趣的是顾客要从他那里购买什么，而不是制造商要向他提供什么，他往往把销售的所有商品当作一个整体来看，关心的是整个产品组合的销量，而不是单个商品的销量，当他们与制造商携手合作一段时间后，就会安于某种经营方式，执行实现自己目标所必需的职能，就会在自己可以决定的范围内制定自己的政策，而不会把自己永远当作是制造商雇用的供应链中的一员，不会详细记录出售各厂商产品的销售情况，不会给每一个企业提供完整的营销信息，甚至为了某种目的还会故意隐瞒真实情况。如果没有一定的激励，经销商就不可能始终如一地只为企业产品的销售倾其所能，他们常常是哪个企业的产品卖得好，利润大，就重点促销哪个企业的产品。所以，制造商要想控制管理好中间商，就必须采取灵活的"胡萝卜加大棒"的策略，而且"胡萝卜"要多一些，"大棒"只能在不得已的情况下使用。

（二）激励渠道成员

激励渠道成员的方法和手段多种多样，但大体上可分为两种，即直接激励和间接激励。

1. 直接激励

直接激励就是制造商通过给予中间商物质、金钱的奖励来激发他们为企业最大限度销售产品的积极性，从而实现企业的销售目标。直接激励主要包括：

（1）返利

返利是厂家或供货商为了刺激销售，提高经销商（或代理商）的销售积极性而采取的一种商业操作模式。一般是要求经销商或代理商在一定市场、一定时间范围内达到指定销售额的基础上给予多少个百分点的奖励，也称返点。企业在制定返利政策时一定要考虑以下因素：

① 返利的标准。要分清品种、数量及返利额度。制定返利政策时既要考虑竞争对手的情况，又要考虑现实性，还要防止抛售、倒货等。

② 返利的形式。是以现价返还是以货物返，货物返能否作为下月的任务数，一定要注明。

③ 返利的时间。是月返、季返，还是年返，应根据产品特点、货物周转周期来定，并在返利兑现的时间内完成返利结算，以免时间长了搞成一本糊涂账。

④ 返利的附属条件。为能使返利这种形式促进销售，一定要加上一些附属条件，如严禁跨区域销售、严谨擅自降价、严谨拖欠货款等，一经发现违规行为，则应取消返利政策。

现实中会遇到两种情况：一是返利标准定得太低，失去了返利刺激销售的目的；二是返利标准定得太高，造成价格下滑或倒货等。因而在执行中，务必在政策的制定上要考虑周全，且要严格执行，不能拖泥带水，更不能留下空子。

（2）价格折扣

价格折扣包括以下几种形式：

① 数量折扣。经销数量越多，金额越大，折扣越丰厚。

② 等级折扣。中间商依据自己在渠道中的等级，享受相应待遇。

③ 现金折扣。汇款时间越早，折扣力度越大。

④ 季节折扣。在销售旺季转入销售淡季之际，可鼓励中间商多进货，减少厂家的仓储压力；而在进入销售旺季之前，加快折扣的递增速度，促进渠道进货，达到一定的市场铺货率，以抢占热销先机。

（3）开展促销活动

在产品的销售过程中，分销商非常欢迎生产企业搞促销活动。促销费用一般由生产企业负担，但也可要求分销商适度负担，并要求分销商积极参与，配合搞好促销活动。生产者在开展促销活动时要注意以下几个问题：

① 促销目标。促销目标一定要明确销售额是多少、增加二次批发多少、渗透终端店多少，等等。

② 促销力度的设计。促销力度的设计，一要考虑是否刺激经销商的兴趣；二要考虑促销结束后经销商的态度；三要考虑对促销成本的承受能力。

③ 促销内容。是送赠品还是抽奖，是派送还是返利，促销内容一定要能吸引人。

④ 促销时间。促销活动什么时间开始，什么时间结束，一定要设计好，并要让所有的客户知道。

⑤ 促销活动管理。无论是企业统一组织、统一实施的促销活动，还是分区组织、分区实施的促销活动，从方案提交、审批、实施到效果的评价应当有一个合理的程序安排，以确保促销活动的顺利进行。

2. 间接激励

间接激励就是制造商通过帮助中间商获得更好的管理、销售方法，来达到提高销售绩效目的的活动。间接激励主要包括：

① 帮助经销商建立进销存报表，做安全库存数的建立和先进先出的库存管理工作。进销存报表的建立，可以帮助经销商了解某一周期的实际销售数量和利润；安全库存数的建立，可以帮助经销商合理安排进货；先进先出的库存管理，可以减少即将过期商品的出现。

② 帮助零售商进行零售终端的管理。零售终端管理的内容包括铺货和陈列商品等，应通过定期拜访，帮助零售商整理货架，设计商品的陈列形式。

③ 帮助经销商管理其客户，加强经销商的销售管理工作。帮助经销商建立客户档案，包括客户的店名、地址、电话，并根据客户的销量将他们分等，告诉经销商对待不同等级的客户应采取不同的支持方式，从而更好地服务于不同性质的客户，以提高客户的忠诚度。

④ 伙伴关系管理。从长远来看，应该实施伙伴关系管理，使中间商与制造商结成合作伙伴，风险共担，利益共享。

⑤ 输出经理人。即制造商把自己的地区销售经理派往需要帮助的经销商处，担负销售经理的职能，负责产品在当地的营销推广工作，输出经理人接受制造商和经销商的双重领导，由制造商为其支付工资。输出经理人定期回总部汇报工作，其工作期限应以经销商能稳定开展工作或者带出合格的经理人为止。

（三）评估渠道成员

企业应对中间商的工作绩效定期进行评估。评估的内容主要包括：
① 检查评估每位渠道成员完成的销售量、利润额；
② 检查评估每位渠道成员的平均订货量及平均存货水平；
③ 检查评估每位渠道成员为产品定价的合理程度；
④ 检查评估每位渠道成员同时经销多少种与本企业相竞争的产品；
⑤ 检查评估每位渠道成员的产品送达时间、服务水平及产品市场覆盖程度；
⑥ 检查评估哪些经销商能积极努力推销本企业的产品，哪些不太积极；
⑦ 检查评估每位渠道成员的促销能力、合作态度、回款情况及信息反馈程度；
⑧ 检查评估每位渠道成员的销量在整个企业销售量中所占的比重；
⑨ 检查评估每位渠道成员的创新、竞争能力及顾客对他的满意程度。

某公司经销商评估情况如表 6-2 所示。

表 6-2 某公司经销商评估表

经销商名称： 　　填表人： 　　时间： 　　区域： 　　编号：

项目 \ 得分	100 分	80 分	60 分	40 分	20 分	打分
发展意识	急于发展，有学习习惯，具有一定理念，自己投资开始促销、物流扩张、铺货、广告、服务工作	有学习习惯，具有一定理念，自己投资开始促销，物流扩张、铺货	一般	有初步理念，无动作	满足现状	

项目六 建立和管理产品分销渠道

(续表)

项目 \ 得分	100分	80分	60分	40分	20分	打分
服务意识	已有固定主动周期性拜访下线客户、及时送货、处理客户投诉的服务动作	不定期主动服务	被动服务	被动服务,只送大客户	无服务意识	
对自身经营状况及市场环境熟悉程度	自身经营品项业绩、回报率熟悉,自身网络、产品优劣势熟悉,当地市场人口、渠道等基本资料熟悉	自身经营品项业绩、自身网络、产品优劣势熟悉,当地市场人口、渠道等基本资料熟悉	一般	较差	不熟悉	
物流资金管理	有明确的分品项储运制度,有基本的现金账,收支两线制度,基本没有物、款流失	有明确的分品项储运制度,有基本的现金账,收支两线制度,物、款流失少	较好	一般	较差	
人员管理	业务员素质高,有明确的分工,管理制度、薪资考评制度执行到位,业务人员纪律性强、效率高	有明确的分工,管理制度薪资考评制度执行到位,业务人员纪律性强、效率高	一般	较差	原始管理,业务人员不服从管理,效率低	
法人合作意愿	合作意愿高,愿为前期市场开拓做出努力	较好	一般	较低	不愿合作	
合伙人合作意愿	合作意愿高,愿为前期市场开拓做出努力	较好	一般	较低	不愿合作	
同业口碑	非常好,当地金字招牌	较好,无负面评价	一般	较差	经常跨区砸价,拖欠贷款	
零售店知名度	设定区内80%以上与该客户熟悉,常有业务往来	60%	40%	20%	20%以下	
批市知名度	设定区内81%以上与该客户熟悉,常有业务往来	60%	40%	20%	21%以下	
客情	下线客户80%以上表示对该客户满意	60%	40%	20%	22%以下	

(续表)

得分 项目	100分	80分	60分	40分	20分	打分
运力	网络覆盖率达设定区域80%以上	60%	40%	20%	23%以下	
经营品牌	产品线相容且不违背	代理产品2~4个,未做到产品线相容且不违背	超过4个或少于2个	超过6个或少于1个	超过10个或少于1个	
本产品占比(本品的同类产品销售额占其总销量的比例)	50%以上	40%	30%	20%	10%	
实力(包括资金、运力、人力、网络)	当地前三名	一级批发商	二批商	零兼批	非专业批发	
下设阶次	一批+直销+特供	二批+部分零售店	一批+直销	有分货到零售店能力但属小批户	非专业批发但无分货到零售店能力	
现经营品牌	销量大,通路利润稳定,售店内气氛好,零售店铺货率70%以上,全品相推广,大店进店率高,表现好	销量大,终端铺货率60%以上,KA店占优势,批市铺货率高	终端铺货率40%以上,批市铺货率高,批发利润10%以上	终端铺货率30%以上,KA店进店率50%以上,批市铺货率高,批发利润10%以下	终端铺货率20%以上,批市铺货率高,批发利润15%以上	

通过以上方面的客观评估,企业可鉴别出那些贡献较大、工作努力的渠道成员。对这些中间商,企业应给予特别的关注,建立更密切的伙伴关系。通过评估也可鉴别出那些不胜任、不理想的渠道成员,以便做相应的调整。

二、渠道冲突的类型及解决

企业的分销渠道是由若干个相对独立的组织或个人组合而成的复杂系统。在这个系统中,既有制造商又有中间商,它们构成了一个特定的行动群体。由于在产品营销过程中,各渠道成员的目标、任务、职能不同,它们之间往往存在着各种不同的利益冲突和矛盾分歧,如果企业的营销管理部门不能对这些矛盾冲突进行有效化解,就必然影响企业的营销工作。为此,渠道管理的中心任务就是及时发现并解决产品分销渠道中存在的矛盾冲突,以提高渠道成员的满意度和营销的积极性,保证渠道成员的密切合作与渠道的高效顺畅。

1. 渠道冲突的类型

在市场营销实践中,企业的渠道冲突多种多样,但根据渠道层次的不同,可分为垂直冲突和水平冲突两种。

(1) 垂直冲突

垂直冲突是指同一营销渠道内处于不同渠道层次中的中间商与中间商之间、中间商与制造商之间的矛盾冲突。例如,制造商埋怨批发商、零售商回款太慢,提供的服务不到位,想取消那些不很好执行价格政策、服务政策、广告政策的批发商、零售商,而零售商又抱怨制造商为其提供的产品系列不如提供给批发商的齐全,产品品质不良,价格政策不灵活等。

(2) 水平冲突

水平冲突是指同一渠道层次中中间商之间的冲突。例如,某制造商的一些批发商可能抱怨同一地区的另一些批发商随意降低价格,减少或增加顾客服务项目,扰乱市场和渠道秩序等。在发生水平渠道冲突的情况下,应由渠道领导者担负起责任,制定明确可行的政策,促使层次内渠道冲突的信息上传至管理层,并采取迅速果断的行动来减轻或控制这种冲突。否则,如果任其发展,就很有可能破坏渠道的凝聚力和损害渠道形象。

> 情境案例

"双11"再起冲突 酒企和电商为何频翻脸

2016年"双11",酒类电商和酒企之间的冲突再起。11月4日,茅台发布公示,称对经销商的低价倾销行为将依法维权。而在11月7日,泸州老窖股份有限公司和1919酒类直供因老字号特曲将停货一事在业内公开翻脸。看似已一团和气的电商和酒企,为何再度翻脸?

1. "双11"再起冲突

11月4日,贵州茅台在声明中表示,2016年公司与酒仙网、中酒网、购酒网、我买网、1919网等电子商务平台没有业务合作关系,要求经销商谨遵经销合同约定,管理好销售渠道,不违约采购、供货,若违反合同约定,公司将保留追究相关方违约责任的权利。

在白酒专家看来,茅台酒属于白酒行业的高端酒,其品牌附加值和产品属于高价值的产品,电商在进行低价销售时,将损害茅台的品牌价值,所以茅台会在"双11"撇清与电商的关系。

事实上,这已经不是茅台第一次在"双11"期间付诸"品牌保卫"行动了。去年"双11"期间,为了应对电商之间的价格战,茅台在全国范围内检查串货和低价销售,并对电商管理祭出狠招:"凡不经销售公司同意向电商供货,一经查实,即行处罚。凡向某电商供货立即解除合约,不管卖的什么价格。"

2. 价格战是矛盾焦点

针对此次"炮轰事件",有业内人士分析称,停货只是表象,就目前的做法来看,双方均出于自身利益考虑,而出现利益不合的根本原因还是在于目前整个白酒行业的线上供货模式仍处在摸索阶段。

白酒营销专家肖竹青表示,电商的销售额不到整个酒类销售额的5%,但是对传统渠道的价格伤害很大。电商渠道超低的销售价格给酒企线下价格体系带来了巨大冲击,这是双方矛盾的核心点。

事实上,盘点酒类电商和酒企间的恩怨可以发现,价格战是导火索。1919自成立以来因大打价格战,被业内称为"价格杀手""行业公敌",除了茅台,1919还和以五粮液、洋河、剑南春、郎酒为代表的名酒企矛盾颇深,冲突不断。而价格问题,是双方矛盾的焦点所在。

有资深酒业专家指出,价格优势是电商核心竞争力之一,但这也成为引爆酒类垂直电商与厂商关系破裂的导火索。在其看来,酒类电商在祭出超低价,使得酒企未来的产品价格体系难以维系,这是造成传统酒企和电商企业矛盾的根本原因。

对于每年的"双11"发生的传统酒企与电商之间的价格战,有专家对媒体表示,在"双11"期间,有的电商运行模糊,常拿高端产品低价来吸引消费者的眼球,这与酒企辛苦保价形成对立,为了维护品牌及价格,酒企不得不做出一些维护价格的举动。不过,酒企现在也非常重视和电商的合作,并且也在积极地探讨,未来,电商渠道一定是酒类营销的重要渠道之一,这个新型的渠道需要一个过程来实现。

2. 渠道冲突的解决

(1) 激励

就是在了解中间商需求与愿望的基础上,通过合作、合伙和经销规划的手段来化解矛盾冲突,以激励中间商团结一致向前看。

① 合作。大部分生产者认为,解决矛盾冲突的最好办法是设法得到中间商的合作。他们常常采取软硬兼施的方法:一方面使用积极的激励手段,如较高的利润、交易中的特殊照顾、奖金等额外酬劳、合作广告资助、展览津贴、销售竞赛等;另一方面也偶尔使用比较强硬的手段,如威胁要减少利润、推迟供货甚至终止关系等。这种方法的缺点是生产者并不一定真正了解中间商,简单套用了"刺激——反应"模式,混杂使用各种激励因素。生产者在使用时必须谨慎,否则会产生较大的负面影响。

② 合伙。生产者着眼于与经销商或代理商建立长期的伙伴关系。首先,生产者要仔细研究并明确在销售区域、产品供应、市场开发、财务要求、技术指导、售后服务和市场信息等方面生产者和经销商彼此之间的相互要求。然后,根据实际可能,双方共同商定在这些方面的有关协议,并按照他们信守这些协议的程度给予奖励。

③ 经销规划。这是更先进的方法,即建立一个有计划、实行专业化管理的垂直市场营销系统,把生产者与经销商双方的需要结合起来。生产者在市场营销部门设立一个分部,可称之为"经销商关系规划部",其任务是了解经销商的需要,并制定营销规划,以帮助每一个经销商尽可能以最佳方式经营。通过该部与经销商共同规划营销目标、存货水平、产品陈列、员工培训以及广告宣传等,引导经销商认识到他们是垂直系统的重要组成部分,做好相应工作便可从中得到更高的利润。

(2) 说服协商

渠道成员之间互相将问题摆出来,共同研究协商,统一意见,以便寻求一个大家都能接受的方案来消除分歧。

(3) 惩罚

这往往是在激励、说服协商不起作用的情况下使用的消极方法。可通过团体规范、警告、减少服务、降低经营上的援助,甚至取消合作关系等方法来实现。

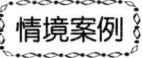

冰释前嫌拥抱1919，茅台首度与O2O电商联姻

2016年7月22日，1919全球商品采购大会（2016—2019）在上海举办，帝亚吉欧、百威英博、茅台、五粮液等全球467个知名酒类品牌，上海银行、天弘基金、中信证券等200多家知名证券投资机构以及新闻媒体等千余人齐聚现场，堪称酒类行业历史上最大规模的一次聚会。作为活动的压轴环节，贵州茅台与1919在上海签署战略合作协议，双方结成战略合作伙伴关系，成为行业关注的焦点。

1. 茅台不计前嫌，首次与O2O电商合作

1919自成立以来，由于前期价格过低而被行业从业者称之为"价格杀手""行业公敌"。尤其是与以茅台、五粮液、剑南春、郎酒为代表的名酒企业矛盾颇深，冲突不断。

但是，随着行业的不断发展，1919在酒类流通领域的影响力不断壮大，双发逐渐产生了和解的意向。7月22日，在上海举办的1919全球采购大会上，茅台与1919终于冰释前嫌，并向1919敞开胸怀，结成战略合作伙伴关系。

据了解，这是国酒茅台第一次与酒类O2O电商达成战略合作关系，这也是1919第一次与茅台合作，这将是厂商联盟的典范之作。

2. 合作内容曝光，引发行业高度关注

本次战略合作发布会上，双方也透露了合作的内容。双方协议如下：

① 常规性产品合作，1919将尊重茅台的常规流通性产品的价格体系；
② 利用1919的渠道优势，联合茅台打造战略产品；
③ 1919将利用全线资源，对茅台的品牌进行推广，联合茅台推出多元化的消费者体验活动；
④ 1919还将借助茅台的原产地资源，为消费者提供更优质的酱香酒，对酱香酒的全国化做出努力。

贵州茅台股份有限公司在战略合作签署仪式上指出，在酒类行业敢于发出呐喊的是1919，他们别具一格的酒类O2O连锁营销模式，线上线下无缝整合的营销渠道，打破了中国白酒行业传统分销渠道的症结，开创了独具特色的酒类消费的蓝海市场，以信息技术领航，以供应链整合前行，前程无限。贵州茅台与1919共同携手，将共同形成一个白酒新时代的开启，贵州茅台与1919因酒结缘，志同道合，一往无前。

1919表示，贵州茅台拥有国酒之尊，是世界蒸馏酒第一品牌，在国内外均享有崇高的品牌地位。1919与贵州茅台的战略合作，是双方独特战略眼光的直接体现，也将会成为中国酒业厂商合作的一个典范案例，数十年乃至上百年后都会让人津津乐道。1919在未来3年里要完成1750亿元的销售业绩，离开茅台的鼎力相助是非常困难的，而1919的存在，也一定会为茅台的发展助力添威。因此，1919与茅台的合作，必定是茅台、1919和中国酒业三方共赢的结果。

三、渠道的修正与改进

尽管渠道的决策和建立是长期的，但市场营销环境是不断变化的。为了适应市场环境变

化与竞争的需要,企业必须对营销渠道不断进行调整与改进。企业调整改进分销渠道的方式主要有以下三种:

1. 增加或减少某一渠道成员

对效率低下、经营不善,对整体渠道运行有严重影响的中间商,可考虑剔除。有必要的话,还可考虑另选合适的中间商加入。有时因竞争者的渠道扩大使自己的销售量减少,也应增加每级中的中间商数量。值得注意的是,企业在做这种调整时,除考虑环境因素外,还需要进行经济增量分析。比如,增加或减少某个中间商,将会对企业的利润带来何种影响,程度如何。企业如果决定在某目标市场上增加一家批发商或特许商,不仅要考虑增加新的渠道成员将带来的直接经济利益(如销售量的增加额等),而且要考虑对其他经销商产生的影响。

2. 增加或减少某一分销渠道

企业有时会发现随着市场的变化,自己的分销渠道过多,有的渠道作用不大。从提高营销效率与集中有限力量等方面考虑,可以适当缩减一些分销渠道;相反,当发现现有渠道过少,不能使产品有效抵达目标市场、完成目标销售量时,则可增加新的营销渠道。

3. 改进整个分销渠道

这是对企业以往的分销体系制度做通盘的调整,意味着原有分销渠道的解体。原有渠道冲突无法解决,已造成极大混乱,企业战略目标和营销组合实行了重大调整,都需要对营销渠道进行重新设计和建立。例如,制造商产品由自销改为由经销商经销,或由经销商经销改为由企业自销等。

上述调整方法,前一种属于结构性调整,立足于增加或减少原有渠道的某些中间层次;后两者属于功能性调整,立足于将一条或多条渠道工作在渠道成员中重新分配。企业的营销渠道是否需要调整,调整到什么程度,取决于营销渠道是否处于平衡状态。如果矛盾突出,即渠道处于减少获利机会的不平衡状态,通过调整渠道能解决一定矛盾,增加获利机会,一般就应进行调整。

情境案例

2000年以后,随着连锁巨头的快速扩张,家电业走入了大连锁时代,家电厂商和连锁企业在进场费等方面的矛盾激化,家电厂商纷纷欲通过自建渠道来摆脱渠道受制于人的现状。然而当时在内外资品牌夹击下,自建渠道谈何容易。

在众多家电厂商被强势的连锁巨头国美、苏宁钳制时,2004年,格力高调宣布与国美决裂,果断建立专卖店模式。短短几年里,格力在全国建设了超7 000家专卖店,这些专卖店主要建在了三、四级市场,为格力贡献了大部分收入和利润。

2007年,格力电器大股东格力集团在资本层面引入格力经销商,向其核心经销商转让格力电器10%股权,与经销商建立一种产权关系,将经销商与格力电器的利益捆绑在了一起。

此后,格力重整渠道,成立了一家名为盛世欣兴格力贸易有限公司的销售公司,这家公司掌控了格力全部销售渠道,随后分部陆续建立,但总部对渠道的控制力却在加强。

在盛世欣兴诞生之际,此举曾被业内认为是有意将格力渠道独立,并运作上市,成为格力新一融资平台。不过这个说法遭到格力方面否认。有接近格力人士表示,或许是太相信格力庞大的专卖店网络,格力在很长一段时间内没把电商当回事。

家电业观察家认为:"过去几年里,电商大规模兴起,如果家电厂商过度依赖专卖店,除自建渠道之外的渠道将无法真正发挥作用。不过一旦格力大力发展大连锁和电商,将触及原有经销商利益。过去这几年格力电商一直难以大规模发展,主要是受经销商制衡。"

如今电商已快走过红利时代、新零售大规模兴起,这些因素都促使格力不得不加快自己的渠道变革。

正是如此,近年来格力与其他渠道的关系也在缓和。格力先是与国美时隔10年摒弃前嫌再度牵手,格力空调、晶弘冰箱、大松小家电全线进驻国美线上线下门店,后又与两大电商渠道阿里、京东达成合作关系,并与十多年未曾合作的苏宁结盟。

有产业经济学家表示:"格力在渠道上主要依赖经销商。在渠道普遍扁平化的大环境中,经销商自建渠道会增加多项采购的环节,让产品价格缺乏竞争力,产品需要实现较高的毛利率来保证销售体系,这在今天的电商、渠道商结盟的新零售时代并不适用。格力对其销售管理进行的变革,需先打破原有的经销商销售体系。"

任务四 营销实践:设计渠道方案

通过本项目我们学习了渠道策略,主要包括认识、设计、管理分销渠道三个方面的内容。在我们对分销渠道的概念、类型以及中间商的作用、类型有所认识理解后,我们在应用上的重点就是设计和调整分销渠道。设计调整分销渠道首先要正确认识理解影响设计分销渠道的因素,在此基础上再结合企业的实际情况才能有效开展设计调整工作。因此,我们所设计的分销渠道方案至少包括分析渠道影响因素、选择渠道两个方面的内容。一般情况下,分销渠道调整是在企业运营过程中环境变化时才会进行。

【课后练习】

一、单项选择题

1. 生产资料分销渠道中最重要的类型是(   )。
   A. 生产者→批发商→用户   B. 生产者→用户
   C. 生产者→代理商→用户   D. 生产者→代理商→批发商→用户
2. 生产者——批发商——零售商——消费者称为(   )。
   A. 一阶渠道   B. 二阶渠道   C. 三阶渠道   D. 四阶渠道
3. 确定各层次配置同类型中间商数目属于(   )渠道决策。
   A. 直接渠道与间接   B. 长渠道与短
   C. 宽渠道与窄   D. 单渠道与多渠道
4. 企业在纵向上配置不同类型中间商层次数属于(   )渠道决策。
   A. 直接渠道与间接   B. 长渠道与短
   C. 宽渠道与窄   D. 单渠道与多渠道
5. 某企业的主要产品是香皂和洗衣粉,该企业最适合采取(   )。
   A. 选择分销策略   B. 独家分销策略
   C. 人员推销策略   D. 密集分销策略
6. 渠道长度是指产品从生产领域流转到消费领域过程中所经过的(   )的数量。
   A. 渠道类型   B. 同类型中间商

C. 不同类型中间商　　　　　　D. 储运服务商

7. 协助买卖成交、推销产品，但对所经营产品没有所有权的中间商有（　　）。
   A. 批发商　　B. 运输公司　　C. 代理商　　D. 零售商
8. 产品单价高、体积大而笨重，可考虑（　　）渠道。
   A. 短而宽　　B. 短而窄　　C. 长而宽　　D. 长而窄

二、多项选择题

1. 下列商品中，适宜选择短渠道分销的有（　　）。
   A. 鲜活商品　　　　　　　　B. 建筑材料
   C. 机器设备　　　　　　　　D. 日用百货
   E. 通用材料
2. 当企业生产经营的是（　　）产品时，宜采用短渠道分销。
   A. 单价高　　　　　　　　　B. 耐久性强
   C. 技术性强　　　　　　　　D. 市场集中
   E. 潜在顾客多
3. 制约分销渠道决策的主要因素有（　　）。
   A. 商品条件　　　　　　　　B. 自然条件
   C. 经济条件　　　　　　　　D. 市场条件
   E. 企业条件
4. 属于直复营销的形式有（　　）。
   A. 本地零售店销售　　　　　B. 超级市场
   C. 电话订购　　　　　　　　D. 邮购
   E. 网络营销
5. 当企业生产经营的是（　　）产品时，宜采用长渠道分销。
   A. 单价低　　　　　　　　　B. 耐腐性强
   C. 技术性强　　　　　　　　D. 市场集中
   E. 潜在顾客多
6. 适合广泛性分销的产品有（　　）。
   A. 便利品　　　　　　　　　B. 选购品
   C. 标准件　　　　　　　　　D. 精选品
   E. 特殊品

三、思考题

1. 分销渠道的类型主要有哪些？
2. 影响分销渠道选择的因素主要有哪些？
3. 分销渠道管理有哪些内容？
4. 中间商的类型主要分成哪几种？选择中间商要考虑哪些因素？

四、案例分析题

国美与格力的对决

2004年3月，国美总部向各地分公司下发了一份"关于清理格力空调库存的紧急通知"：格力代理商模式、价格等不能满足国美的市场经营需求，要求各地分公司将格力空调的库存及业务清理完毕。

3月已进入空调市场启动时期,各厂家都在积极以直接供货方式进入国美,降低价格。但格力仍选择通过代理商供货的方式,在价格上不肯让步,这与国美一向秉承的"薄利多销"原则相违背,而且也损害了消费者利益。格力总部表示,如果国美不按照格力的游戏规则办事,格力将把国美清除出自己的销售体系。在国内空调市场,格力向来以老大自居,而国美更是名副其实的家电连锁老大。

科龙空调北京分公司认为,像国美、苏宁这样的家电连锁企业,在以北京、上海为代表的零售度非常高的城市里,至少垄断了50%以上的家电销售市场份额。科龙不会放弃国美这样的连锁店。TCL空调销售总监理表示,格力放弃国美有丢掉市场的风险。北京苏宁电器内部人士表示,格力在北京一直不与家电连锁直接联系,苏宁也不把格力当作主推品牌。长久下去,其在北京的市场份额会被其他品牌分食。

新的空调价格战主要集中在一线的大品牌,海尔主动与国美等新连锁接洽,实际上是为自己销量的扩容做好了价格、渠道、品牌等方面的充分准备。

格力渠道模式的主要特点就是把工厂与省级空调经销商组建成一个股份制销售公司,把区域内大经销商捆在自己的船上。这种销售渠道方式在大城市会给自己带来三个致命损伤:① 对品牌的致命伤害。格力放弃国美会让人感觉格力在一级市场上已从第一梯队消失,这会使格力越来越像一个二三线品牌。② 格力通过代理商与国美合作,其价格优势会被中间代理商吃掉,最终其产品与海尔、LG、三星等对手相比会失去价格优势。③ 格力目前这种渠道形态客观上对现实消费的把握不准确,限制了自己的制造革新。

问题:
1. 什么是渠道长度?格力的渠道模式属于几级渠道?它与科龙、TCL有什么不同?
2. 渠道冲突分为几种类型?格力的渠道冲突属于哪种类型?
3. 结合本项目的情境案例,分析格力重整渠道后的发展前景。

五、职业技能训练题

调查分析娃哈哈和宝马的渠道。

项目七　制定促销组合方案

知识目标：理解促销与促销组合的概念以及促销的作用；掌握人员推销、广告、营业推广、公共关系的基本知识。

技能目标：掌握常见的促销工具的特点，并能运用这些工具解决具体的促销问题；能够根据企业营销目标制定促销组合方案。

基本素养目标：树立营销的市场意识、规则意识、诚信意识和竞争意识；培养良好的人际沟通能力；培养执行力和团队协作力。

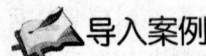导入案例

求新求变，看华帝如何在世界杯营销大战中突围

近3年来，著名智能厨电品牌华帝不断求新求变，从品牌、产品、营销到服务都进行了一系列重要的变革，让我们不仅见识了一个厨电品牌的新型营销、跨界方式，也见证了华帝打破厨电这个相对封闭的市场壁垒，勇敢拥抱时尚和互联网等新事物的创意与决心。

在消费与传播环境的日新月异带来的巨大挑战中，厨电行业同样面临着新一轮的排位甚至洗牌，老板、方太、华帝组成的第一集团军如何突围，如何让一个传统制造企业更加年轻化，成为每一个厨电品牌需要考虑的核心难题。

2017年，华帝选择了自己的独特品牌营销之路——跨界。仅仅半年，华帝的品牌脚印就玩转了网剧圈、时尚圈、互联网圈、游戏圈、娱乐圈、影视圈，从线上到线下，从品牌到产品，既有温情治愈也有娱乐至上，多元化立体的跨界营销让华帝在厨电业界独树一帜，吸引了广泛的关注。在多元化的品牌跨界营销手法的背后，华帝的传播核心却很聚焦：努力成为年轻人心中兼备时尚感和科技感的高端品牌。

2018年，华帝的独特品牌营销之路又玩出了新花样。这一回，华帝将体育营销做得风生水起。

第一步，华帝与法国国家足球队在2018年年初签约，成为法国国家队官方合作伙伴。

第二步，华帝宣布法国著名球星、足坛传奇前锋蒂埃里·亨利（Thierry Henry）成为其品牌代言人。

第三步，华帝再度将世界杯营销力度加大，推出"法国队夺冠 华帝退全款"活动：若法国国家足球队在2018年俄罗斯世界杯夺冠，则对于在2018年6月1日0时至2018年6月30日22时期间，凡购买华帝"夺冠套餐"的消费者，华帝将按所购"夺冠套餐"产品的发票金额退款。其后，为庆祝法国队挺进8强，华帝将该活动延长至7月3日。

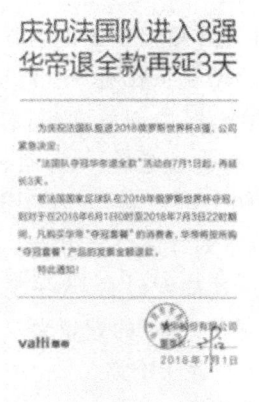

"法国队夺冠,华帝退全款"是在家电行业世界杯营销中,率先推出的"夺冠退全款"活动,消费者在活动期间购买华帝"夺冠套餐"并签订《活动协议》,即可参与活动。

在众多品牌云集世界杯的品牌之战中,作为世界杯法国队官方赞助商,华帝直接将营销的终极优惠方式"退款免单"与法国队的战果紧密联系在一起,其推出的"夺冠套餐"整合线上线下销售,直接点燃了球迷和消费者两个群体。

随着法国队从淘汰赛开始展露的"冠军相",华帝愈发被推到舆论的风口浪尖,这也让华帝的知名度和销售额在极短的时间内有了爆发式增长,中央电视台也对华帝投去了赞赏的目光。7月7日,中央电视台财经频道《央视财经评论》栏目以"世界杯生意场都有谁赚了钱"为题,盘点了本届世界杯中国品牌的表现。其中特别以华帝在本次世界杯中整体营销为案例,指出在新常态下只有花式营销才能真正打动市场,成功突围,财经评论员表示:"华帝一个三级赞助商家,一个厨电品牌居然找到了一个撬动社交媒体的点。"

作为全球体育盛宴,世界杯营销向来是品牌必争之地。在过去的一个月,我们见到了七大国内品牌亮相世界杯赛场,其中不乏豪掷数亿赞助费的"顶级玩家"。而作为法国队合作伙伴的华帝,仅仅是通过一个和法国队战绩相关的营销活动,一个和世界杯的"擦边球",就成功抢占了众多媒体的版面,原因为何?

1. 成功的热点把控

作为全球最负盛名的赛事,世界杯自带热度。不论是不是球迷,有关世界杯的一切都会刷屏。而自己所支持球队的发挥、球星的状态,以及比赛的结果,更是球迷们关注的热点中的热点。华帝正是抓住了这一点,把营销创意和球队战绩进行强关联,将消费者从"旁观者"转化为"参与者",真正借到了世界杯的东风,点燃公众关注的热情。

2. 精准的心态洞察

"法国队夺冠,华帝退全款"之所以能实现多方价值共赢,根本原因在于对各方需求的精准洞察,抓准了互联网环境下的中国消费者心态,用最直接的方式将世界杯、市场、品牌三个维度的诉求绑定在了一起,对消费者而言,若法国队能一举夺下冠军,华帝将兑现其承诺,消费者能够获取全额退款的消费补贴;对法国队而言,参与活动的消费者也将关注法国队的每一场比赛,法国队将收获更多中国球迷的了解和喜爱;对华帝而言,无论法国队是否夺冠,此次营销除了直接促进产品销量的攀升,更获得了极大的品牌曝光度。

3. 创新的营销玩法

当许多品牌在体育营销中各显神通时,年轻消费者的响应度和代入感其实并不强烈。华帝正是观察到这一点,站在年轻消费者的价值观角度,提出以"我们"为主角的足球营销。配合"法国队夺冠,华帝退全款"的创意营销,打出了一套漂亮的组合拳:从与法国队建立"最燃联盟",到请代言人亨利拍摄微电影;从与新世相合作"H5#最燃的我们#",到携手国内品牌蓝V海信、康佳、TCL等一起"约球"。可以说,华帝把传统的"营销战役"变成了"无限游戏",也成功引爆了这场游戏中的每一个接力点。

毫无疑问,华帝此次的大创意、大手笔,成功引发从围观到市场营销,再到品牌知名度的提升。如果要创造"叫好又叫座"的营销大戏,华帝的做法具有启示意义。

(1) 大胆突破,不拘泥于套路

华帝以"夺冠免单"的促销形式,强势杀入世界杯营销大战,其价值不仅在于带动了整个家电业体育营销的热潮,更在于启迪了更多的企业思考如何在营销、技术、渠道等层面实现突破,而不是简单的跟随。

(2) 实现共赢,以正能量回馈社会

一场成功的营销,绝不能只是一方受益,其他方受损。华帝的成功就在于,用相对较小的成本撬动了社会化大营销,是一次利民利己、各方获利的营销活动。华帝通过向消费者退款,将节约出来的广告费回馈给消费者,不仅能够达到品牌传播的效应,还能通过言出必行的品牌魅力掳获一波"铁粉",并通过口碑相传刺激潜在消费者,以最低的广告成本撬动最大的营销收益。

(3) 看似"豪赌"的华帝其实稳赚不赔

对于大放"退款豪言"的华帝,不少人着实捏了一把汗:法国队若真夺冠,华帝赔得起吗?其实,纵观华帝随法国队高歌猛进的一路表态,"活动再延三天"的魄力,以及华帝股份"10股送2股,转3股,派3元"的派新股,都让公众清晰地感受到华帝的自信和从容。这样的底气从何而来呢?

① 科学的成本管控,怎么算都不亏甚至很划算。在活动推出之前,华帝已经对成本进行了预计,并有充分的掌控。活动期间,线下渠道总零售额预计为7亿元以上,同比增长20%,其中夺冠套餐零售额为5 000万元,占总零售额的7%。同时,线上渠道总零售额预计为3亿元以上,同比增长30%,其中夺冠套餐零售额为2 900万元,占总零售额的9.67%。这意味着,一旦法国队夺冠,代理商将承担5 000万元的费用,而华帝将承担2 900万元的费用。这对于中国品牌动辄上亿元的世界杯宣传投入,实在不算"巨额"。更值得注意的是,考虑到活动期间所带来的销售增长因素,华帝此次真正要付出的费用或还将更少,而这却带动了超10亿元的销售额,难道不是一笔绝对划算的买卖?

② 雄厚的资金实力,才是"魄力"最好的后盾。根据华帝股份2018年第一季度报告,第一季度营业收入为14.24亿元,同比增长23.23%;归属于上市公司股东的净利润为1.15亿元,同比增长49.59%。华帝股份发布的"2018年半年度业绩报告预告"称,预计2018年1—6月归属于上市公司股东的净利润为3.07亿~3.54亿元,同比增长30%~50%。即使最终法国夺冠,营销成本也仅占华帝去年16亿元销售费用的1.8%。显然,仅上半年净利润就达3亿多元的华帝,对可能会发生的"夺冠退全款"营销费用的支付,不存在任何问题。

营销启示：此次华帝世界杯推广对市场最大的撬动点在于，抓准了互联网环境下的中国消费者的心态，用最直接的方式将世界杯、市场、品牌三个维度的诉求绑定在了一起，成功引发从围观到市场营销，再到品牌知名度的提升。而对于如何借势体育赛事做出更有价值的品牌营销，华帝无疑交出了一份漂亮的答卷，再次留下了一个值得思考的经典案例。

现代企业市场营销不仅要求企业生产、设计、组合出适合市场需要的产品，制定有吸引力的市场价格，建立高效、顺畅的分销渠道，而且还要求企业善于与目标顾客沟通，广泛深入地向目标顾客传递本企业及产品的信息。这样，企业才能在市场营销组合四因素的"四轮"共同驱动下，采用完整、综合的市场营销手段，充分满足目标顾客的需求，实现企业目标。在市场营销组合四个要素中，产品是基础，也是决定性的因素，价格则是最敏感、最微妙的因素，分销渠道是产品生产者通向消费市场的桥梁，而促销则是市场营销中最富有活力和创意的领域，是营销理论在实践中最具体、最直接的应用。

任务一 认识促销组合

一、促销、促销组合的概念

1. 促销

所谓促销，即促进销售，是指企业通过人员的和非人员的方式，把有关企业产品的信息传递给消费者，从而激发顾客的购买欲望，影响和促成顾客购买行为的全部活动的总称。促销的方法和手段主要有人员推销、广告、营业推广和公共关系，它们构成了促销组合策略的重要内容。

促销的实质是信息沟通。促销的作用在于，促销有助于沟通信息；促销有助于刺激、创造需求，扩大销售；促销有助于突出产品特色，增强市场竞争力。

2. 促销组合的概念

促销组合就是有目的、有计划地把人员推销、广告、营业推广和公共关系四种形式结合起来，综合运用，发挥各自优势，达到企业促销的目标。

二、促销方式

（一）人员推销

1. 人员推销的概念

人员推销是一种古老的推销方式，也是一种非常有效的促销方式。

根据美国市场营销协会的定义，人员推销是指企业通过派出销售人员与一个或一个以上的潜在消费者通过交谈，作口头陈述，以推销商品，促进和扩大销售的活动。推销主体、推销客体和推销对象构成推销活动的三个基本要素。商品的推销过程就是推销员运用各种推销术，说服推销对象接受推销客体的过程。

2. 人员推销的特点

相对于其他促销形式，人员推销具有以下特点：

① 注重人际关系,与顾客进行长期的情感交流。情感的交流与培养必然使顾客产生惠顾动机,从而与企业建立稳定的购销关系。

② 具有较强的灵活性。推销员可以根据各类顾客的特殊需求,设计有针对性的推销策略,容易诱发顾客的购买欲望,促成购买。

③ 具有较强的选择性。推销员在对顾客调查的基础上,可以直接针对潜在顾客进行推销,从而提高推销效果。

④ 及时促成购买。人员推销在推销员推销产品或劳务时,可以及时观察潜在顾客对产品或劳务的态度,并及时予以反馈,从而迎合潜在消费者的需要,及时促成购买。

⑤ 营销功能的多样性。推销员在推销商品过程中,承担着寻找客户、传递信息、销售产品、提供服务、收集信息、分配货源等多重功能,这是其他促销手段所没有的。

可以看出,人员推销具有针对性强、双向沟通、建立良好的购销关系等优点。

3. 人员推销的程序

① 寻找顾客。推销人员应根据产品的特点,提出可能的潜在顾客的条件,然后根据条件用一定的方法找出潜在的顾客。

② 推销准备。一是充分掌握信息,包括顾客可能提出的异议、自己和竞争对手的产品的情况。二是制订周密的计划,包括确定访问顾客的步骤和议题、必要的推销材料、合适的推销方式和策略、自己的推销形象、约见的心理准备。

③ 约见顾客。约见的时间、地点、约见的内容、约见的方式。

④ 接近顾客。这是正式接触的开始,推销人员要注意自己的态度表情和言行举止,争取留下好印象,为下一步创造条件。

⑤ 推销说明。这是向顾客传递推销信息并运用各种方法说服顾客购买产品的过程。

⑥ 处理异议。顾客异议是顾客对推销人员所言表示的不明白、不同意或反对的意见。推销活动是从处理顾客异议开始的,且处理异议贯穿于整个销售过程的始终。推销工作能否顺利进行,取决于销售人员、产品和顾客之间能否保持协调一致。

⑦ 促成交易。推销人员应能识别、捕捉、把握顾客发出的成交信号,依据成交信号当机立断地采取适当的方法促成交易。

⑧ 后续工作。成交后推销人员就应着手履行交易协定,处理顾客购后的不满,以及提供售后服务。同时总结经验,为以后的推销工作提供指导。

4. 企业的人员推销决策

企业进行人员推销,必须做好以下决策。

(1) 确定推销目标

人员推销的目标主要包括以下几个:

① 发现并培养新顾客;

② 将企业有关产品和服务的信息传递给顾客;

③ 将产品推销给顾客;

④ 为顾客提供服务;

⑤ 进行市场调研,搜集市场情报;

⑥ 分配货源。

人员推销的具体目标的确定取决于企业面临的市场环境,以及产品生命周期的不同阶段。

(2) 选择推销方式

推销主要有以下几种方式：

① 推销员对单个顾客。推销员当面或通过电话等形式向某个顾客推销产品。

② 推销员对采购小组。一个推销员对一个采购小组介绍并推销产品。

③ 推销小组对采购小组。一个推销小组向一个采购小组推销产品。

④ 会议推销。通过洽谈会、研讨会、展销会或家庭聚会等方式推销产品。

(3) 确定推销队伍的组织结构

一般来说，可供选择的推销组织形式有以下几种：

① 区域性结构。它是指每一个(组)推销员负责一定区域的推销业务。这适用于产品和市场都比较单纯的企业。其主要优点是，第一，推销员责任明确，便于考核；第二，推销员活动地域稳定，便于与当地建立密切联系；第三，推销员活动范围小，节约旅差费用；第四，容易熟悉当地市场，便于制定有针对性的推销策略；第五，售后服务能做得比较到位。

② 产品型结构。每个推销员(组)负责某种或某类产品的推销业务。其最大优点是能为顾客提供相对比较专业的服务。这种结构比较适用于产品技术性比较强、工艺复杂、营销技术要求比较高的企业。

③ 顾客型结构。它主要根据不同类型的顾客配备不同的推销人员，其主要优点是能更深入地了解顾客的需求，从而为顾客提供差异化的服务。

④ 复合式结构。即将上述三种结构形式混合运用，有机结合。如按照"区域—产品""产品—顾客""区域—顾客"，甚至"区域—产品—顾客"的形式进行组合，配备推销员。其优点是能吸收上述三种形式的优点，从企业整体营销效益出发开展营销活动。这种形式比较适合那些顾客种类复杂、区域分散、产品也比较多样化的企业。

(4) 建立推销队伍

① 确定推销队伍的规模。企业推销队伍的规模必须适当。西方企业一般采用工作负荷量法确定推销队伍的规模。假设某企业有 250 个客户，若每个客户每年平均需要 20 次登门推销，则全年就需要 5 000 次登门推销。若平均每个推销员每年能上门推销 500 次，则该企业就需要 10 名推销员。

② 选拔、培训推销员。企业的推销员主要有两个来源，即企业内部选拔和外部招聘。不管推销员来自何方，一个合格的推销员都要具备良好的思想政治素质、文化修养和较强的实际工作能力，以及适宜的个性素质。西方营销专家麦克墨里给超级推销员列出了五项特质："精力异常充沛，充满自信，经常渴望金钱，勤奋成性，并有把各种异议、阻力和障碍看作是挑战的心理状态。"

企业必须对推销员进行专业培训。推销员培训的一般内容包括：企业的历史、现状、发展目标，以及产品知识、市场情况、推销技巧、法律常识、有关产品的生产技术和设计知识等。

③ 推销员的评价和激励。对推销员的合理评价决定了推销员的积极性。企业必须建立一套合理的评估指标体系，并随时注意收集有关的信息和资料。

合理的报酬制度是调动推销员积极性的关键。确定推销员的报酬应以推销绩效为主要依据，一般有以下几种形式：固定工资制、提成制、固定工资加提成制。由于推销工作的复杂性，固定工资加提成制是一种比较理想的选择。调动推销员的积极性除了对推销员的绩效有合理评价以及合理的报酬制度外，对推销的激励也必不可少。一般对推销员的激励手段主要有奖金、职位的提升、培训机会、表扬及旅游度假等。

(二) 广告

1. 广告的概念及特点

广告在现代市场营销中占有重要的地位,已经成为企业促销的先导。广告的定义较多,有广义与狭义之分。市场营销学中,通常是指狭义的广告。美国AMA对广告的定义为:"广告是由明确的发起者以公开支付费用的做法,以非人员的任何形式,对产品、服务或某项行动的意见和想法等的介绍。"

广告是指企业通过付费的方式,借助于各种传播媒体,向目标市场的消费者传递各种信息的活动。由此定义可以看出广告构成的五个要素,即广告主(企业)、广告受众(目标市场顾客)、广告媒体、广告信息、广告费用。

随着商品经济的发展和科学技术的进步,广告的内容和形式更加丰富。广告一般具有高度公开性、传播面广、方式灵活多样、艺术性强、形象生动以及表现力强等优点;但是广告的费用一般比较高,说服力相对较小,并且通常不能促成即时交易。创意广告见图7-1。

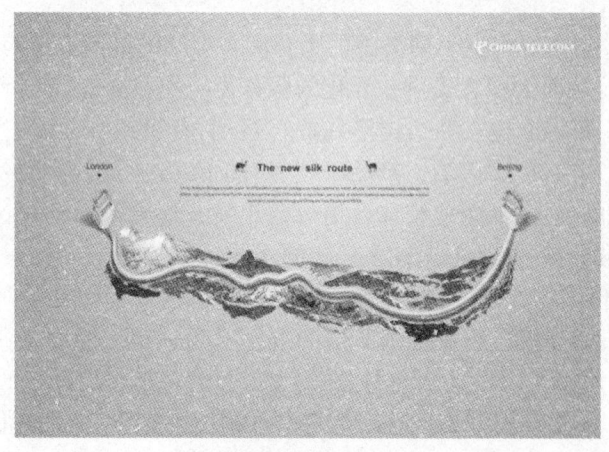

图7-1 创意广告

2. 广告的作用

(1) 传递信息,沟通产需

传递信息,沟通产需,这是广告在促进销售中最基本的作用。企业借助于广告,通过各种媒体把产品质量、价格、用途、购买地点以及售后服务等信息向社会传播,而消费者掌握到了必要的产品信息,就可以根据产品信息进行购买决策,选择物美价廉的商品,使购买效用达到最大化。

(2) 激发需求,促进销售

激发需求,促进销售是广告的最终目的。企业通过广告首先吸引消费者的注意力,使其对广告所宣传的产品产生兴趣并有详尽的了解,使人们处于潜在状态的需求被激发起来,促成其购买行为产生。

(3) 介绍知识,指导消费

随着科学技术的发展,新技术、新能源、新工艺的不断涌现,企业可以运用广告向广大消费者传授相关知识,介绍产品的使用和保养方法,指导消费,为消费者带来了方便和利益,同时也有利于企业打开新产品的销路,促进新产品的上市。

(4) 树立形象,赢得市场

广告是企业开展市场竞争的重要手段。企业的产品进入市场,通过广告宣传产品的特色、企业的质量保证和服务措施,树立良好的企业形象,提高产品的知名度,进而赢得消费者的信任,赢得市场。

> **情境案例**
>
> 1998年,娃哈哈、乐百氏以及其他众多的饮用水品牌大战已是硝烟四起,而在娃哈哈和乐百氏面前,刚刚问世的农夫山泉显得势单力薄,另外,农夫山泉只从千岛湖取水,运输成本高昂。
>
> 农夫山泉在这个时候切入市场,并在短短几年内抵抗住了众多国内外品牌的冲击,稳居行业三甲,成功要素之一在于其差异化营销之策。而差异化的直接表现来自"有点甜"的概念创意——"农夫山泉有点甜"。
>
> "农夫山泉"真的有点甜吗?非也,营销传播概念而已。农夫山泉的水来自千岛湖,是从很多大山中汇总的泉水,经过千岛湖的自身净化,可以说是甜美的泉水。但怎样才能让消费者直观形象地认识到农夫山泉的"出身",怎样形成美好的"甘泉"印象?这就需要一个简单而形象的营销传播概念。
>
> "农夫山泉有点甜"并不要求水一定得有点甜,甜水是好水的代名词,正如咖啡的味道本来很苦,但雀巢咖啡却以味道好极了来说明它是好咖啡一样。中文有"甘泉"一词,解释就是甜美的水。"甜"不仅传递了良好的产品品质信息,还直接让人联想到了甘甜爽口的泉水,喝起来自然感觉"有点甜"。

3. 广告决策

在市场竞争日益激烈的情况下,企业应该注重广告对促销组合的重要作用。在了解和分析市场、消费者、竞争者及宏观环境因素的基础上,广告促销方案的设计一般包括以下五个主要步骤:

(1) 确定广告目标

广告促销方案设计的第一步是确定广告目标。广告目标是指企业通过广告宣传要达到的目的。其实质是要在特定的时间对特定的受众完成特定的信息沟通任务。企业做广告的最终目标是增加销售量和企业利润。

企业可以为了不同的具体目标进行广告设计。对于某一企业来说,在不同时间、不同情况下可以确定不同的广告目标。企业广告都是根据市场需求状况提出广告自身的具体目标,如单纯提高销售量或销售额;为新产品开拓市场;提高产品知名度,建立消费偏好,培养忠诚顾客;提高市场占有率,对付竞争对手;提升品牌地位,树立企业形象等。

到底选择哪个目标,应以设计广告时的企业具体情势而定。在广告目标设计中,要注意广告目标的确定必须与企业的市场地位相适应。

(2) 确定广告预算

确定广告预算是广告促销方案设计的第二步。所谓广告预算,就是确定在广告活动上应花费多少资金。通常可供企业选择的确定广告预算的方法与企业促销预算方法相同。

广告预算总额确定以后,必须在不同广告媒体之间、广告管理的各个程序之间,不同目标市场和不同地区之间,依据不同媒体的传播时间和传播次数进行合理分配,才能收到预期的效果。

(3) 确定广告信息

广告信息设计是广告促销方案设计的第三步,即根据促销活动所确定的广告目标来设计广告的具体内容。产品设计要注重广告效果,只有高质量的广告才能对促销起到宣传、激励的作用。高质量广告应该体现在以下几个方面:

① 真实性。广告的生命在于真实。只有广告内容是真实的才能获得消费者的信任,达到扩大企业产品销售的目的。如果广告内容失真,欺骗了消费者,这不仅损害了消费者的利益,同时也会使企业名誉扫地,甚至会使企业受到法律的制裁。

② 社会性。广告不仅是促进产品销售的手段,而且也是传播社会意识形态的一种重要的工具,内容健康的广告会引导人们奋发向上。因此要求广告制作必须符合社会文化、思想道德的客观要求,要有利于社会主义精神文明,也要有利于培养人们的高尚情操。

③ 针对性。即对不同产品、不同目标市场要有不同的广告内容,采取不同的表现方式。由于各个消费群体都有自己的喜好、风俗习惯,要适应目标顾客的不同要求来制作广告内容,采用与之相适应的形式。

④ 艺术性。广告应鲜明、生动,富于个性。使人看后或听后能抓住中心,诱发需求,促进购买。广告画面应主题鲜明,简洁明快,色彩柔和,新颖奇特,和谐统一,健康脱俗,这样的广告能使人一目了然,促其产生购买欲望。同时,广告音响也应优美动人,协调和谐,使人感到亲切舒服,百听不厌。

(4) 选择广告媒体

广告促销方案设计的第四步是对广告媒体的选择。选择广告媒体时企业必须考虑目标受众的媒体习惯、产品广告的特征、信息的类型和成本。同时,还要考虑媒体的传播效果与效率、覆盖范围、媒体特点等因素。主流广告媒体的基本特征如表7-1所示。

表7-1 广告媒体的特点

媒体	优点	缺点
报纸	灵活、及时、弹性大;本地市场覆盖率高,容易被受众接受,有较高的可信度	注意度低;印制质量低,形式单一;相互传阅者不多
杂志	可信并有一定的权威性;保存期较长,可以有较多的传阅者	时效性较差;广告购买的强制时间较长
广播	普及型大众化宣传;可以有较强的地理和人口选择;成本低	表现较单调;展露时间太短
电视	同时给受众视觉、听觉和动作刺激,有很强的感染力,可以吸引高度注意;触及面广,送达率高	成本高;受众选择性小;干扰多;瞬间即逝
直接邮寄	可以选择接受者;灵活、方便;可以避开同一媒体的广告竞争;有人情味	相对成本较高;由于滥寄容易造成受众反感
户外媒体	灵活;可以有较长的展露时间,重复性高;费用低,竞争少	受众没有选择;创新余地较小
互联网	有很高的选择性;交互性强;可以使用多种元素表现;相对成本较低	受众相对有限

(5) 评估广告效果

广告效果评价是广告促销方案设计的最后阶段。企业重视广告投入带来的经济效益使得评估广告效果成为广告活动的重要组成部分。另外,它也是增强广告主信心的必不可少的保证。

广告效果的评估包括广告的传播效果测定和广告的销售效果的测定。前者主要是对广告对受众知晓、认识和偏好的影响的测定。后者则是对广告对销售影响的测定。

(三) 营业推广

营业推广也称销售促进,是市场营销活动的一个重要因素。菲利普·科特勒将其定义为:企业采用各种多数属于短期性的刺激工具,用以刺激消费者和贸易商较迅速或较多地购买某一特定产品或服务。

1. 营业推广的方式

(1) 面对消费者的营业推广方式

① 赠送样品。企业在产品进入市场的初期,通过邮寄、挨家挨户送货上门、店内发送或随其他成熟品牌产品销售附送的方式,免费向消费者赠送样品供其使用,目的在于宣传本企业的产品,刺激消费者的购买欲望。

情境案例

以石英技术闻名于世的"西铁城"手表早先并不畅销。为摆脱滞销局面,生产厂家在报纸上发出一条消息,说有一架飞机将于某时在某地抛下若干手表,谁捡归谁。人们纷纷聚于某地等候,发现从百米高空抛下的"西铁城"手表走时正常,无一只摔坏,便惊叹不已,奔走相告,各媒体也争相报道。"西铁城"手表也因此名声大振,销路大畅。

② 优惠券。当消费者购买产品达到一定数量或金额时,企业按照其购买数量或金额的比例赠送消费者一定面值的优惠券,消费者可凭此优惠券在购买指定商品时减少一部分金额。优惠券(见图7-2)可以有效地促使消费者多购或者再次购买。

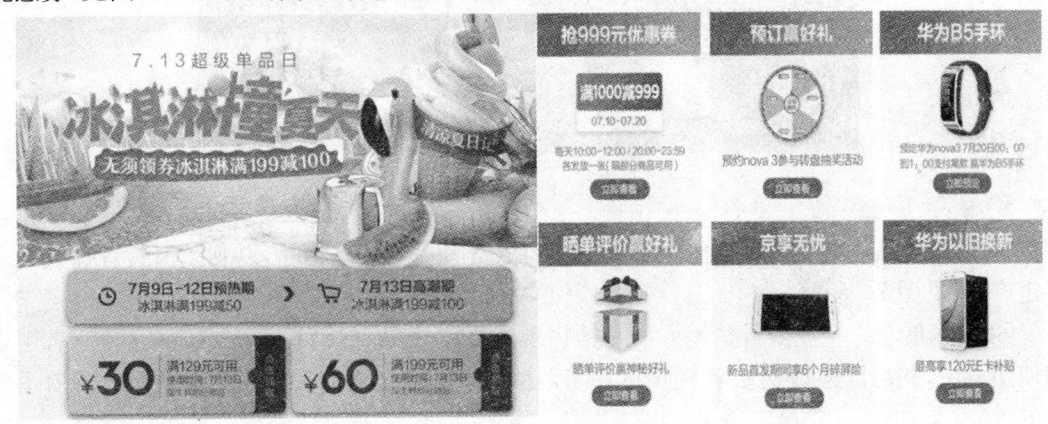

图7-2 优惠券促销

③ 价格折扣。企业通过不同的方式,直接或间接地降低产品的销售价格,刺激消费者更多地购买商品。价格折扣见图7-3。

图 7-3　价格折扣

④ 有奖销售。企业通过设置形式不同、程度不同的奖项,吸引消费者购买或更多地购买商品。有奖销售作为一种普遍使用的推广活动,已经被广大消费者所熟悉。只有新意并对消费者有足够吸引力的有奖销售方式,才能在促销中取得较好的效果。有奖销售见图 7-4。

图 7-4　有奖销售

⑤ 赠送礼品。企业以较低的代价或免费向消费者提供某一物品,以刺激消费者购买某一特定产品(见图 7-5)。

⑥ 现场展示。企业安排销售人员在销售现场展示产品,向消费者介绍产品的特点、用途和使用方法,并可以邀请消费者现场试用,以达到宣传本企业产品,刺激消费者购买欲望的目的。

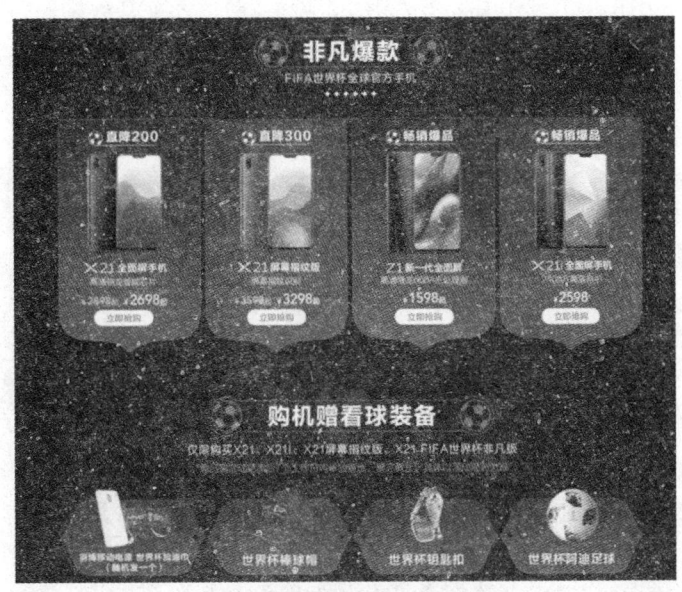

图 7-5　赠送礼品

(2) 面对中间商的营业推广方式

针对消费者所采取的营业推广方式,有些也适用于中间商,此外,还有以下几种针对中间商的营业推广方式:

① 购买折让。购买折让通常有两种形式:一种是现金折让,另一种是数量折让。两种购买折让都是企业为吸引中间商所采取的变相降价的形式。现金折让是企业为鼓励中间商付现金购买商品而给予中间商的一种优惠。数量折让则是企业为刺激中间商大量购买而给予中间商一定的优惠折扣。企业可以根据中间商的一次性购买数量进行折扣,也可以根据中间商在一定时间内的销售量进行返利。

② 销售竞赛。根据各个中间商销售本企业产品的实绩,分别给予优胜者不同程度的奖励,以刺激他们在某一段时间内增加销售量。

③ 推广津贴。企业为促使中间商购进企业产品并帮助企业推销产品,可以支付给中间商一定的推广津贴。

④ 扶持零售商。生产商为了提高中间商推销本企业产品的积极性和能力,对零售商给予一定扶持,如对零售商专柜的装潢给予资助,提供 POP 广告,以强化零售网络,促进销售额增加,同时派遣厂方促销员或代培销售人员。

(3) 面对内部员工的营业推广方式

为了调动企业销售人员的积极性,企业一般也会采取一定的激励措施,鼓励自己的销售人员积极开展销售活动,开拓潜在市场。常用的营业推广方式包括销售竞赛、红利提成、特别推销奖金等。

情境案例

为加强装维人员的营销意识,激励装维人员"随销"的积极性,更好地发展移动全业务销售业务。日前,中移铁通武汉分公司开展"随销"之星销售竞赛活动。

此竞赛活动从2018年7月1日起至9月30日止,利用3个月的时间,针对各区支撑服务中心所有家客装维人员每月开展一次评比,参评的基础条件为:完成任意20笔移动业务(含宽带、流量、号卡、TV、路由器等)。评比奖项分为两类,一是区"随销"之星奖:以各中心为单位,按单人当月销售业务量取前三名。二是市"随销"之星奖:以全市为单位,对14个区中符合参评条件的装维人员单人单月销售业务量再次进行评选,取全市前三名,并对获奖员工分别给予一定的奖励(以上两个奖项不重复奖励,如果同一人获得两个奖,以最高奖励为准)。

在此基础上,该公司竞赛活动还设置了达量奖和区域责任人奖,即个人当月完成30笔移动业务及以上的,给予奖励100元;以区为单位,装维人员总和折算人均完成10笔的,给予家客站长500元,中心经理300元的奖励标准。

此外,该公司要求各支撑服务中心内部制定合理的计件分配管理办法,装维人员的业务随销计件和竞赛奖励要及时落实到人。同时各中心市场和营业厅要做好随销人员的支撑服务工作,一方面要对装维人员进行业务知识、销售技巧、营销话术、业务办理流程等各方面的培训,另一方面要迅速快捷地为装维人员做好现场办理业务支撑;各中心则安排专人每天提报随销报表。由拓展室组织专人对用户进行回访,核查随销业务的真实性,一经发现虚假或因为数据提取不实造成评比错误,将对中心数据填报人及市场负责人给予通报批评和严厉考核。

2. 营业推广决策

一般来说,企业实行营业推广活动包括如下内容。

(1) 确定营业推广目标

企业市场营销的总目标决定着营业推广的目标。由于目标市场存在着差异,因此针对不同的目标市场,营业推广目标的确立也不同。就消费者而言,目标包括鼓励消费者更多地购买和使用本企业的产品,以及争取未试用者使用,并能够吸引竞争者品牌的使用者购买本企业的产品。就中间商而言,目标包括吸引中间商经营新的商品和维持较高水平的存货,鼓励他们购买积压商品,鼓励存储相关商品,建立中间商的品牌忠诚和获得进入新的零售网点的机会。就销售队伍而言,目标包括鼓励他们积极销售新产品,开拓新市场,激励他们寻找更多的潜在顾客和刺激他们推销积压商品。

(2) 选择营业推广方式

不同的营业推广方式有着不同的特性,企业通常根据营业推广的目标、市场的类型、推广的对象、企业希望达到的效果等要求,在综合考虑市场竞争情况以及每一种推广工具的适用性、成本效率等因素的基础上选择恰当的推广工具。

(3) 制定营业推广方案

企业在制定营业推广方案时,须考虑如下内容:

① 刺激程度。即营业推广对推广对象的刺激程度。一般来说,较高的刺激程度会产生较高的销售反应。当刺激程度超过一定点时,营业推广活动可能会使销售量快速增长,但过于激烈的刺激可能反而会引起推广对象的逆反心理,使其产生诸如产品有问题等不利于企业的猜测。

② 刺激的对象范围。制定营业推广方案时,企业必须根据推广目标确定推广活动的对象范围。

③ 营业推广媒体的选择。企业在进行营业推广时,必须考虑本次营业推广的信息如何传达给目标消费群体。不同营业推广途径的费用不同、效果不同,企业应该根据自身的财力情况

采取合适的途经选择。

④ 营业推广时机的选择。营业推广是一个短期促销行为。所以,企业要恰当地控制推广活动的持续时间。如果持续时间太短,一些顾客可能还未来得及购买或由于太忙而无法利用推广机会,从而降低了企业应得的利润,影响推广效果;如果持续时间太长,可能导致顾客认为这是长期行为,甚至使顾客对产品质量产生怀疑,从而使推广优惠失去吸引力。同时,企业还要选择好何时进行营业推广活动,即推广时机。

⑤ 营业推广预算的分配。即营业推广预算在各种营业推广方式和各个产品间的进一步分配。企业必须考虑到各种营业推广方式的特点、使用频率,各种产品所处的市场生命周期阶段。

(4) 营业推广方案的实施和控制

企业必须对每一项营业推广工作确定实施和控制计划,实施计划必须包括前置时间和销售延长时间。前置时间是开始这种方案前所必需的准备时间。它包括最初的计划工作、设计工作,以及包装修改的批准或者材料的邮寄,通知现场的销售人员,购买或印刷包装材料,预算存货的生产等等一系列工作。销售延长时间是指从开始实施优待办法起到大约95%的采取此优待办法的商品已经在消费者手里的结果为止的时间。

(5) 营业推广方案的效果评估

企业常用的营业推广的效果评估方案有销售额比较法、消费者调查法和实验法。对营业推广效果进行全面的评价,对于企业及时总结经验、吸取教训、改进和提高企业的营销工作有着积极的意义。

(四) 公共关系

企业不仅要建设性地与其顾客、供应商和经销商建立关系,而且也要与大量的感兴趣的公众建立关系。企业公共关系的好坏直接影响着企业在公众心目中的形象,影响着企业营销目标的实现。

一般来说,公共关系是企业运用各种传播手段,在企业与社会之间建立相互了解和依赖的关系,并通过双向的信息流通,在社会公众中树立良好形象,扩大企业的知名度、信誉度与美誉度,以取得公众的理解、支持和合作,从而有利于促进企业目标的实现。与营业推广相比,公共关系注重的是长期效果,属于间接传播促销手段。

1. 公共关系的活动方式

在营销实践中,企业公共关系的主要活动方式有以下几个:

(1) 公开出版物

企业依靠各种传播材料去接近和影响其目标市场。现在企业越来越多地使用电影、幻灯节目、录音磁带等视听材料;还有接近目标市场的年度报告、小册子、文章以及企业的新闻小报和杂志(如图7-6)。

图 7-6 公开出版物

(2) 利用新闻媒体宣传

利用新闻媒体宣传企业和产品是企业比较喜欢采用的一种公共关系方式。因为新闻媒体具有客观和真实的特点,使受众在心理上易于接受。企业可以召开记者招待会、新闻发布会、新产品信息发布会,或邀请记者写新闻通讯、人物专访等(如图 7-7)。

图 7-7 2018 年小米 8 发布会海报

(3) 开展公益性活动

企业通过赞助和支持体育、文化教育和社会福利等一些公益活动,树立一心一意为消费者服务的社会形象,赢得社会公众对企业的好感(如图 7-8)。

图 7-8　VIVO 赞助 2018 年俄罗斯世界杯

（4）开展各种专题性活动

企业通过开展各种专题性活动扩大企业的影响，加强企业同外界公众的联系，树立良好的企业形象。专题性活动如举办展览会、周年庆典活动、知识竞赛、对外开放参观、有奖答题活动，等等（如图 7-9）。

图 7-9　伊利参观工厂活动

（5）危机事件处理

企业营销活动中，不可避免地会遇到诸如消费者投诉、不合格产品引起的事故、对企业不利的信息传播以至造谣重伤等危机事件。这些事件的发生往往会使企业的信誉下降，产品销售额下跌。面对此类危机事件，企业公共关系人员应该迅速行动，积极协助有关部门查清事件原委并及时做好处理工作，使企业的损失减少到最低程度。

> **情境案例**

2018 年 1 月，支付宝惯例用年度账单刷屏。但是随之而来的，不是媒体对支付宝营销方式的盛赞,而是对支付宝账单背后隐藏条款一事的质疑和声讨。

事情的起因在于有律师发现,支付宝年度账单前,首页有一行特别小的字:"我同意《芝麻服务协议》",不但字特别小,而且已经帮用户选择好"同意"了。而账单的查看和《芝麻服务协议》没有关联性,所以用户选择取消同意,依然能够看到年度账单。但如果用户没注意到,就会直接同意这个协议,允许支付宝收集用户的信息包括在第三方保存的信息。

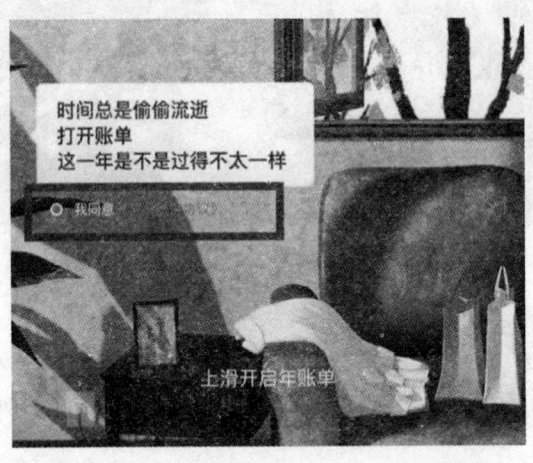

针对这一事件,支付宝连夜发表了声明,其中不乏用上了"愚蠢至极"这样的言辞。

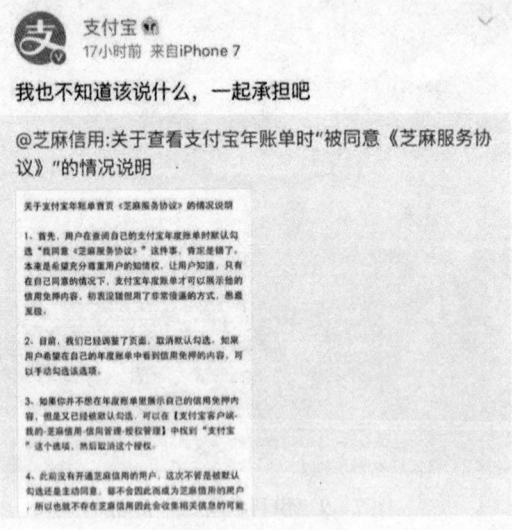

第一步,认错。彻彻底底、不掩饰、不隐瞒、不推卸责任、不冷冰冰地认错,"这件事肯定是错了",支付宝的这个公关声明里交代完出现这种错误的原因之后,甚至用到了"愚蠢至极"等字眼,让用户能看出支付宝诚恳认错的情绪。

第二步,补救。所有大家诟病的问题全部无条件改正,大家说默认勾选同意协议太流氓,那就默认不同意;大家说我已经默认勾选了咋办,一刀切,这次活动所有之前默认勾选的都不算数,之前不是芝麻信用的用户参与此次活动都不会被成为芝麻信用的用户。这样的补救措施无论是此次活动的受害者还是围观观众,都没有可以费口舌的地方,大家的诉求不是被勉强满足,而是被完全满足了。

第三步，输出价值观。芝麻信用、支付宝都大力维护用户的个人信息和隐私，这是企业的生命线。相信用户看到这里，之前的怒气也都一消而散了，无论是理智上还是情绪上，都让用户对此次事件释怀了。

总体来说，这套公关文基本上走的就是支付宝危机公关的金牌套路：诚恳到极致的认错态度＋雷厉风行的补救措施＋马云牌鸡汤式企业价值观输出。危机公关的本质是公众情绪的管理。企业危机公关的过程就是将公众的情绪从怒气冲冲向理解和原谅转变的过程，支付宝这个公关套路完美地解决了这个问题。

2. 公共关系决策

企业的公共关系活动必须遵循一定的程序，进行全面的规划和安排，有条不紊地实施，方能达到预期的目的。企业公共关系活动一般包括如下几个步骤：

(1) 公共关系调查

公共关系调查是公共关系活动的起点和基础。企业通过调研，了解社会公众的意见，及时把握舆论导向，并将这些意见反馈给管理高层，以提高企业决策的正确性，同时调研也有利于企业准确地进行形象定位，塑造良好的企业形象。

(2) 确定公共关系目标

在调研的基础上，企业根据企业营销的总目标及公众对企业的了解和意见来确定企业具体的公共关系目标。通常，企业的公共关系目标包括提升企业知名度、可信度，减少公众对企业的误解，消除不正当事件的负面影响，等等。

(3) 编制公共关系计划并实施

公共关系是一项长期性的工作，企业必须有一个长期的、连续性的计划。制定公共关系计划必须依据一定的原则。企业公共关系活动能否获得预期的效果，不仅要看公共关系计划制定得是否可行，更重要的是要看其实施的情况如何。企业开展公共关系活动存在许多不确定的因素，需要依据公共关系的目标、对象、内容以及企业自身条件和不同的发展阶段等来选择适当的公共关系媒介和方式。

(4) 公共关系效果的评估

公共关系效果评估的目的在于为今后的公关工作提供资料和经验。通常，评价的指标有以下三种：

① 曝光频率，即企业出现在媒体中的次数。
② 反响，分析由公共关系活动引起公众对产品的知名度、理解、态度前后的变化。
③ 通过公关前后的销售额和利润的比较来评估公共关系的效果。

任务二　制定促销组合方案

一、确定目标受众

目标受众就是促销信息的接收者。企业在促销开始时就要明确目标受众是谁，是潜在购买者还是正在使用者，是老人还是儿童，是男性还是女性，是高收入者还是低收入者。确定目标受众是促销的基础，它决定了企业传播信息应该说什么（信息内容），怎么说（信息结构和形式），什么时间说（信息发布时间），通过什么说（传播媒体）和由谁说（信息来源）。

二、确定沟通目标

沟通目标就是希望目标受众接收信息后的反应。沟通者应明确目标受众处于购买过程的哪个阶段,并将促使消费者进入下一个阶段作为沟通的目标。

消费者的购买过程一般包括六个阶段,不同阶段的沟通目标不同:

① 知晓(awareness)。当目标受众还不了解产品时,促销的首要任务是引起受众注意并使其知晓。这时沟通的简单方法是反复重复企业或产品的名称。

② 认识(knowledge)。当目标受众对企业和产品已经知晓但所知不多时,企业应将建立目标受众对企业或产品的清晰认识作为沟通目标。

③ 喜欢(liking)。当目标受众对企业或产品的感觉不深刻或印象不佳时,促销的目标是着重宣传企业或产品的特色和优势,使之产生好感。

④ 偏好(preference)。当目标受众已喜欢企业或产品,但没有特殊的偏好时,促销的目标是建立受众对本企业或产品的偏好,这是形成顾客忠诚的前提。这需要特别宣传企业或产品与其他同类企业或产品相比的优越性。

⑤ 确信(conviction)。如果目标受众对企业或产品已经形成偏好,但还没有发展到购买它的信念,这时促销的目标就是促使他们做出或强化购买决策,并确信这种决策是最佳决策。

⑥ 购买(purchase)。如果目标受众已决定购买但还没有立即购买时,促销的目标是促进购买行为的实施。

三、设计促销信息

设计促销信息需要解决四个问题,即信息内容、信息结构、信息形式和信息来源。

1. 信息内容

信息内容是信息所要表达的主题,也被称为诉求。其目的是促使受众做出有利于企业的良好反应。它一般有以下三种诉求方式:

(1) 理性诉求(rational appeals)

针对受众的兴趣指出产品能够产生的功能效用及给购买者带来的利益。如洗衣粉宣传去污力强,空调宣传制冷效果好,冰箱突出保鲜等。一般工业品购买者对理性诉求的反应最为敏感,消费者特别在购买高价物品时也容易对质量、价格、性能等诉求做出反应。

(2) 情感诉求(emotional appeals)

这是通过使受众产生正面或反面的情感,来激励其购买行为的一种诉求方式。如可使用幽默、喜爱、欢乐等促进购买和消费,也可使用恐惧、羞耻等促使人们去做应该做的事(如刷牙、健康检查等)或停止做不该做的事(如吸烟、酗酒等)。

(3) 道德诉求(moral appeals)

诉求于人们心目中的道德规范,促使人们分清是非、弃恶从善,如遵守交通规则,保护环境,尊老爱幼等。这种诉求方式特别用在企业的形象宣传中。

2. 信息结构

信息结构也就是信息的逻辑安排,主要解决三个问题:一是是否做出结论,即是提出明确结论还是由受众自己做出结论;二是单面论证还是双面论证,即是只宣传商品的优点还是既说优点也说不足;三是表达顺序,即沟通信息中把重要的论点放在开头还是结尾的问题。

3. 信息形式

信息形式即用什么方式来表达信息。信息形式的选择对信息的传播效果具有至关重要的作用。如在印刷广告中,传播者必须决定标题、文案、插图和色彩,以及信息的版面位置;通过广播媒体传达的信息,传播者要充分考虑音质、音色和语调;通过电视媒体传达的信息,传播者除要考虑广播媒体的因素外,还必须考虑仪表、服装、手势、发型等体语因素;若信息经过产品及包装传达,则特别要注意包装的质地、气味、色彩和大小等因素。

4. 信息来源

由谁来传播信息对信息的传播效果具有重要影响。如果信息传播者本身是信息接收者信赖甚至崇拜的对象,受众就容易对信息产生注意和信赖。比如,玩具公司请儿童教育专家推荐玩具,高露洁公司请牙科医生推荐牙膏,长岭冰箱厂请中科院院士推荐冰箱等,都是比较好的选择。

四、选择信息沟通渠道

信息沟通渠道通常分为两类,即人员沟通与非人员沟通。

1. 人员沟通渠道

人员沟通渠道是指涉及两个或更多的人的相互间的直接沟通。人员沟通可以是当面交流,也可以通过电话、信件甚至QQ网络聊天等方式进行。这是一种双向沟通,能立即得到对方的反馈,并能够与沟通对象进行情感渗透,因此效率较高。在产品昂贵、风险较大或不常购买及产品具有显著的社会地位标志时,人员的影响尤为重要。

人员沟通渠道可进一步分为倡导者渠道、专家渠道和社会渠道。倡导者渠道由企业的销售人员在目标市场上寻找顾客;专家渠道通过有一定专业知识和技能的人员的意见和行为影响目标顾客;社会渠道通过邻居、同事、朋友等影响目标顾客,从而形成一种口碑。在广告竞争日益激烈、广告的促销效果呈下降趋势的情况下,口碑营销成为企业越来越重视的一种促销方式。

2. 非人员沟通渠道

非人员沟通渠道是指不经人员接触和交流而进行的一种信息沟通方式,是一种单向沟通方式。它包括大众传播媒体(mass media)、气氛(atmosphere)和事件(events)等。大众传播媒体面对广大的受众,传播范围广;气氛是指设计良好的环境因素制造氛围,如商品陈列、POP广告、营业场所的布置等,促使消费者产生购买欲望并导致购买行动;事件是指为了吸引受众注意而制造或利用的具有一定新闻价值的活动,如新闻发布会、展销会等。

五、制定促销预算

促销预算是企业面临的最难作的营销决策之一。行业之间、企业之间的促销预算差别相当大。在化妆品行业,促销费用可能达到销售额的20%~30%,甚至30%~50%,而在机械制造行业中仅为10%~20%。

企业制定促销预算的方法有许多,常用的主要有以下几种:

1. 量力支出法(affordable method)

这是一种量力而行的预算方法,即企业以本身的支付能力为基础来确定促销活动的费用。这种方法简单易行,但忽略了促销与销售量的因果关系,而且企业每年财力不一,从而促销预算也经常波动。

2. 销售额百分比法(percentage-of-sales method)

即依照销售额的一定百分比来制定促销预算。如企业今年实现销售额100万元,如果将今年销售额的10%作为明年的促销费用,则明年的促销费用就为10万元。

3. 竞争对等法(competitive-parity method)

这种方法主要根据竞争者的促销费用来确定企业自身的促销预算。

4. 目标任务法(objective-task method)

企业首先确定促销目标,然后确定达到目标所要完成的任务,最后估算完成这些任务所需的费用,这种预算方法即为目标任务法。

六、确定促销组合

现代营销学认为,促销的具体方式包括人员推销、广告、公共关系和营业推广四种。企业把这四种促销形式有机结合起来并综合运用,形成一种组合策略或技巧,即促销组合。

企业在确定了促销总费用后,面临的重要问题就是如何将促销费用合理地分配于四种促销方式的促销活动。四种促销方式各有优势和不足,既可以相互替代,又可以相互促进,相互补充。所以,许多企业都综合运用这四种方式来达到既定目标。这使企业的促销活动更具有生动性和艺术性,当然也增加了企业设计营销组合的难度。企业在四种方式的选择上各有侧重。同是消费品企业,可口可乐主要依靠广告促销,而安利则主要通过人员推销。因此,设计促销组合,必须做到以下几点:

(1) 了解各种促销方式的特点

各种促销方式在具体应用上都有其优势和不足,都有其实用性。所以,了解各种促销方式的特点是选择促销方式的前提和基础。

① 广告(advertising)。广告的传播面广,形象生动,比较节省资源;但广告只能对一般消费者进行促销,针对性不足,此外,广告也难以立即促成交易。

② 人员推销(personal selling)。人员推销能直接和目标对象沟通信息,建立感情,及时反馈,并可当面促成交易;但占用人员多,费用大,而且接触面比较窄。

③ 公共关系(public relations)。公共关系的影响面广,信任度高,对提高企业的知名度和美誉度具有重要作用;但公共关系花费力量较大,效果难以控制。

④ 营业推广(sales promotion)。营业推广的吸引力大,容易激发消费者的购买欲望,并能促成立即购买;但营业推广的接触面窄,效果短暂,特别不利于树立品牌。

四种主要促销方式优、缺点的比较见表7-2。

表7-2 四种主要促销方式优、缺点的比较

促销方式	优 点	缺 点
广告	宣传面广,传递信息快,节省人力,形象生动	只能与消费者进行单向信息传递,效果不能立即体现。有些媒体促销投入较高。
人员推销	与消费者直接面对,有利于了解消费者特点和需要,互动性强,有利于与顾客形成长期的关系。	人员编制大,推销力量不易改变,费用高。
营业推广	容易吸引注意力,作用快速,刺激性强。	效果通常是短期的,适用于短期促销行为。
公共关系	对消费者来说真实、可信,容易接受,有利于树立企业形象。	活动牵涉面广,并非企业可自行控制的。

（2）充分考虑影响促销组合的因素

由于不同的促销手段具有不同的特点，企业要想制定出最佳组合策略，就必须对促销组合进行选择。企业在选择最佳促销组合时，应考虑以下因素：

① 产品类型。产品类型不同，购买差异就很大，不同类型的产品应采用相应的促销策略。一般来说，消费品主要依靠广告，然后是销售促进、人员推销和宣传；生产资料主要依靠人员推销，然后是销售促进、广告和宣传（见图7－11）。

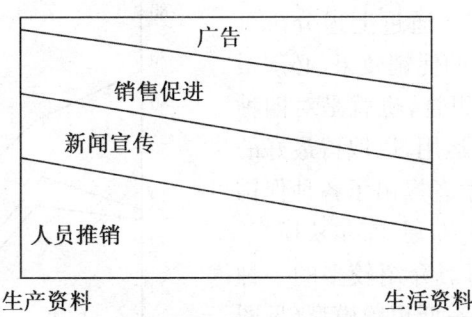

图7－10　不同产品类型各种促销方式的相对重要程度

② 产品生命周期。处在不同时期的产品，促销的重点目标不同，所以采用的促销方式也有所区别（见表7－3）。

表7－3　产品生命周期与促销方式

产品生命周期	促销的主要目的	促销的主要方法
投入期	使消费者认识商品，使中间商愿意经营	广告介绍，对中间商用人员推销
成长期成熟期	使消费者感兴趣，扩大市场占有率，使消费者成为"偏爱"	扩大广告宣传，搞好营业推广和广告宣传
衰退期	保持市场占有率，保持老顾客和用户推陈出新	适当的销售促进，辅之广告、减价

从表7－3中可以看出，在导入期和成熟期，促销活动十分重要，而在衰退期则可降低促销费用支出，缩小促销规模，以保证足够的利润收入。

情境案例

蒙牛在进入上海市场进行新品上市推广时为避开光明在上海本土的保鲜奶优势而采取了差异化产品（UHT奶）、差异化渠道的社区终端大规模长期的"免费品尝"促销活动，使得蒙牛只用了短短一年的时间，在上海市场的日销量就达到了100吨。

成长期的娃哈哈乳酸饮料在受到来自竞争对手的进攻后展开了反击活动，其主要促销活动就是"集点换物"，因其产品已有一定的知名度及忠诚消费者，通过此类活动又夺回一些市场，并且又培养了一批新顾客。

如光明牛奶的"打扮我们的学童奶"活动就是在产品成熟后针对儿童开展的。活动内容包括由儿童设计"学童奶"的包装以及评选后的奖励都是在鼓励消费者参与进来，其活动成功的前提是"光明"已经在消费者心目中建立了良好的形象,所以消费者参与活动的积极性较高,同时更进一步地加深培养消费者对其品牌的忠诚度。

③ 市场状况。市场需求情况不同,企业应采取的促销组合也不同。一般来说,市场范围小,潜在顾客较少以及产品专用程度较高的市场,应以人员推销为主;而对于无差异市场,因其用户分散,范围广,则应以广告宣传为主。

④ 最佳促销组合模型。通过上述分析可以看出,企业要想收到理想的促销效果,必须根据目标市场合理安排促销组合,也就是对四种促销工具进行有机地配合、运用,以取得最好的促销效果。西方市场营销学者提出了各种促销组合模型,如期摩博恩模型、布恩-布尔茨模型、麦卡锡模型、科特勒模型等。介绍较多的一种促销组合模型是阿布莱特-韦斯惠曾模型(见图7-11)。

阿布莱特-韦斯惠曾模型是南非共和国的两位学者罗素·阿布莱特(RussellAbratl)和布莱恩·韦斯惠曾(BrianlCVanderWesthuixen)

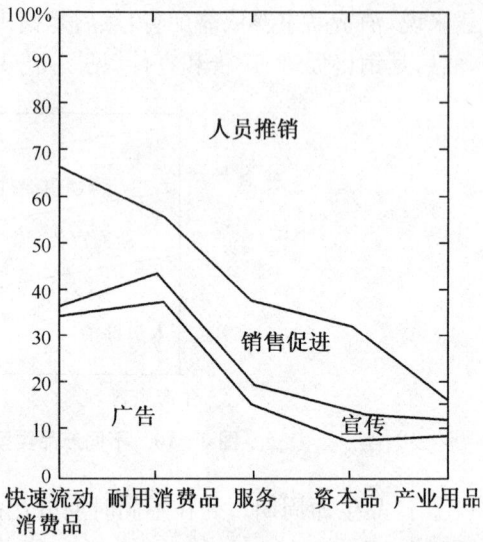

图 7-11 一种新式的促销组合最佳模型

在1987年提出的。他们在约翰内斯堡等城市选择了具有代表性的25家大公司作为战略业务单位,并将其划分为五个部门,即快速流转消费品部门(如食品及其连带产品等)、耐用消费品部门(如家具、电器、汽车等)、服务部门(如银行、出租汽车公司等)、产业用品部门(如原材料、零部件等)、资本品部门(如重型机械设备等),然后对他们的促销组合及促销费用支出情况进行了调查,得出企业应采用的最佳促销组合模型。

(3) 促销策略的类型

促销组合策略有两种,即推式策略和拉式策略。不同策略对各种促销方式的重视程度是不同的。

① 推式策略。推式策略是指利用推销人员与中间商促销,将产品推入渠道的策略。这一策略须利用大量的推销人员推销产品,它适用于生产者和中间商对产品前景看法一致的产品。推式策略风险小、推销周期短、资金回收快,但其前提条件是须有中间商的共识和配合(见图7-12)。

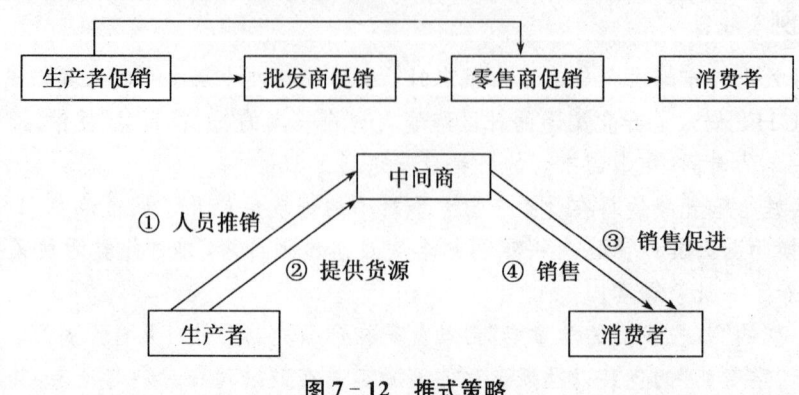

图 7-12 推式策略

② 拉式策略。拉式策略是指产品生产企业大量运用广告和其他宣传措施激发消费者对企业产品发生兴趣,产生购买行为。它大多以最终消费者为促销对象。如统一润滑油在美伊战争期间打出了"多一些润滑、少一些摩擦"的广告传播语,一举成名;农夫山泉的"一分钱一个心愿,一分钱一分力量"因与万众瞩目的申奥联系了起来,结果是名利双收。拉式策略会使消费者"拉动"产品沿着分销渠道运动(见图 7-13)。

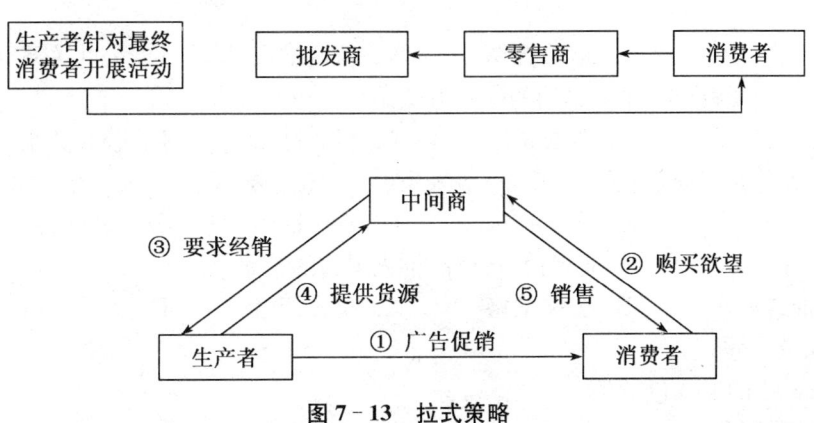

图 7-13 拉式策略

七、衡量促销结果

促销计划执行后,信息传播者必须衡量其对目标受众的影响结果。

任务三 营销实践:设计促销组合方案

通过本项目我们学习了促销策略的内容,主要包括促销、促销组合的概念、促销工具,以及促销组合方案的制定。我们认为促销的本质是信息的传递,促销组合方案的设计就是如何通过促销工具的组合运用有效地把促销信息传递给目标受众。企业应该在分析产品、市场、竞争情况、消费者等基础上,先确定促销目标,再结合各种促销工具的优、缺点和适用范围,然后进行促销组合方案的设计。我们在进行本项目实践时,前面的影响促销组合决策的因素可简略,重点在具体方案的设计方面开展。

【课后练习】

一、单项选择题

1. 促销的实质是(　　)。
   A. 扩大销售　　B. 占领市场　　C. 信息沟通　　D. 参与竞争
2. 儿童智力玩具一般宜选择(　　)作为广告媒介。
   A. 报纸　　　　B. 广播　　　　C. 电视　　　　D. 杂志
3. POP 广告是指(　　)。
   A. 产品广告　　B. 促销广告　　C. 价格广告　　D. 售点广告
4. 企业业务员在闹市向消费者免费赠送样品的促销方式属于(　　)。
   A. 广告　　　　B. 人员推销　　C. 营业推广　　D. 公共关系

5. 当目标受众还不了解产品时,促销的首要任务是( )。
   A. 知晓　　　　　B. 认识　　　　　C. 确信　　　　　D. 购买
6. 企业以本身的支付能力为基础确定促销活动的费用,确定促销预算的方法是( )。
   A. 目标任务法　　B. 销售百分比法　C. 量入为出法　　D. 竞争对等法
7. 对于市场范围小、潜在顾客较少以及产品专用程度较高的市场,应采用( )促销方式。
   A. 广告　　　　　B. 人员推销　　　C. 营业推广　　　D. 公共关系
8. 对于生产资料产品较常采用的促销方式是( )。
   A. 广告　　　　　B. 人员推销　　　C. 营业推广　　　D. 公共关系
9. 对于无差异市场,市场范围广,一般采用( )促销方式。
   A. 广告　　　　　B. 人员推销　　　C. 营业推广　　　D. 公共关系
10. 利用推销人员与中间商促销,将产品推入渠道的策略是( )。
    A. 推式策略　　　B. 公关策略　　　C. 拉式策略　　　D. 人员策略

二、多项选择题

1. 营业推广的形式包括( )。
   A. 商品降价　　　　　　　　B. 散发宣传材料
   C. 免费使用产品　　　　　　D. 有奖销售
   E. 现场展示产品
2. 人员推销的优点是( )。
   A. 针对性强　　　　　　　　B. 双向信息沟通
   C. 购销关系稳定　　　　　　D. 可信度高
   E. 拓展市场快
3. 促销组合包含的策略有( )。
   A. 人员推销　　　　　　　　B. 广告促销
   C. 让价竞销　　　　　　　　D. 营业推广
   E. 公共关系
4. 广告要素包括( )。
   A. 广告主　　　　　　　　　B. 广告商
   C. 广告信息　　　　　　　　D. 广告媒体
   E. 广告费用
5. 广告信息设计应体现( )。
   A. 真实性　　　　　　　　　B. 广泛性
   C. 艺术性　　　　　　　　　D. 社会性
   E. 针对性
6. 推销人员组织结构的形式有( )。
   A. 地区结构　　　　　　　　B. 产品结构
   C. 需求结构　　　　　　　　D. 复合结构
   E. 顾客结构
7. 营业推广包括以( )为对象。

A. 消费者或用户　　　　　　　B. 中间商
   C. 制造商　　　　　　　　　　D. 供应商
   E. 推销人员
8. 属于营业推广的形式有(　　)。
   A. 自建门市营业推销　　　　　B. 免费样品
   C. 代价券　　　　　　　　　　D. 展销会
   E. 参与公益活动
9. 开展公共关系活动的方式包括(　　)。
   A. 公开出版物　　　　　　　　B. 利用新闻媒体宣传
   C. 开展公益活动　　　　　　　D. 专题活动
   E. 危机处理

三、思考题

1. 什么是促销？企业选择促销组合要考虑哪些因素？
2. 什么是广告？它有什么特点？广告信息具有哪些要求？
3. 什么是人员推销？它有什么特点？
4. 人员推销的基本程序有哪些？
5. 人员推销队伍组织结构有几种形式？
6. 什么是营业推广？制定营业推广方案要考虑哪些问题？
7. 什么是公共关系？它有什么特点？

四、案例分析题

美国在线的成功促销

仅仅15年，美国在线就从一无所有发展成为今天美国最大的互联网接入服务提供商，它为2100万用户服务，销售收入达20亿美元。与一些历史悠久的传统企业，如可口可乐公司相比，美国在线只能算是小孩子，但在使用互联网的美国家庭中，美国在线为其中的42%提供接入服务。它在收购了时代华纳公司后，正在成为美国第一大媒体公司，但这还只是开始。只要消费者对接入互联网感兴趣，美国在线就无处不在。美国在线将其促销战略的所有方面联系在一起，通过各种媒体和各种形式的促销活动传达出一个清晰的、一致的信息。

美国在线成功的基石是邮寄数以百万计的试用光盘，让潜在的用户毫无风险地体验它的服务。这些光盘也出现在计算机商店、杂货店和音像店的柜台上，让愿意给这家公司一个机会的人们免费取用。尽管分发光盘与其他促销方式相比代价更加高昂，但美国在线公司的营销总监知道，只要能让人们把这张光盘放入他们的计算机中，他们就会明白美国在线究竟能给他们带来什么。这个计划取得了明显的效果，1999年，美国在线公司吸引了600万名新用户，比其他互联网接入服务的用户总额还多。

此外，美国在线公司每年大约花费5 000万美元通过各种媒体进行广告宣传。有线电视获得它的大部分广告预算，其次还有杂志和电视网。美国在线的广告非常简洁明了，主要展示公司的服务以及一些满意用户的推荐书。尽管它的主要目标市场是一些对互联网还不熟悉的消费者，但这个促销战略还是取得了非常好的效果。一些电台和电视台的节目中甚至提供给消费者免费的号码，让他们打电话与美国在线签订接受服务的合同。一部由梅格·瑞恩和汤姆·汉克斯主演的浪漫喜剧电影《网上情缘》为美国在线赢得了口碑。在影片中，男主角是一家书店的老板,他通过美国在线的 E-mail 坠入爱河。这部电影帮助美国在线确立了其作为流行文化一部分的地位,而在这种流行文化当中,E-mail 地址就像电话号码一样普通。

美国在线取得巨大成功的一个主要因素是其销售人员与公司其他员工的合作。美国在线公司的 120 名销售人员负责争取非订阅业务,主要来自广告销售、电子商务和营销伙伴。销售代表按行业分工,比如,健康护理、房地产和包装消费品,并要求他们对待业务伙伴的生意就像对待自己的一样。美国在线的销售人员观察客户目前的营销体系,并向客户展示互联网将如何使他们获益。美国在线这种极具进攻性的销售力量已经使其与可口可乐公司等签订了大笔的广告和营销合同。

问题:
(1) 美国在线采用了哪些促销工具?每种促销工具的主要作用是什么?
(2) 影响美国在线对促销工具选择的主要因素有哪些?
(3) 结合上面的例子说明,为什么组合促销的作用大于单个的促销方法?

五、职业技能训练题

1. 分析电影功夫熊猫的促销组合。

2. 网上卖车不是新鲜事了,不过那是二手车。早在 2005 年,二手车交易就占到 eBay 总交易额的 1/3,其中 80% 的交易量都来自经销商。但网上销售新车从来没有成为一个大事情。吉利在淘宝网上开设了一家"全球鹰官方旗舰店",专门销售五六万元的熊猫小车。眼下,该网店正在推介两款据称是网店特供的车型,不过却少人问津。二手车经销商看起来无比热爱电子商务,而新车经销商却有点冷淡,这里面到底有什么问题呢?新车经销商其实也是蛮想尝试电子商务的。前年通用汽车就想通过 eBay 在线销售新车,参与计划的共有 225 家通用旗下雪佛兰、别克等品牌的加州经销商,尝试了一个月。结果看起来并不理想。通用汽车与 eBay 死活不肯对外透露到底卖出了多少辆汽车。《泰晤士报》说,该活动最后两周有 2.1 万个问询记录,但最终成交者仅 13 个。

请你分析一下网上卖车是否可行?它面临的问题和困境主要有哪些?

项目八 创建和管理忠诚的顾客关系

知识目标：理解顾客及顾客导向的含义；掌握顾客价值、顾客成本与顾客让渡价值的概念及其相互关系；掌握顾客满意的概念，了解顾客满意战略的基本内容；理解顾客关系维系及实施全面质量营销的重要意义。

技能目标：能够提出提升顾客让渡价值的方法；能够提出维系顾客的方法；能够提出企业顾客关系建设的建议。

基本素养目标：树立营销的市场意识、规则意识、诚信意识和竞争意识；培养良好的人际沟通能力；培养执行力和团队协作力。

导入案例

渥道夫受雇于一家超级市场，担任收款员。有一天，他与一位中年妇女发生了争执。

"小伙子，我已将50美金交给您了，"中年妇女说。

"尊敬的女士，"渥道夫说，"我并没收到您给我的50美金呀！"

中年妇女有点生气了。渥道夫及时地说："我们超市有自动监视设备，我们一起去看一看现场录像吧？这样，谁是谁非就很清楚了。"

中年妇女跟着他去了。录像表明，当中年妇女把50美金放到一张桌子上时，前面的一位顾客顺手牵羊给拿走了。而这一情况，中年妇女、渥道夫，还有超市保安人员都没注意到。

渥道夫说："我们很同情你的遭遇。按照法律规定，钱交到收款员手上时，我们才承担责任。现在，请你付款吧。"

中年妇女的说话声音有点颤抖："你们管理存有欠缺，让我受到了屈辱，我不会再到你这个让我倒霉的超市来购买商品了。"说完，她气冲冲地走了。

超市总经理吉拉德在当天就获悉了这一事件，他当即做出了辞退渥道夫的决定。一些部门经理，还有超市员工都找到吉拉德来为渥道夫说情和鸣不平，但吉拉德的意志很坚决。

渥道夫很委屈。吉拉德找他谈话："我知道你心里很不好受。因为我要辞退你，一些人还说我不近人情。"

吉拉德走过去，和渥道夫坐在一起。他说："我想请你回答几个问题。那位妇女做出此举是故意的吗？她是不是个无赖？"

渥道夫说："不是。"

吉拉德说："她被我们超市人员当作一个无赖请到保安监视室里看录像，是不是让她的自尊心受到了伤害？还有，她内心不快，会不会向她的家人、亲朋诉说？她的亲人、好友听到她的诉说后，会不会对我们超市也产生反感心理？"

面对一系列提问，渥道夫都一一说"是"。

吉拉德说："那位中年妇女会不会再来我们超市购买商品？像我们这样的超市在我们这座

城市有很多,凡是知道那位中年妇女遭遇的她的亲人会不会来我们超市购买商品?"

渥道夫说:"不会。"

"问题就在这里,"吉拉德递给渥道夫一个计算器,然后说,"据专家测算,每位顾客的身后大约有 250 名亲朋好友,而这些人又有同样多的各种关系。商家得罪一名顾客,将会失去几十名、数百名甚至更多的潜在顾客,而善待每一位顾客,则会产生同样大的正效应。假设一个人每周到商店里购买 20 美元的商品,那么,气走一个顾客,这个商店在一年之中会有多少损失呢?"

几分钟后,渥道夫就计算出了答案,他说:"这个商店会失去几万甚至上百万美元的生意。"

吉拉德说:"这可不是个小数字。虽然只是理论测算,与实际运作有点出入,但任何一个高明的商家都不能不考虑这一问题。那位中年妇女被我们气走了,至今我们还不知道她姓甚名谁、家住哪里,因此无法向她赔礼道歉,挽回这一损失。为了教育超市营业人员善待每一位顾客,所以做出了辞退你的决定。请你不要以为我的这一决定是在上纲上线、乱扯罪名。"

渥道夫说:"我不会这么认为,您的这一决定是对的。通过与您谈心,使我明白了您为什么要辞退我,我会拥护您的决定。可是我还有一个疑问,就是遇到这样的事件,我应该怎么去处理?"

吉拉德说:"很简单,你只要改变一下说话方式就可以。你可以这样说:'尊敬的女士,我忘了把您交给我的钱放到哪里去了,我们一起去看一下录像好吗?'你把'过错'揽到你的身上,就不会伤害她的自尊心。在清楚事实真相后,你还应该安慰她、帮助她。要知道,我们是依赖顾客生存的商店,不是明辨是非的法庭呀!怎样与顾客打交道,是我们的重要课题!"

渥道夫说:"与您一席谈,胜读十年书。谢谢您对我的教益。"

吉拉德说:"你是个工作勤恳、悟性很强的员工。若干年后,你会明白我的这一决定不只对超市有好处,而且对你有益处。按照我们超市的规定,辞退一名员工是要多付半年工资作为补偿的。如果半年后,你还没有找到合适的工作,那么你再来我们超市,我们是欢迎你来的。"

渥道夫,这个 20 多岁的青年,无限感慨地离开吉拉德和他领导的这家超市。以后,他没有再回到这家超市,他筹集了一些资金干起了旅馆事业。10 年时间过去了,吉拉德、渥道夫都已拥有了上亿美元的个人资产。

一次集会上,渥道夫和吉拉德不期而遇。他紧握着吉拉德的双手说:"感谢您传授给我一个宝贵的经营诀窍,它使得我取得今天的成绩。"

吉拉德说:"你说的这个,让我感到迷惑了。我好像没有向你传授什么诀窍呀?"

渥道夫说:"10 年前那次长谈,您已经间接说出了您的经营要诀,就是让每一个顾客满意地离开商家。"

吉拉德说:"你真是一位聪慧的人,要知道这可是我的经营秘诀——秘不可传呀!"

随即,两人哈哈大笑起来。这天,他们谈得很开心。他们都是依靠同一秘诀,干出了如今辉煌的业绩。

营销启示: 随着市场竞争的日益激烈,顾客有了更大的选择权,市场由原来的供方主导转变为顾客主导。顾客因此成为企业赖以生存和发展的源泉。顾客关系管理的核心是为顾客创造价值,顾客价值驱动着顾客的消费行为,如何使顾客价值最大化,不断吸引维护和增加顾客已成为企业最为关注的问题之一。

前面我们学习了营销组合策略，知道了企业所设计的针对目标市场顾客的营销组合方案的策略选择。到现在为止，我们应该认识到一个有效的营销组合方案一定能够满足目标顾客的需求，为顾客创造价值，这是建立长期稳定的顾客关系的基础。本项目将通过顾客让渡价值、顾客终身价值、顾客满意与价值链、顾客维系等内容的学习，进一步认识如何创建和管理顾客关系。

任务一　创建顾客关系

创建顾客关系必须要在现代营销理念指导下，对顾客和顾客关系的内涵有正确的认识。

一、顾客和顾客导向

1. 顾客

在从事营销活动时，顾客是与企业进行交换的对象，他们希望的是交换到自己满意的商品或服务。对于企业来说，了解顾客及其核心需求就成为首要任务。那么，如何界定交换对象的内涵呢？

通常，顾客（customer）就是向企业购买产品或服务的个人、团体。按照国际标准化组织（ISO）对顾客的界定，我们可以将顾客分为内部顾客（internal customer）和外部顾客（external customer）两类。前者主要包括股东、经营者和员工；后者主要包括最终消费者、使用者、受益者或采购方。

随着市场环境的不断变化，企业越来越深刻地认识到顾客尤其是外部顾客对其生存与发展的重要意义。从市场竞争的角度来看，市场竞争实际上就是争夺顾客的竞争，谁赢得了顾客，谁就赢得了市场。

2. 顾客导向

很多企业认为占领市场是市场营销或推销部门的事，如果它们没能赢得消费者，便认为公司的市场营销人员不够优秀，但事实上这项工作不是市场营销部门所能单独承担的。市场营销部门仅仅只是企业吸引并保持顾客这项任务的一个参与者，世界上最好的市场营销部门也无法出售那些制造低劣、无法满足任何人需求的产品。只有企业的所有部门和员工协调一致，设计并实施一流的并富有竞争力的顾客价值让渡系统，市场营销部门才会变得卓有成效。

以麦当劳为例，人们离不开遍布世界的一万多家麦当劳，因为他们喜爱麦当劳的汉堡包。虽然其他一些餐馆能制做出味道更好的汉堡包，但消费者钟爱的并不是汉堡包本身，而是一种系统，一种遍及世界的高标准的被麦当劳称之为 QSCV 的系统，即质量、服务、整洁和价值。麦当劳的所有经营者，包括供应商、特许经销代理商、职员和其他合作者都能有效地为顾客提供高品位的价值，这使麦当劳成为唯一一家达到如此高效率的快餐店。价值能诱导出一种崭新的生活方式。

在当今的买方市场中，顾客可以在成千上万的商品和服务中进行选择，这样，卖方就必须为顾客提供满意的产品质量，否则，就会被竞争者迅速占领市场。甚至今天被顾客接受的质量和服务水平到明天就不再为消费者青睐。因此，想要赢得竞争优势的企业需要一种新的哲学。只有那些以消费者为中心，为目标市场提供卓越价值的企业才能赢得市场，这些公司不仅是制造产品，而且是擅于创造顾客，它们不仅精于产品工程，而且将更深谙市场工程。

这就是以顾客为中心或导向的企业哲学和价值营销。

下列理念就是这一导向在企业实践中的很好体现。

小天鹅：全心全意小天鹅；

海尔：真诚到永远；

IBM：IBM就是服务；

TCL：为顾客创造价值；

格兰仕：努力，让顾客感动。

二、顾客让渡价值

多年前，现代管理学大师彼得·德鲁克（Peter Drucker）就洞察到一个公司的首要任务是创造顾客。但是，今天的顾客面临着纷繁复杂的商品和品牌选择，价格和供应商的选择，这就带来了一个问题：顾客是如何做出选择的？

我们相信顾客是按所提供的最大价值进行估价的。在搜寻成本和有限的知识、流动性和收入等限制范围内，顾客是价值最大化者，他们形成一种价值期望并照此行事。然后他们将得知某项供给是否符合他们的价值期望，这就影响他们的满意，并将影响再购买的可能性。

1. 顾客让渡价值

顾客的购买是一个产品的选购过程。在这个过程中，顾客运用其知识、经验、努力和收入等等，按照"价值最大化"的原则，从众多的品牌和供应商中选择自己需要的产品。其中，"价值最大化"是顾客每次交易力争实现的目标，也是其评判交易成功与否的标准。所以，顾客在选择与其进行交易的营销者时，会事先形成一种价值期望，将期望价值与获得的实际价值比较，是顾客衡量是否得到了"最大价值"的现实评判方法。

著名营销专家菲利浦·科特勒以"顾客让渡价值"（customer delivered value）概念，把顾客购买过程高度程式化，并使之成为营销学的基础理论。他指出，"顾客让渡价值"是顾客获得的总价值与顾客获得这些总价值支付的总成本的差额。简言之，顾客让渡价值是指顾客总价值与顾客总成本的差额。

顾客让渡价值的构成要素如图8-1所示。

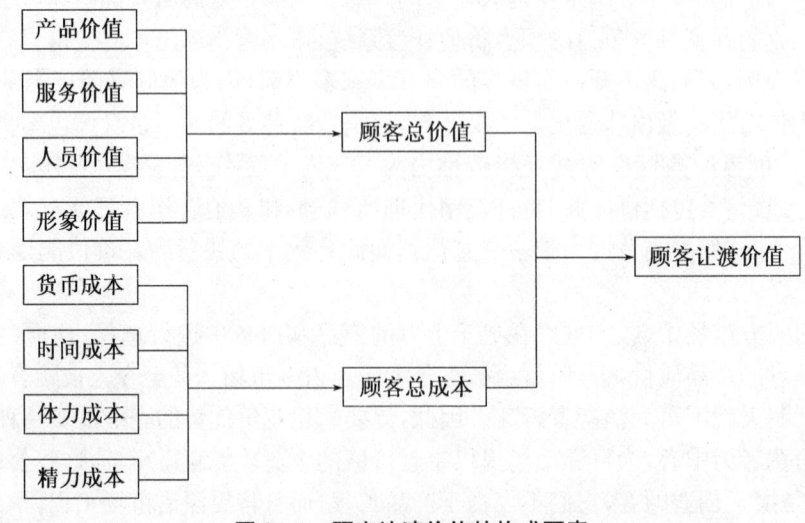

图8-1 顾客让渡价值的构成要素

我们可以用案例来解释顾客让渡价值。

一位来自农场的购买者想要购买一台拖拉机，他计划从 A 公司或 B 公司选择购买。推销员将各自产品的供应情况详细地介绍给购买者。这时购买者的心目中已经有了有关拖拉机特定用途的概念，亦即用拖拉机来进行搬运工作，他希望拖拉机具有某种程度的可靠性、耐久性和工作状况。假定他对两家公司的拖拉机进行评估后认为 A 公司的产品因为具有可靠性、耐久性和良好的运营状况，所以是一种高价值的产品；而且还断定 A 公司能提供较好的服务。他还认为，A 公司的人员具有更高的知识水平和更强的责任感。最后，他为 A 公司的企业形象赋予了较高价值。他是从四个要素来增加其所有价值的，即产品、服务、人员和形象，而且认为 A 公司能提供更大的顾客总价值。

那么，他是否会购买 A 公司的产品呢？不一定。他同样也要比较 A 公司与 B 公司交易之间的顾客总成本。顾客总成本所涵盖的内容远不止货币成本，正如亚当·斯密在两个世纪前所观察的那样：任何一个物品的真实价格，即要取得该物品实际上所付出的代价，乃是获得它的辛苦和麻烦。它包括了购买者的预期时间、体力和精神成本，购买者对这些成本连同货币成本的评估构成了顾客总成本的框架。

购买者现在就要考虑是否 A 公司的顾客总成本与其总价值相比显得太高，如果确实如此，购买者就可能会购买 B 公司的产品。购买者将从能提供最大顾客让渡价值的公司进行购买。

现在我们运用购买决策理论帮助 A 公司成功地将拖拉机出售给该买者。A 公司可以从三个方面改进它的供给：首先，A 公司可以通过改进产品、服务、人员或形象利益增加整体顾客价值；其次，A 公司可以通过降低顾客的时间、体力和精神成本，削减非货币成本；最后，A 公司可以为顾客降低货币成本。

假定 A 公司实施了顾客价值评估，而且推断出购买者认定的 A 公司的供应条件值 20 000 美元，此外，认为 A 公司生产拖拉机的成本是 14 000 美元，这意味着 A 公司的供应产生了潜在的 6 000（20 000－14 000）美元整体附加价值。

A 公司应当在 14 000～20 000 美元之间定价，如果定价低于 14 000 美元，则无法弥补其成本；如果定价高于 20 000 美元，则将超越购买者所认定的整体价值。A 公司所制定的价格决定了有多少整体附加价值让渡给买方，同时又有多少流向公司。比如，如果 A 公司定价为 19 000 美元，则有 1 000 美元的整体附加价值赋予顾客，而公司本身获得 5 000 美元的利润。A 公司价格定得越低，让渡价值就越高，从而使顾客从 A 公司购买产品的动机越强。让渡价值应当被看作是顾客的"利润"。

很显然，顾客是在各种限制条件下做出购买决策的，甚至还会做出更多关注个人利益而忽视公司利益的异常选择。然而，我们觉得让渡价值最大化是适用于大多数情形下的有利方法，并且具有丰富的内涵。这里描述的就是它的若干含义：首先，卖方必须对每个竞争者的供应进行整体顾客价值和整体顾客成本的评估，以明确其自身的供应应当定位于何处。其次，让渡价值处于劣势的销售者有两个选择方案，他可以试图增加整体顾客价值，或者降低整体顾客成本。前面一个方案要求增强或增加企业供应的产品、服务、人员和形象利益；后一个方案要求降低买方的成本，售卖方可以降低价格，简化订货与送货程序，或通过提供保障承担一些买方风险。

从这个案例中，我们可以定义顾客总价值和顾客总成本。

2. 顾客总价值

顾客总价值(total customer value)是指顾客从购买的特定产品或服务中所期望得到的所有利益。

顾客总价值一般由以下几部分构成：

① 产品价值(product value)。即顾客购买产品或服务时，可得到的产品所具有的功能、可靠性、耐用性等。

② 服务价值(service value)。顾客可能得到的使用产品的培训、安装、维修等。

③ 人员价值(personal value)。顾客通过与公司中的训练有素的营销人员建立相互帮助的伙伴关系，或者能及时得到企业营销人员的帮助。

④ 形象价值(image value)。顾客通过购买产品与服务，使自己成为一个特定企业的顾客，如果企业具有良好的形象与声誉的话，顾客可能受到他人赞誉，或者与这样的企业发生联系而体现出一定的社会地位。

3. 顾客总成本

顾客在获得上述这一系列价值时都不会是无偿的，这体现的是顾客总成本。顾客总成本(total customer cost)是指顾客为购买某一产品所耗费的时间、精力、体力以及所支付的货币资金。

顾客总成本一般包括以下四种成本：

① 货币成本(monetary cost)。顾客购买一个产品或服务，首先就要支付货币，或者不能得到免费维修调试等支出的服务价格。

② 时间成本(time cost)。顾客在选择产品时，学习使用、等待需要的服务等等所需付出的成本或损失。

③ 精力成本(mental cost)。顾客为了学会使用保养产品，为了联络营销企业的人员，或者为安全使用产品所付出的担心等。

④ 体力成本(physical cost)。顾客为了使用产品、保养维修产品等方面付出的体力。如图8-1表明，总的顾客价值越大，总的顾客成本越低，顾客让渡价值越大。

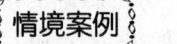
情境案例

麦当劳的经营与顾客满意

麦当劳是无可争议的国际品牌，是全球快餐业的大亨，其成功的关键之一是以适宜的顾客让渡价值的追求来达到高度的顾客满意。

1. 麦当劳的产品价值

① 麦当劳的产品的原料、用量、过程都有严格的标准。麦当劳在《操作规程》中对速食品和提供的服务标准都有具体的规定。以法式炸薯条为例，土豆的产地、大小都有严格的要求。

② 食品有严格的时间限制。超过10分钟的汉堡，7分钟的法式炸薯条，都不再出售。这是因为时间稍长，脂肪会浸透、硬化，食物就没有新出炉时的酥脆和温暖感；而且汉堡中所夹的蔬菜片时间过久会软化。麦当劳通过坚持不懈的顾客监督来监控产品，以简化操作、降低成本来加大顾客的让渡价值。

③ 麦当劳根据各地顾客的需求不同，提供具有不同特色的产品。如在日本添设玉米粥；

在巴黎增设白酒和钢琴音乐；在罗马增设色拉等。麦当劳细心周到地照顾到了每个国家顾客的口味。

2. 麦当劳的服务价值

① 服务牢牢抓住儿童的心。所有麦当劳分店都设有儿童娱乐场和生日区。在这样的氛围内，吃显然变成了一种辅助品，迎合儿童心理的服务才是小顾客们真正需要的。

② 高标准的"微笑服务"。麦当劳不需要员工相貌漂亮、学历很高，但一定要保持微笑服务，能够吃苦耐劳，以创业精神为大众服务。麦当劳的规则是时刻记住顾客永远是对的，无论什么原因与顾客发生口角，都将被辞退。

③ 名副其实的"快"餐店。北京展览路分店创下了18秒出一个快餐的世界纪录。目前接待一个顾客的时间也不超过1分钟。这就大大节省了顾客的时间成本。

④ 针对特殊的市场，麦当劳给予特殊的服务。针对潜力很大的老年人市场，麦当劳雇用老年人为服务生，并把老年人服务生的形象设计到广告中去；种族分歧是美国一个严重的社会问题，针对黑人市场，麦当劳打出广告："种族隔阂之山既然不能迁移，那么我们就要跨越它。"

3. 麦当劳的人员价值

麦当劳的员工分为两类，即经理和员工。经理分为餐厅经理、第一副经理、第二副经理和见习经理；员工分为员工组长、训练员、员工和见习生。经理拿月薪，员工则是按小时计酬。麦当劳的人员价值在外，功夫在内。

① 人员培训。以莫斯科分店为例，630名连麦香鸡和麦香鱼都区分不开的新雇员要接受16～20小时的培训，培训的内容有牛肉烹制法、麦香鱼做法和微笑服务，要经过从厨房调理、炸鱼、烘包、炸薯条、煎肉饼、送货、仓库进出、站柜台、大堂服务、办儿童生日会等全套作业。而对于经理人员的培训则要复杂得多，需要有严格的规程和考核制度。见习经理要学完管理发展课程 I（MDP I），在7～15周学习基础操作课程，加上2～4个星期的实际操作，考核通过后升为二副，之后须学习 MDP II 的五个教程，耗时8～14个月，完成基础管理课程和中级管理课程的学习和考核，再加上1～2个月的实际操作，才开始餐厅的各项职能工作。通过考核后升为一副，之后要学习 MDP III 的主要内容，包括到美国芝加哥郊外麦当劳世界总部的"汉堡大学"去上两个星期的加强课程。中国国内的一副有时要到香港停留学习一周后进行3～6个月的实际管理，有潜力的一副可再被提升为餐厅经理；之后学习第四个阶段的管理发展课程，即 MDP IV，要有9～13个月，并主持店务。餐厅经理之上有相当于中层经理的经营经理，负责3～6家餐厅的业务，那时还需要再赴美受训。

② 麦当劳内部员工配合默契，强调3C的工作态度，即沟通、协调和合作。小小的厨房内挤着多名员工和各种设备，但共同作业井然有序，如在浪中行舟，员工配合非常默契。

③ "下放"经理，实行"走动"管理。麦当劳创始人雷·克罗克先生经常到各公司、部门、分店进行"突击"检查。为了防止经理人员把时间浪费在抽烟和闲谈上，克罗克下令锯掉所有经理椅子靠背，以督促经理们走下去，现场解决问题。

4. 麦当劳的形象价值

① QSCV 传递着麦当劳的经营理念。"质量（Q）""服务（S）""清洁（A）""价值（V）"，这简明扼要的四个词贯穿于麦当劳的整个生产、服务过程当中。

② 麦当劳有一套准则来保证员工的行为规范：OTM（营业训练手册）；SOC（岗位检查表）；QC（品质导正手册）；MDT（管理人员训练）。总之，小到洗手消毒有程序，大到管理有手

册,以保证 QSCV 的贯彻。

③ 麦当劳的视觉形象识别是有口皆碑的。首先,麦当劳的黄金"M"形的双拱门形象设计,成功地运用了现代形象学的基本原理,象征着欢迎顾客的友好之门。你绝不会奇怪,一个3岁顽童指着金灿灿的标志,嚷着要吃麦当劳。其次,"麦当劳叔叔"人见人爱。1963年新年伊始,身穿小丑服饰的"麦当劳叔叔"在美国首都华盛顿第一次公开亮相,此后他又到医院去安慰儿童,去幼儿园和儿童一起做游戏,到游乐场当向导。他逐渐成为小朋友心目中仅次于圣诞老人的良师益友。再次,麦当劳使用色调鲜明的员工服饰。员工的制服是红条纹短衫,经理的制服是浅蓝色。胸前都有标明身份的标志牌,色调强烈、明快。最后,麦当劳的店面清洁,是餐饮业的最高标准。以厕所为例,创始人克罗克每到一处分店,必检查该店的厕所,所以麦当劳的厕所已成为楷模。人们在美国长途旅行内急时,宁愿开20~30公里到高速公路旁的麦当劳店去借用。

④ 麦当劳在各个报刊、杂志上频频亮相,并多次受奖,名声大振。30年来,在《时代》《生活》《新闻周刊》《华尔街时报》《福布斯》等杂志、报刊上都有宣传;并荣获普利策奖和美联社颁的奖。公益广告帮助麦当劳公司树立了良好的社会形象。

5. 麦当劳的顾客成本

① 货币价值。尽管在各国以各国货币来计价,麦当劳的一份快餐的货币价格相对较低,不超过两美元。美国的家庭主妇们认为比她们自己做的还省钱。

② 时间成本。麦当劳接待一名顾客的时间不超过1分钟。顾客的时间成本相当小。

③ 体力成本和精神成本。对于一些人,尤其是对儿童来说,进入麦当劳店是一种娱乐,体力和精力成本几乎为零,甚至是一个享受。

综上所述,麦当劳的经营可以概括为这样一个公式:麦当劳的顾客让渡价值=麦当劳的整体顾客价值-麦当劳的整体顾客成本=顾客满意=麦当劳的成功。

4. 顾客让渡价值提升

顾客让渡价值包含的思想与传统观念有根本的不同:顾客购买产品所获得的不仅仅是产品具有的那些功能和质量;同样,顾客购买产品所付出的,也不仅仅是购买价款。让渡价值可以看成是顾客购买所获得的利润。现在我们知道,如同任何厂家希望通过销售产品获得尽可能高的利润一样,顾客的购买也是按照"利润最大化"的原则进行选择的。

需要说明的是,限于不同顾客具有的知识、经验差异,一个特定的顾客争取得到最大顾客让渡价值的过程是一个"试错"过程,是逐渐逼近最大让渡价值的过程。就是说,我们在观察一个特定顾客的某次购买的时候,也许他并没有实现让渡价值最大。但是,在这位顾客重新购买的时候,会通过积累的经验和知识来增加其获得的让渡价值。只有那些能够提供比竞争对手的顾客让渡价值更大的企业,才能争取与保持顾客。

提高顾客让渡价值是增加顾客满意程度、吸引购买、扩大销售、提高经济效益、增强企业竞争力的重要途径,提高顾客让渡价值,有两个途径、三种组合:或者尽力提高顾客价值,或者尽力减少顾客成本,或者在提高顾客价值和减少顾客成本两个方向上都做出营销努力。

具体而言,提高顾客让渡价值的途径有以下几个:

① 在不改变整体顾客成本的条件下,通过改进产品、改善服务、提高人员素质、提升企业形象来提高整体顾客价值。

② 在不改变整体顾客价值的条件下,通过降低价格或减少顾客购买公司产品所花费的时

间、精力、体力来降低整体顾客成本。

③ 在提高整体顾客价值的同时,提高了整体顾客成本,但要使两者的差值增大,从而使顾客让渡价值增加。

可见,顾客让渡价值的大小决定于顾客总价值和顾客总成本,而这两类因素又由若干个具体因素构成。顾客总价值的构成因素有产品价值、服务价值、人员价值和形象价值等,其中任何一项价值因素的变化都会引起顾客总价值的变化。顾客总成本的构成因素有货币成本、时间成本、精神成本和体力成本,其中任何一项成本因素的变化都会引起顾客总成本的变化。任何一项价值因素或成本因素的变化都不是孤立的,而是相互联系、相互作用的,会直接或间接引起其他价值因素或成本因素的增减变化,进而引起顾客让渡价值的增减变化。

三、顾客终身价值

1. 顾客终身价值

顾客终身价值(customer lifetime value)指的是每个购买者在未来可能为企业带来的收益总和。研究表明,如同某种产品一样,顾客对企业利润的贡献也可以分为导入期、快速增长期、成熟期和衰退期。

每个客户的价值都由三部分构成,即历史价值(到目前为止已经实现了的顾客价值)、当前价值(如果顾客当前行为模式不发生改变的话,将来会给公司带来的顾客价值)和潜在价值(如果公司通过有效的交叉销售可以调动顾客购买积极性,或促使顾客向别人推荐产品和服务等,从而可能增加的顾客价值)。

2. 顾客生涯价值的三维结构

品牌管理的中心目标就是通过占据顾客的心智空间,提高顾客的生涯价值。从狭义来理解,顾客生涯价值(customer lifetime value,CLV)是指一个顾客在与公司保持关系的整个期间所产生的现金流经过折现后的累积和。从广义来理解,顾客生涯价值是指所有顾客终身价值折现值的总和。企业在品牌管理过程中必须从广义的角度来把握顾客生涯价值。

事实上,顾客生涯价值不是一个单维的矢量。它是一个立体的概念,具有三维结构。

一是顾客维持时间维度。企业通过维持与顾客的长期关系,建立高的顾客维持率,从而获得较高的顾客生涯价值。

二是顾客份额(customer share)维度。它是指一个企业所提供的产品或服务占某个顾客总消费支出的百分比。要获得最大的顾客生涯价值,不仅需要有高的顾客维持率,而且要有高的顾客份额。顾客份额应该是衡量顾客生涯价值的一个重要指标。

三是顾客范围维度。显然企业总的顾客生涯价值的大小与它的顾客范围直接相关。从顾客范围维度出发,要求企业必须清楚它的现有顾客是谁,同时注意开拓潜在顾客

3. 分析顾客终身价值的主要步骤

(1) 收集顾客资料和数据

公司需要收集的基本数据包括个人信息(如年龄、婚姻、性别、收入、职业等)、住址信息(如区号、房屋类型、拥有者等)、生活方式(如爱好、产品使用情况等)、态度(如对风险、产品和服务的态度,将来购买或推荐的可能等)、地区(如经济、气候、风俗、历史等)、客户行为方式(如购买渠道、更新、交易等)、需求(如未来产品和服务需求等)、关系(如家庭、朋友等)。这些数据以及数据随着时间推移的变化都将直接影响顾客的终生价值测算。

(2) 定义和计算终身价值

影响终身价值的主要因素是,所有来自顾客初始购买的收益流;所有与顾客购买有关的直接可变成本;顾客购买的频率;顾客购买的时间长度;顾客购买其他产品的喜好及其收益流;顾客推荐给朋友、同事及其他人的可能、适当的贴现率。

(3) 顾客投资与利润分析

可以直接基于交易成本或资金投入进行计算,或者根据过去类似客户的行为模式,利用成熟的统计技术预测客户将来的利润。国外的汽车业这样计算顾客的终生价值:他们把每位上门顾客一生所可能购买的汽车数乘以汽车的平均售价,再加上顾客可能需要的零件和维修服务而得出这个数字。他们甚至更精确地计算出加上购车贷款所带给公司的利息收入。

(4) 顾客分组

从第三个步骤中,企业可以看出如何在顾客终生价值中赢得最大的利润,随后企业可以根据这些数据将顾客分成具有不同特征、不同行为模式和不同需求的组。比如,企业可以用聚类分析法将顾客分成苛刻的顾客、犹豫不决的顾客、节俭的顾客和久经世故的顾客,并根据每个组制定相应的措施。

(5) 开发相应的营销战略

衡量"顾客终生价值"的目的不仅仅是确定目标市场和认知消费者,而是要设计出能吸引他们的交叉销售方法(cross-selling)、向上销售方法(up-selling)、附带销售方法(add-on selling)、多渠道营销(multi-channel marketing)和其他手段。这些手段都能够帮助企业运用RFM模式来提高客户的价值,尽可能地将客户的潜力开发出来。

4. 测量顾客终身价值的方法

(1) DWYER方法

该方法将客户分为两大类,即永久流失型和暂时流失型。

永久流失型客户要么把其业务全部给予现在的供应商,要么完全流失给另一供应商。原因或者是其业务无法分割,只能给予一个供应商;或者其业务转移成本很高,一旦将业务给予某供应商则很难转向其他供应商。这种客户一旦流失便很难再回来。暂时流失型指的是这样一类客户,他们将其业务同时给予多个供应商,每个供应商得到的只是其总业务量的一部分(一份)。这类客户的业务转移成本低,他们可以容易地在多个供应商之间转移业务份额,有时可能将某供应商的份额削减到零,但对该供应商来说不一定意味着已经失去了这个客户,客户也许只是暂时中断购买,沉寂若干时间后,有可能突然恢复购买,甚至给予更多的业务份额。

DWYER方法的缺陷是,它只能预测一组客户的终生价值或每个客户的平均终生价值,无法具体评估某客户对于公司的终生价值。

(2) 顾客事件预测法

这种方法主要是针对每一个客户,预测一系列事件发生的时间,并向每个事件分摊收益和成本,从而为每位顾客建立一个详细的利润和费用预测表。

顾客事件预测可以说是为每一个顾客建立了一个盈亏账号,顾客事件档案越详细,与事件相关的收益和成本分摊就越精确,预测的准确度也就越高。但是,顾客未来事件预测的精准度并不能完全保证,主要有两个原因。

其一,预测依据的基础数据不确定性很大,顾客以后的变数、企业预计的资源投入和顾客保持策略,以及环境变数等都具有很多不确定性。

其二，预测的过程不确定性很大，整个预测过程是一个启发式的推理过程，涉及大量的判断，需要预测人员具有丰富的经验，所以预测过程和预测结果因人而异。

四、顾客满意

顾客让渡价值很好地说明了顾客的购买选择与行为取向。但顾客的让渡价值仅仅是他选择购买哪个厂家产品时的一种价值判断。购买以后，顾客对购买成功与否的评价还要取决于其是否满意。

1. 顾客满意

顾客满意是指顾客通过对一个产品的可感知绩效（感知价值）与他的预期绩效（期望价值）比较后所形成的感觉状态。

在这个概念中，使用了可感知价值与预期价值的概念。

顾客的可感知价值是指购买和使用产品以后可以得到的好处、实现的利益、获得的享受，以及被提高的个人生活价值。

顾客的预期价值是指顾客在购买产品之前，对产品具有的可能给自己带来的好处或利益，是对产品或服务提高其生活质量方面的期望。

在很大程度上，他人的评价、介绍以及厂家许诺等等对形成顾客的期望价值有很大的影响。显然，顾客的满意是二者的函数，如图 8-2 所示。

$$顾客满意 = f(感知价值, 期望价值) \begin{cases} 感知价值 > 期望价值 —— 很满意 \\ 感知价值 = 期望价值 —— 满意 \\ 感知价值 < 期望价值 —— 不满意 \end{cases}$$

图 8-2 顾客满意的形成过程

对于奉行现代营销观念的企业，顾客满意是最高目标；对于企图争取更多的顾客并保持已有的顾客的企业，最主要的努力方向就是使顾客能具有满意感。因此，从顾客满意的概念和形成机制中可知，企业可以在降低预期价值、提高可感知价值方面分别或综合性地做出营销努力，来提高顾客的满意度。

2. 顾客满意与价值链

了解了顾客价值与满意的重要性后，接下来的问题是，营销者是如何为顾客生产价值以及如何向顾客转让价值的呢？这里涉及价值链与价值让渡系统的概念。

（1）价值链

价值链是由市场竞争研究专家麦克尔·波特（Michael E Porter）提出的一个重要概念。

价值链是指最终形成为顾客提供价值的各个相互关联的活动。这些活动的直接目标不同，但是最终都对形成顾客价值起作用。

价值链的概念说明的是，在营销者向市场提供产品或服务时，需要进行一系列的活动，这些活动无论是在组织内进行，还是在组织外进行，都是按分工要求划分开的。因此，不同的活动与参与机构具有不同的活动目标，但它们都是形成顾客价值中的组成部分。这些活动的参与机构在形成顾客价值中被联系起来。比如，企业内部有产品设计、生产、销售、送货、顾客服务等一系列活动，它们是形成顾客价值链条上的一个个环节。价值链也被使用在对整个营销行为的总体分析上。波特指出的是，价值链将某个行业中创造价值和产生成本的诸活动分解为战略上相互关联的九项活动。这九项活动分为五项基础活动和四项支持性活动。如图8-3所示。

价值链概念再次表明,企业的营销活动需要建立起高度协调的内、外部系统。因为对于提供给顾客的最终价值大小来说,不是取决于某个局部的工作的质量和效率如何,而是取决于价值链整体上能否形成最大的顾客价值。比如,生产环节如果仅仅考虑设计与生产功能最齐、质量最好的产品,这样的产品需要高昂的制造成本,使产品的销售价格大大超出目标顾客购买的能力,它将使整个价值链提供的顾客价值降为零。所以,如果要提高顾客价值,整体的努力比单独某一部分追求最佳的努力更重要。

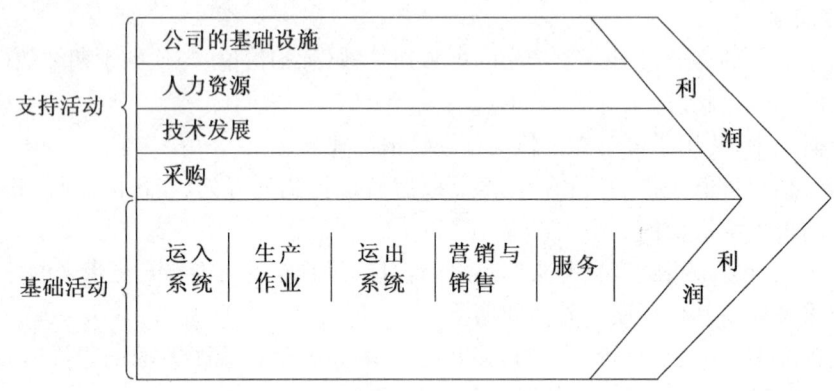

图8-3 企业价值链

在企业的价值链上,需要强调对核心业务过程的管理。企业的主要核心业务有:

① 新产品的实现过程:在快速、高质和按目标成本更新产品过程中涉及的所有活动,包括识别需要、研究、开发和成功推出新产品。

② 存货管理过程。在原材料、中间产品和在制品的存货管理中所涉及的全部活动,需要避免因库存过多而导致的成本增加,同时还要保证有足够的供货。

③ 订单—付款过程。从接受订货、按时送货到收取货款的过程中所涉及的全部活动。

④ 顾客服务过程。在为顾客提供的各种便利过程中涉及的所有活动,包括帮助顾客快速寻找到能解决问题的企业人员,获得快速而满意的服务、答复和解决问题的方法。

(2) 价值让渡系统

企业仅靠自己的价值链还无法将为顾客生产和创造的价值传送出去。企业需要从供应商那里得到需要的价值,须将产品交给分销商,并自己或依靠代理服务商提供顾客需要的服务,将这些不同机构的价值链组合起来,将为顾客创造的价值最终传送到顾客那里,就是价值让渡系统。

价值让渡系统就是由市场卖方机构的价值链组成的,用来与顾客的价值配合,向顾客传送价值的合成系统。

价值让渡系统概念的提出,表明这样的含义,即在营销活动中,生产制造企业是不能单独完成为顾客提供价值的,需要外部机构的配合。其中,不同的机构将成为顾客价值让渡系统中的相互影响又相互协作的环节。传统的观点认为,生产制造商要雇用代理商、经销商为其服务。因此,在处理与这些外部机构关系时,将针对相互的要价进行谈判,并且发生矛盾。

有了顾客价值让渡系统的概念后,就可以知道,营销中所有的价值链上的机构,因为都属于顾客价值让渡系统中的组成部分,因此,如果这些机构中的任何一个不能将为顾客创造的价值顺利转让出去的话,则在这个让渡系统中的所有成员都没有得到收益的可能。

图8-4表示的是一个计算机产品的顾客价值让渡系统。其中,整机制造商从零部件制造商那里购买整机制造需要的零部件,显然,如果零部件的质量不好,价格高,将影响整机的质量与价格。同时,制造商还需要从软件开发商那里购买用户需要的软件,在整机出售时,安装进计算机,交给顾客成为一个可以实际使用的产品;代理服务商承担维修和用户技术支持上的服务。如果用户的计算机出现故障得不到及时检查修理,一有机会,用户将不再选购这样的产品。对于经销商来说,需要接受用户的订货,处理订货手续,为用户备货,提供销售服务,并帮助用户联系维修服务商或整机制造商。在这个顾客价值让渡系统中,顾客价值是顾客价值让渡链上每个环节共同参加创造的。生产制造企业生产出产品仅仅是创造这个价值链中应该创造的顾客总价值的一部分,只有将整个顾客价值让渡系统的绩效加以改善,才能最终提高顾客价值。

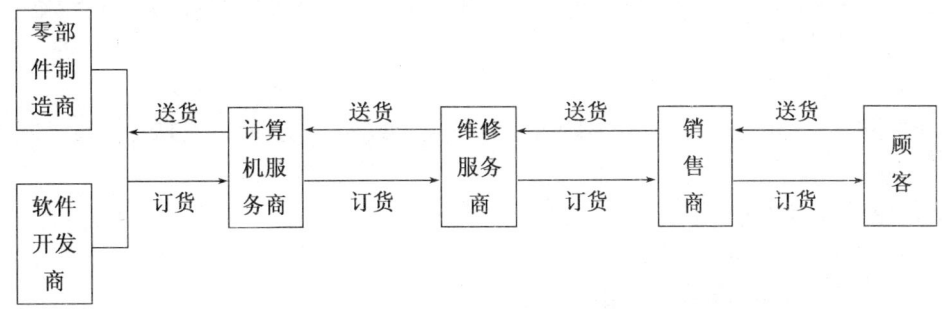

图8-4 一个计算机产品的顾客价值让渡系统

顾客价值让渡系统理论说明,营销不只是生产制造企业中营销或销售部门的事,也不只是生产制造企业的事,营销是负责制定和管理一个卓有成效的顾客价值让渡系统,以最小的耗费将顾客价值从卖方传送到顾客手中。就生产制造企业来说,也就不能再将自己的活动看成是营销中唯一的和主要的,应该力争建立一个效率极高的顾客价值让渡系统。为此,需要创造两个条件:一个是建立和发展出一个能够充分协调配合的顾客价值让渡系统,这要求企业不断改善价值链上的合作伙伴关系;另一个是采用各种可能的创新方法提高这个系统的效率,而不是其中一个环节或一个机构的效率。这要通过企业将营销观念和统一的营销目标贯穿到价值让渡系统中的每个环节上来实现。

顾客价值让渡系统的理论还说明,如果这个系统能够根据顾客的要求来安排产品与服务供应,即由顾客首先提出订货,再由销售商接受后,向代理或维修服务商发出技术支持要求,向生产制造商发出订货要求,使代理服务商开始为顾客建立维修记录档案,生产制造商开始向生产线上做生产安排,及时向零部件生产商发出零部件送货要求。这样,根据顾客的订货要求,是否生产和怎样生产的指令是从消费端向价值让渡系统传送的,那么,就不是原来的根据事前估计的数量安排生产,任何生产出来的产品,都是按准确的市场信息提供的,都是已经"销售"的产品。这样就消除了任何因数量估计不准确而产生的浪费,也使营销风险被减少到最低限度。这样的顾客价值让渡系统被称之为营销的快速反应系统。目前,计算机及其网络在营销和商务活动中的运用,为这样的价值让渡系统的建立提供了前所未有的技术基础,使之成为可能。已有企业在这样做,并且取得了很大的效益。在这样的快速反应系统中,生产者大大减少了无谓的浪费,顾客得到"定制产品",满意度大大提高。如世界著名的牛仔服制造商李维·斯特劳斯公司、计算机制造商美国的 Dell 公司、运动鞋和体育用品制造商 Nike 公司,现在都在这样做,并取得了很大的成功。

五、顾客满意战略

企业的生存和长期发展必须建立在顾客满意的基础上。20 世纪 80 年代后期,一些跨国公司陆续导入顾客满意战略(customer satisfaction,CS)。日本汽车业首先引入和推行 CS 战略,大大增强了国际竞争力,取得了丰硕的成果。随后,日、美等国的电脑制造业、通讯业、航空服务业、旅游业、银行和证券等服务性行业都纷纷引入顾客满意战略。在我国,上海宝钢集团于 1995 年下半年推出了顾客满意战略,紧紧围绕质量、交货期、服务、价格、创新、环境六大要素制定了目标和对策,有效地增强了竞争实力和提高了整体管理水平。此外,国内许多著名企业,如海尔集团、沈阳金杯汽车公司、格兰仕集团、上海三菱电梯公司等在推行 CS 战略方面也是不遗余力并卓有成效的。

1. 顾客满意战略及其要求

CS 战略是指以顾客满意为中心,统筹企业的生产经营活动,通过使顾客满意来实现企业经营目标的经营战略。

CS 战略的要求如下:

① 在调查和预测顾客需求的基础上,开发顾客满意的产品。
② 产品价格与顾客接受能力相适应。
③ 销售网点的建立要方便顾客。
④ 售后服务要细致、周到。

"满意的顾客是最好的广告,满意的顾客是最好的推销员。"据有关的调查研究结果:多一个满意的顾客,有可能带来 8 个新顾客;多一个不满意的顾客,可能减少 25 个顾客。

2. 外部顾客与内部顾客的关系

CS 战略将顾客的含义延伸到企业内部,顾客满意包括外部顾客满意和内部顾客满意。在外部顾客满意与内部顾客满意之间发生矛盾时,应当以外部顾客满意为主导。因为外部顾客的不满意,是没有太多的机会来弥补的。

在企业内部,下一道工序是上一道工序的"顾客"。基层员工是基层管理人员的顾客,基层管理人员是中层管理人员的顾客,中层管理人员是高层管理人员的顾客,形成了一条"内部顾客关系链"。

CS 战略的顾客观是,以外部顾客满意为标准,促使内部员工积极参与,努力工作,从各方面提高工作质量,促进整体素质的提高。有满意的员工,才有满意的产品和服务;有满意的产品和服务,才有满意的顾客;有满意的顾客,才有满意的效益;有满意的效益,就能拥有更满意的员工。

任务二 管理顾客关系

一、顾客维系

越来越激烈的市场竞争使企业正竭力同最终顾客形成更牢固的契约和忠诚关系。以往很多企业总是漫不经心地对待顾客。因为他们认为顾客或是没有很多可供选择的供应商;或是其他供应商无法提供达到一定质量和服务要求的产品;或是市场增长很快,公司毋须担心使顾客充分满意。企业在竞争中可能一周损失100个顾客,而同时又获得另外100个顾客,从而认为销售额仍然是令人满意的。但是,这只是一种高度的"顾客交叉状态",而且它所带来的成本费用要比保留住原有的100个顾客同时没有新顾客加入所产生的成本要高得多。

顾客满意理论提出后,企业必须开始计算流失顾客的成本和获得新顾客的成本,来考察维系顾客的重要性。

1. 失去顾客的成本

如今的企业已相当关注它们的顾客损失率,并且采取措施降低这种损失率。这主要有四个步骤。

第一步,企业必须测定并确定公司的维系率。对于一本杂志来讲,它就是再订阅率;对于一所大学来讲,它就是第一学年到第二学年的维系率,或者班级的毕业率。

第二步,企业必须识别各种造成顾客损失的原因,并且确定应加以改进的方面。对那些离开了所在区域或脱离了所经营业务范围的顾客,几乎就无能为力了。但是对那些因为低劣服务、劣质产品、定价过高等原因而离去的顾客,公司应当有所作为。公司应当制作一种频率分布统计表以反映由各种原因造成顾客流失的百分比。

第三步,企业应当估算由于不必要的顾客流失而导致的公司的利润将损失多少。

在单个顾客情况下,这正如顾客的生命周期所揭示的情况一样,亦即顾客在有生之年不断购买而形成的利润。针对流失的顾客群体,一家大型的交通运输商对利润损失做出了如下的估算:

① 公司拥有 64 000 个客户;

② 因为劣质服务等原因,今年公司将损失 5% 的客户,即 3 200(64 000×5%)个客户;

③ 年均每个客户流失给公司收入造成的损失是 40 000 美元,因此公司损失了 128 000 000(3 200×40 000)美元的收益;

④ 公司的边际利润是 10%,因此公司将不必要地损失 12 800 000(128 000 000×10%)美元的利润。

第四步,公司应当算出降低损失率需要花费多少成本,只要成本低于损失的利润,公司就应当支付这笔费用。因而,如果这家交通运输商能以小于 12 800 000 美元的费用保留所有这些顾客,就值得这样做。

2. 维系顾客的必要性

如今的企业都是竭尽全力地维系住它们的顾客。它们受到这样一个事实的影响,即吸引新顾客的成本可能是保持现有顾客满意的成本的 5 倍。进攻性营销明显地要比防守性营销花费得更多,因为它需要花更多的努力和成本将满意的顾客从现有的供应商那里引导并转变到本公司。

遗憾的是,古典营销理论和实践的重心都放在了吸引新顾客的策略上,而不是教你维系现有顾客。它主要强调建立交易而不是建立关系。大量的论述也都集中在售前和售中活动,而不是售后活动。然而,如今越来越多的公司已经意识到维系住现有顾客的重要性。根据一些学者的研究,只要降低 5% 的顾客损失率,就能增加 25%~85% 的利润。遗憾的是,企业的财务系统并不能反映忠实顾客的价值。

顾客的维系是最重要的因素,可以有两种方式来实现。一是建立高度的转换壁垒,当顾客转换面临着高昂的资金成本、搜寻成本、忠诚顾客折扣的损失等等因素时,则顾客向其他供应商转换的可能性很小。二是传递高度的顾客满意,这样竞争者就很难简单地运用低价和诱导转换等策略克服各种壁垒。这种提高顾客忠诚度的方法即所谓"关系市场营销"。

3. 维系顾客方法——关系营销

首先,我们需要区分销售与顾客之间的五种不同程度的关系。

① 基本型。销售人员把产品销售出去就不再与顾客接触(例如汽车推销商仅仅推销汽车)。

② 被动型。销售人员把产品销售出去并鼓动顾客在遇到问题或有意见时给公司打电话。

③ 负责型。销售人员在产品售出后不久打电话给顾客,检查产品是否符合顾客的期望。销售人员同时向顾客寻求有关产品改进的各种建议,以及任何特殊的缺陷与不足。这种信息能帮助公司不断地改进产品供应。

④ 主动型。公司销售人员不断给顾客打电话,提供有关改进产品用途的建议或者关于有用的新产品的信息。

⑤ 伙伴型。公司不断地与顾客共同努力,寻求顾客合理开支的方法,或者帮助顾客更好地进行购买。

大多数公司在市场规模很大且公司的单位边际利润很小的情况下,实行基本型营销(见表8-1)。例如,宝洁公司就不可能给每位买主打电话,以表示对顾客购买本公司一次性尿布产品的关注。宝洁公司最多建立一个顾客咨询服务台实行被动型营销。另外一个极端是,市场上顾客很少而边际利润很高。在这种情况下大多数销售商将转向伙伴型市场营销。例如,波音公司(Boeing)密切地同马来西亚航空系统合作,设计并保证波音飞机能充分满足马来西亚航空系统的要求。在这两种极端情况之间,其他各种关系市场营销的水平都是恰当的。

表8-1 关系营销水平

顾客/分销商数量 \ 利润	高边际利润	中等边际利润	低边际利润
大量顾客/分销商	责任型	被动型	基本/被动型
适量顾客/分销商	主动型	责任型	被动型
少量顾客/分销商	伙伴型	主动型	责任型

当一个公司想培养强烈的顾客契约和满意时,应当运用什么特别的市场营销手段呢?白瑞(Berry)和帕拉苏拉曼(Para suraman)归纳了三种建立顾客价值的方法。

第一种方法主要依赖于顾客关系增加财务利益。这样航空公司可以对经常乘坐者给予奖励;旅店可对常客提供高级别的住宿;超级市场可以对老主顾实行折扣退款等。尽管这些奖励计划能够树立顾客偏好,但它们很容易被竞争者模仿,因此常常不能长久地同其他公司的供给行为区别开来。

第二种方法是增加社会利益,同时也附加财务利益。在这种情况下,公司人员可以通过了解单个顾客的需要和愿望,并使其服务个性化和人格化,来增强公司与顾客的契约关系。两者的区别在于,对于一个机构来说,顾客也许是不知名的,而委托人则不可能不知其姓名。顾客是针对一群人或一个大的细分市场的一部分而言的,而委托人则是针对个体而言的;顾客是由任何可能的人来提供服务,而委托人是被那些指派给他们的专职人员服务和处理的。

第三种方法是增加结构纽带,与此同时附加财务和社会利益。例如,公司可以为顾客提供特定的设备或计算机联网,以帮助顾客管理他们的订货、付款、存款等等事务。一个优秀的典范是新加坡的强生医药公司(Johnson & Johnson Medical),它们的职员帮助医院管理存货、订货、购入以及商品存储。

情境案例

沃尔玛客户维系的具体措施

1. 从细节着手积累客户满意度

客户维系的基础是客户满意。如果企业不能首先让客户满意,建立客户忠诚就成了"空中楼阁"。建立客户忠诚是通过提供超出客户期望的价值来实现的。如果客户对企业的产品不满意,客户的基本期望都得不到满足,建立客户忠诚就没有基础。此外,在一些卖场的细节方面也应该尽量让顾客满意。如连锁商店的店址选择。店址是形成连锁商店形象的重要因素之一,因为店址本身决定了连锁商店的经营战略和特色。以闹市区为主的大、中型百货连锁,以居民区为主的食品连锁,以高速公路口为主的大型超市连锁或仓储连锁等,店址本身就要求其有不同的经营特色和企业形象。形象本身决定了店址,同时店址也决定了企业形象。连锁商店的设置地点对于其销售额、知名度等有着巨大的影响。有一句经商的谚语为"一步差三市",讲的就是地理位置的重要性。

建立客户忠诚的前提是要让客户满意。让客户满意还必须提供最基本的服务,这包括服务人员的态度、企业对客户投诉的反应、企业对客户的尊重等。

2. 灵活利用价格策略

客户价值是客户维系其他因素的基础,而和客户价值关系最密切的莫过于价格了。灵活利用价格策略,并不是盲目降价,也不是跟风而上和其他竞争对手大打价格战。沃尔玛根据其客户在生命周期不同阶段对价格的敏感程度,同时结合市场竞争的要求,有针对性地制定灵活多样的价格政策,并及时有效地加以实施,即使新客户得到满意,又从老客户处收获信任,一步步建立起了客户的忠诚。例如,采取打折活动、降价活动和返券送礼品活动,等等。

3. 有意加大客户转移成本

加大客户转移成本是防止客户流失的重要手段。加大客户转移成本首先要努力提高客户价值,特别是使得沃尔玛的客户通过和企业竞争对手的横向比较,感知到自己在目前的服务商得到的价值高于其他服务商,这是转移成本的基础。如沃尔玛可以进行购物积分有奖活动等。

4. 建立客户信任,用真诚换忠诚

有钱不赚会被认为是"傻瓜",但从企业长远利益出发,从建立客户忠诚出发,不赚眼前的小钱,而求客户的长期稳定,不但不是"傻瓜",还是一种高明之举、一种真诚为客户着想的好做法。

5. "一对一(one to one)"服务是建立客户忠诚的重要手段

在任何情况下,"一对一"为客户服务,经常性地通过电话联系,或者在客户生日时赠送鲜花,总能够使客户感到一种特别的亲近感。海尔公司在对客户购买的产品进行维修后总会有一个回访电话,虽然这种服务是企业自身管理的需要,但仍然使客户感到亲近。事实上,一个人很难对自己的亲人说不。在建立客户忠诚时如能经常性地回访客户,了解客户购买产品和接受服务的情况,介绍促销活动,听取他们的意见,让客户感到亲人般的关心,客户即使有某些意见也不会轻易弃你而去,因为他们认为这样做对不起朋友,对不起"亲人"。

6. 整合 CRM,将客户维系纳入动态管理

客户维系是一个长期的不间断的工作,必须及时采集客户的有关信息,利用计算机手段,实施动态管理。CRM 即客户关系管理,它是一套计算机系统,也是一种管理理念。为了有效地实施客户维系,可以对 CRM 进行有效地整合,使之能够及时地收集客户信息,并利用这些信息,采用科学的量化手段,转化成我们所要利用的客户维系的各种因素,然后将这些因素放入各自客户生命周期的相应阶段进行分析整理,得出关于相应客户在客户维系上的动态特征和需求,利用管理手段及时地将这些结论作为客户维系工作决策的依据,有的放矢,制定策略,采取手段,积极主动地开展客户维系工作。

7. 既要细分市场,又要点面结合

越来越多的企业感到提高客户满意度、建立客户忠诚往往要付出昂贵的代价。盲目地为建立客户忠诚而开展的工作,可能导致企业最终不能承受其负担而放弃对客户提供某种服务。有报道说一家航空公司为使客户满意,承诺凡距机场一定公里以内的客户一律为其免费送货。一段时间以后,公司十分尴尬:坚持下去,成本太高;取消服务,公司信誉受影响。建立客户忠诚必须考虑公司的承受力。要通过细分市场有选择地建立客户忠诚。这是企业保证这项工作坚持不懈地开展下去的重要因素。沃尔玛更多地学会了顾客管理。区别营销就是一种很好的顾客管理办法。它根据顾客所带来的利润将全部客户分成高利润、中利润、低利润及无利润四组。高利润组应是企业关注的焦点。区别营销实际上就是差异化营销,也就是对不同的客户群采取不同的营销策略。沃尔玛和很多企业一样,20%的客户为企业带来 80%的收入。这20%的客户是企业的大户,是企业应该下工夫建立客户忠诚的重点。管理大师德拉克说得十分中肯,企业的着眼点应该是他们所服务的客户。只有明确自己的客户,实行专业细致的顾客管理,企业才能真正实现盈利的目的。

二、实施全面质量营销

顾客的满意程度和公司的盈利能力与产品和服务质量紧密相连。较高的产品和服务质量使顾客较为满意,同时也维持了较高的价格和较低的成本。因此,质量改进方案通常能增加盈利能力。著名的市场营销策略的利润影响(PIMS)研究显示,在相对产品质量和盈利能力之间有高的相关性。

改进产品和服务质量应是企业的首要任务。日本公司在全世界引人注目的成功大部分是它们将优越的质量注入产品而致。多数顾客将不再忍受低劣或一般的质量。今天的公司假使它们要留在竞争行列中,别无选择只有采用质量概念,且不说有利润。通用电气公司董事长小约翰·韦尔奇说:"质量是顾客忠诚的最好保证,我们对抗外国竞争者的最强防卫,以及维持增长和收益的唯一途径。"

质量的定义曾经被先后解释为"适合使用""符合要求"和"免除变动"。美国质量控制协会对质量的定义是产品或服务的特征和特性的总体,凭着它的能力去满足表明的或隐含的需要。这很显然是以顾客为中心的质量定义。它建议无论何时公司的产品和服务符合或超过顾客的

需要、要求和期望,它已经交付了质量。一个公司能在大部分时间满足大部分顾客的需求就是一个质量公司。

区分性能质量(per formance quality)和合格质量(conformance quality)是很重要的。性能质量是指一个产品履行其功能的水平。例如,梅塞得斯(Mercedes)提供了比大众汽车(Volk swagen)更高的质量;它乘坐平稳,操作方便,比较耐用。它更贵并销售给较高收入要求的市场。合格质量(conformance quality)属于没有缺点的产品和产品交付特定的水平的持久性。因而梅塞得斯和大众汽车可以说都对它们各自的市场提供了相等的合格质量到每种都一致地交付它的市场期望的程度。一辆50 000美元的车符合了所有它的要求是一辆高质量的车,一辆15 000美元的车一样能达到所有它的要求,也是高质量的车。但是假使梅塞得斯操作起来很差,或者假使大众汽车节油效果不好,那么两种车都不能交付质量,顾客的满意程度因此受到损害。

1. 全面质量管理

全面质量管理(total quality management,TQM)这个概念在20世纪80年代席卷了董事会会议室。许多公司采用了TQM用语但不是实质。另外的公司将TQM当作所有公司问题的万灵药。还有一些公司着迷于狭隘地解释TQM原则,忽略了对顾客价值和满意程度的关心。结果许多TQM方案在80年代开始就都失败了,造成最近对TQM强烈和不利的反应。但是当应用在创造顾客满意程度的前后关系上,全面质量管理原则仍然是成功所必须具备的。虽然许多公司不再使用TQM的标记,对大部分主要公司顾客推动的质量已成为营业的一种方法。它们应用"质量收益(return on quality,ROQ)"的概念,并确定它们提供的质量是顾客要求的质量。这种质量转过来会导致改进销售额和利润。

全面质量是创造顾客价值和满意程度的关键。就如市场营销是每个人的工作,全面质量也是每个人的工作。

市场营销者如不学习质量改进、制造和操作等事宜就会变得过时。职能市场营销的日子已经消失。我们担负不起将自己作为市场研究者、广告人员、直接市场营销者、市场营销策略家——我们必须将自己当作使顾客满意的人——顾客拥护者聚焦整个程序。

2. 市场营销对全面质量的作用

市场营销在以质量为中心的公司有两个责任。第一,市场营销管理必须参与制定设计来帮助公司获得全面质量优胜的策略和政策。第二,市场营销必须交付营销质量和生产质量。它必须履行使每个市场营销活动——研究、销售培训、广告、顾客服务和其他——到达高的标准。

市场营销者在协助他们的公司解释和交付高质量的商品和服务给目标顾客过程中扮演着重要角色。首先,市场营销者在正确地识别顾客的需要和要求以及向产品设计者沟通顾客的期望方面负有主要的责任。其次,市场营销者必须确定顾客的订单正确和及时的供应,并核对在使用产品时,顾客是否已接受适当的指导、培训和技术协助。然后,市场营销者在售出产品后还必须与顾客接触以确信他们保持满意。最后,市场营销者必须收集和转达顾客对产品和服务改进的意见给公司的有关部门。

同时,具有讽刺意味的是,一个研究发现市场营销人员比其他任何部门能更多地负责顾客的投诉(35%)。市场营销的错误包括一些销售人员为顾客订购了特殊性能的产品,但又没有及时通知制造部门进行相应的处理。

这里的含义是市场营销者必须花时间与精力去不仅改进外部市场营销,而且改进内部的市场营销。市场营销者必须是顾客的看门人和护卫者,当产品和服务不对时则大声为消费者抱怨。市场营销者必须具备保证"给予顾客最佳的解决办法"的标准。

任务三 营销实践:撰写顾客关系分析报告

通过本项目我们学习了创建和管理顾客关系两个内容,此部分内容是市场营销过程模型的最后模块。任何一个企业在发展过程中,无论生产什么产品、提供何种服务、制定什么样的营销组合策略方案都离不开其服务对象,即顾客。由此可以看出,顾客关系是企业能否持续发展的重要方面,只有建立和管理好顾客关系提出顾客终身价值才有意义。本项目的营销实践就是撰写顾客关系分析报告。顾客关系分析报告除了一般的营销环境、营销目标分析之外,主要内容还有企业顾客关系现状分析、影响因素分析、建立和维系顾客关系的建议等内容。

课后练习

一、单项选择题

1. 顾客总价值与顾客总成本之间的差额就是( )。
   A. 企业让渡价值   B. 企业利润   C. 顾客让渡价值   D. 顾客利益
2. 顾客购买的总成本包括货币成本和( )。
   A. 时间成本   B. 体力成本   C. 精神成本   D. 非货币成本
3. 从总体上看,质量改进方案通常会增加企业的( )。
   A. 成本   B. 盈利   C. 无形资产   D. 以上答案都不对
4. 服务价值是指伴随产品实体的出售,企业向顾客提供的( )。
   A. 附加服务   B. 送货   C. 产品保证   D. 技术培训
5. 关系市场营销能为企业带来一种独特的资产,即( )。
   A. 超额利润   B. 设备和技术   C. 企业规模   D. 营销网络
6. 顾客选购产品的标准是( )最大。
   A. 顾客总价值   B. 产品价值   C. 产品效用   D. 顾客让渡价值
7. 现代企业市场竞争的新焦点是努力提高产品的( )。
   A. 产品价值   B. 服务价值   C. 人员价值   D. 形象价值

二、多项选择题

1. 顾客总价值包括( )。
   A. 服务价值   B. 产品价值   C. 人员价值   D. 形象价值
   E. 品牌价值
2. 顾客总成本包括( )。
   A. 货币成本   B. 时间成本   C. 体力成本   D. 精力成本
   E. 搜寻成本
3. 销售人员与顾客的关系有( )。
   A. 基本型   B. 被动型   C. 主动型   D. 负责型
   E. 伙伴型

三、简答题
1. 如何理解顾客对企业生存与发展的重要意义?
2. 如何正确理解顾客让渡价值理论及其意义?
3. 企业要想提高顾客让渡价值,可以从哪些方面入手?
4. 顾客满意是公司的目标还是公司的手段?
5. 企业如何有效地吸引新顾客和维系保持老顾客?
6. 如何理解全面质量营销?

四、案例分析题

香格里拉的营销之道

香格里拉是国际著名的大型酒店集团,它的经营策略很好地体现了酒店关系营销的内容。

香格里拉饭店与度假村是从1971年新加坡豪华香格里拉饭店的开业开始起步,很快便以其标准化的管理及个性化的服务赢得国际社会的认同,在亚洲的主要城市得以迅速发展。其总部设在中国香港,是亚洲最大的豪华酒店集团,并被许多权威机构评为世界最好的酒店集团之一,它所拥有的豪华酒店和度假村已成为最受人们欢迎的休闲度假目的地。香格里拉始终如一地把顾客满意当成企业经营思想的核心,并围绕它把其经营哲学浓缩于一句话"由体贴入微的员工提供的亚洲式接待"。

香格里拉有以下八项指导原则:
① 我们将在所有关系中表现真诚与体贴;
② 我们将在每次与顾客接触中尽可能为其提供更多的服务;
③ 我们将保持服务的一致性;
④ 我们确保我们的服务过程能使顾客感到友好,员工感到轻松;
⑤ 我们希望每一位高层管理人员都尽可能地多与顾客接触;
⑥ 我们确保决策点就在与顾客接触的现场;
⑦ 我们将为我们的员工创造一个能使他们的个人、事业目标均得以实现的环境;
⑧ 客人的满意是我们事业的动力。

与航空公司联合促销是香格里拉酒店互惠合作的手段之一。香格里拉与众多的航空公司推出"频繁飞行旅行者计划"。入住香格里拉酒店时,客人只要出示"频繁飞行旅行者计划"的会员证和支付门市价,就可得到众多公司给予的免费公里数或累计点数,如每晚住宿便可得到德国汉莎航空公司提供的500英里的优惠,美国西北航空公司、联合航空公司500英里的优惠。其他航空公司有加拿大航空公司,新加坡航空公司,瑞士航空公司,澳大利亚航空公司,马来西亚航空公司,泰国航空公司等。另外,香格里拉还单独给予顾客一些额外的机会来领取奖金和优惠。

顾客服务与住房承诺方面,则体现了酒店在承诺、信任原则上的坚持。香格里拉饭店的回头客很多。饭店鼓励员工与客人交朋友,员工可以自由地同客人进行私人的交流。饭店建立了顾客服务中心,客人只需打一个电话就可解决所有的问题。与原来各件事要查询不同的部门不同,客人只需打一个电话到顾客服务中心,一切问题均可解决,饭店也因此能更好地掌握顾客信息,协调部门工作,及时满足顾客。在对待顾客投诉时,绝不说"不",全体员工达成共识,即"我们不必分清谁对谁错,只需分清什么是对什么是错"。让客人在心理上感觉他"赢"了,而我们在事实上做对了,这是最圆满的结局。每个员工时刻提醒自己多为客人着想,不仅在服务的具体功能上,而且在服务的心理效果上满足顾客。香格里拉饭店重视来自世界不同地区、不同国家客人的生活习惯和文化传统的差异,有针对性地提供不同的服务。如对日本客人提出"背对背"的服务:客房服务员必须等客人离开客房后再打扫整理客房,避免与客人直接碰面。饭店为客人设立个人档案并长期保存,作为为客人提供个性化服务的依据。

问题:
1. 香格里拉饭店的营销观念是什么?
2. 香格里拉饭店在顾客满意方面采取了哪些措施?你有什么启示?

五、职业技能训练

就某一产品进行顾客调查,分析顾客总价值与顾客总成本,并进行顾客让渡价值分析。

项目九　网络时代营销新方式

知识目标：理解互联网时代下自媒体营销、移动营销和数据营销等营销方式的基本概念、内涵。

技能目标：能够结合实际营销工作分析评价不同的互联网营销手段的优、缺点，并给予好的建议。

基本素养目标：树立互联网营销意识，增强营销综合分析评价技能；培养执行力和团队协作力。

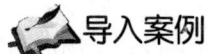导入案例

新媒体营销应用实例——小米公司

小米公司成立于2010年4月，是一家专注于智能手机自主研发的移动互联网公司，定位于高性能发烧手机。小米的LOGO是一个"MI"形，即Mobile Internet的缩写。小米公司坚持"为发烧而生"的设计理念。小米公司从2010年成立至今，保持了令人惊讶的增长速度，2012年全年售出手机719万台，2013年售出手机1870万台，2014年售出手机达到了6 112万台，成为国产手机中知名的手机厂商。

作为在互联网空间成长起来的创业公司，小米公司是一个全新的品类。起初，因资金有限，没有做广告投放，只能主动联系新媒体。2012年4月6日，小米公司在北京798艺术区的D-Park举办了第一届米粉节，创造了6分多钟销售完10万台手机的世界纪录。2015年的米粉节上，更是售出了212万台手机，总支付金额超过20亿元。这之中微博、微信等新媒体的营销推广起到了重要的推动作用。正所谓"站在风口上，猪都可以飞起来"。在小米公司内部，社会化媒体被称为加速器，是其口碑传播动力系统的核心部件之一。为了让好口碑更快地向更广泛的用户传达，小米公司经常性地在论坛、微博、米聊上与用户进行深度互动，继MIUI的前50万用户在论坛发酵之后，50万~100万的用户则是通过以微博为主的社会化媒体培育出来的。小米公司通过微博加强了与用户之间的联系，为小米进行频繁而持久的粉丝营销创造了条件。

诚然，小米手机的热卖与其所强调的"为发烧而生"的理念，即创制研发高性价比的智能手机有关，但让数千万的用户转化为"米粉"，与其开展的新媒体营销密切相关。利用微博、微信与用户进行深度互动，向用户推送有关新产品和服务资讯，潜移默化地影响用户对产品的认识，加深他们对产品及公司的好感，拉近了与用户之间的联系。

营销启示：企业利用新媒体开展营销活动不仅简单方便，而且宣传推广的费用较低。利用新媒体发布企业营销活动及产品信息的成本几乎为零，这与企业在报纸、广播、电视传统媒体上动辄成千上万的广告费相比，极大地降低了企业的宣传推广费用。不仅如此，企业通过网络社交媒体，还可以低成本地进行舆论监控。

"互联网+"已呈现在我们面前,互联网不可否认地已经改变了我们的生活方式,为实现企业营销目标,以互联网为载体的网络营销已经为广大企业所接受和运用。网络改变的不仅仅是企业与目标顾客之间信息沟通交流的方式,同时还改变目标顾客实现消费的方式。本项目中,我们将简要介绍当今互联网时代下相对成熟的营销的新方式及手段的基本概念和内涵,主要包括自媒体营销、移动营销和数据营销等,这些方式赋予了营销传播手段新的内涵。

任务一 自媒体营销

一、自媒体营销的内涵

"自媒体"一词最早源于谢因·波曼与克里斯·威理斯,2003年7月,二人在美国新闻学会媒体中心发表的《自媒体:受众如何影响未来的新闻和信息》中首次对自媒体下了定义:"自媒体就是在数字科技强化并与全球知识体系相连之后,普通大众参与生产并提供与分享他们真实想法和自身新闻的传播途径。"

国内学者夏德元在其编写的《电子媒介人的崛起》中为自媒体下的定义得到了国内多数学者的认可,"自媒体就是私人化、平民化、自主化的传播个体提供信息生产、积累、共享、传播的独立空间,可以从事面向多数人的,内容兼具私密性和公开性,交互信息传播的传播方式总称"。自媒体的核心是普通公众对信息的自主提供和分享。

近年来,随着网络技术的快速发展,新兴的媒介技术层出不穷,从最初兴起的博客、论坛发展到微博、微信,再到今日移动互联网世界活跃的各类应用平台,如资讯类媒介今日头条、一点资讯,音频类媒介喜马拉雅、荔枝FM,以及花椒、映客等视频直播等,媒介技术不断推陈出新,受众的信息传播渠道也在不断地拓宽和走向多元化。

1. 自媒体营销的含义

从狭义上讲,自媒体营销是指利用互联网技术,以微信、微博、网络直播等新兴传播媒介为载体而开展的一系列营销活动,尤其以利用微信公众号、今日头条公众号、一点资讯公众号等资讯类媒介公众号为主进行营销。

广义而言,自媒体营销可泛指一切为个体提供的生产、共享、传播内容兼具私密性和公开性的营销方式,包括企业为推广产品或品牌发布的软文、图片、视频等内容。

2. 自媒体营销的特点

① 门槛低。企业利用自媒体进行营销的门槛较低。几乎任何人、任何企业都可以利用现有的网络社交平台开展产品推广和销售等营销活动,其平民化程度可见一斑。

② 传播快。企业依托新兴的自媒体平台开展营销,可以随时随地进行传播并得到在线反馈,突破了空间和时间的限制。尤其是对于拥有忠实用户的知名企业来说,更是可以通过粉丝效应,实现病毒式传播,快速地将信息传播出去。

③ 可信度低。自媒体的兴起极大地提高了用户对内容创作的积极性,但同时也削弱了传统媒体的把关作用。用户在自媒体平台上发布的各类信息难以辨别真伪,真实性更是饱受质疑,显著表现便是网络谣言的传播。近些年不断报出不法商户利用自媒体进行营销骗局的活动,这也为企业自媒体营销带来了一定的负面影响,使得企业在自媒体平台发布的活动信息可信度降低。

二、自媒体营销的主要方式

（一）微博营销

博客，英文名为Blog（或Blogger），中文名称为网络日志（也称网络日记）。如果从"客"的角度，是指在网络上出版、发表和张贴个人文章的人，或者是一种通常由个人管理、不定期张贴并更新文章的网站。一个典型的博客内容结合了文字、图像、其他博客或网站的链接及其他与主题相关的媒体。博客主人可以发帖，浏览者可以留言互动。博客是社会媒体网络的一部分，国内许多知名网站都建有自己的博客空间，对网络用户开放使用。

微博，即微型博客（Micro-Blog）的简称，也是博客的一种。它是一种通过关注机制分享简短实时信息的广播式的社交网络平台。微博是一个基于用户关系信息分享、传播以及获取的平台。用户可以通过WEB、WAP等各种客户端组建个人社区，以140字（包括标点符号）的文字更新信息，并实现即时分享。微博的关注机制分为可单向、可双向两种。微博作为一种分享和交流平台，其更注重时效性和随意性。微博更能表达出每时每刻的思想和最新动态，而博客则更偏重于梳理自己在一段时间内的所见、所闻、所感。

情境案例

故事营销——野兽派

"野兽派花店"这个名字已被很多文艺青年所熟悉。没有实体店，甚至没有淘宝店，仅凭微博上几张花卉礼盒的照片和140个字的文字介绍，从2016年12月月底开通微博到现在，野兽派花店已经吸引了超过18万粉丝，甚至连许多演艺界的明星都是它的常客。

为什么传统简单的花店生意会有如此新鲜的生命力？

答案是，他们卖的不仅仅是花。

2011年年末，顾客Y先生在野兽派花店订花，希望能表现出莫奈的名作《睡莲》的意境，可是当时并没有合适的花材进行创作。几个月过后，店主兼花艺师Amber想起日本直岛的地中美术馆，从中获得灵感，做成了后来野兽派花店的镇店作品之一——"莫奈花园"。

与其他花店不同的是，野兽派花店倾听客人的故事，然后将故事转化成花束，每束花因为被赋予了丰满的故事而耐人寻味。这其中，有幸福的人儿祝自己结婚周年快乐的、有求婚的、有祝父母健康的、有纠结于暗恋自己的男同事的……在日复一日的寻常生活中，阅读140字的离奇情节，也成为粉丝们的一种调节剂。

野兽派花店所选用的花束绝不是市场上常见的，这些进口花卉品种经过精心雕饰之后，针对不同的人群以及送花与收花人的心境起上颇有文艺范儿的名字，包装完成的花束，只在微博上出售，顾客也都是花店的粉丝，在微博上通过私信下订单，客服通过私信回答顾客的问题最终达成交易。

和传统的花店相比，野兽派花店绝对算得上花店中的奢侈品品牌。从野兽派出品的花卉礼盒少则三四百元，多则近千元，然而即使是如此高的价格，仍然有众多顾客追捧。

1. 微博营销的含义

2007年，受Twitter在海外如火如荼的发展影响，我国出现了微博网站，大陆第一个提供类似于Twitter服务的社交网站是成立于2007年5月的饭否网。随后，又出现了一批以Twitter为模板的微博网站，如做啥、叽歪、嘀咕、同学网、腾讯滔滔、9911等。2009年8月，门户网站新浪涉足微博领域。随着新浪微博的迅猛发展，搜狐、网易、腾讯等门户网站相继推出了微博服务。从此，微博成为四大门户网站的标配服务，除了门户网站之外，人民网、凤凰网、天涯社区也纷纷推出各自的微博平台。随着国内微博网站数量的增长，以新浪微博为代表的各大微博网站显示出了强大的信息发布和传播功能，成了互联网信息的集散地。微博也为草根网民搭建了信息流通的平台，让普通百姓拥有了参与讨论社会公共事件的机会。2012年12月后，新浪微博推出企业服务商平台，为企业在微博上进行营销提供一定帮助。

微博营销是指通过微博平台为商家、个人等创造价值而执行的一种营销方式，也是指商家或个人以微博作为营销平台，发现并满足用户的各类需求的商业行为方式。每一个听众(粉丝，Fans)都是潜在的营销对象，企业利用更新自己的微博向网友传播企业信息、产品信息，树立良好的企业形象和产品形象。每天更新的内容可以跟大家交流互动，或者发布大家感兴趣的话题，这样来达到营销的目的。这样的方式就是互联网推出的微博营销。

2. 微博营销的优势

企业开展微博营销活动有着巨大的优势，发布一条微博的成本几乎是零，却可以快速地将企业及产品的相关信息传达给消费者。同时，企业还可通过微博直接与粉丝及潜在用户进行互动，从而拉近了企业与用户之间的距离。概括起来，企业开展微博营销的优势有以下几点：

(1) 形式多样化

企业微博营销的形式多种多样，主要表现在微博发布的内容和发布形式两个方面。

① 从内容上看，企业可以将微博作为对外宣传的窗口，发布与公司有关的新闻活动、新品发布、促销活动等新闻消息。

② 从形式上看，微博营销的活动形式非常多，除了今日话题、互动问答、投票抽奖之外，还可借助微博平台的广告中心开通微博粉丝通、微任务、搜索推广等广告服务进行广告推广。

(2) 信息传播快

翻看近年来的网络热门事件，2014年夏季火热的"冰桶大挑战"，2016年爆料的"和颐酒店女生遇袭""蓝瘦香菇"等热点消息无一不是最先通过微博发布的。用户只要满足上网和拥有计算机设备或智能终端的条件即可随时随地地即时将信息发布出去。

(3) 覆盖群体广

新浪微博的注册用户非常多，覆盖了不同职业、不同地区、不同阶层、不同民族。这里不仅有超聚人气的社会名人，还有报道新闻的大众媒体及发布公告的政府机构。当然，新浪微博的用户还是以个人用户居多，因而企业通过微博发布的消息覆盖范围更广。

(4) 宣传成本低

同传统的报纸、广播、电视等媒体广告相比，企业通过微博开展营销活动而支出的费用要低很多。发布一条普通微博的成本几乎为零，即便是借助"微博大V"或者粉丝通推广，其费用与动辄上千万甚至过亿的电视广告相比，成本也要更低一些。

3. 微博营销的价值

微博是社会化媒体中用户极其活跃的社交平台之一。它因内容短小、发送信息方便而彻底改变了媒体和信息传播的方式，同时，微博还可进行病毒式的传播。这些都使得微博具备极高的营销价值。

对于企业和个人来说,微博的营销价值可分为四点来实现,即品牌传播、客户关系管理、市场调查与产品开发推广以及危机公关。

(1) 微博是品牌传播的利器

微博可以帮助企业和个人进行品牌传播。通过在微博中发表与企业经营相关的内容,能与粉丝积极互动,通过微博来整合线上、线下渠道,以塑造和提升企业的品牌。例如,在微博上讲述企业品牌的故事,增添产品的无形价值,给用户带去美好的体验,激发美好的情感等。

(2) 微博是客户关系管理的绝佳助手

企业可通过微博进行对客户的挖掘、维护以及服务。现今,越来越多的互联网企业在用户线上购买、产品包装、物流、线上线下体验等各个环节中,特意引导用户通过微博晒单和评论分享,当然有些用户也会吐槽产品或服务,如果企业能根据用户反馈及时发现产品问题,便可以快速地采取相关应对措施,降低负面影响。

通过微博对自己的目标客户进行一对一沟通、交流、反馈,转化他们购买或追加购买商品,这也是很多商家推广的基本策略。在以客户为核心的商业模式中,客户关系管理强调时刻与用户保持和谐关系,不断地将企业的产品与服务信息及时传递给用户,同时全面、及时地收集顾客的反馈信息。

(3) 微博是市场调查与产品开发推广的创新工具

市场调查是企业开展营销不可缺少的环节。企业通过微博获取了一批目标受众粉丝后,可直接做引流销售,为企业带来直接的收益。例如,很多企业借助企业微博发布与自己产品相关的信息博文,内容中植入产品的购买链接,目标受众看到微博后,如果喜欢企业的产品便可直接购买。此外,有的企业还配合微博的营销工具——微博粉丝通、微博橱窗进行精准投放,为产品带来更多的曝光率,从而让更多的目标人群看到并产生购买行为。

(4) 微博是危机公关的理想选择

微博既是品牌推手,同时又可能成为扼杀品牌的快刀和利剑。从当今我国微博的发展现状来看,涉及知名企业产品质量、企业信用出现问题等公众事件,一般都会迅速登上微博的热门词汇、热门转发、热门评论排行榜。根据话题进行检索,企业可以迅速了解到对事件高度关注的群体,从话题中可以全面了解公众对此事件的评价和意见。由此企业能够迅速在微博上锁定危机公关的目标人群,了解危机发生的原因和经过,并据此迅速做出更有针对性的应对。快速、有效的微博危机公关,不仅能有效地将危机降到尽可能低的程度,甚至能将危机转化为重塑企业形象的一次机遇。

(二) 微信营销

微信的英文名为 WeChat,是腾讯公司于 2011 年 1 月 21 日推出的一个为智能终端(如手机、平板电脑等)提供即时通信服务的免费应用软件(Application,简称 App)。微信可以通过网络快速发送免费(需消耗少量网络流量)语音短信、视频、图片和文字;同时,也可以使用通过共享流媒体内容的资料和基于位置的社交插件"摇一摇""漂流瓶""朋友圈""公众平台""语音记事本"等服务插件;最新的微信软件还增加了红包、支付、打赏、群聊等功能。自从 2014 年年底微信用户量突破 5 亿以来,微信以每个季度新增 5 000 万用户的节奏稳步增长,至今已经超过 7 亿用户。微信已经不仅仅是一款应用,它已经渗入我们生活的方方面面。

> **情境案例**

微信直销草鸡蛋，线上交易线下送达

在办公室做了4年文员的尤某，2013年毅然辞职回到老家承包一片山地，养起草鸡。此前，尤某的姐姐一直从事草鸡蛋销售工作，通过农业合作社收养殖户的鸡蛋，再卖给消费者，但"二转手"不但增加了鸡蛋销售成本，而且没有稳定的蛋源供应，于是尤某和姐姐共同投资建起养殖场。一方面姐姐负责老渠道销售，另一方面尤某负责微信、微博直销的新渠道开发。

通过线上销售，尤某的账户"互粉"了很多好友，在线养殖场、饲养过程的展示吸引不少市民线上订购，尤某收到订单后，直接配送上门。目前，尤某已经积累了2 000多名稳定粉丝。

尤某的鸡蛋定价1.5元一个，线上交易9个月以来，先后卖了3万只草鸡蛋，实现了他最初预设给自己的目标。

1. 微信公众平台

微信公众平台简称公众号，主要是面向政府、媒体、企业等机构推出的合作推广业务。2013年，微信公众账号被分成订阅号和服务号，运营主体是组织（如政府、企业、媒体、公益组织等）的，可以申请服务号；运营主体是组织和个人的可以申请订阅号，但是个人不能申请服务号。

对于个人和企业而言，微信的用途并不相同（见表9-1）。个人开通微信叫微信个人号，个人微信可以和手机通讯录绑定，邀请朋友们用微信进行交流、联系，还可以通过朋友圈状态互动。

对于企业而言，微信平台（服务号）可以发布产品或服务信息，与消费者互动；对于政府、媒体而言，可以服务百姓、淡化矛盾、稳定社会，比如，自然灾害提前预警、公布办事指南、在线释疑解答等。

表9-1 个人微信号与公众号的比较

	个人微信号	微信公众平台
使用方式	以手机端为主	以PC端为主
功能	加好友、发消息、朋友圈状态以及一些个人相关的城市服务	提供智能回复和图文回复等其他功能，图文编辑后能让传送的信息更丰富
用户导入	个人微信注册成功后，可以自动导入手机通信录	公众微信注册建成后，拥有的是一个微信号和一个二维码，必须通过推广才能吸引到一定数量的用户
圈子定位	熟人圈子，基本是你认识的人	用户或者粉丝圈子
推广方式	大部分是通过朋友介绍或者面对面交流关注的	需要利用手里的资源进行推广，包括线上和线下的

2. 微信营销的含义

微信营销是一种基于用户群体与微信平台的全新的网络营销方式。它是通过微信软件与微信用户搭建一个类似"朋友"的关系链，并在该社交关系中借助移动互联网特有的功能而制造全新的营销方式，如"漂流瓶"营销、公众平台营销等，来达到传播产品信息、传达品牌理念，从而实现促进产品销售、强化企业品牌的营销目的。

3. 微信营销的特点

微信营销是由于微信的兴起而出现的一种全新的营销方式,因而微信营销也无可厚非地带有微信应用的特色和表现形式,主要有以下特点:

(1) 创建稳定的客户群

在移动互联网时代,互动是营销的必要手段,只有和客户建立起关系,了解客户的心声,营销之路才能走得长远。微信能够真正实现与客户一对一沟通且私密性较强,而且微信的用户一定是真实的、私密的、有价值的,营销者若是能合理运用这一沟通,就可以创建稳固的客户群。

(2) 信息投放精准

微信拥有庞大的用户群,借助移动终端、天然的社交和位置定位等优势可以直接将信息推送到用户面前,让每个个体都有机会接收到信息,曝光率与投放率几乎是100%,帮助商家实现点对点精准化营销。这一点是微博无法比拟的。

(3) 开启多元化销售渠道

与传统营销模式强行向用户推送广告不同,微信则避免了这一缺陷,因为微信公众号是不能主动添加用户的,用户选择的通常就是自己需要的,这就为公共账号开启了一条畅通的销售渠道。营销者可以根据用户的需求不断完善,从而开启多元化的营销模式。

(4) 形式灵活多样

微信功能多样,营销者可以利用"用户签名档"这个免费的广告位为自己做宣传,附近的微信用户就能看到商家的信息。最常见的功能之一是用户通过扫描识别二维码来添加朋友、关注企业账号,企业可以设定自己品牌的二维码,用折扣和优惠来吸引用户关注,开拓O2O的营销模式。微信功能还包括朋友圈、微信支付、开放平台、公众平台等模式。

(5) 低投入、高收益

广告是营销过程中不可或缺的一环,其费用往往也是一笔不小的开支。在微信上,我们可以将这些广告精准地投放到用户的手机上,用最少的投入实现最高的广告曝光率。不仅如此,微信功能降低了技术要求,大众也可以轻松实现低投入和高收益。

(三) 直播营销

1. 直播营销的含义

直播营销是指借助互联网,采用在现场随着事件的发生、发展进程同时制作和播出节目的播出方式。该营销活动以直播平台为载体,达到企业获得品牌的提升或是销量的增长的目的。

广义的直播营销,指的是企业以直播平台为载体进行营销活动,达到品牌提升或销量增长的目的。以往的直播营销以电视和广播为主,消费者通过看电视、听广播获取产品信息,再通过电话下单,产品通过邮寄送货上门。从2015年起,互联网直播营销进入发展期,并慢慢发展起来,截至2017年年底,直播平台超过500家,用户超4亿人。直播营销终端不再以固定终端(如台式电脑、电视等)为主,逐步转移到互联网移动端,如平板电脑、手机等。与传统媒体平台(如电视、广播等)的直播营销相比,互联网直播营销有以下三个显著的优势:

① 用户参与门槛大大降低。网络直播不再受制于固定的电视台或广播电台,用户注册、审批的条件大大降低;直播人员无须受过专业训练,都可以在网上进行直播。

② 直播内容呈现多样化趋势。有形的产品、无形的服务可以直播;户外旅游、网络游戏、营养美食、美容美颜等都可以直播。

③ 直播收益的来源多样化。直播产品可以带来产品销量增加,可以产生效益;为产品直播使用方法、交流使用心得、提升客户满意度,服务类直播可以间接产生经济效益。有些直播是迎合消费者的关注,在直播过程中,将产品作为直播道具,也能达到产品销售目的。

情境案例

2017年4月,美宝莲在纽约举行新品发布会,除了在淘宝的微淘上对其新代言人进行现场直播,同时还邀请50位网红开启化妆间直播,直击后台化妆师为模特化妆的全过程。当天该活动使美宝莲整体无线访客比前一天增长了50.52%,而配合互动,销售转化也成果斐然,仅仅直播当天,就实现了10 607支的销量,刷新了天猫彩妆唇部彩妆类目下的纪录。

2. 直播营销的优点

直播营销是一种营销形式上的重要创新,也是非常能体现出互联网视频特色的板块。对于企业而言,直播营销有着极大的优势。

① 更快捷的营销覆盖。在某种意义上,在当下的语境中直播营销就是一场事件营销。除了本身的广告效应,直播内容的新闻效应往往更明显,引爆性也更强。一个事件或者一个话题,相对而言,可以更轻松地进行传播和引起关注。

② 更加精准的营销定位。在观看直播视频时,用户需要在一个特定的时间共同进入播放页面,但这其实是与互联网视频所倡扬的"随时随地性"背道而驰。但是,这种播出时间上的限制,也能够真正识别出并抓住这批具有忠诚度的精准目标人群。

③ 更加方便的营销互动。相较于传统电视,互联网视频的一大优势就是能够满足用户更为多元的需求。不仅仅是单向的观看,还能一起发弹幕、留言进行互动,喜欢谁就直接献花打赏,甚至还能动用民意的力量改变节目进程。这种互动的真实性和立体性,也只有在直播的时候能够完全展现。

④ 更加深入的营销共鸣。在这个碎片化的时代里,在这个去中心化的语境下,人们在日常生活中的交集越来越少,尤其是情感层面的交流越来越浅。直播,这种带有仪式感的内容播出形式,能让一批具有相同志趣的人聚集在一起,聚焦在共同的爱好上,情绪相互感染,达成情感气氛上的高位时刻。如果品牌能在这种氛围下做到恰到好处的推波助澜,其营销效果一定也是四两拨千斤的。

3. 直播营销的发展历程

网络直播行业的演进过程划分为四个阶段。

第一阶段,称为图文直播阶段。拨号上网与宽带上网刚刚兴起的时候,网速较慢,网民上网以看新闻、逛论坛为主。因此,在缺少视频的情况下,这一时期以图片、文字的形式描述即时比赛或新闻现场报道,网民通过论坛追贴、即时聊天工具分享等形式了解事件的最新进展。

第二阶段,称为秀场直播阶段。随着网速的提升,视频直播开始出现。秀场直播从2005年开始在国内兴起,是公众展示自己能力的互联网空间。

第三阶段是游戏直播阶段。这个阶段以英雄联盟、DOTA等游戏为代表,形成了一种多人同时在线竞技的游戏模式,因此产生了社交需求,学习、提升游戏水平/提高段位的需求,观赏、娱乐、游戏视频本身内容的可观赏性等因素催促了游戏直播平台的诞生。

第四阶段是移动直播阶段。随着智能手机不断升级,移动互联网逐步提速降费,网民进入全民移动直播时代,与之对应的是大批移动直播网站的火爆。2016年,网络直播市场迎来真正的爆发期,直播内容覆盖生活的方方面面,包括聊天、购物、游戏、旅游等。其中具有代表性的平台有花椒直播、映客直播、一直播等。

4. 主流直播平台

现阶段在线直播类软件已成为软件市场最火爆的类目之一。根据平台主打内容进行划分,直播平台可以分为综合类、游戏类、秀场类、商务类、教育类等(见表9-2)。实际上绝大多数平台并非单一属性,会出现"既有游戏直播,又有教育直播,还有秀场直播"的多维度定位。

表9-2 直播平台的分类

综合类	游戏类	秀场类	商务类	教育类
一直播	熊猫TV	六间房	脉脉直播	网易云课堂
映客直播	斗鱼	YY直播	微吼直播	沪江CCtalk
花椒直播	虎牙	新浪秀场	京东直播	千聊
QQ空间	龙珠	腾讯视频	天猫直播	荔枝微课
……	……	……	……	……

(四)软文营销

情境案例

中国传统相声中有个绝活,叫抖包袱,就是把最关键词的一个点先说出来,然后层层铺垫,慢慢解开,越解开越有料,越吸引人。这点同样适用于软文创造过程中,这种形式的软文称为悬念式。悬念式软文设下的提问必须要有吸引力,否则将不能引发读者的关注。

脑白金早期的宣传软文中,传播效果第二名的软文就是采用悬念式形式创作的,名叫《南京睡得香,沈阳咋办?》,也有叫《美国睡得香,中国咋办?》,从标题中我们就想知道美国为什么睡得香,中国又将会怎么办,在软文一开头,作者并没有直接解释美国睡得香,而是欲扬先抑,先说以"1995年开始,美国人疯了,1996年开始,日本人疯了!"他们疯了的原因是抢购一种叫脑白金的产品,进而解释脑白金可以有助于睡眠,同时表达了美国人睡眠有保障了,中国这么多失眠患者怎么办的担忧,引导有失眠症状的读者对产品的关注。

1. 软文营销的含义

软文营销是以营销或者公关为目的,通过系列软文的策划、撰写、传播达成最终目标的系统性营销行为。

随着互联网的兴起,软文营销正在以更新的形式、更广泛的渠道传播。比如,微信海报形式、微信朋友圈小段子、微信公众号文章、第三方自媒体文章等。

2. 国内软文营销现状

目前在国内外从事软文营销相关业务的人群主要有以下几类:传统的广告公司、公关公司、网站、个人工作室、写手个人、记者个人以及一些威客平台的威客们。软文营销目前表现出以下几个特点:

(1)行业鱼龙混杂

由于软文撰写和发布的进入门槛较低,各种软文营销行业网站如雨后春笋般快速发展,因此鱼龙混杂的现象普遍存在,同时部分软文从业者缺乏市场的销售经验和法律意识,违背道德和违法的事情屡屡出现。

(2) 欺骗消费者

许多软文营销者为了利益而忽略了软文本身的真实性,一般只要符合企业的宣传目的,各种软文都被发布在网络中。因此出现了许多为了谋利益而产生的带有欺骗性的虚假软文,部分消费者无法进行有效辨别因此而遭受损失。

(3) 中小微企业软文营销开展的总体水平不高

中小微企业对软文营销的重视程度不够,一些中小微企业只是偶尔尝试一两篇软文,并没有上升到系统的营销层面。

3. 软文营销的优势

软文营销相对于其他推广方式来讲,具有以下几个方面的优势:

(1) 成本较低,承载信息量大,性价比更高

众所周知,对于很多中小企业而言,普通的广告投入费用很高,而且所能承载的信息量十分有限,尤其是纸张媒体上的图片广告,受版面和字数限制,无法将广告信息完整地表达清楚。而软文广告投入费用低,除了需要付费的主流平面媒体和网络媒体之外,同时还有很多免费的平台。如果调研、策划、创意、撰写都到位,很有可能用免费的方式获得硬广付费都达不到的效果,同时,软文广告所能承载的信息量大,同样的投入往往会有着更好的效果,相比于传统广告其性价比会高出很多。

(2) 用户更容易接受,实现二次或多次传播

现在广告信息太多太杂,相比于硬性推销的广告,用户更加愿意自己去寻找自己所需要的信息。所以软文不似硬性广告那样会遭到用户抵触,能让用户更容易去接受。

大家思考一下,当你在微信朋友圈看到特别好的内容或者对你有价值的东西,你是否会收藏?是否会主动转发出去?图 9-1 为新浪页面截图,标题下面的小图标可以分别分享到微博、微信和 QQ 空间等媒介。

图 9-1　微博、微信的分享传播

(3) 受众人群更精准

软文营销是持续性的营销手段,相对来讲针对性更强,从标题、内容上都可以精准地针对受众,特别是网络软文,以关键词形式通过百度检索和手机搜素来呈现,受众相对明确,效果更好。

(4) 操作更灵活

操作灵活、过程可控。软文可以不限篇幅,可以插入图片、超链接,还可以设置百度检索的关键词,更加自由。

4. 软文营销的缺点

(1) 首页更新快,难以保持优势排位

虽然软文大多能够在百度搜索新闻栏目里排到首页,不过这个首页的更新速度也是非常快的,如果每天都有大量的软文发布,那么所发布的软文也可能很快地从首页被压到后面去,进入第二页甚至第三页。

(2) 软文营销费用逐年递增

随着软文营销的兴起,软文营销的费用也在逐年增加。越是权威的媒体,其发布费用就越高,部分媒体审核稿件的条件也越来越苛刻。

新媒体渠道方面,使用第三方自媒体大号发布,费用也在增加。企业自己培养自媒体周期长,组建专业团队困难重重。大多中小微企业没有实力独立开发,只能使用模板,受到很多限制。此外,传统媒体、网络媒体、新媒体的整合传播都需要时间和实践来积累经验。

(3) 软文写作瓶颈难以突破

软文写作的瓶颈一直没有被突破,目前国内的专业软文写手的能力普遍不够,高水平的软文写手依然是凤毛麟角。在软文营销过程中,最重要的媒体就是软文,水平普通的软文即使在传播渠道上花了费用,所产生的传播效应和市场结果也不一定理想。

任务二　移动营销

无论是传统企业还是互联网企业,无论是纸媒时代还是移动互联网时代,企业的运作都离不开营销。而移动互联网技术和移动通信技术的发展开创了一个崭新的移动互联网时代,移动营销也应运而生。对于企业而言,移动互联网时代的最大特征在于用户信息的可查询性,企业基于大数据能够精准查询用户的消费信息,预测用户的消费行为,最终形成企业与用户之间的精准对接。这就是移动营销为广大企业描述的蓝图。

一、移动营销的含义

移动相对于固定。传统的营销媒介相对是固定的,也就是不跟随消费者的移动而移动。比如,电视、广告牌、收音机、报纸(出版后的报纸内容不会变化)等。

移动营销,指依托于移动互联网进行的,在移动终端呈现给用户的,以各种移动媒体形式发布产品、活动或服务的促销或品牌信息的营销方式。它通过与用户的信息互动达到市场营销的目标。

移动营销在早期又被称为手机互动营销或无线营销,其实质是利用移动终端获取云端营销的内容,实现把个性化即时信息精准有效地传递给用户,达到一对一的互动营销目的。

二、移动营销的优势

1. 不受时空限制的移动性

与传统的互联网营销相比,移动营销的一个最大优势就是移动用户可随时随地获取所需的服务信息和娱乐信息。对消费者而言,获取即时、最新的信息对营销决策起的作用最大。

2. 营销的高精准性

在移动互联网时代,企业可以利用大数据技术手段准确地对移动用户的行为进行分析,并且基于 LBS 地理位置进行精准定位推送营销,也就是在合适的时间、地点做合适的事。

3. 信息的获取更为及时

移动电子商务可实现信息被随时随地访问,这本身就意味着信息获取的及时性。需要强调的是,与传统的电子商务相比,移动电子商务的用户终端更具有专用性。

4. 提供基于位置的服务

移动互联网能获取和提供移动终端的位置信息,与位置相关的商务应用成为移动电子商务领域中的一个重要组成部分,如 GPS 卫星定位服务、LBS 定位服务等。

5. 支付更加方便快捷

在移动互联网中,用户可以通过移动终端访问网站、从事商务活动。

三、移动营销的种类

由于移动营销主要依托于移动终端,而使用频率最高的移动终端就是手机。截至 2018 年 6 月,我国智能手机上网用户超过 7.88 亿(CNNIC 数据)。

通过手机的移动营销主要有 App 营销、二维码营销。

(一) App 营销

> **情境案例**

星巴克手机 App "闹钟"

起床没有动力,总是赖床误事。如果你是星巴克粉丝,相信它新推出的"Early Bird"App 能有效治愈你的"起床气"。具有无谓创新意识的星巴克在最近推出了一款别具匠心的 App 闹铃,用户在设定的起床时间闹钟响起后,只需按提示点击起床按钮,就可得到一颗星,如果能够在一小时内走进任一星巴克店里,就能买到一杯打折咖啡。对于赖床的星巴克族,一杯香浓的打折咖啡是不是也足够"诱惑"你开启完美的一天呢?

实际上,可千万不要小看这款 App,对于星巴克来说,它可担当着品牌推广与产品营销的双重重任。清晨的一杯折扣咖啡,反映的正是星巴克多年来积极与用户建立对话渠道的缩影,以提醒他们从睁开眼睛的那刻便与这个品牌发生关联,同时还兼具了促销的功能。

这款在用户眼中不仅好玩,而且实用的 App 是星巴克众多营销案例中的经典之作,不露丝丝广告痕迹,却将品牌愿望深深地植入用户心间。量身定做一款具有品牌个性的 App 几乎是当下所有广告主接入移动营销的共同选择,但对于这款 App 究竟应该呈现何种效果,广告主往往难以恰当把握,以至于 App "承重"太多,落得个"四不像"的呈现效果,在推广过程中更因个性缺失举步维艰。星巴克用它的经验告诉我们,定制 App 营销,成功的核心在于 App 的互动实用值,只要把住了用户关注的一个"点"并将其充分放大,就能赢得 3.0 时代最重要的营销财富——口碑,在拓展潜在客户群的基础上,让品牌青春永驻。

App 软件开发公司总结:企业在高人气、娱乐性强的 App 中合理植入广告品牌信息,借助 App 的人气及流量,根据自身的品牌定位和产品的属性,定制新的 App 应用,这样使得广告主、App 应用开发者和用户达到共赢,同时也有助于品牌与消费者建立良好的互动关系,使企业获得更有效的客户群。(资料来源:https://www.apicloud.com/blogDetails/393)

1. App 营销的含义

App 是英文 Application 的简称,是指智能手机的第三方应用程序。目前,比较著名的 App 商店有 Apple 的 iTunes 商店、Android 的 Android Market、BlackBerry 的 Blackberry App World 及微软的应用商城。

App 营销是通过特制手机、社区、SNS 等平台上运行的应用程序来开展营销活动。随着智能设备和通信技术的进一步发展,App 也逐渐成为企业进行产品营销的新形式。企业 App 就是用来专门帮助企业利用智能手机等智能设备开展营销、宣传等的第三方应用程序。

2. App 营销的特点

(1) 成本低廉

App 营销的费用相对于传统的电视、报纸、广播,甚至是网络而言都要低很多,只要开发一个适合于本品牌的应用就可以了,可能还会有一点的推广费用,但这种营销模式的效果是电视、报纸和网络所不能代替的。

(2) 极具个性

在个性化标签时代,人们总是希望能够拥有一款为自己独家设计的 App,以满足自己的个性化需求。App 营销在个性化方面具有很大的优势。App 种类繁多,企业可以根据目标群体的特征和使用习惯设计专属于该群体的 App 呈现形式和内容,使用户获得更富有服务体验的营销信息,真正做到根据用户需求改变服务方式和内容的定制式营销。

(3) 随时服务,网上订购

随着移动互联网的高速发展及智能终端设备的普及,人类的生产和生活方式也在悄然发生着改变。App 营销具有网络媒体的一切特征,能够随时随地接收信息、分享信息,企业更是将自己的产品和服务搬到了网上售卖,全天 24 小时向顾客提供服务。消费者则通过手机中的 App 轻松自如地查看商品,进而通过应用平台付款下单。如滴滴打车、美团外卖、手机淘宝等各类应用服务更是逐渐渗透到越来越多的现代人生活中。

(4) 全面展示信息

在传统的市场营销活动中,企业所表达的信息极大地受制于大众媒体的广告版面和播出时段,不能对产品进行全面、立体的介绍和展示。而在 App 应用中,企业可以将自己举办的促销活动、新品发布等相关活动信息详细、全面地推送给用户,让用户在没有购买产品之前就已经感受到产品的魅力,通过对产品信息的了解,刺激用户的购买欲望,同时提高企业的服务水平和市场知名度。

(5) 互动性强

传统大众媒体的传播属于单向性传播,受众作为信息接收者,只能被动接受传媒信息,受众反馈渠道较弱。而用户通过 App 则可以改变这种局面。App 营销的效果是电视、报纸和网络营销所不能代替的。App作为连接企业和用户的纽带,能及时将企业和用户之间的信息沟通渠道打通。一方面,用户可以随时随地获取企业信息;另一方面,企业可以及时获得用户的使用反馈情况,快速调整和优化企业的产品和服务。例如,它将时下最受年轻人欢迎的手机位置化"签到"与App互动小游戏相结合,融入营销活动。消费者接受"签到玩游戏 创饮新流行"任务后,通过手机在活动现场和户外广告投放地点签到,就可获得相应的勋章,并赢得抽奖机会。

(6) 增加用户黏性

App本身具有很强的实用价值,用户通过应用程序可以让手机成为一个生活、学习、工作上的好帮手,是手机的必备功能,每一款手机都或多或少有一些应用。App营销的黏性在于一旦用户将应用下载到手机,应用中的各类任务和趣味性的竞猜会吸引用户,形成用户黏性。

(二) 二维码营销

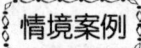情境案例

星巴克简化与顾客互动

星巴克等商店利用二维码简化与顾客互动的方式。顾客不用再大排长龙等待付款,而只需把预付费卡和手机应用绑定,就可以更快捷地完成支付,还能更多地了解产品和商店的信息。

二维码又称二维条码,最早发明于日本,它是用某种特定的几何图形按一定规律在平面(二维方向)上分布的黑白相间的图形来记录数据符号信息。随着智能手机的普及和移动互联网应用的飞速发展,二维码已变成普通媒体与互联网媒体交互的最佳桥梁,一个网址、一张名片、一串优惠码、一段新闻等信息都可以用二维码来记录。二维码凭借其独特的特点成为互联网时代最好的商用载体,是大、中、小企业热捧的营销手段。

二维码营销蓬勃发展,无所不在,无论是名片、纸袋、报纸,还是杂志、产品、广告,甚至是传单、海报、手册、服装,都可以看到二维码的踪影。二维码的特点是方便简单,不论图片、视频还是文件都可以通过二维码生成器生成,而客户想要获取这些信息只要轻轻地扫描就能实现,加上目前微信用户巨大,微信公众平台、微商城、微店也在迅速发展,用户扫描后直接成为商家的粉丝,商家对用户的广告推送也变成永久性的,这些优势都是其他营销方式所不能达到的。

二维码营销的优势主要有以下四点:

① 运营成本低,效果好。二维码营销相比于传统广告、传单广告等,在成本上有着绝对的优势。

② 创意广告,可实现精准营销。二维码营销属于比较新型的营销方法,容易被消费者所接受,而且有意愿进行扫描的人群都是对商家营销内容比较感兴趣的,这样可以实现精准的投放。现在,二维码已经不仅仅是黑白色块了,里面也会加入很多创意元素,用这些创意元素吸引用户并增强用户的关注度。

③ 跨越线上、线下空间的立体营销。二维码的扫描能够立刻将用户带到线上,而通过流量转化,其中一批人就会变成线下的消费者。

④ 能够与传统的广告、企业活动宣传完美结合。现在很多广告或电视节目都会结合二维码来吸引客户进行扫描。在举办企业活动时,也可以将印有二维码的广告展示在明显的地方,这样二维码就与传统的广告、企业活动完美结合起来了。

图 9-2　创意二维码营销

任务三　数据营销

情境案例

为了能够在移动电子商务的发展浪潮中抢占先机,全球最大的零售商沃尔玛已经决定自主研发搜索引擎,实时掌握消费者的消费趋势和动向,满足消费者的各种需求,实现企业的利润。

沃尔玛为其官方网站 Walmart.com 自行设计了最新的搜索引擎 Polaris,引擎利用语义数据进行文本分析、机器学习和同义词挖掘等。其中语义搜索技术的运用使得网站在线购物的转化率提升了 10%～15%。对沃尔玛来说,这就意味着数十亿美元的收入。

不同于其他的搜索引擎,Polaris 有着自己的独特之处。例如,在 Polaris 上输入商品关键词"婴儿推车",搜索结果不仅仅只出现带有"推车"字眼的产品,而且会出现一些相关的提示和建议,以及和"婴儿推车"相关的商品,包括婴儿浴巾、爽肤粉、奶瓶等婴儿用品。

而沃尔玛开发团队一直在忙于收集点击 Polaris 搜索引擎的客户信息,以便于更好地满足客户的需要,进而让顾客能够找到自己想要的产品,进行下单购买。Polaris 的开发团队会根据客户的搜索高频词,进一步追踪他们的最后点击结果,然后把这些结果的排名提到前面去,以方便用户下次搜索。

沃尔玛正逐步完善自己的购物搜索引擎 Polaris,而且在不断提升 Polaris 的用户体验,并且打算在未来几个月在巴西推出 Polaris。

数据营销(database marketing service,DMS)也称大数据分析营销,是在 IT 技术、互联网技术和数据库技术的基础上逐渐发展起来的一种市场营销推广手段。数据营销不仅仅是一种营销方法、工具、技术和平台,更是一种企业经营理念,也改变了传统的营销模式和服务模式。从本质上来讲,数据营销改变了企业的基本价值观。

数据营销通过收集和积累消费者的大量信息,经过数据处理后,能够大致预测出消费者再次消费的时间、消费的商品类目以及消费的金额,并且利用这些预测信息对产品进行精准的定位,有针对性地向消费者推销商品。通过数据库的建立,各个部门都对客服的资料有了详细、全面的了解,可以为客户提供个性化的服务支持和营销战略设计。

数据营销的流程见图9-3。

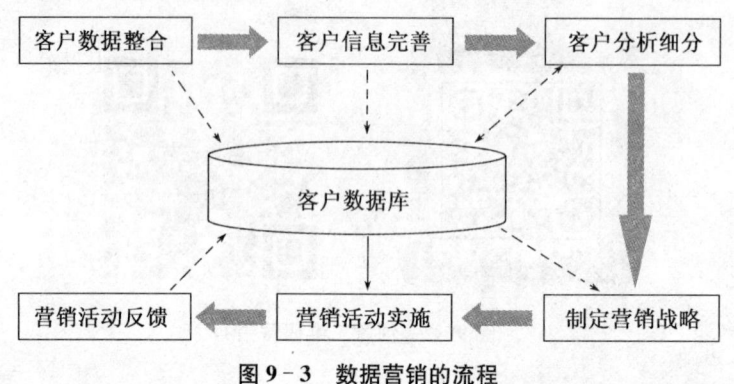

图9-3 数据营销的流程

随着数字生活的普及,全球的信息总量呈爆炸式增长。基于这样的发展趋势,数据营销这一全新的营销模式逐步颠覆了传统的营销模式,并且正引领着新一轮的互联网变革风潮。

一、数据营销的优势

1. 实施个性化和差异化营销

数据营销可以分析消费者的购买明细、习惯、周期,做到用户细分,实施一对一的营销,让营销工作做到有的放矢;并可以根据实时性的效果反馈,及时调整营销策略。

2. 把握快速变化的市场节奏

在互联网时代,技术发展、产品迭代、用户需求都可能在较短的时间内发生变化,从市场收集一手数据,可以准确把握市场变化,及时调整营销策略,提高营销的效率和效果。

3. 数据分析可以为企业决策服务

数据可以对用户的各种信息进行多维度的关联分析,从大量数据中发现数据之间的相关联系,可以帮助企业从用户的一种商品消费习惯来总结整个市场的发展趋势,为企业的决策服务。

二、数据营销的方式

1. 数据收集与整理

市场获取的数据一般是碎片化数据,必须将这些孤立错位的数据库打通、互联、交换和共享,并且实现技术共享,才能最大化大数据价值,实现精准数据营销。通常的做法是借助某个数据平台,将这些数据进行规范化,并输入平台数据库中,便于后续的深入挖掘分析,实现以用户为中心的数据有效汇聚,提升用户数据价值,实现用户交互的精准识别和多渠道数据汇集,为用户提供更加准确的服务和营销策略。

2. 建立系统化的数据可视化关联分析系统

通过三维表现技术来展示复杂的大数据分析结果,支持多种异构数据源接入,除了互联网与运营商本身的海量数据外,还可以支持第三方接口数据、文本文件数据、传统数据库(如 Oracle、SqlServer、MySQL 等)数据、网页数据等数据源;支持数据可视化分析、数据挖掘运算法、预测性分析、语义引擎、高质量的数据管理等。借助人脑的视觉思维能力,通过挖掘数据之间重要的关联关系将若干关联性的可视化数据进行汇总处理,揭示出大量数据中隐含的规律和发展趋势,进一步提高大数据对精准营销的预测支撑能力。

3. 数据交换平台与 CRM 系统共享数据

以前的 CRM 系统只能促使分析报告回答"发生了什么事",现在让 CRM 系统结合大数据平台,可以被用来回答"为什么会发生这种事",而且一些关联数据库还可以预言"将要发生什么事",从而能判断"用户想要什么事发生"。对用户的需求进行细分,促使营销服务做到精准分析、精准筛选、精准投递等要求。

4. 利用社交工具实现精确营销和用户维系

利用关联分析等相关技术对用户社交信息进行分析,通过挖掘用户的社交关系、所在群体来提高用户的保有率,实现交叉销售和向上销售;基于社会影响和社交变化对目标用户进行细分,营销人员可识别社交网络中的"头羊"、跟随者以及其他成员,通过定义基于角色的变量,识别目标用户群中最有挖掘潜力的用户。

5. 对用户市场进行细分

根据用户的消费习惯、需求、行为规律等进行分析研究,然后据此进行市场细分。这就要求企业必须收集客户的显性和隐性方面的信息数据,利用大数据分析挖掘工具深入分析,绘制完整的用户视图,然后进行深层次的挖掘分析,定位目标市场,才能为运营商精准化营销提供依据。

6. 根据大数据挖掘分析的用户需求信息,进行产品或服务的量身定做

通过大数据精准营销缩短运营商与用户的沟通距离,实现一对一的精准化、个性化营销。随着移动互联网、大数据等技术的进步,运营商和用户的交流沟通更加个性化、虚拟化、网络化,沟通技巧也变得更加柔和,大数据精准化营销使得沟通变为直线最短距离,加强了沟通的效果。营销方式从海量业务广播式推送,过渡到以用户体验为中心的一对一业务精准实施。一对一精准营销面向用户在某一刻以适合的价格推送最需要的业务。围绕用户、业务场景、触点、营销推送内容、营销活动等,基于跨渠道触发式的营销,运营商在注重用户体验的同时达到最佳的营销效果,并且可对营销过程进行全程跟踪,从而不断优化营销策略。

7. 以客户为导向重组市场营销流程,对市场营销全过程实施跟踪监管

传统的市场营销流程主要是以产品为中心,对市场的反应速度较慢,而且没有对市场营销活动的结果反馈进行改进,因而难以形成一个闭环。大数据时代的精准化营销,以客户为中心,从客户的需求着手,进行深入的洞察和分析,然后结合运营商自身的业务、品牌等进行市场营销活动的策划。在市场营销活动的过程中,还要根据市场变化、竞争对手的反应及用户反馈情况等内容及时调整营销策略。同时,在市场营销活动开展一段时间后,要根据活动反馈结果适时做一些归纳和总结,以便为下一个阶段的市场营销活动策划打好基础。

任务四　营销实践:分析营销新方式的应用

任务一至任务三中,我们学习了解了自媒体营销、移动营销、数据营销的概念、特点、方式,

作为互联网时代营销的新方式、新手段,我们每一个人或多或少都已经参与到了这些营销方式中,所以我们对这些方式并不陌生,本项目让我们对这方面的认识和理解更进了一步。本项目的营销实践就是对互联网时代营销新方式的应用情况进行分析,我们可以选择前面介绍的任意一种方式进行分析,但分析时必须结合企业某一具体营销活动进行,分析应该包括企业采用这种营销方式的背景、方式选择的必要性、具体实施方案介绍、营销效果分析等方面。

课后练习

一、单项选择题

1. 下列不是自媒体营销特点的是( )。
   A. 门槛低　　　B. 传播快　　　C. 可信度低　　　D. 成本高
2. 微博的内容不可以是( )。
   A. 电影片断　　B. 文字　　　　C. 照片　　　　D. 视频直播
3. 微信是( )公司的产品。
   A. 微软公司　　B. 阿里巴巴　　C. 腾讯公司　　　D. 苹果公司
4. 2007年5月,国内第一家推出微博服务的社交网站是( )。
   A. 滔滔　　　　B. 叽歪　　　　C. 饭否　　　　D. 嘀咕
5. 下列关于直播营销的说法中,正确的是( )。
   A. 网络直播也受法律监管,因此直播必须遵守中国的法律
   B. 个别好友之间进行直播,可以不受法律约束
   C. 直播营销不花费任何成本
   D. 直播营销的时效性不如电视直销

二、多项选择题

1. 以下各选项中,属于企业开展微博营销所带来的优势有( )。
   A. 成本低　　　B. 传播快　　　C. 群体广　　　D. 多样化
   E. 信息投放准
2. 以下各选项中,属于微信营销特点的有( )。
   A. 一对一互动营销　　　　　　B. 信息到达率高
   C. 营销方式多样　　　　　　　D. 强关系营销
   E. 投入低
3. 下列各选项中,属于企业开展App营销的意义有( )。
   A. 有效提升企业形象　　　　　B. 与用户零距离接触
   C. 能够强化用户黏性　　　　　D. 增加企业经济效益
   E. 实现精准营销
4. 下列关于微信营销的说法中,正确的有( )。
   A. 微信拥有海量的用户
   B. 微信营销可以精准定位,而且它的成本较低
   C. 微信营销方式多样,更具有人性化
   D. 微信营销具有开放性,可以连接一切
   E. 微信营销是网络经济时代企业或个人营销模式的一种

5. 软文营销的优势有( )。
   A. 成本低　　　　　　　　　　B. 信息量大
   C. 可以多次传播　　　　　　　D. 用户不容易接受
   E. 操作灵活

三、简答题
1. 什么是自媒体营销？它有什么特点？
2. 简述不同自媒体营销方式的特点。
3. 什么是移动营销？它有什么优势？
4. 简述不同移动营销方式的特点。
5. 数据营销有哪些优势？数据营销的方式有哪些？

四、案例分析题

案例一：让彬彬农场年销售轻松过百万

彬彬农场的创始人在2000年和同班同学开始合伙开农场。他用自己在日本积累的食品知识与经验为农场提供技术支持。2011年后，杨学彬决定通过微博来销售农产品。

从2011年至今的5年多时间里，他发了17 970条微博，在没有加"V"，没有任何外力帮助的前提下，靠自然增长，其粉丝数达到了12 740余名。这12 740余名粉丝，有4 000余人次买过东西，在这4 000余人次当中，有数百人成了彬彬农场的会员，每个会员的预交费是3 000元。"但实际销售中非会员比会员的消费金额还要高。"他说。比如，168~280元一箱的"丑苹果"网络销售，广深地区每个月的销量就达到了500箱，这显然不是完全靠那200多个会员能完成的。这个数据同时也说明，彬彬农场目前面对的都是消费能力较强的高端客户。

他的微博为什么能吸引到这么多忠实的顾客呢？

说来其实很简单，从他的微博内容来看，所发的微博都与产品知识、农场实景、销售动态、健康养生、食品安全管理等相关。即使在与用户互动时，也大多和产品知识、食品安全、销售配送相关，既不在微博上与人闲聊，也很少发送偏离上述几个方面的内容。比如，在销售某产品时，他会把产品的产地、特点、用途、可销售的数量、付款方式、配送方式等都在微博上介绍清楚，同时配发相应的图片。同一条微博信息，一天或者几天之内会多次转发，用不同的文字进行反复介绍，加深用户印象。

彬彬农场从最初的一两个人发展到目前的5个人的小团队(人员构成为：产品开发1人，采购1人，客服兼内勤1人，司机2人)，销售额也从最初的零到如今的年销售额过100万元，这一切居然是仅靠一个不加"V"的微博实现的。

问题：
1. 请对彬彬农场的微博定位进行分析。
2. 假设你是彬彬农场微博的运营人员，你会怎样规划运用彬彬农场的微博(从内容和时间两个方面)？
3. 在日常运营企业微博的过程中，你认为应当注意哪些方面？

案例二：肯德基微信公众平台

肯德基(Kentucky Fried Chicken,肯塔基州炸鸡)简称KFC，是美国跨国连锁餐厅，同时也是世界第二大速食及最大炸鸡连锁企业，由哈兰德·桑德斯上校于1930年在肯塔基州路易斯维尔创建,主要出售炸鸡、汉堡、薯条、蛋挞、汽水等西式快餐食品。经营理念是不断推出新的产品,或将以往销售的产品重新包装,针对人们尝鲜的心态,从而获得利润。肯德基也有属于自己的微信公众平台且做的是服务号,肯德基的微信公众平台主要以提供服务及推送活动信息为主,几乎每篇文章的阅读量都可以达到 10 万以上。

在肯德基的公众账号中可以注册会员,在线下消费时让销售人员扫会员码可以得到名为"K金"的积分,该积分可以在每周的会员日兑换相应的食品。

问题:

1. 公众号的平台定位及内容定位对公众号的运营有着很重要的作用。请对肯德基的平台定位及内容定位进行简要分析。

2. 肯德基的微信公众平台属于什么类型的账户?为什么选用这种类型的账户?

五、职业技能训练题

1. 加入某一微商平台,分析其营销策略组合的特点。

2. 结合自己手机上某 App 的功能,分析其营销方面的特色。

项目十　营销过程管理：计划、组织与控制

知识目标： 正确理解市场营销计划的含义、内容、编制程序；市场营销组织的含义、类型和特点，市场营销控制的含义和内容。

技能目标： 能够按照程序编制市场营销计划；能够分析企业现有的营销组织结构并提出建议；能够提出企业营销控制建议。

基本素养目标： 树立营销管理理念，培养全局意识，提高执行力和团队协作力。

导入案例

洛阳市一个用户购买一款盼盼牌防撬门，回家安装后，发现带拉手这边的门边与门框之间的缝隙稍大，感觉到拉手安装得不太合理。用户拨通 24 小时咨询服务电话，说明此事。经销处的人员立即赶到了用户家，用照相机拍照，把照片用传真机迅速传回公司。经过公司技术员的鉴定，门边与门框之间的缝隙超过了质量规定的标准公差，但不会影响到防撬门的防撬、防钻、防拨等性能。公司依然决定给用户换上一款新门，并且给予 900 元的经济赔偿。用户感慨地说："这个问题解决得这么快，可见盼盼效率之高，你们的所作所为无愧于'盼盼到家，安居乐业'的宗旨。"

洛阳事件发生后，根据产品附带档案制度，很快查出生产和质检责任人，公司予以经济上的罚款和通报批评。罚款和通报批评不是目的，目的在于提高生产者和质检者的责任心，教育他人，避免类似事件发生，使产品质量再上新台阶。盼盼人不仅做到了有章可循，而且做到了违章必究。

营销启示： 加强营销过程管理是企业信誉的保证，盼盼牌防撬门生产企业的营销管理充分说明了这一点。营销管理包括营销计划、营销组织、营销控制。

企业的市场营销战略和计划制定出来以后，如何使之变为现实，是企业营销成败的关键。这就要求企业设置与市场营销战略、计划的实施相适应的组织结构与体系，合理安排和调配企业各种资源，以保证计划的顺利实施。在市场营销计划的实施过程中，可能会出现许多意外情况，需要一个营销控制系统对市场营销计划执行情况进行监测、检查，及时调整市场营销战略战术，保证营销目标的实现。本项目将主要讨论市场营销的计划、组织和控制。

任务一 市场营销计划的制订

一、认知市场营销计划

(一) 市场营销计划的含义

计划就是对未来的打算。企业要在激烈的市场竞争中求得生存和发展,必须不断地为自己明确前进的目标以及为实现目标而采取的策略。营销计划是在对企业营销环境进行深入调查研究,对市场需求进行科学预测的基础上,结合自身的条件和实力加以制定的。它规定了一定时期内企业营销活动的任务、目标以及实现目标的策略、方法和步骤,是企业战略计划在营销领域里的具体化。因此,正确制定和实施市场营销计划是实现企业总体任务和目标的重要保证。

> **情境案例**
>
> 1984年,在东京国际马拉松邀请赛中,名不见经传的日本选手山田本一出人意外地夺得了世界冠军。当记者问他凭什么取得如此惊人的成绩时,他说了这么一句话:凭智慧战胜对手。当时许多人都认为这个偶然跑到前面的矮个子选手是在故弄玄虚。马拉松赛是体力和耐力的运动,只要身体素质好且有耐性就有望夺冠,爆发力和速度都还在其次,说用智慧取胜确实有点勉强。两年后,意大利国际马拉松邀请赛在意大利北部城市米兰举行,山田本一代表日本参加比赛。这一次,他又获得了世界冠军。记者又请他谈经验。山田本一性情木讷,不善言谈,回答的仍是上次那句话:用智慧战胜对手。这回记者在报纸上没再挖苦他,但对他所谓的智慧迷惑不解。10年后,这个谜终于被解开了,他在他的自传中是这么说的:每次比赛之前,我都要乘车把比赛的线路仔细地看一遍,并把沿途比较醒目的标志画下来,比如第一个标志是银行;第二个标志是一棵大树;第三个标志是一座红房子……这样一直画到赛程的终点。比赛开始后,我就以百米的速度奋力地向第一个目标冲去,等到达第一个目标后,我又以同样的速度向第二个目标冲去。40多公里的赛程,就被我分解成这么几个小目标轻松地跑完了。起初,我并不懂这样的道理,我把我的目标定在40多公里外终点线上的那面旗帜上,结果我跑到十几公里时就疲惫不堪了,我被前面那段遥远的路程给吓倒了。

(二) 市场营销计划的内容

虽然不同企业的市场营销计划的详略程度不同,但主要由以下八部分组成,如图10-1所示。

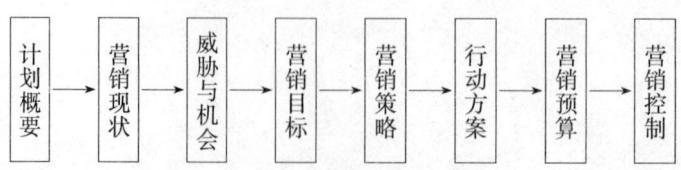

图 10-1　市场营销计划的内容

1. 计划概要

市场营销计划首先要有一个内容提要,即对本计划的主要目标及执行方法和措施做一概括的说明,目的是让高层管理者了解、掌握计划的要点,并以此检查研究和初步评定计划的优劣。

2. 营销现状

这是市场营销计划中的第一个主要部分。这个部分的主要内容是对当前市场营销情况的分析,也就是对企业市场处境的分析。在这个部分中,应详细分析和描述目标市场的特点及企业在这一目标市场中所处的地位。这些分析主要包括市场状况、产品状况、竞争状况、分销渠道状况、宏观环境状况这几个方面的内容。

3. 威胁与机会

所谓威胁,就是不利的市场趋势,或不采取相应有效的市场营销行为就会使产品滞销或被淘汰的特别事件。所谓机会,就是指企业的市场营销机会,也即对企业的市场营销活动具有吸引力的地方,在这些地方该企业可与其他竞争对手并驾齐驱或独占鳌头,获得优厚的利益。在营销计划的这个部分中,要求市场营销管理人员对产品的威胁和机会作预测,并进行具体描述。这样做的目的是使企业管理人员可预见到那些将影响企业兴衰的重大事态的发展变化,以便采取相应的市场营销手段或策略,趋吉避凶,求得更顺畅的发展。

4. 营销目标

明确了企业发展的风险与机会以及内部的优势与劣势之后,需要拟订营销目标,用以制定战略和行动方案。营销目标是营销计划的核心部分。它将指导营销策略和行动方案的确定,主要包括两大部分,即财务目标和市场营销目标。如市场占有率、销售额、利润额、投资收益率等。

5. 营销策略

所谓市场营销策略,就是企业单位为达成市场营销目标所灵活运用的逻辑方式或推理方法。市场营销策略包括与目标市场、市场营销因素组合、市场营销费用支出水平有关的各种具体策略。

6. 行动方案

各种市场营销策略确定之后,要真正发挥效用还必须将它们转化为具体的行动方案。这些行动方案大致围绕下列问题的答案来制定:

① 要完成什么任务?

② 什么时候完成?

③ 由谁负责执行?

④ 完成这些任务需花多少费用?

例如,市场营销管理人员如果想把加强促进销售活动作为提高市场占有率的主要策略,那么就要制定相应的促进销售行动计划,列出许多具体行动方案,包括广告公司的选择,评价广告公司提出的广告方案,决定广告题材,核准广告媒体计划等。

整个行动计划还可列表加以说明,表明每一时期应执行和完成的市场营销活动,使整套促销活动落到实处,循序渐进地执行。

7. 营销预算

前述的市场营销目标、策略及行动方案拟订之后,企业就应制定一个保证该方案实施的预算。这种预算实际上就是一份预计损益表。收入方将列入预计销售产品的数量和平均价格,支出方则列出生产费用、储运费用及其他市场营销费用,收入与支出的顺差便是预期利润。企业的高层主管将负责预算的审查,予以批准和修改。预算一经批准,便成为原料采购、生产安排、人员计划和市场营销业务活动的依据。

8. 营销控制

计划书的最后一部分为控制,这是用来监督检查整个计划进度的。为了便于监督检查,一般市场营销的目标和预算草案都是分月或分季制定的。这样高层主管就可审查每一时期企业各部分的成果,并指出那些没有达成预算目标的部门。这些被点名的部门主管就要做出解释,并阐明他们将要采取的改进措施,从而使组成市场营销整体计划的各部门工作受到有效的控制,以保证整体计划的有效执行。

二、编制市场营销计划

一般来说,编制市场营销计划大致需要经过如图 10-2 所示的 11 个步骤。

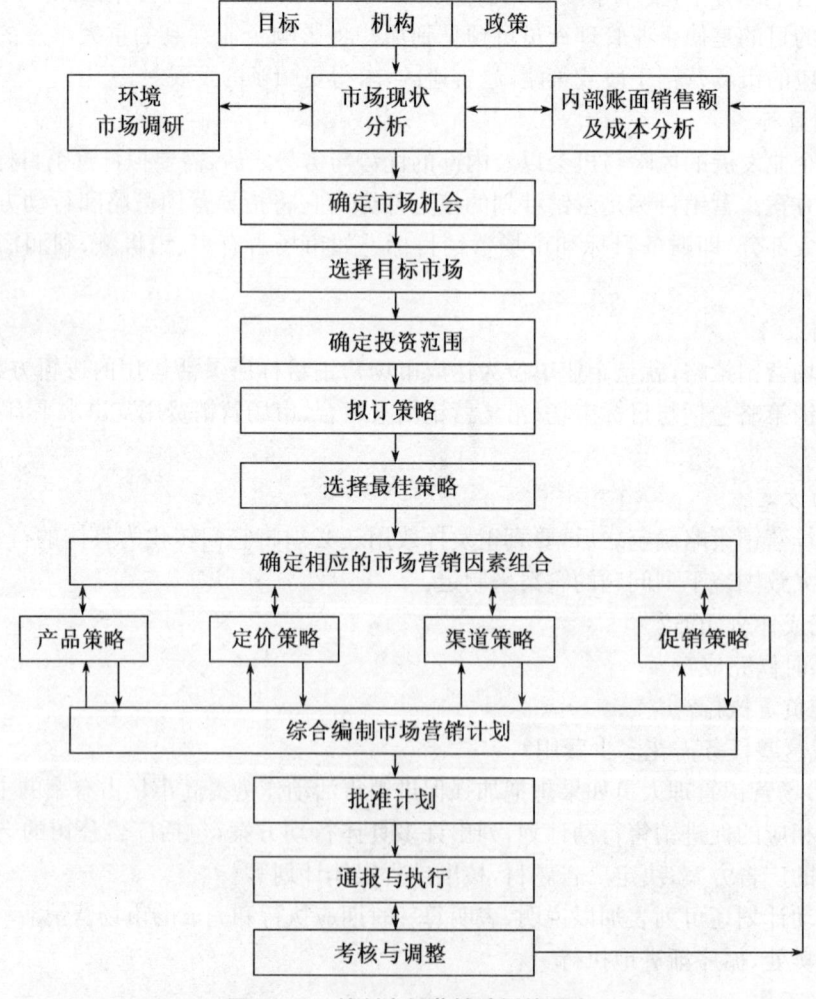

图 10-2 编制市场营销计划的程序

1. 分析市场营销现状

这是对企业及其市场营销环境的一种整体分析。这种分析包括以下四个阶段的分析：

① 对企业实力和弱点的定期综合分析。这种分析主要通过市场营销决算来进行。因为在市场营销决算中，对企业的过去成绩和现在实力都有严密的估计和评价。在这种分析中，特别要注意企业产品线、分配路线、销售促进效果及定价的分析，这些情况从不同侧面反映了企业的实力。这样，市场营销决算的结果将直接影响未来市场营销策略的制定。

② 市场营销环境研究。这种研究要求使用科学、正确的调研技术来发现直接影响管理决策的各种重大环境问题，包括对企业的微观环境和宏观环境的调查研究。因为这些因素都将直接影响企业的生产能力和销售状况。

③ 销售额和市场营销费用分析。这可通过不定期的专题调查来进行，最好使这种分析成为企业正式市场信息系统的一个组成部分。因为销售额和市场营销费用的分析资料是进行销售预测、编制市场营销计划不可或缺的依据。

④ 销售预测。销售预测是在前述几个阶段的分析基础上做出的，它是计划编制程序中极其重要的一个步骤。通过这种预测，企业可以估计得到整个行业的销售额及企业本身的销售额，从而是企业市场营销计划最直接而具体的依据，或者这种预测值也可以是企业的计划指标数。

2. 确定市场机会

这一步骤包括对市场现状分析中所发现的各种问题做出解释。在企业面临的几种市场机会评价中，对消费者因素、经济因素和公共环境因素都要仔细考虑，从而分析估计本企业与竞争者相比，哪些方面处于优势，哪些方面更能满足消费者要求，从而有针对性地制定相应的战略、策略和具体的营销方向。

3. 选择目标市场

经过市场现状分析和市场机会估计后，市场营销主管就可以确定几个可以开拓的目标市场。至于选择某一具体目标市场或几个目标市场，则要取决于一系列因素的影响，如应考虑与目标市场相关的企业目标、目标市场的潜在机会、企业开拓此目标市场的能力如何等问题。当然根据这些考虑来选择具体的目标市场并不是一件简单的事情，企业也不应把自己严格限制在只选择一个单一的市场。

例如，一个企业也可以同时选择两个完全区分的细分市场，并进而制定向这两个细分市场进军的策略。另外，对目标市场的阐述必须一清二楚，使人容易辨认。如目标市场的地理位置、顾客人数、他们的购买力、他们的需求性质和强度等都应通过市场调研弄清楚。对竞争对手的情况也应有充分估计。此外还应对每个目标市场近期和长期的销售潜力做出正确的判断。

在计划程序的这一阶段，对目标市场的最后决定很有可能不得不暂时推延，待到编制计划的第四阶段结束时才最后解决。因为目标市场的最后决定不仅要根据目标市场的潜力，而且也要根据企业有否开拓此目标市场的能力而定。

4. 确定投资的范围

虽然一个企业可以同时拥有几个有利的目标市场，但是每个企业的物力、财力、资源都是有一定限度的。任何的企业管理当局都会十分注意如何将有限的资源使用在最恰当的目标市场上。

为此，在计划工作的这一阶段，首先要根据前一阶段可能选择的目标市场情况，预计为开拓这些市场需要付出多大的物力、财力，然后与自己的投资能力相比较，看能开拓多少目标市场，或开拓哪一个目标市场才与自己的能力相称。一般来说，尤其应考虑财务上的牵制、生产能力的限制及人力资源的短缺这些限制因素。经过严密及审慎的权衡之后，才最后决定应如何把这些资源分配到最有利的目标市场中去。

5. 拟订策略

在结合企业的资源能力选定具体的目标市场后，企业计划人员便应接着拟订几个可供选择的市场营销策略，以便从中选出最佳的策略。一般来说，策略的拟订越多越好，这样可以增加策略的选择性，可以选择出更符合理想的策略。如前所述，由于企业资源的限制，可供考虑采用的策略方案还是要受到一定局限的。不过即使这样，也仍可在一定限度内拟订几个完全不同的营销策略方案。

例如，在选定某一具体目标市场后，企业可以通过具体的市场调查和技术调查来开发一种适应这个市场需要的新产品，然后拟订几种可以打入这个市场的策略方案，如或用建立一套完善的销售网点策略，或用加强促进销售活动的策略，或用易于吸引消费者购买的定价策略，等等，以供企业主管部门进一步评价遴选。

6. 选择最佳策略

这一阶段的主要任务就是要从前阶段所提出的几个可供选择的策略中选出最可行的策略。这种选择最直接的根据就是企业的营销目标。假如企业的主要营销目标是提高自己产品的市场占有率，那么在选择营销策略时，便应着重从那些最有利于提高市场占有率的策略来考虑。至于达到提高本企业产品市场占有率的策略则可能是多种多样的。

例如，在计划的前一阶段提出了提高市场占有率的两种策略，一是采取密集性市场策略；二是采取低价格、高促销的策略。经过本阶段深入全面评价，认为低价格、高促销策略在产品的介绍期可能大大有助于迅速提高市场占有率，但从长期来看，尤其考虑到本企业的人、财、物、资源都有限，还不如采取密集性市场策略，只选择一个或几个细分的小市场作为目标市场，并在产品设计和其他市场营销活动中集中优势，全力打入这些市场，可能会获得较大的市场占有率。那么在本企业的这种具体情况下，密集性市场策略就是最佳的策略。

7. 确定相应的市场营销因素组合

这一阶段的主要任务就是根据前面所选定的最佳市场营销策略，进一步具体制定市场营销方案的细目。因为每一个市场营销策略的贯彻，都是要通过与之相适应的市场营销因素组合来完成的，关于市场营销因素组合的各个策略，即产品策略、分销渠道策略、促进销售策略及定价策略，前面有关章节均已详细探讨过。在编制市场营销计划的这一阶段，则应把这些一般性策略与特定企业的特定营销策略进行具体结合来加以考虑，并使其具体化。例如，当企业为提高市场占有率而采用密集性市场策略针对妇女用品市场时，这时整个市场营销因素组合便应根据这一策略的要求加以具体化，如按妇女的特点进行产品设计，制定对妇女有吸引力的价格，通过妇女经常接触的广告媒体大做广告，并将商品分配到妇女用品商店或其他妇女经常购物的地点去销售等。

8. 综合编制市场营销计划

经过编制计划的前述步骤后，现在便可将前面几个阶段的情况分析、目标市场选择、策略选择等方案统一协调起来，写成正式的计划。其内容大致包括的下几个方面：

① 计划的特定目标，即宗旨如何；
② 特定目标与企业目标之间的关系；
③ 执行该计划所需的费用；
④ 预测企业的市场环境和机会；
⑤ 提出行动方案；
⑥ 综合、归纳成完整的计划指标体系。

草拟的营销计划经部门通过后，便应呈送企业最高当局进行审查、修订、批准。

9. 批准计划

企业最高当局接到市场营销部门送来的营销计划后，应结合其他职能部门的计划一起进行综合平衡，协调各部门的能力和任务，尽量使计划建立在可行的基础上，并能达到预期的经济效益。如发现各部门计划或营销计划本身有不协调之处，便应进行修订，直至认为满意之后才正式予以批准。

10. 通报与执行

计划经批准后，必须马上传达给执行部门的有关人员，具体研究贯彻执行的方案，并付诸实施。这种执行计划的行动方案大致包括以下步骤或内容：
① 将达成目标的行动计划分为几个步骤；
② 说明每一步骤之间的关系和顺序；
③ 每一步骤由谁负责；
④ 确定每一步骤所需的资源；
⑤ 确定每一步骤需要的时间；
⑥ 规定每一部分的完成期限。

另外，还应尽可能提供一些与市场营销计划有关的信息资料，如总市场大概有多大，企业可能的占有率有多大，企业的预期销售量有多少，市场营销总费用约多少，毛利有多少，等等。

11. 考核与调整

计划工作程序的最后一个步骤就是对见之行动的计划进行监督检查。因为在前几个阶段的工作中，无论有关人员是如何认真调查研究，运用科学方法，力求编出比较理想的计划，然而挂一漏万，个别地方考虑不周也是难免的。加上市场瞬息万变，存在许多客观不可控的因素，因此计划在执行过程中很可能会出现一些障碍和偏差，这就要求在整个计划的执行过程中，必须同时进行必要的考核、监督和检查，通过信息反馈，判断所采取的计划行动是否有效。如发现有不当或与原计划有脱节的地方，应及时修正计划或改变行动方案，以适应新的情况。

任务二　市场营销组织的设计和管理

组织决策是市场营销管理的一个重要方面。企业营销目标的实现有赖于全体成员的共同努力。营销组织就是用来整合每个成员的努力。一个健全灵活的组织是营销实施的有力保证，它有利于充分调动营销人员的积极性，大大提高营销绩效。

一、认知市场营销组织

(一)市场营销组织的含义

市场营销组织是指企业内部涉及市场营销活动的各个职位及结构。具体来讲,企业的市场营销组织就是为了适应营销环境的变化,有效地实现市场营销的战略目标,通过开展市场营销活动,对完成与企业市场营销目标有关的业务进行合理分工,配备人员,划分职责权限,明确相互关系,协调企业各部门,形成企业整体营销功能的有机体系。一个有效的营销组织应该是高效、节约、权责明确、分工合理、各司其职、信息畅通、协调匹配的。其衡量标准如下:

① 适应性。即适应市场变化,具有自我完善的能力。
② 及时性。即具有迅速、准确、全面地传递信息的能力。
③ 系统性。即联系企业各部门并使之密切合作的系统化能力。

(二)市场营销部门的组织形式

市场营销组织机构的设置是为了实现企业目标,它只是实现目标的工具和手段。现代企业中营销组织常分为专业化组织和结构性组织两大类。

常见的营销组织结构可以划分成:职能型、地理区域型、产品/品牌型、市场/顾客型、产品-市场型等类型。

1. 职能型营销组织

职能型营销组织是最常见的营销组织形式,它是将营销职能加以扩展,选择营销各职能的专家组合在一起来组建营销各职能部门,使之成为企业整个组织的主导形式。如图10-3所示,这种职能型营销组织有五种专业职能部门,而事实上,职能部门的数量可以根据公司经营的需要进行增减,例如,客户管理经理、物流管理经理等等。

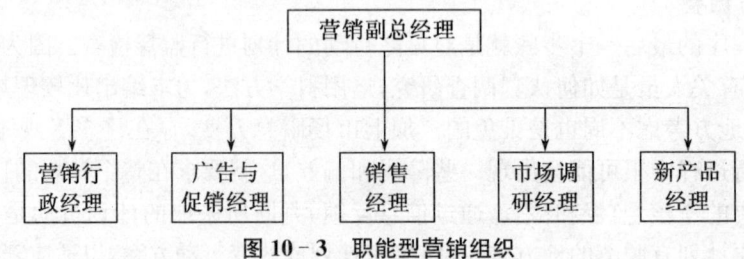

图10-3 职能型营销组织

职能型营销组织的主要优点在于它从专业化中获得的优越性。这种优越性主要表现在以下几个方面:

① 将同类型的营销专家归在一起,易于管理,可以产生规模经济;
② 按功能分工,可以避免重复劳动,减少人员和设备的重复配置,提高工作效率;
③ 由于专业人员在同一个职能部门的相互影响,可以产生系统效应;
④ 通过给员工们提供与同行们"说同一种语言"的机会而使他们感到舒适和满足。

随着公司产品品种的增多和市场的扩大,这种职能型营销组织越来越暴露出其效益低下的弱点。其突出弱点如下:

① 各部门常常会因为追求本部门目标而看不到全局的最佳利益;

② 这种按功能划分的结构通常是比较刻板的,随着公司业务量的增大,职能部门之间的协调难度也会日趋增加;

③ 由于没有一个部门对一项产品或一个市场负全部责任,因而没有按每项产品或每个市场制订完整的计划,于是有些产品或市场就容易被忽略;

④ 各职能部门都争相要求使自己的部门获得比其他部门更多的预算和更重要的地位,使得营销副总经理经常疲于调解部门纠纷。

因此,这一组织形式适用于那些产品种类不多、目标市场相对较集中的中小企业。

2. 地理区域型营销组织

在全国范围内进行销售的公司,通常按地理区域设立营销组织,安排其销售队伍。在营销副总经理主管下,按层次设全国销售经理、大区销售经理、地区销售经理、分区销售经理、销售人员。假设,一位负责全国销售的销售经理领导4位大区销售经理,每位大区销售经理领导6位地区销售经理,每位地区销售经理领导8位分区销售经理,每位分区销售经理直接领导10位销售人员。从全国销售经理到分区销售经理,再到销售人员,所管辖的人数即"管理幅度"逐级增大,呈自上而下自然的"金字塔"形组织结构,如图10-4所示。

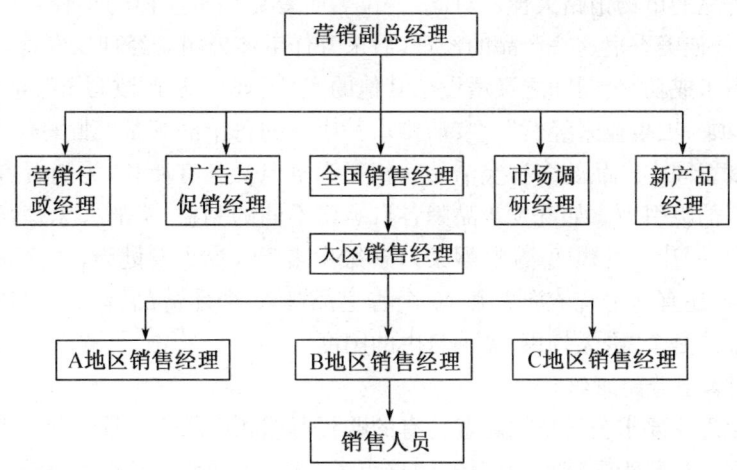

图10-4 地理区域型营销组织

国际上许多大公司都采用这样一种营销组织,如联合利华、IBM等。地理区域型营销组织的创始者是金宝汤料公司,它为不同地区推出不同配方的汤料。公司把美国划分为22个区域,各区域制定当地的营销方案,并且编制自己的广告等促销预算。

在这种营销组织结构中,区域经理掌握该区域市场环境的情报,为开拓该地区市场,打开公司产品在该区域的销路而制订长、短期计划,并负责其计划的实行。随着销售区域的扩大,也可以分出新的区域层次。这种地理区域型营销组织权力下放,有利于改善区域内的协调,取得在其区域的营销绩效,同时也有利于区域经理的培养和训练。但是,这种划分方法也有不足,即需要更多的具有全面进行营销策划和营销管理能力的人员,增加了最高管理者的控制难度,而且在区域之间市场情况存在较大差异,区域销售部门之间往往难以协调。

3. 产品/品牌型营销组织

拥有多种产品或多种不同品牌的公司,可以考虑按产品或品牌建立营销组织,即在营销副总经理下设产品经理;产品经理下按每类产品分别设产品线经理;在产品线经理下,再按每个产品品种分别设产品经理,实行分层管理(见图10-5)。

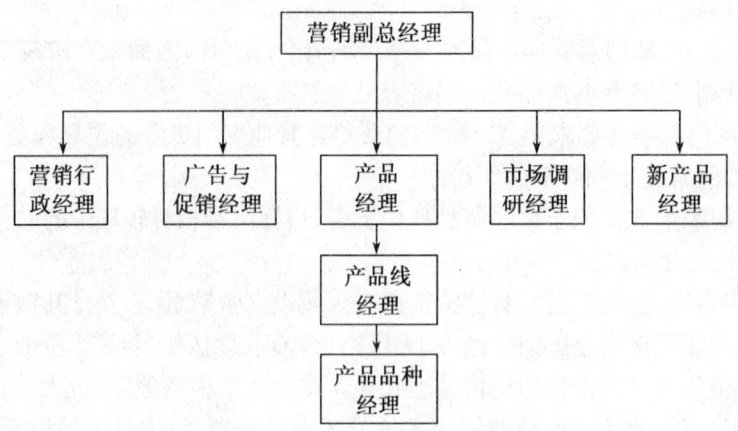

图10-5 产品/品牌型营销组织

产品/品牌型营销组织始创于1927年,最先为美国宝洁公司所采用。当时,宝洁公司有一种新产品佳美香皂的市场销路欠佳。对此,一位名叫麦克埃尔罗伊的年轻人提出了品牌管理思想,并受命担任佳美香皂这一产品的经理(后来升任宝洁公司总经理),专管该新产品的开发和推销。他获得了成功,公司随之又增设了其他的产品经理。从此改写了宝洁公司的发展史,"将品牌作为一项一项事业来经营"。宝洁要求其旗下的每个品牌都"独一无二",都必须自我建立顾客忠诚度。同类产品的多种宝洁品牌相互竞争但又各有所长,为消费者提供不同的好处从而保持各自的吸引力。如洗发水品牌各自承诺不同的利益:头屑去无踪,秀发更出众(海飞丝);洗护二合一,让头发飘逸柔顺(飘柔);含维生素B5,令头发健康,加倍亮泽(潘婷)。在全球范围内,宝洁还有9个洗衣剂品牌,6个香皂品牌,3个牙膏品牌,2个衣服柔顺剂品牌。《时代》杂志称宝洁是个"毫无拘束、品牌自由的国度"。

4. 市场/顾客型营销组织

市场细分化理论要求公司根据顾客特有的购买习惯和产品偏好等细分和区别对待不同的市场。针对不同购买行为和特点的市场,建立市场/顾客管理型营销组织是公司的一种理想选择。这种组织结构的特点是由一个总市场经理管辖若干个子市场经理,各子市场经理负责自己所管辖市场的年度计划和长期计划,他们开展工作所需要的功能性服务由其他功能性组织提供(见图10-6)。分管重要市场的市场经理有时可以增设几名功能性服务的专业人员辅助其开展工作。

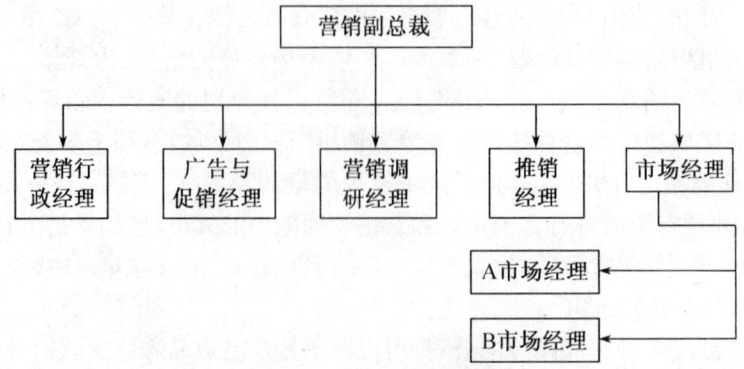

图10-6 市场/顾客型营销组织

在这种组织结构中,营销经理的职责和产品经理相类似,他们并不直接指挥管理市场第一线,他们实质上是参谋人员。市场经理需要通过市场调研,了解并分析其主管市场的需求特征、趋势以及竞争对手的动向,向营销副总裁建议公司应该向该市场提供什么样的产品或服务,并由此负责制订主管市场的长期计划和年度计划。产品经理的工作成绩通常较少考虑以该市场的销售额和利润为考核指标,因为各地的需求量之间存在着明显的差异性,而经常以市场份额的增减状况来判断他们工作的好坏。这种组织结构的最大优点是,市场营销活动是按满足各种不同类型的顾客的需求来安排和组织,而不是将重点放在彼此割裂的营销功能、销售地区或产品上,这样有利于保证营销活动一体化和系统性。在西方国家,越来越多的企业按照市场型结构来建立营销组织。有些专家认为,以各主要目标市场为中心来建立相应的营销部门和分支机构,是确保企业落实"以顾客为中心"的现代营销观念的唯一办法。

5. 产品-市场型营销组织

很多大规模公司生产多种不同的产品,面向不同的市场,在决策其营销组织结构时面临两难境地:是采用产品/品牌管理型组织,还是采用市场/顾客管理型组织呢?如果采用产品/品牌管理型组织,那么许多重点市场缺乏专人管理,而需求能力弱的市场又会占用太多的企业资源;如果选择市场/顾客管理型组织,则容易导致获利能力强的产品遭受冷落。为了解决这一问题,公司可以设置一种既有市场经理,又有产品经理的二维矩阵组织,即所谓的产品-市场管理型营销组织(见图10-7)。这种组织把产品、市场管理两者有机地结合起来,以解决产品经理对各种高度分化、高度分散的市场不熟悉,而市场经理又对其所负责市场的各类产品难以掌握的难题。

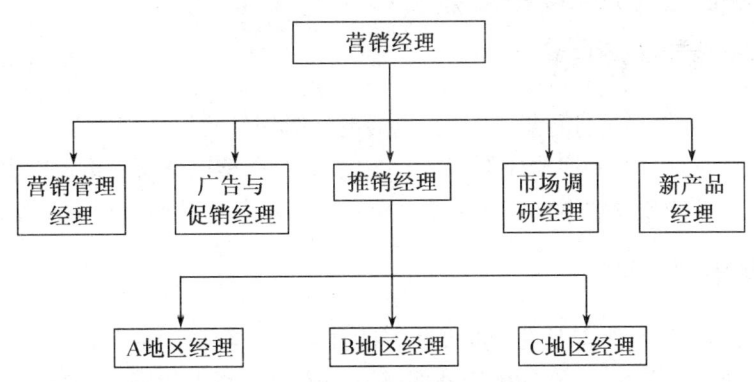

图 10-7 产品-市场型营销组织

美国杜邦公司采用的是一种典型的产品-市场管理型的矩阵组织,它是按这种矩阵结构设置营销机构的先锋(见图10-8)。杜邦公司的纺织纤维部内分别设有主管人造丝、醋酸纤维、尼龙、奥纶和涤纶的产品经理,同时也设有主管男式服装、女式服装、家庭装饰和工业用料等市场的市场经理。产品经理负责制订各自主管纤维品种的销售计划和盈利计划,集中精力研究如何改善自己主管纤维品种的盈利状况和如何增加这些纤维的新用途。他们的日常工作之一就是同各市场经理接洽,请他们估计该种纤维在他们市场上的销售量。另一方面,市场经理则负责开发有盈利前景的市场去销售杜邦公司现有的产品和将要推出的新产品,他们必须从市场需求的长远观点出发,更多地注重培植适应自己主管市场需要的恰当产品,而不仅仅是只管推销杜邦公司的某种纤维产品。在制订计划时,他们须与各产品经理磋商,了解各种产品的计划价格和各种原材料的供应状况。各市场经理和各产品经理的最终销售预测总数应该是相同的。

	市场经理			
产品经理	男士服装	女士服装	家庭装饰	工业市场
人造纤维				
醋酸纤维				
尼龙				
奥纶				
涤纶				

图 10-8 美国杜邦产品-市场型营销组织

这种矩阵营销组织结构吸收了产品型和市场型两种组织的优点,适合那些多品种、多市场的公司采用。但是这种组织结构管理费用极高,而且内部极容易产生矛盾与冲突。另外,公司还将面临权力与责任难以具体落实的问题。

20 世纪 80 年代初期,许多西方公司放弃矩阵组织结构,绝大多数的经理认为,只有那些相当重要的产品和市场才可以考虑同时分设产品经理和市场经理。但是在今天,西方许多大型公司将这种矩阵组织发展成业务小组或项目小组的形式,它由全日制的专业人士组成并向小组的组长汇报。业务小组或项目小组与以前的矩阵组织相比,其主要区别在于今天的公司提供了能使矩阵型组织兴旺的正确内容——强调平稳和狭窄的小组组织,工作集中于削减跨职能的水平管理而以业务过程为中心。

二、设计市场营销组织

市场营销管理的前提是进行组织规划,包括设计组织结构和人员配备等。组织结构建立起来后,要随着企业自身的发展与外部环境的变化,不断调整市场营销组织以满足市场营销发展的需要。因此,设计和发展市场营销组织是每一位市场营销经理的根本任务之一。

(一)分析组织环境

任何一个市场营销组织都是在不断变化着的社会经济环境中运行的,都要受这些环境因素的制约,不可能孤立存在。而且,由于外部环境是企业的不可控因素,所以企业必须随时调整市场营销组织,以适应外部环境的变化。外部的大环境包括许多因素,诸如政治、经济、文化、科技、社会,等等,而对企业市场营销组织影响最显著的主要是市场和竞争者状况两个因素。

(二)建立组织职位

组织职位的建立包括三个方面,即职位类型、职位层次和职位数量。

1. 职位类型

针对市场营销组织的需要和企业内部条件,设立相应的职位,其方法有以下三种:
① 直线型和参谋型。
② 专业型和协调型。

③ 临时型和永久型。

2. 职位层次

职位层次是指每个职位在组织中地位的高低。在不同的企业中,相同职位地位的高低却不同。比如,有的企业重视公关,不重视销售管理;有的企业重视销售管理,不重视公关。销售管理和公关的地位在两个企业中不同,这主要取决于职位所体现的市场营销活动与职能在企业整个市场营销战略中的重要程度。

3. 职位数量

职位数量是指建立组织职位的合理数量。它同职位层次密切相关。职位层次越高,辅助性职位数量就越多。市场研究经理在决策时需要依靠大批市场分析专家和数据处理专家的帮助。企业在确定相应职位时,首先要根据核心活动来确定相应的职位,其他职位都要围绕这一职位依其重要程度逐次排定。

(三) 设计组织结构

组织结构的设计与企业采用的职位类型密切相关。企业若采用矩阵型组织,就要建立大量的协调性职位;若采用金字塔形组织,就要建立相应的职能性组织。组织结构设计的目的是强调组织的有效性,在节约成本和费用的基础上,提高组织工作效率。这取决于以下两个因素:

1. 分权化程度

即权力分散到什么程度才能使上、下级之间更好地沟通。如果企业大多数重要市场营销决策是由市场营销部门的最高领导者制定的,则企业实行的是集权化管理;如果企业的市场营销决策大多由下属人员制定,该企业实行的就是分权化管理。

2. 管理宽度

它是指每一个上级所能控制的下级人数。假设每一个员工都是称职的,那么分权化越高,管理宽度就越大,则组织效率也就越高,这是普遍的看法。但管理宽度过大,上级主管很难协调各方面工作,出现问题不能及时有效地处理,造成信息传递不畅,将影响决策的正确性。

市场营销组织的设计应随市场状况和企业自身发展目标的变化而变化,并且要考虑到将来,为未来组织结构的设计、调整打好基础。

(四) 配备组织人员

在如何配备组织人员的问题上主要考虑两种情况,即新组织的人员配备和再造组织(在原组织基础上加以革新和调整)的人员配备。新组织的人员配备工作比较容易进行,按照工作的职能性安排人员的具体工作,满足市场和企业两方面的要求。再造组织的人员配备工作相对而言较为复杂,因为人们经常不愿意让原组织发生变化,往往把再造组织所提供的职位和工作看作是一种威胁。

企业配备组织人员时必须为每个职位制定详细的工作说明书,包括受教育程度、工作经验、个性特征及身体状况等方面的内容。对再造组织来讲,还必须重新考核现有员工的水平,以确定他们在再造组织中的职位。组织经过调整后,许多员工在新的职位上仍从事原有的工作,大大损害了再造组织的功效;同时,企业解雇原有的职员或招聘新的职员也非易事,考虑到社会安定和员工个人生活等因素,许多企业不可能轻易裁员。

此外，在市场营销组织中，小组的人员配备也应引起重视。小组往往是一个临时组织，是为完成某项特殊任务而设置的，它的成员常从现有组织中临时抽调。若使小组有效地发挥作用，市场营销组织必须使小组成员与其他成员之间保持协调关系，在职权设定、管理层次以及与原有工作的关系等方面，都应给予认真考虑，否则，将影响小组的工作效率。

（五）组织评价与调整

任何一个市场营销组织都要受外部环境和企业内部因素的影响，经常不断地对自己进行评价，及时调整不适应市场变化和企业目标的组织结构，使市场营销组织始终高效率地为企业服务。这里需要注意的有以下几个因素：

① 外部环境的变化。这包括商业循环的变化、竞争加剧、新的生产技术出现、工会政策、政府法规和财政政策、产品系列或销售方法的改变等。

② 组织主管人员的变动。不同的组织主管人员具有不同的管理方法、管理思想、领导艺术，这些在组织中都会有所表现。

③ 改组是为了证明现存组织结构的缺陷。对于组织结构本身的缺陷，如管理宽度过大、层次太多、信息沟通困难、部门之间协调不够、决策迟缓等，必须进行改组。

④ 组织内部管理人员之间的矛盾，也可以通过改组来解决。这是为了更好地协调组织工作，避免组织变得呆板、僵化、缺乏效率。

总之，市场营销组织的设计和发展是一个动态的过程，必须不断进行调整、完善，以使市场营销组织始终有生机和活力，高效率地为企业服务。

情境案例

海尔原来是专门生产洗衣机的厂家，在企业的发展中，采取了多元化发展策略，开始生产电视、空调、冰箱、计算机，并涉足家庭装修行业。伴随着企业产品的变化，企业开始对原来分布在全国各地的营销组织进行整合，他们把原来各地的一个组织分解为相互独立的多个组织，成立了洗衣机商品部、电视机商品部等。我们可以思考：这家企业为什么进行组织整合？它原来的营销组织类型属于哪一类？变化后的呢？这种整合有什么优越性？会带来什么样的问题？

任务三　市场营销控制

市场营销控制是市场营销管理的重要步骤，在营销计划的实施过程中，常常会出现许多意外情况，所以必须严格控制各项营销活动，以确保企业目标的实现。

一、市场营销控制的含义

市场营销控制是指衡量和评估营销策略与计划的成果，以及采取纠正措施以确定营销目标的完成，即市场营销经理经常检查市场营销计划的执行情况，检查计划与实绩是否一致，如果不一致或没有完成计划，就要找出原因所在，并采取适当措施和正确行动，以保证市场营销计划的完成。

二、市场营销控制的内容

市场营销控制的四个内容主要包括年度计划控制、盈利能力控制、管理效率控制和战略控制,它们之间的比较如表10-1所示。

表10-1 市场营销控制的内容

控制类型	主要负责人	控制目的	方法
年度计划控制	高层管理人员 中层管理人员	检查计划目标是否实现	销售分析、市场份额分析、费用与销售分析、财务分析等
盈利能力控制	营销主管人员	检查公司盈亏情况	盈利情况:产品、地区、顾客群、细分市场、销售渠道、订单大小
管理效率控制	营销主管人员	评价和提高经费开支效率及营销开支效果	效率:销售队伍、广告、促销、分销
战略控制	高层管理人员 营销审计人员	检查公司是否正在市场、产品和渠道等方面寻找最佳机会	营销效率等级评价,营销审计,营销杰出表现,公司道德与社会责任评价

(一)年度计划控制

年度计划的运行是企业整体计划运行的基础,年度计划控制也是企业搞好运行控制的基础。所谓年度计划控制,是指企业在本年度内采取控制步骤,检查实际绩效与计划之间的偏差,并采取改进措施,以确保市场营销计划的实现与完成。年度计划控制的目的是确保企业达到年底计划规定的销售额、利润及其他指标,是一种短期的即时控制。

1. 年度计划控制过程

年度计划控制过程分为以下四个步骤:

① 建立目标。即管理者要确定年度计划中的月份目标或季度目标,如销售目标、利润目标等。

② 绩效测量。即建立反馈系统,监督营销计划的执行情况,将实际成果与预期成果相比较。

③ 偏差分析。当营销计划在实施过程中有较大的偏差时,则需要研究发生偏差的原因。

④ 纠正措施。采取必要的修正措施或是调整计划,努力使成果与计划相一致。

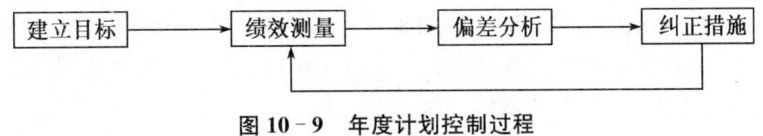

图10-9 年度计划控制过程

2. 年度计划控制方法

检查年度营销计划执行情况的方法主要有以下几种:

(1) 销售分析

用来衡量并评估实际销售目标与计划销售目标之间的关系。它主要有以下两种具体方法:

① 销售差异分析。它主要用于决定各个不同的因素对销售绩效的不同作用。例如,年度计划要求 1 月月末销售 8 000 件产品,每件产品 10 元,即销售额为 80 000 元。1 月月末实际售出 6 000 件,每件 8 元,即实际销售额为 48 000 元,比计划销售额减少 32 000 元。原因是售价降低和销售量减少,但两者对总销售的影响程度是不同的,分析计算如下:

因价格下降的差异 = (10 − 8) × 6 000 = 12 000(元)

因数量下降的差异 = (8 000 − 6 000) × 10 = 20 000(元)

实际比计划减少的销售额 = 12 000 + 20 000 = 32 000(元)

由于价格下降造成的损失在差距中所占的比重 = $\frac{12\ 000}{32\ 000} \times 100\% = 37.5\%$

由于销售减少造成的损失在差距中所占的比重 = $\frac{20\ 000}{32\ 000} \times 100\% = 62.5\%$

可见,将近 2/3 的销售差距是因为没有完成销售数量而造成的。企业应该进一步深入分析销售数量没有达到预期目标的原因。

② 微观销售分析。它要针对个别产品或地区销售额未能达到预期份额的分析。假设企业在三个地区销售,其预期销售额分别为 1 000 单位、1 500 单位和 2 000 单位,总额为 4 500 单位。实际销售分别是 1 100 单位、1 400 单位和 1 200 单位。就预期销售而言,第一个地区有 10% 的超出额,第二个地区有 6.6% 的未完成额,第三个地区有 40% 的未完成额。主要问题显然出在第三个地区,是该地区销售人员工作不努力?还是因为有强大的竞争对手打入这个市场?或是原来的预期目标定得不妥?需要进一步分析。

(2) 市场占有率分析

销售分析只能说明企业本身的销售业绩,但不能反映企业与竞争对手相比的市场地位如何。例如,企业的销售额上升并不能说明它的营销成功,因为这有可能是一个正在迅速成长的市场,该企业的销售额虽然上升,其市场份额却很可能在绝对地下降。只有当企业的市场占有率上升时,才表明它的竞争地位在上升,营销状况较竞争者更好。市场占有率分析还要确定运用何种市场占有率。通常有以下三种:

① 全部市场占有率。它是以企业的销售额占全行业销售额的百分比来表示的市场占有率,也称绝对市场占有率。应用这一指标有两方面的决策:一是要以单位销售额来表示市场占有率;二是正确限定行业的范围,即明确本行业所应包括的产品、市场等。

② 有限地区市场占有率。它是指企业在某一有限区域内的销售额占全行业在该地区市场销售额的比重。有限地区市场可以是企业产品最适合的市场,也可以是企业营销活动努力所及的市场。一家在全部市场占有率很低的企业,却可能在某一局部地区市场上占有绝对优势的份额。这一指标对大多数仅在局部地区市场上从事经营活动的企业十分有用,也是衡量企业进入某一新的地区市场是否获得成功的重要尺度。

③ 相对市场占有率。即将本企业的市场占有率与行业内领先的竞争对手的市场占有率进行比较。这里包括两种情况:一种是相对于三个最大竞争者的相对市场占有率。假如某企业有 30% 的市场占有率,其最大的三个竞争对手的市场占有率分别为 20%、10%、20%,则该企业的相对市场占有率是 30 ÷ 50 = 60%。一般情况下,相对市场占有率高于 33% 即被认为是强势的。另一种是相对于市场领导竞争者的相对市场占有率。相对市场占有率超过 100%,表示该企业为市场领导者(行业领先者);相对市场占有率等于 100%,表示该企业与最大竞争

对手平分秋色,同为市场领导者;相对市场占有率小于100%,表示该企业在行业内不处于领先地位。相对市场占有率的增加,表示该企业正不断接近市场领导竞争者。

(3) 营销费用对销售额比率分析

年度计划控制不但要保证销售和市场占有率达到计划指标,还要检查与销售有关的市场营销费用,以确定营销费用不超支。例如,某企业营销费用占销售额的比率为30%,其中所包含的五项费用占销售额的比率分别为人员推销费12%、广告费8%、营业推广费6%、营销调研费1%、营销行政管理费3%。市场营销人员应该对各项费用率加以分析,并将其控制在一定限度内。如果某项费用率变化不大,则不必采取任何措施,如果变化幅度过大或上升速度过快,则必须及时采取有效措施。

(4) 财务分析

企业的市场营销管理人员应就不同的费用对销售额的比率和其他的比率进行全面的财务分析,以决定企业如何开展活动,在何时开展活动,获得盈利。尤其是利用财务分析来判别影响企业资本净值收益率的各种因素。

(5) 顾客态度追踪

上述的几种方法主要以财务分析和数量化分析为特征,基本上属于定量分析,虽然重要但并不充分,缺少对市场营销的发展变化进行定性分析和描述。为此,具有远见和高度警惕性的企业都建立一套系统来追踪其顾客、经销商以及其他市场营销系统参与者的态度,以尽早察觉市场销售可能发生的变化。这个系统包括:

① 顾客投诉和建议制度。企业对顾客书面或口头的抱怨应该通过设意见簿、建议卡等进行记录、分析和答复。零售商、旅馆、餐馆等这些通过服务直接与广大消费者打交道的企业都可通过各种增加顾客反馈意见的途径,鼓励顾客提意见,使企业对自己的产品、服务在客户心目中的地位有更全面的了解。

② 固定顾客样本。有些企业建立了由具有代表性的顾客组成的固定顾客样本,定期地由企业通过电话访问或邮寄问卷了解其态度。这种做法有时比抱怨和建议系统更能代表顾客态度的变化及其分布范围。

③ 顾客随机调查。即企业定期让一组随机顾客回答一组标准化的调查问卷,包括职员态度、服务质量等,以了解顾客对企业服务质量的满意程度。有关部门及主管可将顾客目前的评分与上期相比,与其他企业的得分相比,及时发现问题,予以纠正。

(二) 盈利能力控制

在运行控制中,除了年度计划控制外,企业还需要运用盈利能力控制来测定不同产品、不同销售区域、不同顾客群体、不同渠道以及不同订货规模的盈利能力。盈利性控制能力能帮助主管人员决策哪些产品或市场应予以扩大、哪些应缩减甚至放弃。下面就市场营销成本以及盈利能力的考察指标等进行阐述。

1. 市场营销成本

市场营销成本是指与市场营销活动有关的各项费用支出。它直接影响企业的利润,主要内容包括:

① 直接推销费用。它包括直接推销人员的工资、奖金、差旅费、培训费、交际费及其他相关费用。

② 促销费用。它包括广告媒体成本、产品说明书的印刷费用、赠奖以及展览会的费用、促销人员工资等。

③ 仓储费用。它包括租金、维护费、折旧、保险、包装费、存货成本等。

④ 运输费用。它包括托运费用等。如果是自有运输工具运输，则要计算折旧、维护费、燃料费、牌照税、保险费、司机薪金等。

⑤ 其他市场营销费用。它包括市场营销管理人员工资、办公费用等。市场营销成本中，有些与销售额有直接关系，称为变动费用。有些与销售额并无直接关系，称为间接费用。营业成本可以按销售地区、产品系列类型分别进行控制，其中变动费用按地区、产品的不同控制其直接支出数量；间接费用则先要按照一定的标准，在地区、产品类别之间进行分摊以后再进行控制。

2. 盈利能力考察指标

获得利润是企业市场营销最重要的目标。盈利能力控制在市场营销管理中占有十分重要的地位，长期以来一直被市场营销管理人员所高度重视。盈利能力可以用企业赚取的利润与相关项目的比率来考察和控制。

(1) 销售利润率

它是指企业所获利润与销售收入之间的比率，是评估企业盈利能力的主要指标之一。其计算公式为：

$$销售利润率 = \frac{本期利润}{销售额} \times 100\%$$

表示每销售一百元企业所获得的利润有多少。但是，同一行业中各个企业间的负债比率往往大不相同，而对销售利润率的评价又常须在评估企业盈利能力时最好能将利息支出加上税后利润，这样可以较大程度地消除由于举债经营而支付的利息对利润水平产生的不同影响。其计算公式如下：

$$销售利润率 = \frac{税后利息前利润}{产品销售收入净额} \times 100\%$$

这样的计算方法，在同行业间衡量经营水平时才有可比性，才能比较正确地评价营销效率。

(2) 资产收益率

它是指企业创造的总利润与企业全部资产的比率。其计算公式为：

$$资产收益率 = \frac{本期利润}{资产平均总额} \times 100\%$$

与销售利润的理由一样，为了在同行业间有可比性，资产收益率可用如下公式计算：

$$资产收益率 = \frac{税后息前利润}{资产平均总额} \times 100\%$$

其分母之所以用资产平均总额，是因为年初和年末余额相差很大，如果仅用年末余额作为总额显然不合理。

(3) 净资产收益率

它是指税后利润与净资产所得的比率。净资产是指总资产减去负债总额后的净值，这是衡量企业偿债后的剩余资产的收益率。其计算公式如下：

$$净资产收益率 = \frac{税后利润}{净资产平均余额} \times 100\%$$

因为净资产已不包括负债在内,故分子中不包括利息支出。

(4) 资产管理效率

资产管理效率可以通过以下比率来分析:

① 资产周转率。该指标是指一个企业以资产平均总额去除产品销售收入净额而得出的全部资产周转率。其计算公式如下:

$$资产周转率 = \frac{产品销售收入净额}{资产平均占用额} \times 100\%$$

该指标用以衡量企业全部投资的利用效率。资产周转率高说明投资的利用效率高,盈利能力相应也高。

② 存货周转率。该指标是指产品销售成本与存货(指产品)平均余额之比。其计算公式如下:

$$存货周转率 = \frac{产品销售成本}{存货平均余额} \times 100\%$$

这项指标说明某一时期内存货周转的次数,从而考核存货的流动性。存货平均余额一般取年初和年末余额的平均数。一般来说,存货周转率次数越高越好,说明存货水准较低,周转快,资金使用率高。

资产管理效率与获利能力密切相关。资产管理效率高,盈利能力强。这可以从资产收益率与资产周转率及销售利润的关系中表现出来。资产收益率实际上是资产周转率和销售利润率的乘积。其计算公式如下:

$$资产收益率 = \frac{产品销售收入净额}{资产平均占用额} \times \frac{税后息前利润}{产品销售收入净额}$$
$$= 资产周转率 \times 销售利润率$$

(三) 管理效率控制

管理效率控制就是如何把事情做得更好,效率更高。为了使各营销组合要素的管理效率达到一定标准,必须设计相应的效率指标与控制程序。

1. 销售人员效率控制

企业进行销售人员效率控制,各地区的销售经理需要记录本地区内销售人员效率的以下几项主要指标:

① 每周接触新顾客的数量;
② 接触变为访问的转化率;
③ 访问对建议书的比例;
④ 建议书对订单的比例。

假设实际销售量与销售努力呈正相关,则上述指标可用销售金字塔来实现对销售人员效率的控制。如图 10-10 所示。

图 10-10 中表明,并不是所有的最初接触都能带来访问,但最初接触顾客的次数越多,能带来访问的机会也就越多。同样,访问次数越多,顾客提交建议书的机会就越多,实现销售额也就可能越多。这对工业品的销售特

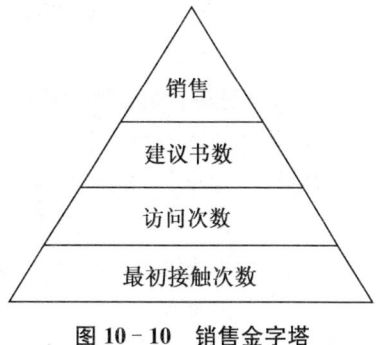

图 10-10 销售金字塔

别有用,因此又称之为工业品的销售金字塔。密切关注上述指标的变化,可以帮助市场营销人员找出问题所在,并能及时采取纠正措施。

2. 广告效率控制

对广告费用和效果进行严格检查是很重要的。用于控制广告效率的指标有以下几个:

① 每一媒体类型、每一媒体工具接触每千名购买者所花费的广告成本;

② 顾客对每一媒体工具注意、联想和阅读的百分比;

③ 顾客对广告内容和效果的意见;

④ 广告前后对产品态度的衡量;

⑤ 受广告刺激而引起的询问次数。

企业高层管理者可以采取若干步骤来改进广告效率,包括进行更加有效的产品定位、确定广告目标、利用计算机来指导广告媒体的选择、寻找较佳的媒体,以及进行广告后效果测定等。

3. 销售促进效率控制

对促销效率控制一般应做好如下工作:

① 由于优惠而销售的百分比;

② 每一销售额的陈列成本;

③ 赠券收回的百分比;

④ 因示范而引起询问的次数。

此外,企业还应观察不同销售促进手段的效果,并使用最有效果的促销手段。

4. 分销效率控制

分销效率主要是对企业存货水平、仓库位置及运输方式进行分析和改进,以达到最佳配置并找到最佳运输方式和途径。分销效率的高低直接影响顾客的满意程度。最重要的分销效率控制一般包括库存水平、库存周转率、出库情况、顾客投诉、储存效率排序和实物分销成本。

情境案例

某商场对一种洗发水举办了为期一周的市场开发活动,市场开发的内容包括降价——由原价 28 元降到 19 元,加上市场开发广告和商品展示,销售的数据如下:

市场开发前一周的平均销量为 500 瓶,单价为 28 元,

市场开发期间(一周)的销量为 1 500 瓶,单价为 19 元,

市场开发后一周的销量为 1 000 瓶,单价为 28 元,

市场开发广告的成本为 2 000 元,商品展示的成本为 500 元,以上由商场支付;

产品的成本为 16 元/瓶;厂商提供的产品促销折扣为 1 元/瓶,广告津贴为 1.5 元/瓶,展示津贴为 0.5 元/瓶。

根据以上资料计算出市场开发的获利情况,结果如下:

1. 如果不举办这次市场开发

销售收入＝500×28＝14 000(元)

销售成本＝16×500＝8 000(元)

销售利润＝14 000－8 000＝6 000(元)

2. 市场开发期间

销售收入＝19×1 500＝28 500(元)

销售成本＝(16－1－1.5－0.5)×1 500＝19 500(元)

销售利润＝28 500－19 500＝9 000(元)

3. 市场开发活动的成本

市场开发活动的成本＝2 000＋500＝2 500(元)

4. 市场开发活动的利润

市场开发期间增加的利润＝9 000－6 000＝3 000(元)

5. 市场开发活动的整体效益增加额

市场开发活动的效益增加额＝3 000－2 500＝500(元)

6. 市场开发期后

销售收入＝28×1 000＝28 000(元)

销售成本＝16×1 000＝16 000(元)

销售利润＝28 000－16 000＝12 000(元)

从以上分析可知,这次市场开发活动十分成功。

任务四　营销实践:撰写营销计划书

营销计划规定了一定时期内企业营销活动的任务、目标及实现目标的策略、方法和步骤,是企业战略计划在营销领域里的具体化。正确制定和实施市场营销计划,是实现企业总体任务和目标的重要保证。因此,在本项目的最后,我们要通过为某个企业撰写营销计划书来掌握营销计划书的内容与撰写步骤,并在此基础上深入理解营销计划在企业营销中的重要作用。

课后练习

一、单项选择题

1. 最常见的营销组织形式是(　　)。
   A. 产品/品牌型　　B. 市场/顾客型　　C. 职能型　　D. 地理区域型
2. 每个职位在组织中地位的高低指的是(　　)。
   A. 职务层次　　B. 职位层次　　C. 职位数量　　D. 职位类型
3. 企业若采用矩阵型组织,就要建立大量的(　　)。
   A. 功能性组织　　B. 职能行组织　　C. 协调性职位　　D. 沟通性组织
4. 企业整体计划运行的基础是(　　)。
   A. 月度计划　　B. 年度计划　　C. 季度计划　　D. 生产计划
5. 企业的销售额占全行业销售额的百分比表示(　　)。
   A. 有限地区市场占有率　　B. 行业市场占有率
   C. 相对市场占有率　　D. 全部市场占有率

二、多项选择题

1. 衡量营销组织的标准有(　　)。
   A. 适应性　　B. 有效性
   C. 经济性　　D. 及时性
   E. 系统性

2. 市场营销组织形式包括(　　)。
　　A. 职能型　　　　　　　　　　B. 地理区域型
　　C. 产品/品牌型　　　　　　　　D. 市场/顾客型
　　E. 产品-市场型
3. 组织职位的建立包括(　　)。
　　A. 职位结构　　　　　　　　　B. 职位高低
　　C. 职位类型　　　　　　　　　D. 职位层次
　　E. 职位数量
4. 市场营销控制包括(　　)。
　　A. 年度计划控制　　　　　　　B. 盈利能力控制
　　C. 效率控制　　　　　　　　　D. 战略控制
　　E. 组织控制
5. 检查年度营销计划执行情况的方法主要有(　　)。
　　A. 销售分析　　　　　　　　　B. 财务分析
　　C. 市场占有率分析　　　　　　D. 营销费用对销售额比率分析
　　E. 顾客态度追踪

三、思考题

1. 为什么要制订市场营销计划？它包括哪些内容？
2. 年度计划控制的方法及主要内容是什么？
3. 市场营销组织的类型有哪些？简述其主要类型。
4. 市场占有率分析的主要方法是什么？
5. 盈利能力控制的主要指标有哪些？
6. 某销售经理审查了公司的地区销售并注意到东部销售额低于定额3%。为进一步调查，销售经理审查了地区销售额。发现东部沿海的福建销售区对此有责任，然后，又调查了该销售区三位销售员的个人销售。结果显示，高级销售员张某在这一阶段只完成了其分配额的60%。这可不可以肯定地推断出张某工作懒散或有个人问题？
7. A公司在甲、乙、丙三个地区的计划销售量分别是2 000件、2 500件、3 500件，共计8 000件。实际销售量分别是1 000件、2 000件、3 300件。请分析其地区实际销售量与计划销售量之间的差距和原因。

四、案例分析题

蓝天集团的组织结构

蓝天乳品集团是我国著名的乳品生产企业，销量和利润连续5年位居同行业前三名，但是，随着企业和行业的发展，蓝天集团也出现了许多亟待解决的问题。首先，我国已经加入WTO，乳品市场已经能够向国外开放。而国外大型乳品集团正在纷纷抢滩中国市场，其质量稳定，品牌影响力很大，顾客忠诚度很高，价格也正在向国内企业靠近。总之，国内企业原先具备的价格等优势已经不复存在。其次，国内同行业的竞争日益激烈，不仅出现了几家大型的乳品集团，而且全国各地都有自己实力强大的地方品牌。最后，蓝天集团内部矛盾重重。第一，蓝天集团销售部在全国各地每个省份都设立了一个区域经理，每个区域独立运作。第二，招聘的这35个区域经理水平参差不齐，缺乏统一的培训和指导。第三，区域经理们纷纷抱怨公司的考核机制不合理,干多干少一个样,无法调动他们的工作积极性。

根据这些内部和外部问题,蓝天乳品集团决定对公司进行大规模的调整,于是,它们聘请了一家比较有名望的咨询公司,开始了大刀阔斧的改革。

问题:
1. 试评价蓝天集团现有的市场营销组织结构是什么?
2. 试为销售人员设计一个合理的绩效考核标准和考评方法。

五、职业技能训练题

科利华与《学习的革命》

1998年12月8日,中央电视台在《焦点访谈》之前的一则广告引起了不少人的兴趣。这则在最昂贵的黄金时段播出的广告,是一本定价28元的书,叫《学习的革命》。知情人介绍,在中央一套19点38分播出这则15秒的广告,需要付出的是每天25万元。

12月9日,在北京的梅地亚宾馆,科利华宣布了《学习的革命》的推广计划,那就是斥资1个亿作为广告投入,要在100天卖掉1000万册。近年来,书业不振已是人所共知。著名播音员赵忠祥的《岁月随想》卖出104万册,已是近年最高峰。北京一家书店的董事长认为,这是"疯狂的举动",就像当年秦池酒厂买下中央电视台的"标王"一样。他说,书没有这样做的,一本书也不值得这样做。因为国家经济形势和图书市场均处于低潮,盗版活动很快就会冲击正版。这本书不一定有1000万册的市场容量。广域图书公司董事长觉得,发行1000万册太夸张。如果真能实现,销售总额则为2.8亿元。可是1997年全国图书销售码洋,包括书籍、招贴画才275亿元,品种一共12万。一本书的销量要达到全国所有图书发行量的1%,如果不是跟更大的目的有关,那就是疯子的行为。

事实表明,科利华自己也没有对1000万册的销售量抱多大希望。科利华老总曾对部属说过,卖500万册我们就庆功。在接受记者采访时,他解释了此次策划的思路。

第一步,就是先树立一个梦,提出销售1000万册的目标。既然是梦,就无须用科学逻辑的道理去批驳、推翻它。

第二步,弄清楚梦想的意义。为了总结1000万册销售成功的意义,科利华开了好多次会,从开始的十几个人到后来的上百人参加,总结了200多条意见。这些都是今后落实工作的动力,是信心。

第三步,让梦想变成现实的具体手段。要想成功推广1000万册,一定要让这本书家喻户晓,于是就有了中央一套黄金段的广告。据说,尽管有无偿"支援",科利华为了电视广告仍然筹备了3个月,花费200万元制作费。从一份科利华电视广告播出的安排上可以看到,科利华已在中央一套和三套节目、中国教育台、凤凰卫视中文台以及各地日报、晚报上投放了广告。这则广告甚至出现在北京放映正火的大片《拯救大兵瑞恩》的片前。

第四步,则是分析如果梦失败,原因是什么。科利华分析困难会有许多,最致命的可能就是盗版。科利华已经申请了有关法律保护,书的封面有防伪标记,每本书有唯一编号,同时把活动定在100天内完成,不给盗版者可乘之机。为了推广,科利华制作了100本高76厘米、宽52厘米、重14.8千克的"书王",制作了12米高、9米宽的中国最大的图书模型,并成为国内第一家为一本书开设一个网站、开通专项寻呼的单位。

从12月12日开始,名为"学习的革命"的展览在全国39个城市举行。同时,《学习的革命》一书也在几十个城市的办事处开始批发。据悉,该书头两天的销售量即达到38万册。这在图书市场低迷的大环境下,也确实算得上是一个不小的"奇迹"。

此番科利华不惜血本地投入宣传,目的当然不仅仅是卖书。"科利华是滚动投入。毕竟卖一本书科利华还有10元的毛利,投入1亿元发行1 000万本书科利华最多是赚不到现金而已,但39个城市的展览将会有300万人左右参加,收到门票和海报等宣传品的将有3 000万人,间接波及的人口更会有3个亿,照此计算,科利华的无形资产会增长5~10倍。"

要求:

根据案例提供的有关资料,为《学习的革命》制订一个市场营销计划。

营销实践参考阅读

第一篇　从索尼爱立信经营成功看营销的重要性

Sony Ericsson 是由 Sony Corporation 及 Ericsson AB 于 2001 年 10 月共同组建的合资公司（简称索爱公司），双方在合资公司中各占 50% 的股份。他们的使命是将 Sony Ericsson 建成手机界最具吸引力和最具创新精神的全球品牌。

索尼与爱立信的强强联合是电子巨人和电信巨人真诚合作的典范，被人们称为"天作之合"。可一开始的合作，并不如人们预想当中的那么成功。合并之初，索尼和爱立信共占有全球手机市场份额的 10%。而合并之后整个 2002 年公司的市场占有率却持续下滑，在新公司成立 6 个月之后的 2002 年第二季度，其市场占有率只有 5.5%，而第三季度更是下滑到了 5% 左右。同时整个公司的业务持续亏损，仅 2002 年第三季度，公司就亏损约 1 亿美元。其真实原因是没有及时推出新产品。在新公司成立 6 个月之后，索尼爱立信才推出了 6 款以"索尼爱立信"为品牌的手机。此后在长达一年之久的时间内基本没有新产品推出。显然这样的表现与 Sony 和 Ericsson 这样的巨头形象并不相符，企业亏损也在所难免。

2003 年 3 月 4 日，索尼爱立信在全球 30 多个国家同时举行了 2003 年度新产品发布会，新推出的产品包括业界期盼的 5 款彩屏高端手机，将目标定位于中高端市场的多媒体手机是索尼爱立信未来的市场重点。

2004 年 1 月 19 日，索爱公司进一步强化娱乐精神，不仅新增了低端娱乐的 J 系列，并抢滩中端市场，K5 系列和 K700C、E398、6230 并称中端性价比之王。而对于高端市场，智能领域有 P908、P910 双雄主宰，娱乐方面则有 S700C 傲视天下，对于喜欢翻盖的用户，索爱也用 Z500C 安抚了人心。

2005 年，当所有的厂家都意识到细分市场与精品战略的重要性时，索爱公司已经敏锐地察觉到音乐与拍照手机市场的巨大潜力，结合自身在 WALKMAN 领域的霸主地位，及时推出音乐巨舰 W800C 与拍照之王 K750C，低端市场则剑走偏锋，推出 J200C 及 Z500C。同时加大了对 3G 的研发力度，运用旋盖理念发布了娱乐旗舰 W900C，直板 3GK600C 与 K608，翻盖旋拍大作 Z800C，并且弥补了 2.5G 产品线外形的单一，W550C 有力地控制了中端娱乐市场。市场占有率也一路飙升至全球排名第四。智能领域由于种种原因暂时缺席，却也因此确立了索爱"娱乐方向标"的地位。

2006 年，索爱公司开始丰富其产品线，首先整合了索尼的拍照品牌 CYBER-shot，意与装备卡尔蔡司镜头的诺基亚平分天下，接着发挥全民皆"音"的精神，将 WALKMAN 音乐手机全面覆盖到高中低、直板翻盖、商务形象各个领域，再用全键盘的 M 系列向黑莓叫板，最后将 J 系列的价位延伸至 700 元以下，意图撼动由摩托罗拉、诺基亚长期把持的超低端市场，至此，索爱公司的霸业初成。

决定索爱成功的另外一个因素就是索爱公司与中国移动的关系密切。很多经典的索爱机器如 T628、K700C、W800C 等都推出过移动心机版本或者作为心机发售过，更别说专门为中国移动设计的型号 K758C 了。因为好多高端商务人士的手机来源于营业厅而非普通卖场,索爱此举可以说进一步拓宽了用户群。

2006 年第二季度,索爱手机销量为 1 570 万部。比上年同期增长 33%,比上季度增长 18%,销售额同比增长 41%,达 227 200 万欧元,纯利润同比增长 91%,达 14 300 万欧元。有望取代三星坐上第三把交椅。

综观索爱公司的发展历程,可以说索爱产品走向了多元化、丰富化、成熟化,在手机行业中迈入了成功。索爱的成功在于他们对市场营销的重视以及深入研究和实践。市场营销学是一门实用性很强的学科。市场营销并非单纯的推销,而是以满足消费者需求作为营销出发点和归宿,准确确定自己的目标市场;运用有效的营销策略来开发市场、占领市场。不断推出消费者满意的、适销对路的产品;建立合理的分销渠道,方便顾客购买;制定适当的价格,运用有效的促销手段吸引消费者购买。这就是市场营销学研究的 4Ps——产品策略、价格策略、分销策略和促销策略。市场营销学研究的策略还有 6Ps、10Ps、4CS 等,市场营销策略在不断深化、丰富、完善。索爱公司注重研究消费者的需求、欲望和需要,分析市场的需求和特点,制定有效的营销策略。近年来,索爱公司的成功无一不是靠着实施有效的营销策略,树立现代营销观念,开展科学营销管理而获得市场,获得消费者的。

由此可见,索尼爱立信营销的成功说明,能否制定有效的营销策略,能否树立现代营销观念,能否开展科学营销管理对企业营销是至关重要的。一个企业要想成功地立足于市场,就必须深入研究市场营销这门学问。为此,我们应该学好市场营销学这门课程,为自己日后能够胜任企业的经营岗位打好基础。

第二篇 别克汽车营销环境分析报告

一、营销环境分析
1. 企业市场营销环境中的宏观制约因素
(1) 企业目标市场所处区域的宏观制约因素

① 国民经济运行状况良好,经济增长强劲。2003 年,我国经济增长加快,综合实力进一步增强,全年国内生产总值为 116 694 亿元,按可比价格计算,比上年增长 9.1%,加快了 1.1 个百分点。全国居民消费价格总水平比上年上涨 1.2%。国际收支状况良好。全年对外贸易顺差 255 亿美元,比上年减少 49 亿美元。利用外资继续增加。外汇储备大幅度增长,年末国家外汇储备达到 4 033 亿美元,比上年年末增加 1 168 亿美元。人民币汇率保持基本稳定。经济效益明显改善,运行质量进一步提高,税收总收入超过 2 万亿元,达 20 450 亿元,比上年增长 20.3%,增收 3 446 亿元。工业生产高速增长,全年全部工业增加值为 53 612 亿元,比上年增长 12.6%。同时,城乡居民生活质量进一步提高,去年城镇居民人均可支配收入 2003 年,我市城镇居民人均可支配收入 13 882.6 元,比上年增长 11.4%,扣除物价因素实际增长 11.2%,比 2000 年翻了一番,其中,人均工薪收入增长 12.8%;人均转移性收入增长 12.7%;人均财产性收入增长 1.1 倍。受 SARS 因素影响,人均经营净收入下降 7.4%。预计 2004 年我国的国民经济仍将保持旺盛的增长势头。

近5年全国经济增长率的比较

1999年	2000年	2001年	2002年	2003年
7.1%	8.0%	7.3%	8.0%	9.1%

② GDP增长带动轿车产业发展。汽车工业的发展与国民经济GDP的增长有密不可分的关系,据国家统计局最新预测资料显示,中国近5年的国民经济发展与汽车增长速度呈平稳的递增态势(见表1-2)。中国近年以来及未来10年的GDP增长率将以较高的速度增长。超过人均4 000美元的城市在2003年超过28个。按照国际经验,人均GDP达4 000美元左右,就到了汽车进入家庭的时候,这是发达国家进入汽车私人消费时期具有普遍意义的规律。

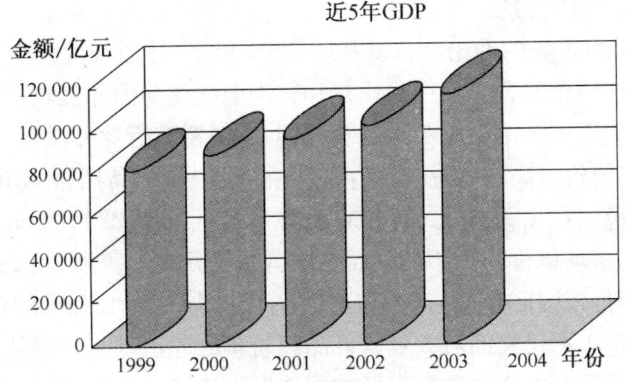

近5年GDP

年份项目	1999	2000	2001	2002	2003
GDP/%	7.1%	8.0%	7.3%	8.0%	9.1%
汽车增长率	3.78	4.50	4.88	5.83	10.34

③ 汽车产业发展政策、法规出台,拉动国内汽车市场发展。2000年10月,"鼓励汽车进入家庭"就已写进"十五计划"纲要中。2004年6月1日出台的《汽车产业发展政策》明确指出,我国汽车产业要在2010年前发展成为国民经济的支柱产业,在未来几年中鼓励提高市场集中度,首次鼓励企业跨入世界500强企业,同时鼓励自主研发,鼓励形成新的大型汽车集团,等等。总体来看,新政策有利于大企业的运作与发展,对上海通用极为有利。

国家汽车产业政策的相继出台和落实,势必能对汽车消费起到拉动作用;而银行汽车消费信贷的推出和实现,则是汽车消费市场快速成长和发展不可或缺的重要手段。

④ 从个人收入状况,分析国内市场中高档轿车发展。据国家统计局最近组织的一项调查表明,在城镇居民收入稳步增长的同时,总体仍存在差距。在这项对12.5亿国人进行的调查中,占总调查量20%的高收入调查者拥有着相当于42.4%的全部调查者的财富。

中国高收入阶层年总收入一般在20万元以上,人数不到总人数的1%。行业、教育、年龄、工资外收入是影响收入差距的四大重要因素。

年龄与教育、行业串成一条纽带,差距的层面之下还埋藏着一些奇异现象,30岁上下的年轻人正在拥有越来越多的为六七十岁老年人当年不敢想象的财富。

这项大规模的调查还证实,中国境内的高收入者主要集中在以下这些职业中:著名影星、歌星、时装模特、作家和运动员、部分个体和私营企业主、外企和国际机构中的中高级雇员、金融机构管理人员、房地产部门的开发商和经理、部分企业承包者和技术入股者、高新技术产业中的领先者、著名经济学家、律师等。

据对北京地区中高档轿车消费者抽样调查统计显示,年龄在 30～35 岁,个人年收入为 10 万～15 万元,职务为企业高层管理者,企业类型为外企/合资企业的受访者中,拥有中高档轿车(20 万～50 万元)的人数占总样本调查人数的 2.81%,拥有中档轿车(10 万～20 万元)的占 10.4%。

两次调查相互印证了这样一个事实:仅占我国总人数不到 1% 的高收入者,恰恰是中高档轿车现实的拥有者和实际购买者,是中高档轿车市场最具价值的用户。

(2) 市场的政治、法律背景

① 加入 WTO 后对市场的冲击。自从我国 2001 年 11 月加入世贸组织以来,国产轿车基本经受住了考验,生产轿车的企业在产品质量和管理上继续与国际接轨,这得益于在中高档轿车市场上 1:1 的合资形式。由于有 5 年的缓冲期,中国轿车行业并没有在短时间内遭到巨大冲击,但是,中国轿车售价过高的状况依然存在,主要集中在中高档轿车市场上。在国际市场上,别克的售价基本稳定在 2 万美元,而君威的售价最低也要 223 800 元,最高达到 36.9 万元。马自达 6 的国际市场售价约 18 万元,而在中国同样款式却卖到 26.56 万元。分析后发现中国中高档轿车的售价较国际市场普遍高出 1 倍,因此其对降低关税的市场承受能力最差。入关后,国内中高档轿车不仅要面对大量国外品牌轿车的冲击,还将与其同品牌原产地的洋轿车对垒。由此可见,日后在中高档轿车市场的厮杀极为惨烈。

② 成品油价格连续上调。近年来,国际市场油价动荡剧烈,总趋势是不断上涨,1999—2000 年,国内连续七次成品油价格上调让人记忆犹新,在 2004 年 4 月 1 日零点,国内汽油价格再次上涨,达到了自 2000 年以来的最高,这是对车市的一大负面影响。从长远来看,在今后 10～20 年内,国际油价应该呈下降趋势,因为国际石油供应将在 10～20 年内大于需求,但是近期不会表现出明显下降,其原因有以下几个:

一是欧佩克石油组织限制生产。

二是美元汇率的浮动给国际油价带来不稳定因素。

三是美伊战争后产油大国伊拉克的石油生产陷于瘫痪。

美国车普遍给人的印象是耗油量大,再加上别克在消费者口碑中,一直存在对其耗油不满的情绪。据上海别克轿车的使用者反映,虽然上海通用公司提供给客户的资料上写明"别克"车 100 公里耗油量不到 7 升,但实际平均 100 公里耗油量高达 13 升以上(城市)。其实现今世界四大车系的耗油量基本持平,只是由于固有思想和日本车车体较小,人们对美国车产生了偏见,这必然导致消费者在购车时偏向那些油耗低的轿车。这就成为日本车在国内大受欢迎的原因。所以,油价的上涨与人们的固有思想对别克"君威"都有负面影响。

③ 中美日关系的发展。中国和美国、日本的关系一直是影响中国车市的一个不可忽视的问题,其影响可能十分微小,但有时可能成为最主要因素,当中美关系恶化时,如中国驻南斯拉夫大使馆被炸、撞机事件的发生、台湾问题的紧张等都会影响通用公司在华的投资和扩张计划,消费者的购车选择也会有所转移。中国和日本的关系就更为敏感,这种敏感比中美关系的敏感程度更强、更持久,但这种敏感不一定对美国车产生不利影响,相反有可能出现有利影响。北京这样的政治气氛及其市民的政治敏感度较其他城市更强,可能使轿车市场销售蒙受损失。

④ 交通的恶化对车市的影响。随着机动车数辆的突增,交通问题日益显著,像北京、上海这样的中高档轿车消费集中的城市,交通状况已难堪重负,但原因却并非城市车辆多,比如,北京的私家车已经突破 200 万辆,而香港有 500 万辆轿车,北京却比香港拥堵得多,显示出北京的交通管理水平有待提高。交通的恶化对中高档轿车的影响主要看政府的政策,如果政府对轿车采取限制政策,将势必影响轿车的销售;如果政府加强对交通的管理,轿车的销售量还将稳步提高。

2. 市场营销环境中的微观制约因素

(1) 企业的目标和资源

上海通用汽车有限公司是上海汽车工业(集团)总公司和美国通用汽车公司各投资 50%组建而成的,迄今为止我国最大的中美合资企业,总投资为 15.2 亿美元。上海通用汽车成立于 1997 年 6 月。1998 年,上海市政府把上海通用汽车列为上海市一号重点工程,该项目同时也被美国通用汽车公司列为全球一号战略项目。上海通用汽车占地面积 55 万平方米,建筑面积 23 万平方米,共有冲压、车身、油漆、总装和动力总成五大车间。公司不但引进了国际上最先进的轿车产品、汽车制造工艺和设备,而且同时引进了通用汽车公司先进的管理方法。公司严格按照精益生产原则规划、设计、建设和管理工厂,五大车间采用模块化设计、柔性化生产,可以实现多个车型共线生产,满足市场多元需要。产品销售实行单层次市场拉动式营销体系和品牌经营战略,直接面向用户,对市场信息和用户需求快速反应。几年来,打造一个本地化国际品牌已成为上海通用的企业目标。

(2) 供应商与企业关系

上海通用作为美国通用的一部分,拥有并共享最优化的全球资源,上海通用既是购买商也是供货商,其生产的发动机出口加拿大。上海通用与供货商是一种优势互补、平等的关系。

(3) 产品的营销中间商和产品的关系

上海通用采用 4S 店直销的销售方式,所有经销商跟上海通用保持一张面孔、一个声音,他们必须按照上海通用设定的这种声音来对外进行沟通。

3. 市场规模

(1) 市场规模

近 5 年轿车的销售量见下图。

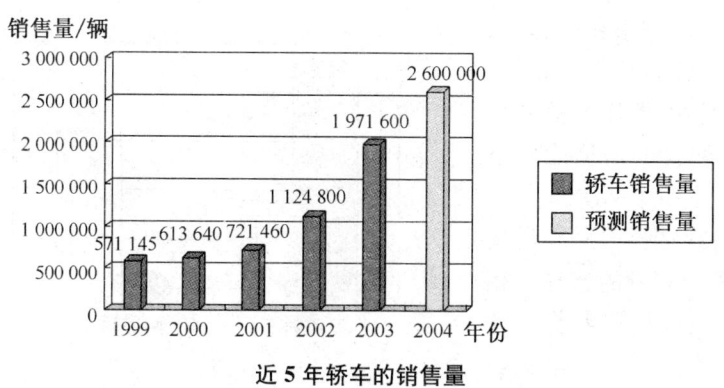

近 5 年轿车的销售量

根据近 5 年的轿车销售状况,可以分析出轿车的发展已经进入超高速状态,预计在 2004年达到 260 万辆。

(2) 中高档车市场的构成

构成这一市场的品牌有君威、帕萨特、雅阁、马自达 6、索纳塔、新蓝鸟等。马自达 6 由于新品上市,没有包含在 2003 年数据中,但从 2004 年 1 月的数据来看,全国 20 万～30 万元的中高档轿车市场销售量为 26 565 辆,马自达 6 增速迅猛,超过雅阁的 4 231 辆,达到 4 354 辆,排名第三。排名第一的是帕萨特,9508 辆;第二是君威,5 329 辆。据近期数据可以分析出,处于优势地位的品牌是帕萨特、别克君威、雅阁和马自达 6。与别克君威构成竞争的品牌是帕萨特和雅阁,由于马自达 6 的市场定位与帕萨特、君威和雅阁有明显不同,所以对君威不构成显性竞争。

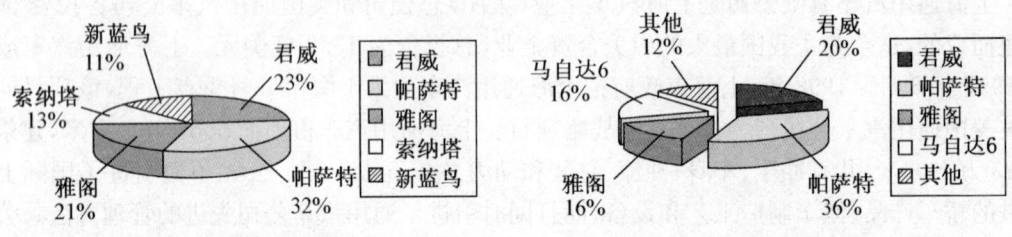

2003 年中高档轿车的市场份额　　　　2004 年 1 月中高档车销售量份额

4. 市场构成的特征

按照近几年的汽车消费规律,每到秋冬季节,汽车销售最为火爆,被业内人士称之为"黄金季节",而春夏季相对来说就清淡很多。

5. 营销环境分析总结

国内轿车产业外部整体环境趋好,各生产厂商有着较为广阔的市场发展空间。特别是国内大中城市有着强劲的消费能力、超前的消费观念、高质素的消费群体,使其成为中高档轿车市场最具吸引力的市场,市场成功率极大,回报率极高。但上海别克轿车同其他轿车生产厂相比,面临的外部环境威胁稍大。

二、消费者分析

1. 消费者的总体消费态势

中国消费者在购车时除了注意轿车排量外,还十分注意车辆的大小和配置,中高档轿车也在不断朝着"大而全"的方向发展,由于世界顶级名车,如奔驰、宝马在外形上很大,使人们很容易将大和豪华、气派联系在一起,从而联想到车主尊贵的身份。此外,丰富的配置也是中国消费者关注的,往往几项小配置的增加能使整车在消费者心中上一个档次。

中国消费者在选择三厢车还是两厢车时与欧美消费者的选择大相径庭,绝大多数国内消费者都选择三厢轿车,而不喜欢两厢轿车(见右图)。

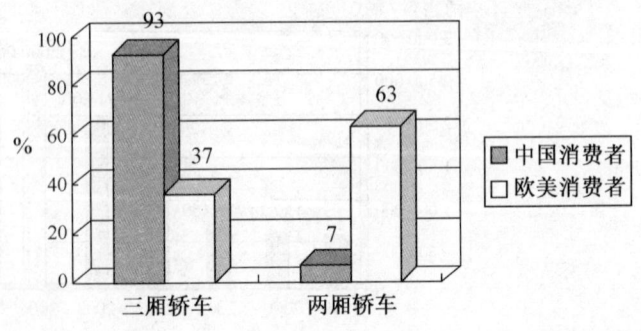

2. 现有消费者分析

(1) 消费者的构成

1999~2003 年间,君威及其前身车型共卖出 197 352 辆。

君威及其前身销售量

年 份	销售/辆	同比增长率/%
1999	19 826	
2000	30 543	54.1
2001	19 670	−35.6
2002	37 325	89.75
2003	89 988	141.1

购买中高档车的大专学历的占 29.8%,本科学历的占 45.6%,硕士及以上学历的占 13.4%,高中以下(包括高中和中专)占 13.0%(见下图)。

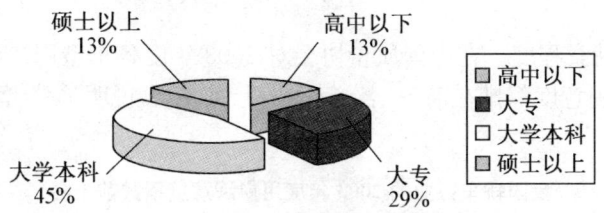

中高档轿车消费者的学历分布

现有中高档轿车的用户中,45 岁以上的占 32.7%,36~45 岁的占 48.2%,30~35 岁的 17.3%,20~29 岁的占 1.8%(见下图 2-3)。

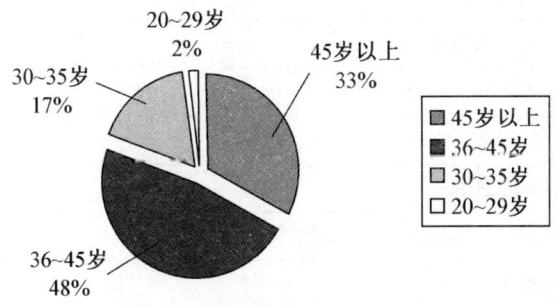

中高档轿车购买者的年龄分布

别克君威的消费者大多是建立了家庭的男性,他们在大中城市已定居,职业一般为高级主管及私营企业主,家庭月收入在 1.5 万~3 万元。

(2) 消费者行为分析

经过调查,君威基本上是卖给商务、公务的顾客层,而且是以私人顾客为主。购车者希望借别克大气的外观和舒适的内部环境提升在商务和公务进行中的表现力。这些消费者购买君威全部选择在环境良好、服务正规的 4S 店中。

(3) 现有消费者的态度

① 本品牌的认知程度。别克君威的品牌认知程度逐年递增。2004年,别克品牌知名度(提示前的品牌认知度)已达到83%,提示后的品牌知名度达100%。

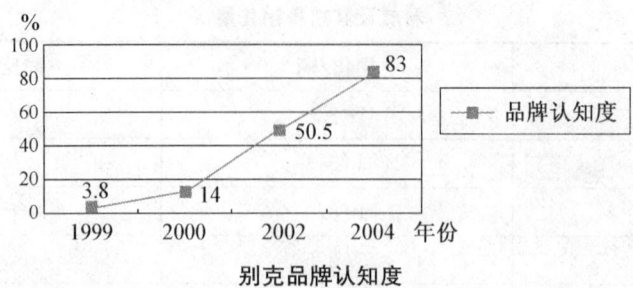

别克品牌认知度

② 品牌的偏好程度。据新华信在2002年北京国际车展期间的调查显示,"别克"品牌美誉度排名位居第四,调查对象对"你最喜爱的品牌"问题的选择率,别克排在宝马、奔驰、奥迪之后,位居沃尔沃之前。从本次消费者调查结果来看,通用的品牌知名度和美誉度基本上发展均衡。

③ 对本品牌的满意程度。在中国质量协会对2003年度各车型用户满意度指数测评结果中,别克两款轿车的满意度都排在前10名,仅次于上海大众,说明消费者对别克旗下的产品满意度较高。

我国轿车行业的2003年度用户满意度指数前十名

1	波罗 Polo	78.2
2	宝来 Bora	78.0
3	奥迪 A6 Audi A6	77.7
4	雅阁 Accord	77.5
5	别克新世纪 Century	77.0
6	帕萨特 Passat	76.4
7	爱丽舍 Elysée	73.6
8	赛欧 Sail	73.4
9	蓝鸟 Bluebird	73.2
10	奇瑞 Chery	72.6

(4) 本品牌未满足的需求

本品牌还没有满足既需要尊贵气派、安静舒适,又对驾驶体验有较高要求的那部分需求。

(5) 对品牌最满意的方面和最不满意的方面

最满意的方面:别克品牌是高价值的体现,给人以尊崇体验。

最不满意的方面:别克品牌旗下车型大多操控不灵活,使品牌有笨拙感。

3. 潜在消费者分析

(1) 潜在消费者特征

收入偏高、稳重、理性、不张扬。

(2) 潜在消费者的购买行为

潜在消费者一部分是那些在两年前购买了"老三样"(捷达、富康、桑塔纳)的大批车主准备换成中高档车,他们的选择趋于理性,求实耐用,便于修理是其首要的考虑。所以这部分潜在消费者对上海大众的帕萨特情有独钟,上海大众遍及全国的服务网点和维修费用的低廉成为他们选择的主要原因。想要改变这部分人的购买计划相当困难,这部分消费者都有若干年的驾驶经验,理性的成分很大。

另一部分潜在消费者希望购买一部既实惠又体面的中高档轿车,这正是日本车系的特质,由于中国中高档车市场上只有雅阁是日系车,他们的选择只有一个,这给改变他们的购买计划带来了机会,改变其购买品牌的可能性较大。

还有一部分消费者虽然有购买能力,但认为中国在 2006 年以前车价在和国际接轨前不合理,希望等到车价合理后再购买,目前处于观望状态。

(3) 潜在消费者被本品牌吸引的可能性

据以上新华信在 2002 年北京国际车展期间的调查,别克品牌已经拥有很高的知名度,潜在消费者也对别克品牌的价值有很高的认同。但是,别克在服务的地区覆盖率上还难以满足那部分理性的潜在消费者的需求。而对希望购买一部日系中高档车的消费者,别克君威大气的外观和精致的做工可以满足一部分潜在消费者需求,而在实惠方面很难达到。

4. 消费者分析总结

经过分析,我们发现别克君威的现有消费者全部以大多建立了家庭的男性为主,年龄在 30~45 岁之间,在大中城市定居,家庭月收入 1.5 万~3 万元,受过大专以上教育,一般为高级主管及私营企业主。现有的消费者事业有成,进取心强,对产品的不满主要集中在车辆的性能还不是很高。

潜在消费者购买趋于理性,更偏好于实惠的车型,他们对其他品牌并无明显不满,对别克君威印象良好,他们更需要一部既实惠又气派的中高档轿车。

第三篇　成都市某楼盘营销战略报告

第一部分　市场细分

一、市场细分

由于消费者构成极为复杂,不便于市场把控。因此,在这里我们以产品为细分对象,依据总价和单价指标,将市场细分为低端、中低端、中端、中高端及高端市场。

产品价格指标比较表

档次	低端	中低端	中端	中高端	高端
总价	15 万元以下	15 万~20 万元	20 万~30 万元	30 万~50 万元	50 万元以上
单价	1 500~2 000 元	2 000~2 500 元	2 500~3 000 元	3 000~3 500 元	3 500 元以上

二、细分市场轮廓描述

1. 低端市场

(1) 市场特征

该类产品一般为低总价(15 万元以内)、低单价,或小户型;产品品质较低,大多为满足人们最基本的居住需要。开发技术层面要求不高。

(2) 目标客户群

年龄:主要集中在30周岁以下的未婚人士和其他年龄段的低收入者。

收入:年收入大多在3.5万元以下。

家庭结构:2人及以下,比例为24%(2001年政府权威部门调查)。

受教育程度:他们大多受过较高的教育。

置业情况:大多为第一次置业,现在主要以租房为主。

购房目的:成家立业的需要,作为过渡性住房,解决基本的居住问题。

购买行为:注重产品的经济实用,对品牌基本没有要求。

2. 中低端市场

(1) 市场特征

该类产品总价主要集中在15万~20万元,单价多为1 500~2 000元;产品品质一般,产品变现速度较快,对开发商市场运作能力要求不高,因此,竞争对手进入该市场较为容易。

(2) 目标客户群

年龄:这个阶层的年龄范围较广,界定这个阶层主要以收入和购买能力为标准,年龄主要集中在40岁以下。

收入情况:年收入3万~5万元。

家庭结构:这部分人群大多已经成家,家庭人口以3人为主,或3人以上。

职业状况:企事业单位的普通职工、公司员工。

受教育程度:受教育程度普遍不高。

置业情况:第一次置业为主,二次置业为辅。

购房目的:家庭居住需要,迫切需要改变居住环境。

购买行为:对价格特别敏感,注重产品的实用性和舒适性,对品牌基本没有要求。

3. 中端市场

(1) 市场特征

该类产品总价大多在20万~30万元,单价在2 000~2 500元,产品品质较好,配套设施比较齐全,环境较好,因此销售速度一般较快。该市场开发商进入的难度较中低端市场大些。

(2) 目标客户群

年龄:30~40岁,这部分人群也属于有效消费的主力人群。在中成公司2002年的市场调查中,这个年龄段的人群占到了14.2%,与华西都市报所做的市场调查的结果和本公司在2002年3月作的调查的结果大致相同。

收入:他们的收入在5万~8万元之间,有一部分积蓄。

家庭结构:三口之家为主。

置业情况:相当大的一部分为二次置业。

购房目的:改善居住环境,提高居住水平。

购房行为:比较理智,除实用外,比较注重产品的舒适性,对品牌有一定的要求。

4. 中高端市场

(1) 市场特征

该类市场总价在30万~50万元,单价在2 500~3 000元,产品品质较高,建筑结构多为框架,户型设计新颖,配套设施齐全,注重小区环境,运用新型建筑材料或建筑技术,对开发商运作水平要求较高。

(2) 目标客户群

年龄:35~45岁之间。

收入:在8万~10万元之间,有少量积蓄。

家庭结构:三口之家为主。

置业情况:相当大的一部分为二次置业或多次置业。

购房目的:一部分为提高生活品质,另一部分为投资。

购房行为:比较理智,注重产品的舒适性,注重产品品质、品牌。

5. 高端市场

(1) 市场特征

该类市场总价大多在50万元以上,单价在3 000元以上,产品品质高,设施设备档次高,大量运用高新技术产品,多为低层,环境优美,对开发商动作水平要求高。

(2) 目标客户群

年龄:35~45岁之间。

收入:高收入阶层,年收入10万元以上,有相当的存款。

家庭结构:3人或3人以上。

职业状况:公司或企业的管理人员、行政事业单位的高层干部、私营业主等高收入阶层。

受教育程度:大多受过较高层次的教育。

置业情况:为二次置业或多次置业。

购房目的:提高生活品质,彰显身份,从一定层面上讲,也可以理解为投资行为。

购房行为:理智,往往要等产品变现后才下单,非常看重品质、品牌。

第二部分 目标市场选择

一、评估细分市场

1. 各市场的供给情况(数据来源于上述报告)

	低端	中低端	中端	中高端	高端
总体供给	8.65%	27.68%	23.88%	18.34%	8.65%
区域供给		19.23%	26.92%	42.31%	11.54%
竞争对手		16.7%	36.15%	33.67%	13.71%
潜在竞争		7.1%	35.7%	42.8%	14.3%

分析:从上表可见,现阶段,成都房地产市场总体供给中,中低端所占比例最大,主要包含有郊区大盘,中端市场略低;从城西区域市场、竞争对手的情况来看,主要集中在中端和中高端市场,低端市场几乎空缺,中低端市场和高端市场竞争相对较小;从潜在竞争对手的情况看出,中低端市场供给呈减少趋势,中高端和高端市场比例在增加。

可以预见,未来2~3年,中高端和中端市场竞争将最为激烈,而低端和中低端市场竞争相对较小,是个市场机会。

2. 各市场的需求情况（数据来源于上述报告）

	低端	中低端	中端	中高端	高端
2001秋交会成交	10.00%	18.00%	27.00%	28.00%	17.00%
2002春交会成交	6.30%	38.60%	29.50%	11.40%	14.20%
潜在消费者需求	16.81%	20.35%	35.05%	14.17%	1.77%

分析：从两次房交会的成交情况可以看出消费市场的变化，中端和中高端市场更加集中，中端市场增长比例较快；从潜在消费者需求来看，中端市场的需求量最大，其次为中低端和低端市场，说明目前购房主力为中低收入人群，可见，中端和中低端市场大有可为。

二、消费者构成情况（按收入状况）

从2001年9月政府职能部门的调查中看出，家庭年收入在3万元以下的占68.6%，3万~10万元的占29.8%。从2002年5月中成公司的市调情况看，家庭年收入在3万元以下的占41.67%，3万~5万元的占25%，5万~10万元的占8.33%。从四川在线2002年8月的调查来看，家庭年收入在3万元以下的占25%，3万~5万元的占52%，5万~10万元的占13%。

分析：以上数据由于样本差异，所以调查结果差异较大，我们用加权平均的方法求得均值，3万元以下的占40.39%，3万~5万元的占38.5%，5万~10万元的为11.66%。由于在调查中消费者有可能故意隐瞒真实收入，其实际购买能力应该更强，因此可以适当放大15%。

按收入房价比1：6计算，年收入3万元以下的可以承受18万元以下的房价，属于低端和中低端市场，可见该市场的容量十分巨大，年收入在3万~5万元的可以承受20万~30万元的房价，属中端市场，其需求规模与中低端基本相当；年收入5万~10万元的，可以承受30万~60万元的房价，属中高端和高端市场，其需求规模要小得多。成都2001年GDP的增长率为13.7%，城镇居民可支配收入近两年都保持在6%以上。因此可以预见，未来两三年内，中端市场的需求规模将大大提高。

三、公司自身资源及目标

开发运作能力：公司曾经成功开发了东景丽苑项目，但该项目的开发规模及时机与本项目均有很大的差异。因此，可以说公司现阶段还缺乏运作大项目的经验。

人力资源：从目前公司拥有的人力资源来看，也比较缺乏具有大项目成功操盘经验的专业人员。

社会资源：与政府职能部门有较好的关系。

品牌资源：目前尚不具备，社会知名度差。

财务资源：公司融资能力较强，但自身造血功能较差。

目标：在合理利润的前提下，把风险控制在最小范围；加强资金的周转速度。

因此，从我公司的综合情况来看，目前尚不适合开发高端市场。

四、选择细分市场

从以上几个方面的分析中可见，低端市场和中低端市场的供给相对空缺，而需求量较大，市场风险较小，但由于开发成本不能得到支持，开发利润难以满足公司要求，且难以建立公司品牌，因此，不宜选取。高端市场，虽然供给量不大，但需求相对较少，且该市场对品牌、资金、运作能力、自然环境要求较高。而我公司项目地块被规划道路分割成相对独立的六块,每块规模只有 50 多亩,因此也不宜选取。

中端、中高端市场未来竞争将最为激烈,但中端市场消费者基数大于中高端市场。而我公司项目的直接竞争对手主要选择了中高端市场,按照差异化竞争策略,我们应该回避短期正面竞争,先期选择中端市场,待金沙片区开发逐渐成熟,可根据市场变化情况向中高端市场调整。

未来 2~3 年内,成都将对 45 个片区进行旧城改造,本次拆迁主要为货币补偿,补偿费以市场评估价为准。因此,补偿金额较以前大大提高,使许多拆迁户有能力购买离市区不远,小区环境好,价格适中的商品房,这无疑给中端市场带来了难得的良机。

结论:中端市场是我们的最佳选择。

第三部分 市场定位

一、目标客户群的锁定

目前购房主力人群:从三次房交会的成交情况可以看出,户型面积趋向经济实用,中低价房热销,说明购房群体日益年轻化,中低收入人群成为市场主流。

城西市场客源特点:30~40 岁的中年人群为主,政府公务员、在城西工作的人士、外地来蓉工作人士,以二次置业为主。

潜在需求情况:从中成公司和四川在线的调查可以看出,25~40 岁的购房者比例达到了 70%,是消费群体的绝对主流;一次置业的比例大幅上升,达 66%;在家庭结构上,三口之家的比例高达 62%,是潜在需求主流。

结论:根据选择的目标市场,结合市场具体情况,目标客户群锁定为:

① 年龄:25~45 岁的中青年人群,包括部分老年人。

② 家庭人口:三口之家 70%,两口之家 25%,4~5 口之家 5%。

③ 家庭年收入:3 万~6 万元为主,兼顾部分中高收入人群。

④ 消费者地域:城西(西南)工作者、市区工作者(包括市区拆迁户)、外地人士。

⑤ 消费者职业:职业经理人、专业技术人员、公务员、医师、教师、自由职业者、中小私企主等。

二、目标客户群的主要特征

① 25~30 岁,属于消费者中的少壮派,正处于事业的上升期,月收入高,但不稳定,积蓄不多,但消费意识超前;思想前卫,乐意接受新生事物,愿意享受小资生活,追求独立空间,比较注重实惠和品质,因此选择的户型面积不会太大,但户型设计要个性化、特色化,追求时尚,偏爱电梯公寓。由于工作节奏快,注重时间距离,因此对区位、交通、配套和物管要求较高。他们大多学历较高,家庭成员较少,部分人士已婚,小孩年幼,在房屋功能上对书房和保姆房比较看重。

② 30~45 岁,他们是消费者中的黄金一族,个人事业蒸蒸日上,收入稳定,购买力强,子女正处于成长阶段,十分重视小孩教育。因此,他们大多为二次置业,户型面积要求较大,对房屋品质要求高,注重小区环境的配套,对户型功能要细部处理要求较高,购房行为理智,偏爱多层。

三、影响目标消费者购房决策的重要因素

从中成公司 2002 年 5 月的调查来看,影响消费者购房决策的重要因素为价格、小区环境、户型、区位、配套和交通。因此,在产品对接时应特别予以注意。

四、项目的核心竞争力

① 从消费者购房决策因素中可以看出,价格是最重要的因素,因取得价格优势是目前我公司项目的一种竞争策略,这也是消费者最根本的利益点。因此成本控制对我公司项目极为重要。

② 但并不是说价格越低越好,2002年春交会上,单价2 500~3 000元的成交量最大,占30%,说明性价比合理的房子才是消费者的首选。产品细节的处理也是我项目成败的关键所在。

③ 未来2~3年,成都大盘时代会真正到来,产品功能、环境、配套、户型将日益同质化,能使楼盘或企业获得竞争优势的主要还是开发理念、营销技能和服务上。

结论:成本、产品细节、营销和服务是我项目的核心竞争力。

五、中端市场的产品对接

(一) 户型面积比

1. 供给情况

成都楼盘中,130~150平方米所占的比例最大,占21%,其次为110~130平方米,占16%,80~110平方米占15%,各面积段分布差异不大。在金沙片区,130~150平方米所占比例高达31%,110~130平方米占21%,150~170平方米14%,90~110平方米只占13%,而90平方米以下的户型仅占3%。可见,金沙片区目前市场供给以中大户型为主,中小户型相对空缺。与金沙片区有竞争关系的光华片区和外双楠片区,则中等户型面积居多,主要集中在80~120平方米。

从重点竞争楼盘来看:

① 置信金沙园户型面积比如下。

面积/平方米	100以下	100~120	130	131~150	170以上
比例	20.72	21.25	32.54	14.21	11.28

可见,130平方米是其主力户型,中小户型比例也不少,占41%。

② 博瑞都市花园一期户型面积比如下。

面积/平方米	80~90	90~110	110~130	130~150	150以上
比例	16.22	12.5	45.56	4.12	21.6

可见,110~130平方米为主力户型,中等户型比例居多。

③ 万科城市花园一期、二期户型变化趋势如下(见下图)。

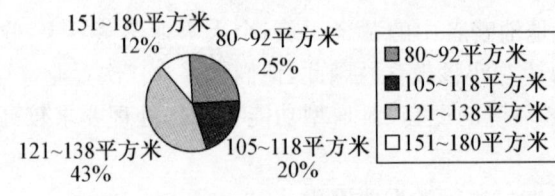

万科一期产品分布

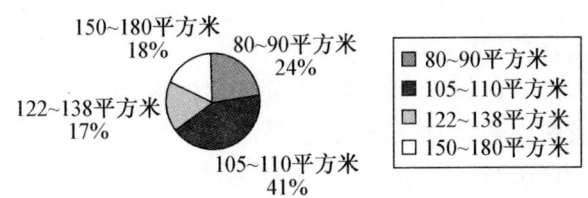

万科二期产品分布

一是一期、二期产品线的低端(80~90平方米)与高端产品(150~180平方米)比例基本保持不变,反映了低端、高端市场的稳定性。

二是二期中端产品(105~118平方米)比例(占41%)较一期(占20%)有明显的增加。反映中产阶级消费群体的迅速扩大,成为购房主力。

三是二期与一期相比,中高端产品(120~138平方米)的比例锐减,从43%到17%,说明该产品档的需求随着一期的消耗及潜在消费群体数量的不足而明显减少,消费重心转向中端产品。

2. 需求情况

2001年的秋交会成交情况中,70~150平方米中各面积段成交比例较均匀。2002年春交会中,90~120平方米的成交比例高达49.8%,150平方米在上的户型仅有9.5%。城西区域市场中,90~130平方米户型最为畅销。

从潜在消费者需求情况来看:

表1　中成公司2002年5月市调结果

面积/平方米	50~80	80~100	100~120	120~140	140~160	160~180	180以上
所占比例	5.17%	25%	22.41%	24.14%	8.62%	3.45%	11.21%

表2　《四川在线》8月16日调查结果

面积/平方米	60以下	60~90	90~120	120~150	150~180	180以上
所占比例	8%	27%	40%	16%	7%	2%

从以上两表可见,80~140平方米需求最为集中,且各段需求比较均匀。

结论:通过以上供求情况的比较,不难从中发现需求量大,而竞争相对较弱的市场。

建议:一期、二期根据市场情况做调整。

序号	户型	面积/平方米	比例	备注
1	二室二厅单卫	70~85	22%	老年人、青年人(28岁左右)、拆迁户
2	三室二厅单卫	95~100	10%	外来蓉定居者、老年人、拆迁户
3	三室二厅双卫(标)	105~115	35%	年轻三口之家(30~35岁)
4	三室二厅双卫(舒)	115~130(错)	25%	中青年三口之家(35岁左右)
5	四室二(三)厅二(三)卫	140~170(复)	8%	中年客户(40岁左右)

(二) 价格

1. 运用竞争定价法,初步确定价格段

从成都目前中端市场看,单价 2 000～2 500 元的比例占 27.68%,2 500～3 000 元的比例占 23.88%,由于郊区盘的影响,中低价位比例略高于中高价位。从城西市场来看,单价为 2 200～2 500 元的比例为 26.77%,2 500～2 800 元的比例占 33.75%,中低价市场供给相对少些,竞争相对趋缓。从金沙和光化片区看,2 500～3 000 元的市场供给量远远高于 2 000～2 500 元的市场供给。

我公司项目直接竞争对手目前为置信金沙园和中房兰苑,均价分别为 2 800 元和 3 400 元,但因其品牌因素,竞争不在一个层面上。从潜在竞争对手来看,2 500～3 000 元市场竞争较 2 000～2 500 元更加激烈。

可见:单价 2 000～2 500 元市场竞争相对较小,可以选取。

2. 运用成本加成法确定具体价格

根据项目前期可行性研究结果来看,项目的成本大约为 1 850 元/平方米,现设定项目目标利润率为 25%,则单价=1 850×(1+25%)÷(1-5.6%)=2 460(元/平方米)

3. 运用价值定价法

利用该方法让消费者感觉物超所值,因此可以考虑以中端价格、中高端产品来满足消费者需求,通过建筑外立面、小区环境、理念传播、物业管理来提升产品品质。

4. 单价建议

均价:2 460 元/平方米,其中,多层:2 450 元/平方米,小高层:2 500 元/平方米。

起价:2 060 元/平方米,最高价:2 900 元/平方米。

总价:17 万～21 万元占 22%,23 万～24 万元占 10%,25 万～28 万元占 35%,28 万～32 万元占 25%,34 万～42 万元占 8%。

32 万元以下的比例达 92%,完全符合对中端市场的选择。

(三) 建筑结构

根据我们对成都众多中端产品的了解,消费者在购房时,只要户型设计合理,抗震能达到国家要求,对砖混结构没有太大异议。从严格控制成本的角度考虑,建议采用砖混结构(多层)。

从目前城西供给情况来看,多层仍是供给主流,占 54%,小高层的供给比例增长较快,占 42%。从 2002 年春交会的情况看,多层成交量占 47.7%,小高层占 30.85%。从中成公司的调查中可知,潜在消费者选择多层的比例仍为最高,占 45.5%,小高层占 23%。

总体上可以看出,多层仍是大多数消费者的首选,小高层需求比例也在增加,说明人们正在逐步认可。特别是现在作为购房主力的年轻人追求时尚现代的东西,对小高层有所偏爱。

考虑到我项目选定的目标客户群,结合市场情况和成本控制,建议:多层为主,占 80%;小高层占 20%。建筑风格和园林风格:现代。

(四) 装修建议

根据最新专项调查,选择清水房和菜单式装修的分别达到 54.76% 和 26.19%,从中可以看出市场主流需求,也可以看出成都人对住房室内装修个性化需求的特征。

建议:清水房+菜单式装修,供购房者自由选择。

(五) 项目开发节奏控制建议

根据项目的总体规模、公司资金状况、地块情况、临界项目进展情况及市场竞争状况,建议按三组团分期实施开发。

1. 一期开发 A、B 地块

① A、B 地块距青羊大道 433 米,预计 H 线一年内初步形成通车能力。待我项目推出之时,这两块地周边环境初显,社区逐步成熟。

② B 地块用地面积 56.14 亩,扣除道路代征地余 44.27 亩,规划用途为住宅和商业用地。建议临 H 线部分建体量不大的商业物业,预计建筑面积 4 400 平方米;其余为中档住宅。以多层砖混为主,辅加一幢小高层。预计该块地可建住宅 47 000 平方米左右,其中多层 37 000 平方米,小高层 10 000 平方米。

③ A 地块用地性质主要为商业和公建配套,从各方面因素考虑,扣除医院用地和街派用地外还有 43.86 亩,建议开发集中式商业休闲长廊,兼顾小区会所和部分配套设施,这样可以为商业物业聚集人气,也使小区环境营造更好。

④ 在入市时机上,B 地块先期动工,A 地块可稍缓几个月,只需先建临 H 线部分,以便为销售造势。

2. 二期开发 C 地块,前提是中学成功调出

临 H 线部分仍为商业物业,其余为住宅,档次与一期相近。C 地块虽然与兰苑相邻,但考虑到 A 地块医院和商业物业的影响,且 C 地块相对独立,难以共享社区大环境,不宜定位于中高档次。预计住宅面积 48 000 平方米,仍以多层砖混为主,小高层为辅。

3. 三期开发 D、E、F 地块

这三块地连接较为紧密,便于整体规划设计,且入市时周边环境已较为成熟,因此可以考虑住宅品质较一期、二期有所提升。F 地块利用防护绿地和限高要求,可建一部分花园洋房;D、E 地块可考虑为框架多层和小高层电梯公寓,各自所占比例可根据当时的市场情况做调整。

由于三块地面积较大,可分阶段渐进推出。

第四篇 "无声小狗"便鞋生命周期各阶段的销售策略报告

20 世纪 50 年代是流行旅游鞋的年代。然而,60 年代的美国,却是"无声小狗"猪皮便鞋风行一时的世界。回顾"无声小狗"便鞋从投入到衰退的整个产品生命周期和各阶段所采用的促销策略,会使我们获益匪浅。

1. "无声小狗"便鞋生命周期的划分

1957—1967 年,"无声小狗"便鞋各年的销售额、利润及计算的各年销售额增长率,如下表所示。

"无声小狗"各年的销售额、利润及计算的各年销售额增长率表

年份	销售额/万美元	环比增长率/%	利润/万美元
1957	1 092.5		12.5
1958	1 137.6	4.00	34.1
1959	1 526.4	34.20	59.1

(续表)

年份	销售额/万美元	环比增长率/%	利润/万美元
1960	1 792.9	17.50	65.8
1961	2 399.2	33.90	121.8
1962	3 323.3	38.40	194.5
1963	3 902.1	17.40	252.7
1964	4 908.3	25.80	414.8
1965	5 535.7	12.80	479.7
1966	5 581.3	0.83	379.6
1967	5 483.9	−1.75	285.7

从三项指标情况，特别是年销售额的环比增长率来看，"无声小狗"便鞋构成了一个完整的生命周期，导入期是1957—1958年，成长期是1959—1962年，成熟期是1963—1965年，1966—1967年是销售增长率剧减时期(以后年份可能还会跌下去)。

2. "无声小狗"便鞋的诞生

美国澳尔·费林环球股份有限公司(以下简称费林公司)在1903年前是一个皮革、皮鞋的供应商，1903年以后，开始从事皮革和皮鞋的生产。1950年以前，它的主要产品是马皮及马皮制作的鞋。后来，由于马匹减少，该公司决定开发猪皮来代替马皮。猪皮制作的鞋穿起来比较舒服，并且防汗、耐潮、不易变质，更重要的是猪皮资源充足。所以，费林公司凭借自己有制作各种皮革的经验，率先采用猪皮来制鞋。

但是，剥猪皮在当时是项困难的工作，不如剥马皮和牛皮那么容易。一个熟练的工人需要半个小时才能宰剥一头猪并剥下猪皮，而肉食加工厂每小时要加工600头猪，剥猪皮实在是时间太久。为此，该公司花费了200多万美元和相当长的时间对剥皮进行机试，改进了原有的猪皮加工机，终于攻克了剥猪皮这个难关，研制出独特的高级剥皮机，每台机器一小时就能剥下猪皮460张。

公司根据潜在顾客的需要，决定将制鞋业投向穿着舒服的皮鞋市场。1957年，他们生产出有11种颜色、鞋底和鞋帮结合的男式便鞋，向农村和小镇试销，非常成功。到1958年，他们给鞋子起名为"无声小狗"，意指此鞋穿上去十分轻便，走起路来没有任何声响，同时，该公司还设计了一只长着忧郁的眼睛，耷拉着耳朵的矮脚猎狗作为广告标志。从此，这一新产品诞生了。

3. 投入期的促销策略

如前所述，1957—1958年是该产品的投入期，1957年"无声小狗"卖出了3万双，到了1958年，公司到了最初的市场开拓阶段。

一般来说，产品在投入期遇到的困难是知名度不高，市场占有率和销售增长率都很低，"无声小狗"也遇到了这一困难，同时，它还面临着目标市场和渠道转变的困难。因为该公司原来的产品主要是卖给农民的马皮鞋，鞋子的特点是结实、抗酸，现在"无声小狗"则强调舒适，消费对象是城市和郊区农民。因而原有的销售点、销售网及推销员都不能适应。

针对上述两大困难，费林公司采取了正确的促销策略。首先，它加强了广告宣传。其"无声小狗"鞋广告，主要刊登在发往35个城市的《本周》杂志上，并通知销售经理，如果在6周内能在35个城市设立600个新零售点,公司即批准拿出销售额的17%用作其广告预算。其次,在1958年8月,该公司调回分散在各地的推销人员,集训一个多月后,再将他们派往35个城市,集中力量掀起了"无声小狗"的推销高潮。所有推销人员忘我地工作,每人都带着11种不同颜色的样品鞋,向潜在顾客表演猪皮鞋如何防酸、防雨和防污,一时各推销人员成了人们关注的中心人物,销路终于打开了。

4. 成长期的促销策略

1959年,该公司进一步扩大了广告的范围,他们利用《旅行》杂志做广告,开拓了50多个市场。这一时期的广告预算占销售额的7%,是过去制鞋业平均广告费的4倍。但公司还继续增加广告费投入,又在《家庭周刊》的星期日副刊以及别的报纸杂志上刊登广告。与此同时,他又不断开发新款式男便鞋,销售额成倍地增长,广告费用也继续增加。到1961年,"无声小狗"便鞋在美国已成为名牌。

由于这一时期的生产远远赶不上需要,费林公司将价格由每双的7.95美元提高到了9.95美元,同时确定了重点经销商,发展了新款式。到1962年年底,款式不但有女式便鞋,而且还开发了5岁以上儿童的各式猪皮便鞋。销售量在这一时期猛增,但仍供不应求,工人一天两班倒干着活,采购人员忙着采购更多的猪皮。

5. 成熟期的促销策略

1963年,销售额的增长率趋缓,产品开始跨入成熟期,公司和广告商开始较详细地调查消费者购买"无声小狗"便鞋的资料。通过调查,他们发现有61%的成年人知晓"无声小狗"便鞋,但只有10%的成年人买过一双。买主的平均收入较高,也有较高的文化水平,例如,所有购买"无声小狗"便鞋的调查对象中,年家庭收入在5 000～7 500美元的占51%;7 500～10 000美元的占28%;10 000美元以上的占21%(当时这种收入属于高水平),他们当中大多数是专业人员或技术工人,购买的主要原因是由于"无声小狗"穿起来舒服、轻便和耐穿。从此,公司真正了解了人们购买"无声小狗"便鞋的主要原因以及买主的经济收入和教育水平情况。

于是,公司采取了以下策略:首先,继续扩大广告范围。从1964年起,开始采用电视广告,在"今日"和"今夜"两个黄金时间栏目内做广告宣传,同时还增加了13种杂志广告,将影响进一步扩大到新的目标市场。其次,强调"无声小狗"鞋的特点是舒适,在1965年打出"穿上无声小狗便鞋,使人行道变得更柔软"的宣传主题口号。最后,继续拓展销售渠道,发展新的零售点。这时,他已拥有15万个零售点,主要是鞋店和百货公司,同时还使一些实力非常强的竞争对手也成了费林公司的最大买主,"无声小狗"便鞋通过他们的零售店出售。

在这一阶段后期,由于成本提高,使产品价格涨到了11.95美元,但由于鞋子的质量好,比竞争对手的成本低,总销售量仍然上升,利润在1965年也达到了顶峰。

6. 销售增长率剧减时期的促销策略

从1966年开始,"无声小狗"便鞋的总销售量、利润开始逐年下降,特别是年销售增长率出现了急剧下降的势头,1966年比1965年下降了12个百分点,利润额也下降了21%。到了1968年,形势更加严峻。除了竞争更加激烈,原料成本上涨等因素外,更主要的是消费者很少重新购买,原因是穿过一段时间后的顾客不像刚买鞋的新顾客那样喜欢经常穿它,同时,鞋子质量很好,不易穿坏,因而影响再买新鞋。

公司对男鞋消费者的调查表明,购买"无声小狗"鞋的原因,有60%的人认为舒适,而不愿购买的原因有47%的人是由于不喜欢它的款式,公司对女鞋的调查也得到了类似的结果。

该公司的经理们为销量的下降伤透了脑筋,他们仍认为"无声小狗"便鞋的特点似乎应该是舒适,从以前的促销经验中,他们对是否有能力重新唤起人们的购买热潮仍有信心,但采用什么样的广告形式还得考虑,有一点是肯定的,即产品款式是一定要更新了。

第五篇　某楼盘价格策略报告概要

一、定价背景

1. 定价目标分析

① 准确了解发展商关于销售价格和销售速度的真实想法(可以帮助发展商分析不同目标导致的不同结果方面进行引导)。

② 对于销售情况以量化到销售金额为最佳之选,尽量避免销售套数与销售面积混淆不清带来的工作困扰。

明确目标是定价的前提,价格永远只是手段。

2. 项目解析:主要进行产品类别的分类和分析

① 产品内部比较分析。

② 产品细分分析:综合对市场供应、项目自身产品差异化及目标客户需求的分析,产品细分可借用波士顿矩阵表现。

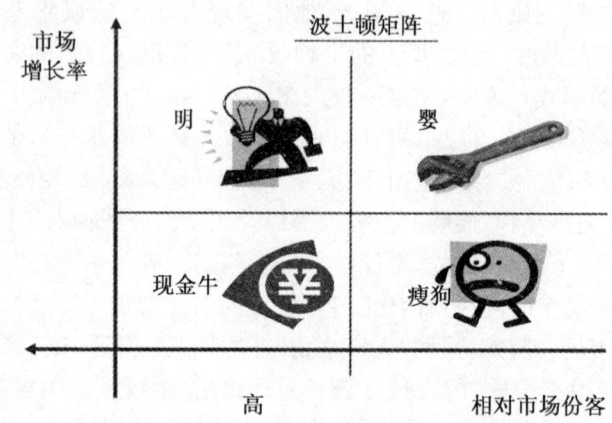

明星产品:具备差异性优势以及稀缺物业类型的最高端产品,形成项目标杆价值。客户需求量高、可实现高市场价值,是项目中的旗帜产品。

现金牛产品:成熟市场中的领导者,具有广泛的客户关注,它是项目资金的主要来源。客户需求量较高、可实现较高价值,是项目中的利润主力。

婴儿产品:需要不断投入以增强其竞争能力,可通过持续投资,发展为明星单位。即目前缺乏展示、包装、推广的单位;目前客户需求较低、条件转化后可实现较高市场价值,是项目中需要转化的产品。

瘦狗产品:产品优势较弱,市场承接度低,客户需求量较低、市场可实现价值较低。是项目中尽早出货的产品。

3. 市场分析

① 市场发展态势:分析国家房地产政策及未来方向,分析地方对本地房地产的政策。

② 竞争情况分析:分析区域内竞争项目情况,分析分类产品的竞争程度。

4. 客户分析

① 客户类型分析:居家型换房客户;具备较强购买力;与实际户型失衡;居住型;区域价值被认可;理解价值。

② 客户认知分析:根据样板房体验日现场工作人员反馈的信息以及客户访谈的样本结果,分析楼盘品牌及品质已被市场和客户所接受与认可。

二、定价策略与方法

1. 一般定价策略

麦肯锡根据 S&P 1 000 家企业平均财报,就如何制定新产品价格提出以下观点。

公司在制定新产品价格时,应该明确产品的定价目标,并在不同目标的基础上,可选择的定价方法一般有如下几种。

① 成本加成定价法:在产品的成本上加一个标准的加成。它是最基本的定价方法。

② 目标利润定价法:企业试图确定这样一个价格——它能带来它正在追求的利润。

③ 认知价值定价法:作为定价的关键,不是卖方的成本,而是买方对价值的认知。

④ 价值定价法:即用相对低的价格出售高质量产品。价值价法认为价格应该代表了向消费者供应高价值的产品。

⑤ 通行价格定价法:在通行价格定价法中,企业的价格主要基于竞争者的价格,很少注意自己的成本或需求。企业的价格可能与它主要竞争者的价格相同,也可能高于竞争者或低于竞争者。

2. 均价确定的方法

确定均价的方法有很多种,包括市场比较法、收益还原法、客户访查法、上限法、BCG 矩阵法,等等,定价时具体采用哪种方法还需要根据项目的具体情况来决定,最为常用及推荐使用的就是市场比较法。

(1) 常用方法:市场比较法

实施步骤:筛选可比楼盘—确定权重—打分—比准均价形成。

一般先要将本项目进行定位——是高档物业还是中低档物业。相同条件下,参照目标的权重关系如下。

① 高档盘:同档次>同目标客户类型>同楼盘所在地区;

② 中低档盘:同楼盘所在地区>同档次>同目标客户类型,现实状态中必须对参照目标的权重进行修正;

③ 市场认同度:具体反映在销售时间和销售率;

④ 营销费用:直接反映在广告投放方面。

对于已经面市和尚未推出市场的项目,都要考虑本项目在销售期间各参照目标的销售进度和工程形象进度是否造成直接的冲击。

(2) 均价的推导模型

价格区间动态估算模型如下:

比准均价=Σ[静态基准价格(P_n)×区域修正系数(R_1)×楼盘素质修正系数(R_2)×权重]

区域修正系数(R_1):综合考虑项目"区域形象""城际距离""交通通达""发展前景"等因素对各项目区域进行比较。

楼盘素质修正系数(R2):综合考虑比较各项目之"片区内外环境""小区规划""产品设计""配套""交通""现场包装""社区"等因素,得出各项目的楼盘素质修正系数。

(3) 均价确定方法及适用情境比较

方法	使用说明	适用情境	推荐度
市场比较法	筛选可比楼盘—确定权重—打分—比准均价形成	充分竞争市场,易于寻找同类楼盘做参照	☆☆☆☆
客户访查法	分析客户构成—分析置业目的—客户价格取向分析—确定均价	通过客户意向分析指导和验证价格,一般与其他定价方法结合使用	☆☆☆
收益还原法	通过市场上同类物业的租金回报率来反算销售价格	无直接可比物业/写字楼、商场物业/投资型物业,包括投资型住宅	☆☆
BCG 矩阵法	多种产品组合,应对每一种产品分别进行定价,同时为实现项目目标,考虑一个最有利的价格组合	适用于较大规模、多种产品组合的项目	☆☆
上限法	以位于市场上游的可替换产品为上限,以此制订均价	项目属于市场新产品类型,无法直接定价	☆

三、价格表的制作

1. 平面差(横向差)——着重价值体现

① 综合打分——不同的楼盘,各项权重都必须重新考虑;

② 如果要提交几个不同均价的价目表,其平面差不应该是一个固定值,而需要等比例地展开(不适用于层差)。

③ 平面差权重因素示意:

考虑因素	朝向	噪音	景观	户型	采光	通风	面积	入户花园
权重								

2. 极差

同层中最高单价和最低单价的差距——最大平面差。一般情况下,极差以不大于均价的20%为适宜。

3. 楼层差(纵向差)——着重开盘策略和最终销售率

层差敏感度,通常的看法是——在低楼层、中间楼层敏感度较大,高楼层敏感度小,这是一个基本状况,但需要结合景观、户型来具体分析和调整。层差的制定是一个不断调整、反复验证的过程。

4. 单价=基准价+平面差+层差+特殊调差

特殊调差是对特别追捧的单位进行调差。

四、价格表的验证

1. 点对点分析

通过选取本项目代表户型与主要竞争项目的相似户型进行价格的点对点分析,验证本项目在现定均价的价格体系下是否具有市场竞争力。

2. 敏感性分析

通过市场比较法测算出的均价是一个浮动区间的均价,我们必须通过敏感性分析仔细测算,以哪种均价入市最为合适,风险最小而利润实现最有保障。例如,在市场推出量大、竞争激烈的片区,每增加 100 元单价就可能会使 10% 的单位失去竞争优势。敏感性分析一般包括以下几部分:单价敏感性分析;总价敏感性分析;客户心理临界价位的敏感性分析(通过客户访谈或是问卷调查方式来把控);最终结合短期目标确定合理的入市价格。

3. 折扣率的设定

这主要包括:付款方式折扣;促销优惠折扣;开盘促销的比例;销售过程中和尾盘阶段的再折扣比例;开发商的人情折扣;为增加开盘气氛,可将部分的营销广告费用以开盘时的折扣率的形式体现。

设定原则:充分考虑,尽量降低综合折扣率,为整体均价的实现提供较大的空间。

4. 价格表调整

① 总价调整:调整折扣率;调整价格表(实收面价)。

② 分栋调整:调整基准价。

③ 分户型调整:调整平面差。

五、销控策略及销售预估

对开盘阶段(1 个月为宜)的销售单位做出趋势性的预估,以尽量掌控整个项目的销售进程。

第六篇　某公司大叶种普洱茶促销组合方案

随着人民生活水平和质量不断提高,人民对绿色食品、保健品等越来越青睐。茶是世界卫生组织推荐的六大保健食品之首,对现今消费水平大大提高的时代,有很广阔的市场。而普洱茶作为传统高档茶饮,除能生津止渴、提神醒脑、醒脾解酒、开胃消滞、抑菌减肥外,还有特殊的药用功效。绿茶性寒、红茶性热;而普洱茶不寒不热,称之为"宝利茶"。

一、市场状况分析

1. 目标市场状况

普洱茶因其独特的保健功效及饮用价值,受到消费者的竞相追捧,近年"普洱茶热"在广东乃至世界兴起,商机也随之出现,市场呈现无限的发展机遇。如香港年进口茶叶 1 万吨,其中消费普洱茶达 7 千吨;普洱茶在我国台湾以及日本深受品茶者的钟爱,具有广阔的市场空间;德国前两年也开始出现普洱茶消费热等。利润空间广阔和市场需求持续升温,市场上出现了一些混乱的状况,如一些茶叶批发市场出现鱼目混珠、假冒伪劣的商品充斥消费市场,部分商家在"陈年普洱茶"的招牌下,推出各种伪造年份的普洱茶扰乱市场正常销售。因此,建立自身品牌、正确引导消费是建立市场竞争优势的关键所在,特别中高档次茶类为主的市场将有更大的需求空间。

普洱茶作为一种传统的特种茶,近几年来的价格和数量以翻倍的速度在增长,已经成为与铁观音并驾齐驱的行业内两大品种。因此,我们认为,基于市场对普洱茶的喜爱和推崇,普洱茶在很长一段时间内的发展前景仍将看好。

2. 竞争分析

(1) 竞争者层次划分

就目前市场来说,普洱茶的主要竞争对手为上等铁观音和乌龙茶;次要竞争对手为各地某些传统品牌。

(2) 主要竞争对手——铁观音、乌龙茶

从某种意义上说,上等铁观音、上等乌龙茶是普洱茶的最大对手,与铁观音和乌龙茶争夺市场份额是普洱茶市场发展的重要目标之一。

3. 消费者分析

根据本策略组对普洱茶发展趋势的理解和中国茶业的现状,我们企业的普洱茶第一阶段的市场战略应以品牌运作先行,逐步扩大市场份额。

为制定市场战略,有必要简单地分析一下茶的消费模式和行业竞争态势。茶作为一种传统的消费品,但基于大叶种普洱茶单价过高,所以消费模式大致分为以下几种。

(1) 旅游消费

游客的消费行为多为一次性消费,主要靠口碑宣传和自然销售的模式,市场份额比较有限。

(2) 团体消费

团体消费是指以团体购买为主的消费形势,这种消费的特点是消费选择权集中在少数人手中,而直接使用产品的人大多没有选择的机会。团体消费又分宾馆、酒店、茶楼等公共消费场所的消费和办公室消费两种。宾馆酒店等的消费多由专职部门负责,其消费品种选择除品牌、价格、品质因素外,更存在人情和信任程度等因素。办公室消费一般由企业后勤人员负责,可否及时送货上门是很重要的决定因素。

(3) 礼品消费

无论在传统佳节还是在各种公关活动中,高档名茶都是消费者的首选。这种消费特点是喝茶的人不买,买茶的人不喝。送礼者最忌讳的是花了钱却看不出来,得不到送礼对象的认可。因此,产品的外包装、知名度和销售场所是其主要的购买动机。

(4) 专业场所消费

专业场所是指以品茶为主要目的茶艺馆、茶楼、茶馆等。这些场所最能集中体现中国茶文化,是极品茶、高档茶的主要消费区域。由于这些场所需要高利润来维持,其选购的茶多带有一些神秘性,一般不将价格公开,因此,对市场价格统一的品牌茶有一定排斥。作为中国茶消费的顶级层次,这个市场具有示范作用,针对本项目普洱茶的市场定位也应以此销售渠道为主。

(5) 个人消费

由于大部分目标客户大都以收藏为目标,从而购买,因此应从收藏价值这一块展开营销,刺激购买。

4. 产品分析

古树茶:普洱生茶的上品。

包装文化特色:生长在原始森林中的云南大叶种茶树,1.2米以上分枝,树龄在500~700年,生态、稀少、生长缓慢、高空采摘,量少质优,是难得的极品。

5. 产品定位分析

普洱茶有不同档次的价格,相对其他上等茶类对比价格普遍偏高。故定位人群为中高收入人群。

6. 定价策略分析

采用产品差别定价法,可以使同种同质的产品(即将产品按年代划分)在消费者心目中树立起不同的产品形象,进而根据自身特点,选取低于或高于竞争者的价格作为本企业产品价格。并且此方法进攻性极强,可以快速抢占市场。

三、销售目标

销售目标包括企业总的销售目标、区域销售目标、某品种销售目标等,销售目标可以体现在销售量和销售额两个方面。其具体内容略。

四、促销的策略或计划

(一) 促销的目标

在新产品上市初期,通过一系列的广告宣传,映射到所有目标客户人群,使产品在进入成熟期时可占据目标市场的10%。

(二)策略

1. 广告表现策略

采用塑造产品形象策略:所进行销售的产品,在目标市场并没有太多人认识,其次市场上的空白份额已经没有,故采用塑造产品形象策略,为企业塑造一个高大的美好的形象,并由此沟通感情,增强社会对企业及其产品的信任感,从而促进长期稳定的销售,并一次开展长远的市场拓展。

2. 媒体运用策略

在百度、谷歌上进行竞价排名,在电视、杂志、报纸、露天广告牌上做广告,扩大普洱茶的知名度。建立自己的网站,通过网络的平台进行网上展示与销售(报纸杂志刊登普洱茶介绍,和辨别大叶种普洱茶的方法)。

3. 营业推广活动策略

① 我们在老顾客生日那天送上以普洱茶冠名的生日卡片加一小份普洱茶产品,以对老顾客提出的对本公司发展有重大意义的建议进行奖励。

(2) 与有名的茶具公司合作。买一套高档茶具送一份普洱茶,把普洱茶的名声打出去;同时买几瓶高档的普洱茶送茶具,实现共赢。

4. 公关活动策略

① 通过制造新闻事件让媒体参与炒作。

② 产品经宣传推广知名度和销量将提高,必然会出现假冒伪劣产品。以提前打假方式通过特定渠道作适当软性宣传,从侧面提高品牌知名度与美誉度。

③ 选择一个适当地点,举行品茶、鉴茶活动,邀请茶道有名的人士参与,并请媒体报道。

5. 人员推广

普洱茶是属于专业性较强的产品,同时因为其单价过高,故在向下级零售商推广时需采取人员推销。

五、行动方案或具体活动安排

产品上市之前,首先进行网络媒体的宣传造势,将广告植入一些节目的广告时间段,与此同时在报纸和杂志上刊登辨别大叶种普洱茶的方法。

产品上市之时,网络宣传继续,并将所建立的网站一同并入宣传的广告之中,而电视和露天展牌的广告也要进行推进,同时杂志和报纸上开始大幅介绍本产品。待产品步入成熟期的时候取消露天展牌广告,电视广告在一些特定的节目做一下,而网络和自媒体适当地减少,报纸和杂志上的频率也减少。

其具体安排如下：

时间＼媒体	网络	报纸	杂志	电视	露天展牌	自媒体
产品上市前一个月	开始在一些节目中植入广告	开始刊登大叶种普洱茶辨别方法	开始刊登大叶种普洱茶辨别方法	无	无	开始制作宣传视频，建立自己的网站
产品上市	广告继续，并适量增加，并将自己网站推广	大幅介绍本产品	大幅介绍本产品	开始在电视上投放广告	在产源地附近展牌进行广告刊登	邀请知名博主刊登我们的宣传视频
产品上市三个月	广告继续，适量减少	减少篇幅	减少篇幅	减少广告	保持不变	加大宣传
产品上市半年	广告减少	改为半月刊登	改为月刊	在一些节日投放广告	保持不变	保持不变

六、促销预算

网络媒体广告植入：费用预计平均 45 万元/月。

报纸费用：8 万元/月。

杂志费用：16 万元/月。

电视费用：平均 60 万元/月。

露天展牌：12 万元/年。

自媒体：15 万元/月。

七、效果评估

效果评估可从以下方面开展：提高产品知名度；为产品塑造较好的品牌形象；为企业树立较好的社会形象；较快地在市场上站稳；加快产品向成熟期迈进。

第七篇　华方公司营销计划书

华方公司是专门生产功能纺织物的公司，新开发出的功能纺织物产品即将投放市场，为尽快占领市场，促进销售，特制订本营销计划。

1. 行业背景

目前，市场上出现的功能纺织物大体分为以下几类：

① 利用药物的疗效而形成的纺织品，如 505 系列等。

② 利用天然矿石的某些特性而形成的消费品，如玉枕等。

③ 利用某些微量元素在常温下吸收周围环境与生命体的能量，并释放能量的特性而制成的纺织品，如珠海天年公司生产的"天年"牌系列产品。

华方公司生产的功能纺织物其核心是多功能电子功能材料，它是将某些纳米复合陶瓷粉末，按照科学配方并采取高技术合成的产品。所谓多功能电子纤维，是将多功能电子功能材料的超微粒子(0.3～0.5微米,约为头发丝直径的1/10)编入纤维中而制成的。这种纤维可纺成纱或编成线,经过机织或针织,做成纺织品,或者不经编织而做成无纺布。这种多功能电子纤维具有永久电性能,能够激活生命本体能量,改善人体功能,改善人体微循环;抗紫外线,对人体有保护作用;可以保暖,减少人体热量散失;可以保鲜,同时可以杀菌。

2. 市场营销计划概要

华方公司功能纺织物产品投入市场的第一年,力争销售收入达到3 000万元,利润收支平衡,市场营销费用为600万元,市场覆盖面达到北京市、天津市、河北省。

3. 市场营销现状

(1) 市场需求

国内功能纺织品的市场容量1995年大约为10亿元人民币,之后几年以较快的速度增长,1998年之后有所下降。该产品中以功能内衣、内裤、床上用品为主流产品。消费者购买此类产品主要是出于健康的考虑,尤其中、高收入阶层或知识层次较高的消费者,他们懂得微循环对人体的作用,因而愿意购买。另外,年轻人为给老年人送礼也会占购买者很大比例。

(2) 产品分类

该类产品主要包括:内衣系列;床上用品系列;护膝、护腕系列等与人体充分接触的纺织品。它们的生产成本与同类非功能纺织品相比稍高,但售价却高出近1倍。

(3) 竞争情况

天年公司产品的分销渠道以大城市高档消费商场为主,另有一些位于文化层次较高地区的商场。公司在各地有自己的办事处,在商场安排自己的销售柜台,销售人员一般为两名销售小姐,一名医务人员,配备一台测量人体微循环的微机和一些介绍微循环知识的宣传材料。销售小姐和医务人员都经过总公司的严格培训,训练内容包括医务知识、微循环与各种疾病的关系、如何吸引顾客对天年产品的兴趣、如何处理顾客退货等。

天年公司的广告宣传以突出高科技和微循环知识为主,通过各大报纸介绍微循环知识,通过中科院、医学院的专家、学者的专业评价,加强公司产品的可靠性。另外,它还通过名人效应介绍使用天年产品后的效果,说明产品的疗效。

在促销手段上,天年公司以推式策略为主,即通过对销售人员的销售绩效的评价与相应的奖励来达到促销的目的。

(4) 宏观环境

随着人们生活水平的提高和对保健品知识的增加,功能纺织物的发展近期内会比较乐观。在国际市场上,目前仅有中国台湾和日本的厂家有少量生产。由于东南亚一带对中国的医药行业有比较深的了解,相信对此产品也会有一定的需求。

4. 优势与劣势分析

目前,市场上还没有防止紫外线的产品出现,如新型的太阳帽和外用衬衫。另外,天年公司的产品由于透气性较差,有时会让消费者感到不适。在天年产品系列中,内衣系列产品种类较少,专门用于送礼的产品包装较差。

(1) 华方公司的主要优势

① 有较强的技术队伍并有较好的企业形象。

② 产品质量较为稳定,在使用上会有更好的效果。

③ 有此项技术的专利权,可以有效地防止其他竞争者的进入。

④ 社会上对微循环的知识有一定的了解,可节约一些宣传费用。
(2) 华方公司的主要劣势
① 由于产品刚刚上市,没有固定的分销渠道。
② 产品没有品牌形象。
③ 如果产品初期市场开拓不利,公司的财力会承受不住。
5. 公司目标
(1) 财务目标
① 1995 年,销售收入达到 3 000 万元,销售利润率达到 30%。
② 1995 年,税后利润为 100 万元。③ 1995 年产生 2 500 万元的现金流量。
(2) 市场营销目标
① 在北京、天津、石家庄建立 20 个销售网点。
② 培训 100 名销售人员。
③ 销售收入达到 3 000 万元。
④ 在消费者中达到一定的知名度。
6. 市场营销策略
目标市场:中高收入家庭,特别侧重于女性购买者。
产品定位:质量最佳和多品种,外包装精良。
价格:价格稍低于竞争对手品牌。
销售渠道:重点放在大城市消费水平高的大商场,建立公司自己的销售渠道。
销售人员:对销售人员的招聘男女比例为 2∶1,建立自己的培训中心,对销售人员实行培训上岗,采用全国账户管理系统。
服务:建立一流的服务水平,服务过程标准化。
广告:前期开展一个大规模、高密度、多方位的广告宣传运动,突出产品的特色,突出企业的形象并兼顾一定的医疗知识。
促销:参加全国范围的经贸展览会,在节假日实行价格优惠,用考核销售人员销售业绩的方法,促使销售人员大力推销。
研究开发:开发功能纺织物在其他领域的用途。
营销研究:检测竞争者的经营策略和产品开发,调查消费者对此类产品的选择过程和产品的改进方案。
7. 行动方案
人力资源部着手安排销售人员的招聘和培训,在当年 10 月月底以前第一批 20 名销售人员和医务人员培训完毕。
生产部门 10 月份第一批样品出厂,营销部门与用户接触,对产品进行修改。
11 月份,第一批 5 家大商场开始销售本公司产品。
12 月份,广告宣传战开始,在此之前营销部门与广告媒体制定广告方案,广告费的预算为 100 万元。
第二年 4 月份,参加全国春季纺织用品展销会。
广告战开始的同时,开展有奖销售活动,各经销点第一季度销售最多的销售人员可以获得去海南度假的奖励。

8. 营销控制

营销部门专门设立全国销售工作检查小组,负责检查和协调各经销点的销售情况,并及时处理可能发生的意外情况;同时制订应急计划,如对竞争对手削价如何处理等。

参考文献

[1] [美]菲利普·科特勒,阿姆斯特朗.市场营销原理(第15版)[M].北京:清华大学出版社,2017

[2] [美]菲利普·科特勒,凯文·莱恩·凯勒.营销管理(精要版第6版)[M].北京:清华大学出版社,2017

[3] 纪宝成.市场营销学教程(第6版)[M].北京:中国人民大学出版社,2017

[4] 宋彧,王春梅,闫广实,田雪莲.市场营销原理与实务(第二版)[M].北京:清华大学出版社,2017

[5] 郭国庆.市场营销学通论(第7版)[M].北京:中国人民大学出版社,2017

[6] [美]罗杰·J.贝斯特.营销管理:提升顾客价值和利润增长的战略(第6版)[M].北京:北京大学出版社,2017

[7] 李林.市场营销学(第3版)[M].北京:北京大学出版社,2018

[8] 郭松克.市场营销学[M].北京:北京大学出版社,2017

[9] 马慧敏.市场营销学(第2版)[M].北京:北京大学出版社,2017

[10] 涂平.市场营销研究:方法与应用(第三版)[M].北京:北京大学出版社,2016

[11] 彭于寿.市场营销案例分析教程(第二版)[M].北京:北京大学出版社,2015

[12] 孙亚洲,兰秀建,李留法等.市场营销理论与实务[M].北京:中国人民大学出版社,2017

[13] 叶龙.微信公众号运营:微信群的组建、吸粉和营销[M].北京:清华大学出版社,2018

[14] 章金萍.市场营销实务(第4版)[M].北京:中国人民大学出版社,2017

[15] 金若沙.市场营销岗位综合实训[M].北京:中国人民大学出版社,2016

[16] 彭石普.市场营销原理与实训(第四版)[M].北京:高等教育出版社,2018

[17] 董永春.新零售:线上+线下+物流[M].北京:清华大学出版社,2018

[18] 车云月.搜索引擎营销实战技术[M].北京:清华大学出版社,2018

[19] 吕朝晖.市场营销学(第三版)[M].北京:化学工业出版社,2016

[20] 刘宝.消费者行为学——理论、实务、案例、实训(第二版)[M].北京:高等教育出版社,2015

[21] [美]利昂·G.希夫曼,莱斯利·拉扎尔·卡纽克,约瑟夫·维森布利特.消费者行为学(第10版·全球版)[M].北京:清华大学出版社,2017

[22] 孙晓燕.市场营销[M].北京:高等教育出版社,2015

[23] 吴健安,聂元昆,郭国庆,钟育赣.市场营销学(第6版)[M].北京:高等教育出版社,2017

[24] 毕思勇.市场营销(第四版)[M].北京:高等教育出版社,2017

[25] [美]艾·里斯,杰克·特劳特.定位:争夺用户心智的战争(经典重译版)[M].邓德隆,火华强译.北京:机械工业出版社,2017

[26] [日]青井博幸.经营战略[M].赵海涛,王玉华,范丹译.北京:北京时代华文书局,2017

[27] 顾彼思商学院.市场营销[M].北京:北京时代华文书局,2017

[28] 张云,王刚.品类战略[M].北京:机械工业出版社,2017

[29] [美]艾·里斯(Al Ries),杰克·特劳特(Jack Trout). 营销革命[M]. 邓德隆,火华强译. 北京:机械工业出版社,2017

[30] 伯特·罗森布洛姆. 营销渠道:管理的视野(第8版)[M]. 宋华等译. 北京:中国人民大学出版社,2014

[31] 高兴宇. 不自卑的世界[M]. 北京:中国经济出版社,2010

[32] 中国经营网. http://www.cb.com.cn/.

[33] 搜狐网. http://www.sohu.com.

[34] 飞象网. http://www.cctime.com.

[35] 柠檬公关. https://www.ymjrkj.cn.

[36] 网络大数据. http://www.raincent.com/.

[37] 新浪财经. https://finance.sina.com.cn/.

[38] 凤凰财经. http://finance.ifeng.com/.

[39] 中国经济导报网. http://www.ceh.com.cn/.

[40] 中国营销传播网. http://www.emkt.com.cn/.

图书在版编目(CIP)数据

市场营销：过程与实践 / 李坚强，蒋良骏，周科主编． —2版． —南京：南京大学出版社，2018.12
高职高专"十三五"规划教材：工商管理类
ISBN 978-7-305-21495-0

Ⅰ. ①市… Ⅱ. ①李… ②蒋… ③周… Ⅲ. ①市场营销学－高等职业教育－教材 Ⅳ. ①F713.50

中国版本图书馆 CIP 数据核字(2019)第 012357 号

出版发行	南京大学出版社
社　　址	南京市汉口路 22 号　　邮　编　210093
出 版 人	金鑫荣
书　　名	市场营销——过程与实践（第 2 版）
主　　编	李坚强　蒋良骏　周科
责任编辑	李　博　　　　　编辑热线　025－83685720
照　　排	南京南琳图文制作有限公司
印　　刷	常州市武进第三印刷有限公司
开　　本	787×1092　1/16　印张 22　字数 563 千
版　　次	2018 年 12 月第 2 版　2018 年 12 月第 1 次印刷
	ISBN 978－7－305－21495－0
定　　价	55.00 元

网址：http://www.njupco.com
官方微博：http://weibo.com/njupco
官方微信号：njupress
销售咨询热线：(025) 83594756

* 版权所有，侵权必究
* 凡购买南大版图书，如有印装质量问题，请与所购图书销售部门联系调换